절멸과 갱생 사이

절멸과 갱생 사이
형제복지원의 사회학

초판 1쇄 발행 2021년 5월 10일
초판 4쇄 발행 2025년 8월 27일

엮은이 서울대학교 사회학과 형제복지원연구팀

펴낸곳 서울대학교출판문화원
주소 08826 서울 관악구 관악로 1
도서주문 02-889-4424, 02-880-7995
홈페이지 www.snupress.com
페이스북 @snupress1947
인스타그램 @snupress
이메일 snubook@snu.ac.kr
출판등록 제15-3호

ISBN 978-89-521-2955-0 93330

절멸과 갱생 사이

형제복지원의 사회학

서울대학교 사회학과 형제복지원연구팀 엮음

서울대학교출판문화원

머리말

박정희 정권은 1975년 「내무부 훈령 410호」를 발령하여 도시하층민을 '부랑인'이라 낙인찍고 수용시설에 격리하기 시작했다. 이어 전두환 정권은 1981년 「총리지휘서신」을 통해 '부랑인'에 대한 일제단속을 대대적으로 시행하는 한편, 이후 '구걸행위자보호대책'에 근거해 전국적으로 부랑인 수용시설을 증설하고 대규모의 단속 및 수용정책을 실시했다. 이 과정에서 국가는 단속과 수용 사업의 일선을 담당하는 경찰이나 공무원을 독려하기 위하여 부랑인 단속에 실적당 근무평점 등을 부여하기도 했다. 그 결과 일반적인 의미의 '홈리스'뿐만 아니라 술에 취해 거리에서 잠들었던 회사원, 가족이나 친척을 만나기 위해 기차를 탔던 어린이, 귀가하던 청소년, 장애인 등 다양한 사람이 무차별적으로 단속 및 납치되어 부랑인 수용시설에 격리되었다. 1960년 '형제육아원'으로 시작한 형제복지원은 도시하층민의 대규모 격리 과정에서 가장 "모범적"인 시설로 인정받았고, 그 공으로 원장인 박인근은 전두환 정권에서 국민훈장인 동백장을 받았다. 이후 형제복지원 운영 사례를 모델로 한 전국 부랑인 수용시설의 '형제복지원화'가 추진되었다.

자국민에 대한 대규모 격리정책도 충격적이지만, 격리되었던 사람들의 시설 내에서의 경험은 더욱 충격적이다. 관리와 교육이라는 이름으로 강도 높은 폭력이 일상적으로 행해졌고, 그 과정에서 심각한 부상은 다반사고, 확인된 사망자만 513명에 이른다. 일부 아동은 성적 노리개가 되었고, 유아들은 입양기관을 통해 해외로 '적절한' 가격에 외화벌이로 팔려나갔다. 게다가 엄격한 통제에 적응하지 못한 노약자, 장애인 등은 더욱 극심한 폭력에 시달렸다. 이러한 무차별적인 폭력은 격리된 사람의 신체와 정신에 심각한 상처를 남겼고, 그 결과 많은 피해생존자가 지금도 트라우마에 고통받고 있다. 이 모든 것은 고도성장을 이루며 88서울 올림픽을 준비하던 한국사회에서 발생한 일이다.

'형제복지원연구팀'의 활동

2017년 3월 서울대학교 사회학과 박사과정생을 중심으로 '형제복지원연구팀(이하 연구팀)'이 결성되어 이 사건을 연구하기 시작했다. 1970년대생과 1980년대생이 주축인 연구팀 구성원에게 형제복지원은 연구할수록 당혹감과 충격을 주는 대상이었다. 그 주된 이유는 우선 피해생존자 중 당시 청소년이나 아이였던 이들의 연령대가 우리와 비슷하다는 것이었다. 우리 주변 또래 중 누군가가 시설에 수용되어 끔찍한 일을 겪었다는 것은 충격이었다. 그런 까닭에 연구팀은 어쩌면 우리도 대규모의 격리사업이 진행된 그 시절에서 우연히 그리고 운좋게 살아남은 생존자일지도 모른다는 감각을 공유하게 되었다. 게다가 피해생존자 구술채록 작업을 하면서 그들의 더욱 생생한 트라우마를 간접 경험했는데, 이 경험은 우리에게도 상처를 남겼고 동시에 피해생존자에 대한 연대의 마음을 갖게 했다.

1987년에 내부 상황이 폭로되면서 형제복지원이 폐쇄되었음에도, 민주화 이후 지금까지 이 사건이 전혀 해결되지 않았다는 사실에 우리

연구팀은 매우 당혹스러웠다. 형제복지원에만 당시 최대 3,000명이 넘는 사람이 격리되어 있었고, 1975년부터 1987년까지 전 기간을 고려하면 수용되었던 인원은 4만여 명에 달한다. 게다가 전국에 있는 비슷한 시설에서 상상도 못 할 수의 사람들이 격리되어 심각한 인권침해를 겪었음에도 이 문제를 해결하기 위해 국가와 사회는 적극적인 노력을 하지 않았다. 이 사건이 현재까지 충분히 공론화되지도, 해결되지도 못한 이유는 부분적으로 이 사건에 대한 사회의 시선과 맞닿아 있다. '부랑인'으로 국가에 호명된 한센인, 고아, 장애인, 빈민 등은 지금까지 한국사회의 가장 하층에 고립되어 있고, 한국의 민주화 과정에서도 배제되어 있었다. 형제복지원 피해생존자의 목소리 역시 오랫동안 우리 사회에서 소거되어 있었다. 피해생존자들은 형제복지원이 몸과 마음에 새겨놓은 고통을 하루하루 버티는 데 힘을 다할 뿐이었다.

우리 연구팀은 '형제복지원사건진상규명을위한대책위원회'에서 방대한 양의 형제복지원 관련 자료를 받아 본격적인 연구를 시작하고, 국사편찬위원회의 구술사 프로젝트를 의뢰받아 피해생존자들을 직접 인터뷰하기도 했다. 우리 연구팀은 이렇게 수집된 자료를 분석하고, 열띤 토론을 이어갔다. 연구팀의 연구 결과는 2017년 6월 '형제복지원사건진상규명을위한대책위원회'와 '형제복지원 사건 피해생존자(실종자·유가족) 모임'(이하 형제복지원 피해생존자모임), 그리고 '국가인권위원회'가 국회에서 주최한 「나는 누구입니까? 인권과 민주주의, 그리고 형제복지원 사건 토론회」 학술대회에서 일부 소개되었다. 또 2018년 11월에는 서울대학교 사회발전연구소에서 개최한 「배제에서 포용으로: 형제복지원의 사회사와 소수자 과거청산의 과제」 콜로키움에서 각자의 연구 결과를 발표했다.[1]

공교롭게도 우리 연구팀이 결성될 즈음 형제복지원 피해생존자모임의 활동은 더욱 활발해졌다. 피해생존자들은 이 사건을 공론화하기 위하여 2017년 9월 형제복지원이 있던 부산 주례동에서부터 청와대까지 국토대장정의 길을 떠났다. 같은 해 11월부터는 국회의사당 앞에서 피해생존자인 한종선·최승우 씨가 진상규명 등의 내용이 담긴 「형제복지원 특별법」 제정을 요구하며 노숙농성을 시작했다. 이러한 노력에 힘입어, 문제 해결을 위한 제도적 차원의 움직임도 시작되었다. 2018년 '검찰과거사위원회'에서 형제복지원 사건의 국가책임을 인정했고, 이후 문무일 검찰총장이 피해생존자에게 사과하고 대법원에 비상상고를 신청했다. 국회에서도 형제복지원 사건 등 여러 과거사 문제 해결을 위한 「진실·화해를 위한 과거사정리 기본법」(이하 「과거사법」) 개정안을 발의했다. 한편 부산시의회는 2019년 3월 「부산광역시 형제복지원 사건 피해자 명예회복 및 지원에 관한 조례」를 통과시켰고, 부산시는 이를 받아 같은 해 7월부터 '형제복지원 사건 피해자 실태조사'를 실시해 2020년 5월 최종보고서를 냈다.

그러나 언뜻 제도적으로 해결될 것처럼 보였던 형제복지원 문제는 쉽게 해결되지 않았다. 검찰총장은 2018년과 2019년에 각각 과거 형제복지원 박인권의 형사판결을 다시 재판해달라는 비상상고를 대법원에 신청했는데 대법원의 처리는 지지부진했다(대법원은 결국 2021년 이를 기각했다). 이에 피해생존자 최승우 씨는 진상조사 촉구를 위한 노숙농성을 시작한 지 2년째인 2019년 11월 6일에 국회의사당 앞 지하철 엘리베이터 탑에 올라 고공 단식농성을 하다 탈진으로 쓰러지기도 했다. 심지어 형제복지원 문제에 대한 사회적 관심은 코로나19 사태와 총선을 앞두면서 더욱 낮아져만 갔다. 하지만 2020년 4월 15일 21대 총선 결과는 상황을 바꾸었다. 총선 직후인 4월 20일 대법원은 비상상고에 대한 첫 번째 심리를 열었다. 이날은 검찰총장이 비상상고를 신청한 지 17개월 만이고 피해생존자들이 노숙농성을 시작한 지 898일 만이었다. 그리고 5월 5일 최승우 씨는 국회의원회관 지붕으로 올라가 20대 국회가 끝나기 전에 「과거사법」을 통과시키라며 두 번째 고공농성을 시작했다. 최승우 씨의 고공농성은 결국 5월 20일 20대 국회 마지막 본회의에서 「과거사법」의 통과를 끌어냈다 이로써 21대 국회에서는 형제복지원뿐 아니라 선감학원 사건, 한국전쟁 전후 민간인 학살사건 등 과거사 문제에 대한 조사가 가능해졌다. 하지만 피해자에 대한 배·보상 조항이 삭제되고 조사 기간도 단축된 채 법이 통과되어 아쉬움이 크다. 형제복지원 피해생존자모임이 제16회 박종철인권상에 선정되는 등 그 어느때보다 사회적 관심이 큰 이 문제가 잘 해결되기를 바라는 마음이 크다.

형제복지원을 어떻게 바라볼 것인가?

연구팀은 형제복지원 진상규명 운동과 입법 운동에 때로는 연대하고 때로는 객관적 거리를 유지하며 연구를 계속했다. 물론 한편으로는 연구 결과가 피해생존자들의 요구가 이루어지는 데 작게나마 기여하길 바라는 마음이 있었다. 다른 한편으로는 사회학적인 관심에서 형제복지원 사건이 우리 사회의 성격을 규명하는 데 중요한 사례라는 사실을 점점 분명히 깨닫게 되었다. 더 나아가 기존의 연구들과는 다른 사회학적 시각, 특히 사회사적 시각에서 한국사회의 하층민과 소수자에 대한 사회적·제도적 배제의 문제를 드러내고, 이를 총체적으로 조망할 수 있는 연구를 위해 노력했다. 그러나 형제복지원 사건은 기존의 사회학적 이론으로는 설명하기 어려운 '수수께끼'와 같은 존재였고, 연구팀은 지난 3년 동안 이 수수께끼를 풀기 위해 조사하고 연구하고 토론했다.

형제복지원을 연구한 기존의 선구적 연구들은 크게 두 가지 범주로 구분된다. 첫째, '법학'적 관점의 연구들이 있는데, 이들은 형제복지원을 둘러싼 폭력의 과정에서 발생한 피해를 규명하여, 궁극적으로는 국가의 법적 책임을 밝히는 것이 목표다. 특히 형제복지원대책위 구성 초기에 참여했던 법학자들의 연구가 이러한 특징을 갖고 있다. 현재까지 형제복지원의 진상규명이 제대로 이루어지지 않은 상황에서 이러한 법학적 연구는 '부랑인'의 단속과 수용 과정에서 구체적으로 어떠한 법적 문제가 있었는지를 밝힘으로써 형제복지원 문제가 한 시설의 일탈이 아닌 국가가 자행한 인권침해 문제라는 것을 보여주었고, 이를 근거로 이 문제를 해결하는 데 필요한 법적 조치들을 제안했다. 그러나 이들 연구는 법적인 문제에 초점을 맞춤으로써 이러한 문제가 발생하게 된 더욱 광범위한 구조적이고 사회적인 요인들에 대한 관심은 다소 부족했다.

또 다른 연구들은 '통치'의 관점에서 형제복지원을 파악하는 경향이 있다. 이들 연구는 규율권력(disciplinary power)이라는 개념을 활용하여 형제복지원이 정권의 기획에 어떻게 부합했는가를, 그리고 정권이 배제하려 했던 인간형은 무엇이며 궁극적으로 만들어내려 했던 인간형은 무엇이었는지를 밝히려 했다. 그래서 형제복지원이 하나의 예외적 사건이 아니라 사회적 배제의 동학을, 더 나아가 한국의 정치·사회구조 전체를 함축한 근대적 통치 기획의 산물이라는 것을 보여주었다. 그러나 이들 연구는 형제복지원의 성격을 '국가'라는 단일한 행위자의 기획으로 환원해버리거나, 또는 특정한 인간형을 만드는 통치 일반의 문제로 단순화하는 경향이 있다. 또한 형제복지원이라는 거대한 시설의 구체적인 작동 방식도 충분히 규명하지 못했다. 결과적으로 형제복지원이 쉽게 홀로코스트와 동일시되거나, 폭력적 국가의 모습이 시설에서 구현된 것으로 단순화시킨 점은 아쉬움으로 남았다.

우리 연구팀은 선행연구의 성과를 토대로 하되, 그 한계를 극복하기 위하여 노력했다. 우선 공식적 법과 제도의 수준에서 한 걸음 더 들어가 형제복지원이 운영되는 방식을 최대한 구체적으로 들여다보기로 했다. 가장 먼저 눈에 들어온 것은 형제복지원이 아동시설, 부랑인 수용시설, 자활사업장, 정신요양원 등 여러 시설이 같은 공간에 집결해 있는 거대한 시설이었다는 사실이다. 각각 기능도 상이할 뿐 아니라 역사적 연원도 매우 다른 유형의 시설들이 한 공간에 모여 있다는 사실은 흥미로웠지만, 그 때문인지 형제복지원의 성격을 처음부터 한마디로 규정하는 것은 쉽지 않았다. 이런 모호성은 형제복지원의 여러 측면에서 계속 발견되었다. 형제복지원에는 공적 수용시설로서의 성격과 민간 복지시설로서의 성격이 뒤섞여 있었다. 그리고 '갱생', 즉 다시 살리는 공간을 표방하고 있는 형제복지원에는 폭력과 죽임이 항상 공존했고, 수많은 사람이 '산 것도 죽은 것도' 아닌 상태로 그저 수용되어 있을 뿐이었다. 우리는 하나의 성급한 답을 내리기보다는 우선 형제복지원의 이러한 복잡한 양상을 있는 그대로 보고자 했다.

그러자 형제복지원과 관련된 여러 집단이 서서히 시야에 들어오기 시작했다. 물론 시설을 운영했던 복지사업가, '부랑인'을 단속하고 수용시켰던 관료와 경찰, 그리고 관리, 감독을 하지 않은 공무원들이 먼저 눈에 띄었지만, 그들뿐만이 아니었다. 정기적으로 후원금을 보냈던 외원단체들, 해외입양기관들, 그곳을 방문하고 비호한 정치인들, 수용된 사람들을 노동력으로 활용하여 수출품을 만들었던 지역 사업체들이 있었다. 그리고 눈앞에서 '부랑인'들이 끌려가는 모습을 지켜보거나, 신문과 TV를 통해 수용소의 존재를 알고 있었던 지역 시민들도 결코 형제복지원의 '외부자'가 아니었다. 이들은 적극적 동조로든, 소극적 침묵으로든 형제복지원 수용자들이 겪은 참상에 연루되어 있었고, 어떤 의미에서는 그

공간을 함께 만들어갔던 사람들이었다.

우리는 연구를 진행하는 과정에서 형제복지원을 하나의 단일한 실체로 이해하는 대신, 이 거대한 시설의 지속적인 작동을 가능하게 했던 구성요소들, 그리고 그와 관계된 사회집단들을 하나하나 추적했다. 경찰과 사법당국의 관행, 민간 복지시설의 사업 방식, '자활'을 내건 각종 사업의 흐름, 수용소의 독특한 공간 구조, 차별과 혐오를 내재한 지역 언론과 시민사회가 가진 서로 다른 결의 역사를 차례로 되짚어나갔다. 그리고 이러한 요소들이 어떻게 한국 현대사의 물길 속에 합류하여 '형제복지원'이라는 결론으로 귀결되었는지, 그 과정을 해명해보고자 했다. 그러자 형제복지원이 단순히 하나의 '일탈'적 사건이 아니라는 것, 오히려 지독하게 폭력적이고 우여곡절로 가득했던 한국사회의 근대화 과정을 정직하게 들여다볼 수 있는 '창문'이라는 점을 분명히 깨닫게 되었다.

형제복지원의 사회학: 8가지 시선

총 3부 8장으로 구성된 이 책은 이러한 연구팀의 시각을 반영하고 있다. 사회학 연구자 8명이 형제복지원을 각기 다른 관점에서 포착한 작업들은 서로 독립적으로 읽힐 수도 있으나, 동시에 상호보완적이기도 하다.

1부 「부랑인에 대한 사회적 배제의 구조」에서는 식민지기에서 출발하여 1980년대에 이르기까지, 형제복지원의 탄생 배경인 '부랑' 집단에 대한 사회적 배제가 어떻게 형성, 발전했는지를 추적한 세 편의 글이 실려 있다. 1장 「사회적 배제의 형성: 식민지기 '부랑나환자'」에서 김재형은 식민지기 부랑 집단에 대한 낙인과 이들에 대한 사회적 배제구조가 어떻게 형성되었는지를 부랑나환자의 사례를 통해 묘사한다. 특히 1장에서 주목하는 것은 부랑나환자에 대한 사회적 배제에서 조선사회가 수행한 주도적 역할이다. 총독부 권력과 조선인 엘리트들 사이에는 부랑나환자에 대한 견해차가 분명 존재했지만, '격리수용'이라는 해결책의 필요성에는 공감대가 형성되어 있었다. 1930년대 등장한 부랑 집단 및 나환자의 대규모 격리 체제는 총독부와 조선사회의 합작품에 가까웠고, 결과적으로 식민지기 이후 격리수용은 부랑 집단을 처리하는 보편적 방법이 되어갔다.

2장 「사회적 배제의 지속과 변형: 발전국가 시기의 사회정치」에서 박해남은 식민지 시기에 형성된 '부랑'에 대한 사회적 배제가 해방 이후에도 어떻게 지속되는지를 보여준다. 주목할 것은 발전주의 시기 군사정권과 시민사회는 도시하층민을 부정적으로 인식하고 있었고, 이들을 '사회악'으로 규정하고 제거하려는 국가의 시도에 시민사회 일부가 적극적으로 협조했다는 사실이다. 사회사업가들의 목표 역시 수용자들을 사회의 '정상적' 구성원으로 만드는 것이 아니라 시설 자체가 유지되는데 필요한 '동물적' 주체로 만드는 것이었다. 결과적으로 부랑인들은 생산적 사회주체로 '규율'되고 '갱생'되는 것이 아니라, 사회적 배제(social exclusion)의 대상으로 전락했다.

1장과 2장이 국가, 시민사회, 시설사업자 등과 같은 다양한 행위자 사이의 협력과 긴장에 주목하면서 '부랑인'에 대한 사회적 배제를 거시적인 시각에서 살펴보고 있다면, 3장 「사회적 배제의 기술들: 부랑인 단속과 노동력의 쓸모」에서 추지현은 좀 더 구체적으로 국가가 '부랑' 집단을 단속하고 관리하는 데 사용한 다양한 기술에 주목한다. 1960~1980년대 경찰, 검찰, 교정당국 등 사법기구는 제한된 예산과 역량으로 대규모의 부랑인 단속을 지속했는데, 그 과정에서 다양한 행정 운영의 기술들을 조합하고 배치하는 방식들이 등장했다. 국가는 노동력으로서의 '쓸모'에 따라 부랑인들을 선별하여 단속, 동원, 관리하고, 그 쓸모를 다한 경우 신속히 내던졌다. 이들에게 부랑인은 규율해야 하는 대상이 아니라 필요에 맞춰서 소비하고 내칠 수 있는 '몸'에 지나지 않았다.

2부 「형제복지원의 운영과 폭력」에서는 '형제복지원'의 탄생과 운영 구조, 내부 폭력 양상을 각기 다른 관점에서 분석한 세 편의 글이 실려 있다. 6장 「규율의 환상과 폭력의 경제」에서 곽귀병은 대규모의 인구 집단을 격리하되, 이들을 돌보거나 특정한 인간형으로 만들기 위한 프로그램이 부재한 상황이 시설 내의 극단적 폭력으로 귀결되는 과정에 주목한다. 형제복지원은 사회적 약자를 돌보거나 관리에 필요한 전문 교육을 받은 정규 직원이 시설 질서를 유지하고 수용자의 생활을 통제, 관리하지 않았다. 수용자 중 일부를 중대장, 소대장 등의 이름으로 선발했고, 이들에게 수용자들을 통제하게 했다. 수용자의 일상은 엄격한 규율에 의하여 관리되는 것처럼 보이지만, 24시간을 채울 교육과 훈련의 내용이 부재했기 때문에 그 자리를 일상적 폭력이 대체했다. 텅 빈 기표인 보호와 자활의 내용을 채운 것은 폭력이라는 기의였다. 그리고 제어되지 않고 방치된 폭력은 시간이 지나면서 그 수준과 잔인함은 더욱 강해졌다.

물론 형제복지원에 직업훈련이 없었던 것은 아니다. 5장 「'자활'이라는 가면: 시설-국가-지역사회의 공모」에서 소준철은 국가의 자활정책과의 관계 속에서 형제복지원 내 '자활사업'이 발전하는 과정을 역사적으로 추적한다. 그런데 형제복지원 내 '자활' 및 직업훈련 활동은 비정기적이었고, 그 기회도 소수에게만 부여됐으며, 그나마 전문적 기술교육보다는 단순노동 위주였다. 노동은 주로 시설 관리와 유지, 그리고 돈벌이에 필요할 때만 이루어졌다. 자활은 명목상 구호였고 실제 내용은 부랑인의 '쓸모 있는 몸'의 착취에 가까웠는데, 이러한 착취사업에 국가와 민간업자, 그리고 지역사회가 공모했다.

형제복지원의 관리를 전문적 직원이 아닌 수용자들에게 맡긴 이유, 자활사업의 실질적 기능 등은 모두 이윤 극대화와 관계가 있었다. 형제복지원은 명실상부한 하나의 '사업'이었던 것이다. 4장 「'돈벌이'가 된 복지: 형제복지원 재단의 역사」에서 김일환은 형제복지원을 운영한 법인조직에 주목하면서, 국가와 사회복지법인 사이의 담합관계 속에서 복지시설 운영이 '돈벌이'의 수단이 되는 메커니즘을 보여준다. 국가는 수용자 한 명당 일정 액수를 지원하고 그 관리를 소홀히 했기 때문에 더 많은 수용자 수와 수용자 일인당 소요되는 비용의 절감은 시설의 소유자에게는 더 큰 이윤을 의미했다. 국가는 사회복지의 부담을 줄이기 위해 자신의 책임을 민간 사업자(복지재단)에게 넘겼고, 이들의 시장을 보장해 주었다. 즉 국가의 공적 영역과 민간의 자본 영역이 떨어질 수 없는 한 몸으로 결합한 것이다.

3부 「형제복지원의 사람들: 부랑인에서 피해생존자로」는 형제복지원에 수용되었던 사람들에 관한 두 편의 글로 구성했다. 7장 「다르게 흐르는 시간: 수용자들의 생애 구조와 시간 의식」에서 이상직은 형제복지원에 수용된 사람들의 삶의 궤적을 증언 내용을 통해서 분석한다. 정상적인 가족 안에서 태어나 양육되고, 근대 교육제도 안에서 교육받으며 이차적 사회관계를 형성하고, 사회에 나와서는 직장 등에서 경제생활을 하는 것이 일반적인 '근대적' 삶이다. 그러나 그동안 주목받지 못했던 다른 종류의 근대적 삶, 즉 '시설'을 통해 구성되는 또 다른 삶의 구조가 존재했다. 시설에 들어간 사람은 일반적인 시간 흐름에 복귀하기 어려운데, 일반적 시간 속에서 살았던 사람이 공유하고 있는 공통의 감각, 지식, 태도 등을 학습할 기회를 상실했기 때문이다. 이 때문에 형제복지원은 1987년 폐쇄되어 피해생존자 대부분이 사회로 복귀했지만, 그들은 여전히 형제복지원의 시간 속에 갇혀 있다.

마지막으로 8장 「삶과 시간을 새롭게 쓰기: 진상규명운동, 그 후」에서 최종숙은 1987년 이후 오랫동안 망각되었던 형제복지원 문제를 해결하기 위한 사회운동의 모습과 성격을 규명한다. 지식인을 비롯한 사회와 결합한 진상규명운동을 통해서 형제복지원 피해자는 더욱 주체적인 '피해생존자'로 거듭나는 중이다. 이들의 운동은 '시설'의 시간에 매여 있던 자신의 삶과 시간을 새롭게 쓰면서, 동시에 우리로 하여금 '부랑인'에 대한 낙인과 배제 속에 구성되어온 '정상적' 사회적 삶의 경계를 다시 묻도록 한다.

형제복지원과 한국의 근대화: '절멸'과 '갱생' 사이

우리의 연구 결과를 통해 본 형제복지원은 분명 '한국의 홀로코스트'라는 표현이 함축하는 것과는 다르게 특정 부류의 사람들을 체계적으로 학살 내지는 절멸(extermination)시키는 공간은 아니었다. 하지만 사람들을 '갱생'시키고 '자활'의 길로 이끌어 이들을 '생산적 주체'로 탈바꿈시키는 공간과는 더욱 거리가 멀었다. 우리는 그 대신 사회적 배제(exclusion)라는 단순한 용어를 사용했다. 다양한 부류의 도시하층민은 '부랑인'이라는 낙인하에 국가-사회-민간 복지사업자의 공모 속에서 사회적인 삶에서 '배제'되었다. 그리고 이들 집단은 그 '쓸모' 여하에 따라 다양한 시설에 분류·수용되고, 이들의 몸뚱이는 다양한 방식으로 '돈벌이'의 수단으로 활용되었다.

그렇다면 형제복지원의 운영을 통해 드러난 현대 한국의 도시하층민에 대한 독특한 통제 방식의 본질은 무엇인가? 앞에서 언급했듯 형제복지원이 단순히 '예외'적인 사건이 아니라 한국 근대화 과정의 속살을 드러내는 '창문'과 같다면, 그 '창문' 너머로 보여주는 내부의 모습은 무엇인가? 다소 추상적이지만, 우리는 형제복지원 문제를 현대 한국의 다양한 근대화 프로젝트들 사이에 자리매김함으로써 그 성격을 밝혀볼 수 있지 않을까 생각한다.

먼저 우리는 형제복지원 문제를 1910년대부터 시작된 '부랑'을 규정하고 부랑하는 집단을 사회에서 배제하고 시설에 가두어 통제하는 국가와 사회의 공모라는 틀 속에 위치시켰다. 이 틀 속에서 국가라는 행위자는 조선총독부, 광복 이후에는 박정희와 전두환 정권으로 변화했지만, 인구의 일부분을 낙인화하고 단속과 격리라는 방법을 이용하여 도시하층민을 폭력으로 통제하려 했다는 점에서 연속적이다. 우리는 국가의 통치 문제와 더불어 공모라는 틀 속에서 사회의 역할에도 주목했다. 사회의 역할과 책임 문제는 기존 연구에서는 잘 논의되지 않았다. 형제복지원 사건의 국가책임이 확정되지 않았기 때문에 사회의 책임을 묻는 것은 시기상조인 측면이 있었던 것으로 보인다. 그러나 사회의 역할과 책임을 지적하는 것은 형제복지원 문제 해결을 위해서 중요한데, 국가가 부랑집단을 통제할 수 있었던 데에는 국가가 그럴 수 있는 권력을 독점했기 때문이기도 하지만, 사회가 사회의 치안과 위생 그리고 발전을 위해 그들을 사회적으로 배제하고 국가에 통제를 요구하고 수용을 적극적으로 지지했기 때문이다. 그리고 사회의 이러한 태도는 노동하지 않는 자와 빈곤층에 대한 혐오와 반감에서 비롯한다. 이 과정에서 우리 이웃이었던 누군가는 부랑인으로 낙인찍혀 사라지고 수용됐다.

한편 이 부랑 집단에 대한 국가와 사회의 공모의 성격을 명확히 하기 위하여 우리는 두 가지 근대적 정치(politics)를 고려했다. 한국의 발전과정에 있어 중요한 두 가지 정치 중 하나는 근면하고 성실한 노동자/국민 만들기로, 이것은 푸코(Michel Foucault)가 이야기한 규율정치(disciplinary politics)와 관련된 것이다. 국가는 학교, 군대, 병원 등 다양한 사회적 장치를 통하여 특정한 인간을 주조하기 위하여 경주했다. 이렇게 만들어진 노동자/국민은 한국의 자본주의 발전을 위하여 불철주야 노력하고 희생했다. 또 다른 근대 프로젝트는 국가의 정체성과 맞지 않는 이들을 제거하는 것으로, 이는 음벰베(Achille Mbembe)가 이야기한 죽이는 정치(necropolitics)와 관련된 것이다. 전쟁, 대량학살과 철저한 감금을 통하여 국가의 정체성에 대한 신화를 만들고 여기에 맞지 않는 특정한 인간형을 지워나가는 방식의 프로젝트를 통해 국가와 사회가 주조됐다.

연구팀은 부랑 집단에 대한 국가와 사회의 공모가 이 다른 성격의 두 정치 사이에 있었다고 보았다. 부랑 집단에 대한 통제는 한편으로는 근면하고 성실한 노동자/국민 만들기라는 규율정치적 성격을 띠고 있으며, 다른 한편으로는 국가의 방향성에 맞지 않는다고 간주되는 이들을 배제하는 죽이는 정치에 속해 있기도 한 것처럼 보인다. 하지만 부랑 집단을 배제하는 이 공모는 앞서 설명한 두 개의 정치와는 다른 성격을 가진다. 즉 부랑인으로 호명되는 집단은 근대적 노동자/국민으로 되어야 하는 집단이자, 동시에 그러한 목표를 달성할 수 없는 게으르고 위험하며 제거되어야 하는 집단으로 인식됐다. 또 부랑인은 국가와 사회가 돌봐야 하는 집단임과 동시에 쓸모 있게 사용할 수 있는 모순되는 집단이기도 했다. 실제로 부랑인은 제도적으로 때로는 규율 제도 속에서, 때로는 사회복지 제도 속에 포함되면서, 사회적으로는 배제되는 방식으로 관리됐다. 그리고 시간이 지날수록 사회복지적 사업이 더욱 중요해졌는데, 특히 한국전쟁 이후 해외원조가 국가의 발전, 외화벌이 사업에 중요해지면서 더욱 그러했다. 이때부터 민간복지영역이 만들어지고 발전하게 되었는데, 이 과정에서 부랑아를 포함한 고아의 몸은 돌봐야 하는 몸이자 자본축적에 '쓸모 있는 몸'으로 재구성된다.

예를 들어 식민지기 부랑 집단의 몸은 치안과 위생상 위험한 몸으로서 시설에 갇혀 죽거나 갱생되어야 할 몸(한센인과 부랑아)이었던 반면, 1960년대 이들의 몸은 국가의 개발 사업에 필요한 노동을 강요받는 몸(서산개척단 등)이었다. 한국전쟁을 거치면서 부랑 집단의 몸은 해외원조를 받거나 외화를 버는 데 필요한 몸(고아원, 기지촌 등)이었다가, 1970년대를 지나면서 국가의 보조금을 받는 데 유용한 몸(형제복지원 등)으로 부랑 집단의 몸의 '쓸모 있음'은 변해왔다. 그리고 1970년대 민간복지사업 영역의 팽창과 더불어 국가보조금과 관련된 부랑 집단의 몸은 더욱 중요해졌다.

즉 부랑 집단의 몸은 점점 민간복지사업의 돈벌이와 성장을 위한 자원의 성격을 갖게 됐다. 국가와 자본이 결합하여 몸 자체를 착취하는 것은 한국사회에서 흔한 사업이었다. 예를 들어 유아와 아동은 입양단체를 통해 외국으로 팔려나갔다. 고아, 부랑아동, 부랑인으로 호명되는 도시하층민은 사회사업재단에 의해 외국원조 물자와 국가의 보조금을 얻기 위해 시설에 갇혔다. 성격은 조금 다르지만 여성의 몸은 안보와 외화벌이를 위해 국가의 관리와 비호 아래 민간의 포주를 거쳐 미군과 외국인 관광객에게 팔렸다. 이렇듯 인간의 몸을 착취할 수 있는 거대한 시장을 만들고 유지하면서 사회의 발전을 꾀했던 국가를 우리 연구팀은 감히 '인신매매 국가'라 칭한다.

이러한 맥락에서 우리는 이 책의 제목을 『절멸과 갱생 사이: 형제복지원의 사회학』이라고 지었다. 한국의 자본주의 일반은 노동자의 헌신과 노동자에 대한 착취로 발전했지만, 민간복지사업이라는 또 다른 자본주의는 시설에 수용된 부랑인으로 호명된 도시하층민의 몸을 착취함으로써 성장했다. 이러한 특이한 한국적 시장화는 사회의 무관심 또는 정당화, 적극적인 참여가 있어 가능했다. 이러한 맥락에서 형제복지원은 1980년대 갑자기 튀어나온 이상한 사건이 아니라 국가와 사회가 공모한 근대적 기획이 발전한 궁극의 결과물이자, 그 정수(精髓)로 이해해야 한다. 이 민간복지사업은 대외적으로는 근대적 노동자/국민을 만들거나 사회적 약자를 돌보는 사회적 역할을 하는 것으로 그 정당성을 획득했지만, 내부적으로는 사람을 가둬두고 돈벌이에 이용하는 것 외에는 다른 목적이 없는 빈 공간일 뿐이었다.

이러한 시각에서 보면 이들의 피해에 반성하고 책임을 져야 하는 것은 국가뿐만 아니라 또 다른 성격의 자본주의, 즉 사회복지라는 외양을 쓴 민간복지사업이다. 그리고 우리 이웃이 부랑인으로 장애인으로 낙인찍혀 끌려가 시설에 격리되었을 때 방관하고 침묵하고, 때때로 그것을 지지한 우리 사회 역시 이 책임에서 자유롭지 못하다. 더군다나 우리 사회의 용인하에 끝없이 발전했던 민간복지사업은 그 돈벌이의 대상을 부랑 집단에서 장애인으로, 더 나아가서는 노인으로 확장해나가고 있다. 그 결과 우리와는 무관하다고 생각했던 시설은 이미 우리의 생로병사라는 생애과정 안에 깊숙이 들어왔다. 노인은 국가가 성장에 방해된다고 낙인찍은 인구집단이자, 사회에서 불필요하다고 인식하는 인구집단이자 그리하여 시설에 가두어 돈벌이가 되는 인구집단이 되어, 근대의 다른 두 개의 라이프코스는 노년이라는 생애과정에서 하나로 결합됐다. 결국 형제복지원 문제를 해결하는 것은 소수의 그들의 문제를 해결하는 것이 아닌 우리 사회 모든 구성원의 문제를 해결하는 것이다.

이 책은 우리 연구팀의 4년간의 조사와 연구, 토론의 결과다. 형제복지원이라는 수수께끼를 사회학적으로 설명하기 위하여 최선을 다했지만, 여전히 많은 것이 설명되지 않았고, 그나마 찾은 제한적인 답은 때때로 삐걱거리고 모순되기도 한다. 여러 단점에도 불구하고 우리가 찾은 답에 확신을 가지고 용기를 내어 글로 옮겼다.

마지막으로, 연구를 진행하는 과정에서 진 빚에 대해 이야기하지 않을 수 없을 것 같다. 형제복지원 대책위원회의 헌신적인 활동과 앞선 문제 제기가 없었다면 아마도 우리의 연구는 시작될 수 없었을 것이다. 특히 방대한 양의 형제복지원 관련 자료들을 수집해 분류하고 정리한 활동가분들의 노고와, 이를 선뜻 제공해주신 호의에 깊이 감사드린다. 또한 형제복지원 피해생존자모임 한종선 대표는 마지막까지 우리 원고에 건설적 비판과 여러 의견을 제시해주셨다. 그리고 연구 시작 단계부터 마무리까지 도움을 주신 많은 분들께도 감사드린다.

그리고 진실규명과 정의실현을 위해 지금도 분투하고 있는 형제복지원 피해생존자 분들께 깊은 존경과 감사의 마음을 표한다. 자신의 트라우마와 마주하면서 힘겹게 우리에게 들려주신 증언의 무게를 생각하면, 책을 내는 것이 부끄러울 따름이다. 다만 우리의 작은 결과물이 좀 더 풍부한 연구의 마중물이 될 수 있기를, 그리고 문제 해결의 방향을 함께 모색해나가는 데 작게나마 기여할 수 있기를 소망한다.

저자들을 대표하여

김재형

차례

제1부

부랑인에 대한 사회적 배제의 구조

사회적 배제의 형성•

식민지기 '부랑나환자'

01

김재형

문제 제기

이 장에서는 형제복지원이라는 부랑인 수용소를 다루기 전에 부랑인에 대한 사회의 부정적 인식과 사회적 배제 구조가 역사적으로 어떻게 구성되었는가를 살펴보겠다. 현재 한국사회에서 '부랑인', '부랑아' 등 '부랑'이라는 이름이 붙은 이들은 일반적으로 일정한 주거와 직업 없이 배회하는 집단을 의미한다. 이들은 오랫동안 위생이나 치안 그리고 도시경관에 다양한 '사회문제'를 발생시키는 위험한 존재로 여겨졌기 때문에 이들을 통제하는 것은 당연한 것으로 인식되었다. 그러나 부랑으로 낙인찍힌 집단을 정확히 정의 내리기는 쉽지 않은데, 이 집단에 포함되는 사람들이 시간에 따라 변화했기 때문이다. 역사적으로

• 이 글은 『민주주의와 인권』(19권 1호, 2019)에 「'부랑나환자' 문제를 둘러싼 조선총독부와 조선사회의 경쟁과 협력」이란 제목으로 실린 필자의 논문을 이 책의 전체 구성에 맞게 수정한 것이다.

'부랑 집단'의 탄생은 일제강점기의 수탈, 산업의 발전, 그리고 도시화와 함께 한다. 농촌의 토지조사사업과 소작농에 대한 수탈은 수많은 농민이 삶의 터전을 떠나 도시로 향하게 했고, 이들은 도시에서 '토막민'이라는 새로운 빈민군을 형성하게 된다. 토막민은 도시의 주택에 살지 못하고 공터에 흙 등으로 지은 움막에 모여 사는 사람들을 일컫는 말이었다. 그러나 토막민 중에는 실업자뿐만 아니라 일용직이거나 공장 등에 출근하는 노동자도 많았기 때문에 이들이 곧바로 부랑인이 되는 것은 아니었다. 일제강점기 부랑 집단의 탄생에는 한층 더 복합적인 요인이 결부되어 있었다.

한반도에서 '부랑인'이라는 범주의 출현은 일제의 식민지 통치와 결부된 인종주의적이고 제국주의적인 의도와 관련됐다. 부랑인이 처음 법적으로 정의된 것은 1912년 제정된 「경찰범처벌규칙」 제1항으로, 이 조항은 부랑인을 "일정한 주소 또는 생업 없이 각 지역으로 배회하는 자"로 정의한다. 이 정의는 현재 우리의 부랑인에 대한 일반적 인식과 큰 차이가 없다. 그러나 1910년대 실제로 부랑인으로 낙인찍혀 비난받고 통제당한 집단은 "부유층, 권력층, 상류층 가문의 청년자제"였다. 이들은 "직업 없이 무리를 지어 다니면서 연극장 출입, 도박, 기생유흥, 요리점 향연, 사치와 낭비, 밀매음을 일삼"는 이들로 "무절제하고 약한 자의식, 의존감 등의 성격적 결함, 규율과 통제 부족"과 같은 특징이 있는 것으로 여겼다. 조선인 상류층 자제의 열등함과 야만성·비문명성에 대하여 일제가 특별히 부각한 이유는 첫째, 일제의 조선 통치의 정당성을 획득하고, 둘째, 이들의 민족적 대안세력으로서의 잠재력을 제거하는 데 있었다. 즉 일제는 조선 통치의 정당성을 획득하기 위하여 부도덕하고 게으른 지배 계급의 성격을 부각시킬 필요가 있었고, 이러한 이유로 상류층 중 유흥 등에 탐닉하는 집단을 조선의 열등함과 야만을 상징하는

'부랑인'으로 낙인찍고 통제했다.[1]

그러나 1910년대 조선인 상류층 자제에 국한되었던 부랑인이라는 용어는 시간이 지나면서 점차 도시의 경제적 하층민을 지칭하는 용어로 그 의미가 변화했다.[2] 도시의 경제적 하층민 역시 조선인의 열등함과 야만성을 상징하는 것이었기 때문에 이들에 대한 통제가 정당화된 것이다. 실제로 1927년부터 1931년 사이에 매년 5만 명 이상의 걸식아동, 행려병자, 정신병자, 미아, 기아, 걸인 등이 단속되어 고아원이나 부랑자수용소로 격리되었다.[3] 즉 일제는 부랑 집단의 통제를 조선을 교화하고 문명화하는 데 필수적인 사업으로 정당화했고, 이렇게 형성된 '부랑'에 대한 식민주의적 재현의 방식은 점차 확대되고 다양한 방식으로 변주되었다. 사회적으로 문제가 되거나 그렇다고 인식되는 다양한 집단은 '부랑'과 관련된 것으로 낙인찍었고, 이들은 국가의 통제 대상이 될 뿐만 아니라 사회적 낙인과 차별의 대상이 되었다.[4] 즉 부랑 집단의 등장은 매우 근대적이며 식민주의적 현상이었으며, 더 나아가 이들은 근대화를 저해하기 때문에 제거되어야 하는 대상으로 인식되었다.

이렇게 보면 부랑 집단이라는 범주와 인식, 통제 방식은 일제라는 지배권력의 통치 목적에 의하여 구성된 것이다. 하지만 여전히 질문은 남는다. 일제 식민권력이 이들 부랑 집단에 대한 낙인과 차별이 형성되는 데 책임이 있다면, 이러한 과정에 어떠한 역할을 했을까 하는 질문이다. 조선사회의 부랑 집단에 대한 태도는 식민권력의 그것과 어떻게 같고 달랐을까? 일상적으로 이들 집단과 대면했던 조선사회가 도리어 부랑 집단에 대한 낙인과 차별을 생산하고 재생산하는 데 기여하지는 않았을까? 더 나아가 부랑인에 대한 공통의 부정적 인식을 바탕으로 식민권력과 조선사회 사이에는 어떠한 공모가 있지는 않았을까? 만약 그렇다면 식민지 권력과 대비되는 '사회'의 역할과 책임을 어떻게 인식해야 할 것인가?[5]

이 장에서는 여러 부랑 집단 중 '부랑나환자'[6]에 주목한다. 부랑나환자는 일제강점기부터 광복 이후까지 한반도에서 가장 큰 부랑 집단 중 하나였으며, 가장 심각한 사회문제였다. 그리고 부랑나환자에 대한 낙인과 차별은 근래까지 계속되었다. 부랑나환자에 대한 공통의 부정적 인식을 기반으로 조선사회와 보건당국은 때때로 경합하고 때때로 협력했다. 또한 특정 국면에서 조선사회는 조선총독부보다 더욱 적극적으로 노력해왔으며, 부랑나환자에 관한 다양한 담론과 실천을 생산했다. 이러한 측면에서 부랑나환자 집단은 주요한 행위자로서 사회의 역할을 보여주고 통치자와 피통치자 사이에 공유된 인식의 틀과 실천에서의 공모를 드러내는 가장 적합한 사례가 될 수 있다. 또한 부랑나환자에 관한 연구는 일제와 조선사회가 공유하는 인식체계의 형성과정에서 과학적·의학적 지식과 같은 근대적인 지식체계가 어떠한 역할을 하는가도 드러낼 수 있는 연구대상이기도 하다.

이 장에서는 세균설(germ theory)을 적극적으로 받아들여 도시의 위생상태 개선을 위하여 노력하며, 때때로 식민권력의 활동보다 적극적으로 나환자를 배제함으로써 근대화를 이루려는 사회의 모습을 동시에 드러내려고 한다. 또한 1916년부터 1945년 사이 식민지 조선에서의 부랑나환자와 그들에 대한 식민지 사회, 그리고 일제의 대응을 살펴볼 것이다. 1916년 소록도자혜의원의 설립과 같은 해 조선총독부의 「나환자수용에 관한 건(癩患者收容関スル件)」에 근거하여 1917년부터 일제는 "노상이나 시장 등에서 배회하는 병독전파의 우려가 있는" 부랑나환자를 수용하기 시작했다. 1935년 「조선나예방령」이 공포되면서 부랑나환자뿐만 아니라 모든 나환자가 강제격리 대상이 되었다. 1916년부터 1935년 사이는 일제가 소록도자혜의원을 설립하고 부랑나환자를 추방 및 격리를

하기는 했지만, 부랑나환자에 대한 조선사회의 역할이 부각되던 시기다. 조선사회는 도시 문제로 여겼던 부랑나환자 문제의 해결을 조선총독부에 요구했고, 일상생활에서 부랑나환자와의 접촉을 통해서 이들에 대한 사회적 인식을 형성해나갔다. 부랑나환자에 대한 조선사회의 경험과 인식의 형성은 이후 부랑 집단에 대한 대응에 영향을 끼쳤을 것이다.

이러한 관점에서 이 장에서는 1916년부터 1945년 사이 식민지 조선에서 부랑나환자의 모습과 이들에 대한 사회 및 일제의 대응을 묘사하고 분석하도록 하겠다.

식민지기 도시 문제로서 부랑나환자의 등장과 확산

나병으로 인한 외모의 변형은 건강인에게 불편하고 불쾌한 감정을 일으키기 때문에, 1910년 이전 조선시대에도 나환자들은 집과 공동체에서 쫓겨나 사람들의 눈을 피해 모여 살면서 구걸로 생계를 이어갔을 것이라는 인식이 일반적이다.[7] 그러나 15세기 제주도에서 발생했던 환자들에 대한 추방과 치료에 대한 기록[8] 외에 부랑나환자에 관한 기록은 보이지 않는다. 반면 영국인 의사 제임스 칸틀리(James Cantlie)[9]의 1894년 조사 보고서인 「나병이 발생하는 중국, 인도차이나, 말라야 군도(인도네시아, 필리핀), 오세아니아의 상황에 관하여 주로 1894년에 모은 보고서(Report on the conditions under which leprosy occurs in China, Indo-China, Malaya, the Archipelago, and Oceania: Compiled chiefly during 1894)」에 조선에서는 부랑나환자가 거의 존재하지 않았다는 기록이 남아 있다. 당시 조선의 부산, 원산, 서울에 있던 5명의 선교의사들과 영국 관리가 조선의 나병 상황에 대한 설문조사에 응답한 기록을 보면 1894년 당시 조선은 다른 국가에 비해서 나병 문제가 심각하지 않았으며, 나병환자는 가족과 함께 살고 이동하는 데 어려움을 겪고 있지 않았다. 또한 이들은 특별히 격리를 당하거나 자신들만의 마을을 이루고 있지도 않았다. 다만 노비(slave)의 경우 때때로 거지가 되어 마을을 돌아다닌다는 기록이 있을 뿐이다.[10] 또한 제중원의 호러스 뉴턴 알렌(Horace Newton Allen)[11]은 먼 곳에 사는 나환자들이 치료를 받기 위하여 서울에 있는 제중원까지 왔는데, 이들은 지역관리에게 발급받은 통행증을 지참하고 있었다고 기록했다. 이를 봤을 때 이동이 상대적으로 자유롭지 않았던 조선시대는 식민지기와 같은 부랑나환자 집단이 존재하기는 어려웠을 것이다.

나병환자에 대한 강제격리정책을 수립하고, 「나예방법안(癩豫防法安)」을 제정한 정치인 야마네 마사츠쿠(山根正次)[12]가 1910년 4월 조선총독부 위생국 고문으로 오면서 일제에 의한 조선의 나병 관리가 본격적으로 시작되었다.[13] 야마네는 1911년 조선의 나병 상황을 시찰했다.[14] 이 시찰 경험으로 그는 1912년 『조선의학회지』 제2호에 「나병환자 요양소 설치」에 관한 글을 게재했고, 그다음 해인 1913년에도 조선의 위생과 위생정책에 관한 글을 게재했다.[15] 더 나아가 야마네는 그해 10월 조선의 나병환자를 격리수용해야 한다고 주장했다.[16] 야마네의 활약에 힘입어 1913년 조선총독부는 조선의 나병환자 중 외모에 증상이 있는 환자가 이미 3천 명이 넘는다는 조사 결과를 바탕으로 대책 수립의 필요성을 인식하게 되었다.

조선총독 데라우치 마사타케(寺內正義)[17]는 제생원에 보관된 기금 일부를 사용하여 부랑나환자를 수용할 계획을 수립하고, 총독부의원 원장인 하가 에이지로(芳賀榮次郎)에게 부지를 선정하도록 조치했다. 이에 1916년 2월 24일 「조선총독부령 제7호」로 소록도자혜의원 설립을 공포하고, 초대원장으로 아리카와 도오루(蟻川亨)를 임명했다.[18] 또한 조선총독부는 「나환자수용에 관한 건」에 의거하여 각 도의 경무부에 "노상이나 시장 등에서 배회하는 병독전파의 우려가 있는" 나병환자들을 수용하라는 조회문을 보냈다.[19] 즉 최초의 강제격리 대상자는 병독, 즉 세균을 퍼트릴 가능성이 높다고 총독부가 인식한 "부랑" 나병환자들이었던 것이다.

1917년 조선에서 나환자에 대한 강제격리가 실시되자, 총독부에서 예상치 못했던 사태가 전개되었다. 1920년대 초반부터 오히려 노상이나 시장 등에서 배회하는 나환자들이 광주, 부산, 대구 등 남부 도시로 몰려들었고, 이것이 사회문제화(social questionalization)되었던 것이다. 1922년 3월 13일 매일신보는 「가경할 나병촌락, 경주군 내에서 이번에 발견하였다」라는 제목으로 다음과 같은 내용의 기사를 내보냈다.

> 조선의 문둥병이란 것은 참으로 고치기 어렵고도 전염이 속히 되는 난치의 병이라 요사이 경북 경주에 문둥병자의 촌락을 발견한 놀라운 사실이 있다. 경주군의 공의(公醫)가 순회진료를 할 때 우연히 경주군 내에서 전 촌락 사십호가 모여 문둥병에 걸려 있는 일을 발견하고 끔직하게 놀랐는데, 그 사십호 전 촌락이 문둥병일 것 같으면 사십호에 주거하는 주민은 그 수효가 얼마나 되는지 그 다수임을 알 일이다. 그러므로 경북도 내의 위생은 물론하고 전 조선에 대하야 위생상 일각이라도 가볍게 보지 못할 중대한 문제라 하야 신상 경북경찰부장은 어떻게 하면 없앨 수 있을까 하는 대책에 대해야 목하 연구 중이더라.

이 기사는 먼저 "문둥병"이라고 하는 질병의 특성을 첫째, 고치기 어렵고, 둘째, 전염이 빠르다는 것으로 인식하고 있다. 즉 1922년에 언론은 나병이 세균에 의해 전염되는 전염병으로 전염성이 강하고 빠르다고 인식하고 있었다. 그러나 이미 조선에는 1910년대 후반에 나병 치료제인 대풍자유가 서양 선교의들을 통해 들어왔으며, 총독부에서도 이 약을 사용하고 있었다. 그러나 이러한 약제 사용은 언급하지 않고, 전통적인 인식에 비추어 이 질병의 치료가 어렵다고 묘사되어 있는 것이 이 기사의 특징이다. 이러한 인식을 바탕으로 기사는 난치병에 걸린 환자가 경주군 내에서 40여 호가 발견된 것은 경북도뿐만 아니라 전 조선의 위생상 중대한 문제라고 주장하고 있다. 게다가 제목으로 "가경할 나병촌락"이라는 자극적인 어휘를 사용함으로써 나병환자를 위험한 집단으로 묘사하고 있다.

이러한 기사는 광주, 대구, 부산 등 남부 도시에 나환자들이 집중되고 있던 현상을 반영하고 있었다. 실제로 당시 이들 도시에는 나환자들이 몰려들었고, 도시의 나병원 시설들은 이들을 모두 수용하고 치료할 수 없었기 때문에 수용되지 못한 환자들이 사회문제화되었다. 1922년 7월 11일 매일신보는 「나병자의 방화」라는 기사에서 "가장 두렵고 추한 문둥병자"가 일으킨 방화사건이 실렸다. 한 나병환자가 "표류하며 걸식"을 하면서 살아가다, 영암군의 한 마을에서 방화를 하고 사람들이 불을 끄는 틈을 타 다른 집에서 도둑질하다 잡혔다. 1923년 10월에는 "각지에서 걸식하고 다니는 문둥병환자"가 달성군에서 유부녀를 겁탈한 사건이 발생했다.[20] 1922년을 기점으로 식민지기 내내 도시를 중심으로 부랑하는 나병환자가 일으키는 여러 사회문제에 관한 기사가 줄을 이었다.

결국 조선인에게 중요한 문제는 도시에 너무 많은 나환자가 모여들고 있다는 것이었다. 1924년 7월에는 대구에 있는 나병원에 입원하기 위하여 몰려든 나환자들이 너무 많은 데 비해 수용인원이 많지 않아, 나병원에서 입원을 거절하자 갈 곳 없는 환자들이 대구 시내를 배회하고 있다는 내용의 기사가 매일신보에 실렸다.[21] 1924년 11월에도 경성시에 '나병걸인'이 점차 증가하고 있는 현상이 매일신보에 소개되었다.[22] 이 기사에 따르면 "최근 부내에 문둥병 환자의 거지가 모양이라는바 원인은 원래 그 병을 모든 사람이 싫어하는 고로 흔히 자기 고향을 떠나 아무도 모르는 경성으로 떠나오는 것과 또 경성에는 '세부란스' 병원과 총독부병원 등의 치료소가 있다는 말을 듣고 자기 고을을 나오는 것"이였다. 그러나 경성시의 병원에서는 이들에 대한 치료를 거부했고 이미 소록도자혜병원도 정원이 차 보낼 수 없는 상황이었다. 문제는 경성으로 온 이들은 생계가 없으므로 거지가 되어 시중을 배회했으며, 인사상담소에서 직업을 구하기도 했다. 그러나 이들은 "병균을 산포"하는 "극히 위험한" 집단이었기 때문에 경성에서 직업을 구할 수 없었고, 결국 구걸로 생계를 유지할 수밖에 없었다.

이러한 상황을 반영하여, 1920년 초반부터는 나환자에 대한 민중의 공포심이 확산되기 시작했다. 1922년 6월 17일 매일신보의 「담양 괴설, 문둥병자 사천명이 돌아다닌다고 야단」이라는 제목의 기사는 당시 담양에 떠돌던 괴설을 소개하고 있다. 이 괴설은 광주나병원에서 치료받던 "문동아치" 400명 또는 4천 명을 할 수 없어서 내보냈는데 이들을 실어다가 전남 장성역에서 하차시켰다는 내용이었다. 비슷한 내용의 괴담이 같은 시기 강경에서도 퍼졌다. 1922년 7월 1일 매일신보는 나환자 천 명이 강경을 침습한다는 유언비어가 퍼지고 있다는 내용의 기사를 실었다. 이 두 기사 모두 도시에 있는 나병원을 중심으로 나환자들이 집중되고 있고, 이들을 모두 수용할 수 없는 도시 당국이 이들을 도시 바깥으로 보낸다는 내용이었다. 그러나 이는 괴담에 불과했다.[23] 그렇다고 이것을 단순히 상상 속의 공포만으로 치부하기는 어렵다. 실제로 도시의 나환자 집중 현상은 1927년경부터 도시의 심각한 문제로 대두되었다. 1927년 6월경 마산부민은 급증하는 나환자 때문에 공황상태에 빠졌으며,[24] 비슷한 시기 부산에서도 큰 집단을 형성하여 시내를 배회하면서 금품을 강요하는 나병환자가 급증해 사회문제로 대두되었고,[25] 같은 문제가 김해에서

도 발생했다.[26] 1928년이 되면 도시에 급증하는 나병환자 문제가 대구와 전남으로 확산된다.[27]

그렇다면 나병환자들은 왜 갑자기 1920년대부터 도시로 몰리기 시작했을까? 첫째, 1920년대 나병환자들은 남부 지역의 광주, 부산, 대구를 중심으로 모여들기 시작했다. 이 세 도시는 모두 1910년을 전후로 서양선교사들이 설립한 나병원이 있었다. 서양선교사들이 설립한 나병원에서 나병 치료가 가능하다는 소문이 돌자 많은 나환자가 지방에서 도시로 몰려들었다. 나병의 치료효과와 무관하게 전통의학에서 제공하는 약제에 도움을 받지 못했거나, 아예 전통의학의 값비싼 치료에 접근조차 하지 못했던 환자들은 서양식 치료를 받기 위하여 서양병원에 몰려들었다. 이들은 서양의학이 외상이나 다른 질병에서 보여준 효과를 보고 이들의 치료가 자신의 나병에도 효과가 있을 것이라고 믿었던 것이다. 또한 빈민에게는 무료로 치료했기 때문에 이들 역시 서양병원에서 치료를 받고자 했을 것이다. 알렌은 「제중원 일차년도 보고서(First Annual Report of the Korean Government Hospital, Seoul)」(1886)와 「서울시 위생상태에 관한 의사 알렌의 보고서(Allen's Report on the Health of Seoul(Corea))」(1885)에서 먼 곳에 사는 나환자들이 치료를 받기 위하여 서울까지 왔다고 기록하고 있다. 이후 1910년경을 전후로 부산, 광주, 대구에 설립된 나병원에는 치료받기를 원하는 환자들이 물밀듯이 몰려들었다. 당시 조선의 나환자들은 자신에 대한 사회적 낙인이나 차별 때문에 집을 떠나서 '부랑'을 했던 것이 아니라 근대 서양의학의 혜택을 누리기 위하여 '이동'을 했던 것이다. 이들은 주로 나병원에 모여들었지만, 일부는 다른 자혜의원이나 총독부의원으로 몰려가기도 했다. 또한 당시 나병과가 있었던 서울의 세브란스병원에도 환자들이 몰려들었다. 그러나 서양나병원은 예산의 한계로 모든 환자를 수용할 수 없었고, 나병원에 입원하지 못한 나환자들이 도시를 배회하기 시작한 것이다.

둘째, 1917년 강제격리정책이 시작되면서 1920년대에 이르러 점점 강화되던 낙인과 차별은 더 많은 나환자를 부랑으로 내모는 이유가 되었다. 19세기 말까지 나환자에 대한 큰 낙인이나 차별이 없었던 조선에서 1917년 부랑나환자에 대한 단속과 강제격리를 시작한 이후 이들에 대한 낙인과 차별이 점차 강화되었다. 부랑하는 환자들에 대한 경찰의 단속에도 불구하고 환자에 대한 낙인과 차별이 강화될수록 부랑하는 나환자의 수는 늘어만 갔다. 즉 당시 나병이 전염성이 강한 질병이라는 인식은 이들에게 사회적 압박으로 작용했고, 이 압박은 이들에 대한 낙인과 차별이라는 형태로 영향을 미쳤다. 그 결과 나환자들이 집과 마을을 떠나 치료받기 위하여 도시로 몰리게 된 것이다. 더구나 1920년대는 나환자뿐만 아니라 식민지 농업수탈의 결과 농촌빈민이 도시로 대거 이주하는 현상이 발생한 시기이기도 하다.[28] 농촌지역의 경제난으로 많은 농민이 농촌을 이탈하는 상황에서 경제활동이 어려운 나환자는 이중의 압력을 받았다.

셋째, 전염병의 확산을 막기 위하여 전염병환자의 경제생활이 점차 금지된 것 역시 상황을 더욱 악화시켰다. 1915년 6월 5일 제정된 「전염병예방령(조선총독부제령 제2호)」은 전염병환자의 경제생활을 금지하는 법이 없었지만, 그 대신 10조에 "전염병의 병독에 오염되거나 오염이 의심되는 물건은 해당 관헌의 허가를 받지 아니하면 사용·수수·이전·유기 또는 세척할 수 없다"는 내용이 포함되어 있었다. 즉 세균이 묻어 있어 전염병을 전파할 수도 있는 물건을 규제할 수 있다는 내용의 법이었다. 또한 1924년 2월 개정되고 1928년 6월 1일 시행된 「전염병예방령(조선총독부령 제3호)」 제8조 2항에는 "전염병환자는 업태상 병독전파의 우려가 있는 업무에 종사할 수 없다"는 내용이 포함되어 있었다. 즉 전염병환자의 경제활동을 제한할 수 있는 내용의 법이 제정된 것이다. 여전히 「전염병예방령」에서 전염병은 콜레라나 장티푸스 등과 같은 급성전염병만 포함되는 것이었지만, 환자가 만진 물건으로 세균이 전파될 수 있다는 지식과 인식은 나환자에 대한 일반인의 대응에도 영향을 주었을 것이다. 한편 나병이 나균(*M. leprae*)에 의하여 전파되고 발병한다는 것은 알려졌지만, 세균이 어떠한 경로로 전파되는지는 오랫동안 밝혀지지 않았다. 세균의 감염경로에 대한 불확실성은 나환자에 대한 과도한 규제로 이어졌고, 채소나 술과 같은 것들을 생산하고 판매하는 경제활동에 나환자들의 참여를 막았다. 즉 상당수의 나환자가 생산활동에 참여할 수 없게 되었고, 특히 가난한 계층의 환자들은 집안의 경제에 엄청난 부담이 되었을 것이다. 이 환자들은 생산활동에 참여하지 못하는 자신의 존재가 다른 식구들에게 부담으로 작용되기 때문에 스스로 집을 떠나게 된 것이다.

크게 이 세 가지가 조선총독부가 부랑나환자를 단속하고 강제격리 정책을 실시했음에도 불구하고 도시에 부랑나환자들이 집중되었던 이유다.

이렇게 보면, 나병환자에 대한 낙인과 차별이 '부랑나환자'의 문제를 더욱 심화시켰던 것이다. 그런데 문제는 여기에서 그치지 않았다. 주로 조선의 남부 지방에 집중되었던 도시 나환자 문제는 1930년을 기점으로 점차 남에서 북으로, 그리고 대도시에서 인근 지역으로까지 확산되기 시작했다. 1930년 10월에 나환자를 볼 수 없었던 춘천읍에 걸식하는 환자 집단이 나타나는데, 이들은 남쪽 지방에서 쫓겨다니다가 이곳까지 오게 되었다.[29] 1932년에는 강릉에 나환자 걸인 집단이 등장하여 도시를 배회하고 구걸과 금품을 강요했다.[30] 나환자 집단은 점차 북쪽으로 확산되는데 1936년에는 강원도 철원뿐만 아니라,[31] 평안남도 지방과 심지어는 함경남도 지방에도 이들이 등장했다.[32] 1940년이 되면 연길에도 나환자들이 배회하기에 이르렀다.[33] 한일병합 이전 조선에서 나병은 주로 경상도와 전라도의 남부 지방에서 유행하던 질병이었고, 충청도나 강원도 남부 지역까지 확산은 되었지만, 경기도와 강원도 북부 이북에서는 거의 찾아볼 수 없는 질병이었다. 그러던 것이 1930년대에 이르면 평안도나 함경도, 심지어는 연길까지 환자들이 확산되었다.

한편 병원이 있는 대도시나 인구가 많은 지역에 집중되었던 나환자들은 1932년경부터 점차 소도시나 읍과 면 단위의 지역으로 확산되었다. 1932년 5월에는 예천 시내에 나병걸인이 운집했고,[34] 같은 해 10월에는 의성에,[35] 다음해인 1933년 3월에는 해남에 나환자들이 집단을 이루어 구걸을 했다.[36] 1930년대 나환자들은 진주, 밀양, 고성, 통영, 순창, 대동, 상주, 제주, 강진, 구례, 오수, 인천 등 남부 지방을 휩쓸고 다니는 전국적인 문제로 대두되었다. 이렇게 집단을 이루어 대도시를 중심으로 전국을 떠돌아다니는 나환자들은 지역민에게 심각한 위협으로 인식되었다. 낙인과 차별이 '부랑나환자'의 문제를 심화시키고, 이것이 다시 지역민의 공포심과 적대감을 강화하는 악순환이 계속된 것이다.

부랑나환자의 사회문제화

그렇다면 이렇게 심화되는 '부랑나환자' 문제에 대해 식민지 조선인 사회는, 특히 지식인과 유지 집단들은 어떻게 인식하고 있었을까? '부랑나환자'에 대한 당대의 지식, 그리고 이를 내면화한 조선인 사회의 반응에 대해서 좀 더 살펴보자. 19세기 말엽에야 조선에 들어온 세균설은 20세기 초에 이르면 조선사회에 당연한 것으로 여겨졌다.[37] 1920년경에 이르면 조선사회는 나병을 병독, 즉 세균에 의하여 전염되고 발병하는 것으로 이해했으며, 나환자는 세균을 옮기는 매개체로 인식하기 시작했다. 동시에 나환자에 대한 치료는 나균을 억제하는 것으로, 이것은 근대 병원에서만 가능한 것으로 생각했다. 그런 까닭에 나환자는 한편으로는 나병 치료를 위하여, 다른 한편으로는 세균의 확산을 방지하기 위하여 공동체로부터 자의 반 타의 반으로 배제되어 도시로 이동했다. 그러나 식민지 조선의 도시민들은 이들 나환자에게 호의적이지 않았다. 도시로 몰려드는 환자는 세균 전파 가능성이 있는 위생 문제이자 동시에 구걸과 범죄를 저지르는 안전 문제로 낙인찍혔다.

중앙일보의 1932년 3월 11일 「동래의 문동이촌 나병자연맹제창」이라는 제목의 기사는 부산시에 위치한 "문둥이촌"의 형성과 상황에 대해서 자세히 묘사하고 있다.[38] 당시 이 마을에서는 나환자 330명가량이 구걸로 생계를 꾸려가고 있었다. 330여 명의 나환자가 집단을 이루어 시내를 돌아다니고 인가를 방문하여 구걸을 하는 것은 도시민에게 상당히 공포스러웠을 것이다. 특히 이들과의 일상적 접촉을 통한 나병의 전염 가능성, 즉 "병독(세균)"의 전파 문제는 도시민에게 큰 위협으로 다가왔다.[39] 나병은 전염병이지만 정확한 경로는 2021년 현재에도 명확히 알려지지 않았기 때문에, 이들의 접촉은 그 자체로 세균이 전파될지 모른다는 공포로 느껴졌다. 예를 들어 1930년경 동아일보에서 개최한 '주요도시순회좌담'에서 진주의 농민조합장 조우제는 다음과 같이 주장했다.[40]

> 위생 문제는 과연 한량이 없습니다. 나병자 같은 걸인에게 흔히 동전을 주는데 또 소아에게도 동전을 주게 되면 그 동전에 병균의 부착이 절대 없다고 보증할 수 있습니까. 그런데 소아들은 돈을 주면 그것을 입에 넣기가 일수인즉 그것을 생각할 때에 참으로 위험천만이외다.

이 좌담에 참석한 순천의원의 병원장인 박찬병 역시 나환자가 집단으로 인가에 출입하기 때문에 그 전파의 위험이 크다고 지적했다. 동아일보의 1925년 5월 24일 「다시 나병자와 시설에 대하야」라는 제목의 사설에서도 나병의 전파 예방이 시급함을 역설했다.[41] 나환자의 구걸 문제는 구걸이라는 행위가 일으키는 나환자와 건강인의 일상적 접촉으로 인한 세균의 전파 가능성이 사회문제화된 것이었다.[42] 이러한 이유에서 1920년대 이래 도시민에게 다음과 같은 도식이 그려졌을 것이다. 세균의 전파 가능성을 높이는 나환자 집단의 일상적인 구걸행위는 모순되게도 나환자의 치료와 질병의 예방을 위하여 설립된 도시의 나병원 때문이라는 인식이 형성된 것이다. 즉 나환자를 치료함으로써 질병의 확산을 방지하기 위하여 설립된 나병원이 오히려 구걸하는 나환자들을 증가시키고 도시라는 제한된 공간에 집중시킴으로써 질병의 전파 가능성을 높였거나, 질병이 전파될 가능성이 높다는 도시민의 인식을 형성시킨 것이다.

따라서 도시민들은 도시의 나환자 집단을 사회문제화함으로써 이들을 도시에서 추방하고자 했다. 1923년 7월 26일 동아일보는 「나병자와 모히 중독자에 대하여, 무성의한 당국의 태도」라는 제목의 사설에서 다음과 같이 나환자의 관리에 무성의한 식민지 당국을 비판했다.[43]

> 현대의술로는 가위 불가능한 처지에 있을지라도 구제시설 여하에 의하여서는 나병을 전멸할 수 있는 병이니 일차 이 병에 걸리면 일평생을 무의한 비애 중에서 폐인으로 허송하는 개인적 불행과 국가적 손실을 그대로 방임하는 것은 합당하지 못할 뿐 아니라 인도적 견지로 보아서도 과학이 발달한 현대인의 일대 치욕이라고 아니할 수 없다. … 이러한 전율할 악질에 대하야 등한히 하는 것은 국민위생문제라고 하는 것보다도 인도문제로 도저히 묵인하지 못할 일이다.

위 기사에 따르면 1920년대 초반에 이르면 조선사회는 나병 문제를 문명의 문제로 이해하고 있었으며, 야만국에서 문명국으로 나아가기 위해서는 나병 문제를 해결해야 한다고 여겼다. 사설은 문명국이 되기 위해서는 조선총독부가 적극적으로 나환자를 격리시켜 이 "악질"을 근절해야 한다고 주장하고 있다. 동아일보의 1927년 1월 15일 「위생사상과 기관」이라는 제목의 사설에서도 비슷한 주장을 하고 있다.[44]

> 질병은 비과학적으로 생활하는 자에게 오는 천벌이오 더구나 전염병은 그러하니 질병을 가짐은 큰 수치이다. 어떤 국토에 전염병이 있다 하면 그는 그 국토주민의 최고의 수치라 함은 조금도 과장한 말이 아니다. 우리는 불행히 전염병 있는 국토의 주민이어니와 혹은 전염병성 질병에 대한 연구기관 혹은 예방설비 혹은 치료설비 혹은 위생사상 선전기관을 완비하야 조선의 국토에서 모든 전염성 질병을 구축하기를 육력하여야 할 것이다.

즉 문명국으로 가는 길에 질병, 특히 전염병은 큰 장애이기 때문에 모든 전염성 질병을 조선에서 몰아내자는 것이다. 도시민들은 점차 나환자에 대한 불안감과 적개심을 감추지 않았고, 가장 큰 피해자들은 물론 나환자들이었다. 1926년경부터 나환자의 자살 기사가 눈에 띄게 증가했다. 1926년 8월에는 동래군에서 32세 여성 나환자가 자살했고,[45] 같은 해 11월에는 나환자가 세상을 비관하여 달리는 기차에 뛰어들어 자살했다.[46] 이후에도 사회적 낙인과 차별에 고통스러워 하다가 자살하는 나환자들이 증가했다. 그뿐만 아니라 가족에 의한 나환자 살해,[47] 심지어 나환자에 대한 혐오가 나병과 비슷한 증상이 있는 사람들을 공격하기도 했다. 1928년에는 눈썹이 적은 사람이 나환자로 오인받아 집단 구타를 당했으며, 1936년에는 화상을 입은 아이를 나환자로 몰아 죽이는 사건도 있었다.[48] 지역 언론들은 나환자가 도시에서 직업을 갖는 것조차 용납하지 않았다. 1926년 부산진 일신여학교 교장 위대서(衛大恕)는 기숙사와 교사에 나환자를 고용해 일을 시켰는데, 이에 학부모들의 항의와 지역 언론의 비난을 받았다.[49]

이러한 나환자에 대한 개인적이고 직접적인 차별과 별개로 도시에 집중되는 나환자를 사회문제라고 인식했던 조선사회는 직접 조선총독부 및 위생을 담당하는 관청과 경찰에 진정하기도 했다. 1924년경부터 나환자들이 몰리는 도시의 시민들은 총독부 및 각 관청에 나환자를 처리해 달라고 요구하기 시작했다. 예를 들어 1924년 5월경 마산에서는 시민들이 다양한 도시 문제 해결을 위해 실행위원을 선정하여 총독부 이하 각 관청과 교섭하기 시작했다. 다양한 문제가 의제로 올랐는데, 그중 당시 마산 시내에 점차 증가하고 있는 나환자를 처리해 달라는 요구사항을 경찰에 전달했다.[50] 1927년 8월 23일에는 부산상업회의소는 긴급 사회부회의를 열고 근래 부산부내 나환자의 급증에 대하여 논의했다.[51] 이 회의에서 용두산 대정공원 아래 해안의 초량정 근방에 총 천여 명에 달하는 나환자가 일개 부락을 이루어 밤낮을 가리지 않고 구걸하므로 치안과 위생에 문제라는 주장이 제기되었고, 이들을 모두 적당한 무인도에 강제 수용해야 한다는 진정서를 경남도지사에게 제출하자고 결의했다. 이에 8월 29일 대표자들이 와다 준(和田純) 경남도지사를 방문하여 나환자에 대한 취체를 청원하였고, 도지사도 이에 동의하여 엄중히 취체하겠다고 답했다.[52]

한편 부산직업소개소에서도 같은 해 11월 12일 부산사회사업연구회를 개최하여 구체적인 나환자 처리 방법에 대한 연구 결과를 발표하고, 이를 위하여 전 조선의 단체들을 규합하여 나병 박멸 등을 위한 행동을 결의했다.[53] 이 회의에서는 첫째, 조선의 나병 박멸을 위하여 유력한 전 조선의 단체들을 규합하고, 둘째, 미국인 선교사 메켄지가 운영하는 나병원을 국비로 운영하고 시 바깥으로 확장 이전하는 내용의 결의사항을 채택했다. 1930년 3월 17일에는 경남밀양동인회에서 집행위원회를 개최했는데 의안은 도평의원 후보자 선거 문제, 전등료 인하 건, 우편소 문제, 시구 개정 문제와 더불어 나환자 처치 문제 등과 관련한 것이었다.[54] 1930년 7월 25일에는 경남도 평의원 이시하라 겐자부로(石原源三郎)가 일반 상인을 대표하여 부산상업회의소를 방문하여 나환자의 처리 문제를 논의하기 위하여 사회부회 개최를 요구했다.[55] 그에 따르면 부랑환자는 공중위생상 위험하고 경제상에도 위협이 심대하여 더는 묵과할 수 없는 문제였다. 이에 따라 7월 28일 사회부회의가 개최되어 나병환자 정리에 관해 다음과 같이 결의되었다.[56]

> 1. 나병환자의 시내를 배회함이 갈수록 증가하야 전자(煎子)시장, 식량품시장, 부평정시장 등을 중심으로 추악한 귀면을 유일한 무기로 부정의 행위를 감행하는 자가 많어 공중위생상의 위협에만 불지하고 산업경제적의 피해까지 빈번함으로 차에 철저적 정리 취체 방을 당국에 극력 요망할 것.
> 2. 회의소로서는 기관적 성질이 직접 차등의 처리에 당하기는 불가능함으로 일체의 사정을 구하야 도청 또는 부청에 요망할 것.
> 3. 부협의회 그리고 상업회의소 평의원 대동으로 도지사에게 진정할 것.

이렇게 1920년대 중반부터 조선사회는 '부랑나환자' 문제 해결을 위해 조선총독부가 적극적으로 나설 것을 앞장서서 요구했다. 이들의 요구는 크게 두 가지로 압축되었다. 첫째, 도시민에게 있어 도시의 나환자 문제 해결의 핵심적인 사업은 도시에 있는 나병원을 도시 바깥으로 이전하는 것이었다. 도시에 있는 나병원을 도시 밖으로 이전하라는 주장은 시대일보의 1925년 7월 26일 「나병원을 이전하라」는 제목의 사설에서 처음 등장한다.[57] 이 사설은 광주에 위치한 나병원을 소개하면서, 이 나병원이 불러 모으는 "나병환자로 인하여 광주의 시가에는 일종의 불안과 공포의 공기가 흐른다"고 묘사하고 있다. 이 사설은 결론에서 나병원의 의의에는 찬성하고 감사하지만 나병원의 경영방법이 너무나 허술하고 비위생적이기 때문에, 나병원 경영자는 나병원을 사람이 살지 않는 무인도 같은 곳으로 이전하도록 호소하고 있다. 도시의 나병원은 이후에도 지속적으로 도시의 위생 문제를 일으키는 것으로 묘사되고, 나병원을 이전시키려는 노력이 계속되었다. 전술한 바와 같이 1927년 부산상업회의소 긴급사회부 회의에서, 대구상업회의소에서, 지역좌담에서 지속적으로 나병원의 도시 바깥으로의 이전이 논의되었다.[58]

나병원에 대한 사회의 압력 결과 1911년 2월 전라남도 광주군 효천면에 설립된 광주나병원을 1927년 여수로 이전하기로 결정했다.[59] 광주시민은 나병원이 광주천의 상류에 있어 여름철에는 환자가 그 개천물을 오염시키고, 겨울철에는 시가로 돌아다니는 환자가 급증한다는 이유로 나병원장인 윌슨에게 병원 이전을 적극적으로 요구했다. 그 결과 광주나병원은 전남 여수군 율촌면으로 이전하기로 결정하고 국고보조 15,000원, 지방비보조 4,000원, 지방민 기부금 3,000원 등 총 22,000원과 해외기부금으로 여수반도에 4만 평을 매수하여 수용인원을 600명에서 900명으로 증원하여 설립했다.[60] 광주나병원은 사회적 압력에 의하여 이전했으나 대구와 부산의 나병원은 이전이 쉽지 않았던 것으로 보인다. 또한 광주나병원이 이전한 여수와 인접한 지역인 순천에서는 광주에서 발생한 문제가 또 다시 발생하였고, 이에 여수와 순천의 시민들은 다시 나병원의 이전을 촉구하는 등 이 문제는 식민지 내내 지속되었다.[61]

둘째, 도시민들은 나병원 이전과 도시를 배회하며 구걸하는 나환자들도 도시에서 몰아내기를 원했다. 이를 위하여 도시민들은 식민지 정부에 나환자 단속과 추방을 요구하는 진정서와 요청서를 제출하는 등 적극적으로 자신들의 목소리를 냈다. 1924년 마산 시민이 경찰서장에게 나환자들을 시가지에서 있지 못하도록 요구한 것을 시작으로[62] 여러 도시에서 식민지 당국에 나환자 단속과 추방을 지속적으로 요구했다. 언론에서도 식민지 정부에 도시의 위생을 위하여 이들을 단속하라고 요구했다.[63] 전술한 바와 같이 조선사회에 있어 나병 통제는 근대국가가 당연히 성취해야 할 목표로 인식되었다. 조선사회는 구미의 사례와 일본에서의 철저한 나병관리정책을 근거로 총독부에 나환자 단속을 철저히 할 것을 강력하게 요구했다.

한 걸음 더 나아가, 나환자 처리 문제에 대한 조선총독부의 소극적인 대응은 조선사회 지식인 엘리트들의 적극적인 행동을 불러일으켰다. 기독교계 민족 엘리트층은 식민지 정부의 소극적인 나병정책으로 인하여 조선사회가 위기에 처해 있다고 판단했다. 특히 조선에 서양선교사들이 설립한 세 곳의 나병원과 조선총독부가 설립한 소록도자혜의원이 있지만 조선인이 세운 나환자 수용시설이 없는 것을 안타깝게 여기고 더 많은 나환자를 수용할 수 있는 시설을 설립할 목적으로 1931년 9월 24일 '조선나병근절책연구회'[64]를 창립했다.[65] 조선나병근절책연구회의 첫 번째 사업은 경성부 내외에 있는 나환자 20여 명을 여수나병원에 이송하는 데 필요한 경비 약 천 원을 모금하는 것이었다. 이를 위하여 1932년 1월 19일 경성 중앙기독청년회관에서 긴급총회를 개최하고 백관수, 김병로, 최흥종을 실행위원으로 임명하고 모금운동을 벌이기로 결의했다.[66] 조선나병근절책연구회는 이 자리에서 대구나병원장 플레처 박사의 '경북 나환자 20년 근절안'을 토대로 만든 '전조선 환자 20년 근절안'을 회의에 상정 및 토의해서 더욱 연구 발전시키기로 결정했다.[67] 또한 조선나병근절책연구회는 단체의 취지서를 수만 매 인쇄해서 각 방면에 배포하여 단체와 단체의 활동을 홍보했다.[68]

조선나병근절책연구회의 궁극적인 목표는 조선인이 경영하는 나시설을 설립하고, 이러한 나시설에 나환자들을 강제격리하는 데 있었다. 조선총독부가 설립하고 운영했던 소록도자혜의원과 관계하는 것이 아닌, 서양선교사들이 설립하고 운영하고 있는 대구, 부산, 여수의 나병원들과 긴밀히 협의하면서 조선인 스스로 나병 관리를 하려고 시도했던 것이다. 이러한 목표를 위하여 이 단체는 각지에서 기부금을 받기 시작했다. 많은 조선인 유력 엘리트들뿐 아니라 일본 총독, 정무총감 등 총독부에서도 기부금을 보태며 이 단체의 활동을 지지했다.[69] 사실 나환자 격리에 대한 조선사회의 요구가 강해지고 있음에도 불구하고 예산상의 문제로 적극적으로 대처하지 못하고 있었던 조선총독부에게 민간에서 스스로 자금을 마련하고 나시설을 설립하겠다는 계획은 매력적이었을 것이다. 그러나 얼마 지나지 않아 조선나병근절책연구회의 이러한 활동은 조선총독부에 위협적으로 여겨졌다.[70]

조선총독부 위생당국의 대처와 그 결과

식민권력에게 있어 나환자를 단속하고 추방하거나 격리하는 것은 무엇보다 막대한 재정의 문제를 수반했고, 나환자에 대한 통제는 통치에 필요한 여러 다른 사업보다 후순위의 것이었다. 이러한 이유에서 식민권력은 조선사회의 나환자 관리에 대한 요구에 1930년대 초반까지 상당히 소극적이었다. 1924년 마산 시민이 나환자와 제와공장의 매연 등 위생 문제 처리에 대해 경찰서장에게 요청했을 때, 마산서장은 나환자의 처리는 조선인이 알아서 하라고 답하고, 그 처리를

회피하여 조선인의 공분을 샀다.[71] 1925년 동아일보에 등장하는 「총감훈시 수칙」에 따르면 총독부는 당해 조선에 존재하는 나환자의 수를 조사한 결과 약 4,300여 명에 달하며, 더욱 정밀히 검진할 경우 수 배의 환자가 존재할 것이라고 예상하면서도 재정 관계상 예방에 관한 충분한 시설을 설립하기는 불가능하다고 고백하고 있다.[72] 1927년 6월에 열린 제4회 '전선공직자대회'에서도 조선에 있는 나환자를 수용하자는 의견이 올라왔으나 역시 아무런 결정도 하지 못했다.[73] 전선공직자대회에서 나환자 관리에 대하여 결정을 내리지 못하고 별다른 조치를 취하지 못하는 이유에 대해서 동아일보와 중외일보에서 다음과 같이 소개했다.[74] 일본의 경우 내무성 위생국에서 1928년 예산으로 나환자를 절멸하기 위하여 충분한 예산을 마련하여, 기존의 부랑나환자 수용소 외에 유력자인 환자들을 위한 자유요양지를 일본 각지에 수개소 설치하기로 결정했으나, 조선의 경우 선교사들이 운영하는 세 곳의 요양소에만 보조금을 줄 뿐, 2만 명[75]에 달하는 전 조선의 나환자를 수용할 충분한 자원이 총독부에 없기 때문에 현재로서는 대책을 수립하기 어렵다는 것이었다. 특히 일본은 1907년 「나예방법에 관한 건(癩予防ニ関スル件)」이 통과되어 부랑나환자 격리에 대한 법적인 근거가 있었지만, 조선은 재정적인 문제 때문에 당국자들 사이에서도 논의만 있을 뿐 법적 근거를 수립할 수 없었다. 1928년 3월에 개최된 경상북도 평의회에서도 나환자 수용소 설립에 대한 논의가 있었으나 결론을 내리지 못했다.[76]

그러나 1928년 5월에 이르면 본격적인 나환자 수용에 대한 계획이 수립되었다.[77] 그 일차적인 대상은 1916년에 설치되어 있었던 소록도자혜의원이었다. 소록도자혜의원에는 1917년부터 환자들이 수용되기 시작했으나, 그 수는 전체 환자 수나 선교사들이 운영하는 나병원에 비해서도 적었다. 1917년 100명에 그쳤던 수용인원은 1924년 125명으로 증원되었고, 1925년에는 250명으로 늘어났지만, 이는 조선의 나병 문제에 비해 턱없이 작은 규모였다. 이런 상황에서 조선 각지에서 올라온 진정서, 청원서에 떠밀려 총독부는 소록도자혜의원에 3년간 약 46,000원을 투자하여 1927년 말 250명인 수용인원을 지속적으로 증가시켜 750명까지 늘릴 계획을 수립했다. 또한 의사 2명과 간호부 10명을 증원하고 설비도 늘리기로 했다.[78] 1928년에 이르러 제1차 확장공사 결과 수용인원은 450명으로 늘어났고, 1929년에는 750명으로 증가했다. 1929년에 이르러서야 대구와 부산의 나병원보다 수용인원이 많아졌다.

소록도자혜의원의 수용인원의 증가에도 불구하고 도시에 집중해 있는 나환자 문제를 해결하기는 어려웠다. 부산나병원은 1928년 영국 TLM(The Leprosy Mission, 대영구라회)의 지원금이 삭감됨에 따라 수용환자 중 110명을 부득이 퇴원시키기로 결정했다.[79] 경상남도는 이를 막기 위하여 총독부에 보조비를 급하게 요청했지만, 결국 많은 수의 환자가 강제 퇴원당했다. 이로써 부산나병원에 수용된 환자는 1928년 725명에서 1929년에는 649명으로 감소했고, 퇴원된 환자 76명은 부산 시내를 배회하였을 것이다. 1929년 조선총독부의 조사 결과, 수용되지 못한 조선의 나환자 수는 총 5,355명으로 조사되었다.[80] 이 중 각지로 배회하는 부랑자가 1,443명, 부랑할 위험이 있는 자가 1,237명, 그리고 상당한 자산이 있어 보호가 확실한 자가 2,675명이었다. 격리수용시설의 일부 확충에도 불구하고 부랑나환자는 늘어만 갔고, 배회하는 지역도 점차 북방으로, 대도시에서 소도시, 그리고 농촌으로 확산되어만 갔다.

즉 부랑나환자를 수용하는 시설의 확충은 상당한 예산이 뒷받침되어야 가능한 것이었다. 부랑나환자 500명을 추가 격리수용하기 위해서는 추가 시설과 의료인 고용 등에 들어가는 비용이 46,000원이라는 거액이 필요했다. 그러나 500명을 추가 격리하는 것으로도 늘어만 가는 부랑나환자를 모두 격리시키는 것은 애초부터 불가능한 것이었다.

이러한 이유 때문에 도시에서의 부랑나환자 관리는 격리시설로의 이송뿐만 아니라 원적지로의 추방이 주를 이루었다. 1920년대에는 도시에서 배회하는 부랑나환자를 주기적으로 단속하여 소록도자혜의원으로 보내 격리했다.[81] 그러나 1920년대 후반으로 가면 나병원의 수용 능력보다 훨씬 더 많은 나환자들이 도시로 몰려들었기 때문에 점차 이들을 단속하여 원적지로 보내는 일이 많아졌다. 예를 들어 1928년 6월 17일 동아일보의 기사를 보면 배회하는 나환자 때문에 지역민뿐만 아니라 경찰 역시 고통을 받고 있는데, 별다른 방법이 없기 때문에 임시방편이지만 이들을 단속하여 원적지로 보냈다는 내용이 있다.[82] 이러한 원적지로의 송환 역시 격리시설의 부족으로 주기적으로 이루어졌다.[83] 부랑나환자를 단속하여 원적지로 송환하는 것은 임시방편이었기 때문에, 송환된 환자들은 다시 도시로 몰려들었다. 원적지 송환은 다른 문제를 야기하기도 했다. 1930년 4월에 부산경찰서에서 부랑나환자들을 기차에 태워 원적지인 대구로 보낸 것이 큰 사회 문제가 되었다. 대구 경찰은 통보도 없이 문제 집단인 나환자들을 자신의 관할 구역에 보냈다며 부산경찰서에 강력히 항의했는데, 결국 이들은 다시 부산으로 보내졌다.[84] 같은 해 9월에도 포항과 경주에서 나환자를 서로 쫓아내는 사건이 벌어졌다.[85] 이 사건은 여러 언론에서 대서특필될 만큼 큰 사회문제가 되었는데, 당시 경찰에도 나환자 관리가 상당히 힘들고 민감한 사안이었음을 알 수 있게 해준다.

그러나 1931년 조선나병근절책연구회의 창설은 조선총독부의 나병 정책의 직접적인 변화를 가져왔다. 전술한 바와 같이 초기에 조선총독부는 조선인들의 나병사업에 호의를 가지고 지원했으나, 얼마 지나지 않은 1932년 이 단체를 해체시켰고,[86] 이를 대체하기 위하여 1932년 12월 2일

재단법인 조선나예방협회를 출범시켰다. 조선총독부의 조선나예방협회 설립은 상당 부분 조선나병근절책연구회의 활동에 대한 위협 때문이었다.[87] 조선총독부는 자신들이 십수 년 동안 하지 못했던 사업을 조선의 엘리트들이 해결하려 하고, 실제로 성과를 낼 수 있는 역량을 보여주었기 때문에 위협적으로 느꼈다. 더구나 조선나병근절책연구회가 서양선교사들이 설립하고 운영하는 대구, 부산, 여수의 나병원들과 긴밀히 협의하고 있었던 것은 이들 민족 엘리트들을 견제할 또 다른 이유가 되었다. 당시 조선사회가 이 문제를 조선인 민족 엘리트들이 서양선교사들과 손잡고 해결할 경우 통치의 정당성이 흔들릴 수도 있다는 위기감이 고조된 것이다. 조선총독부는 조선나병근절책연구회의 사업에 필요한 경비를 위한 모금활동을 허가하지 않는 방식으로 활동을 방해했고, 결국 이 단체는 1932년 6월 3일 결의에 의하여 완전히 해산했다. 주요 인사들은 일본총독부 주도로 설립된 단체로 흡수되었다.[88]

그런데 조선나예방협회의 설립은 단지 조선인 엘리트와의 경쟁으로만 설명되는 것은 아니다. 이는 특히 1930년대 초반 일본에서의 나병환자에 대한 절대종생격리정책의 성립과 연관해 살펴볼 필요가 있다. 일본은 1907년 「나예방법에 관한 건」을 제정하고 1909년부터 부랑한센병환자들에 대한 강제격리를 실시했는데, 1931년 「나예방법(らい豫防法)」의 개정으로 강제격리 대상을 부랑나환자에서 모든 나환자로 확대했다. 이는 1930년대 일본의 파시즘 체제의 전환과 더불어 이루어진 조치로 나환자에 대한 절대격리의 이념이 이때 수립되었다. 대만에서도 1930년 12월 나환자 시설인 낙생원(樂生院)이 설립되었고, 일본에서도 같은 해 11월 나가시마(長島)에 최초의 국립수용소인 애생원(愛生園)이 설립되었다.

이렇듯 1930년대 초반은 일본과 일본 식민지에서 한센병 관리정책이 강화되어 절대종생격리정책으로 전환되던 시기였다. 한편 후지노 유타카(藤野豊)는 식민지 조선에서의 나병정책의 강화를 일제가 만주로 진출하는 제국의 군대를 보호하기 위한 것이라고 보았다.[89] 즉 만주 침략의 발판으로서 조선을 군인들의 신체에 무해한 곳으로 만들기 위하여 나병정책을 강화했다는 것이다. 종합적으로 보았을 때 1932년 조선나예방협회는 1930년대 초반 일본의 파시즘으로 전환 과정 중에 이루어진 나병환자에 대한 절대종생격리정책의 등장과 만주 침략이라는 군사적 목적, 조선 내 민족 엘리트 세력의 통제 등 다중적인 목적에 의하여 이루어졌다고 봐야 한다.

조선나예방협회는 우가키 가즈시게(宇垣一成) 총독을 비롯하여 이마이다 기요노리(今井田清德) 정무총감, 니시키 산케이(西龜三圭) 경무국 위생과장 등이 제창하여, 1932년 12월 23일 정무총감, 경무국장, 위생과장, 학무국장 등이 참여하여 발기인 대회를 열고, 같은 해 12월 27일 설립인가를 받았다.[90] 이 단체의 목적은 나환자 격리시설의 확충에 필요한 재정을 모으는 데 있었다. 조선나예방협회의 모금활동은 성공적이었고 1933년 말에는 계획한 것보다 훨씬 많은 금액을 모금했다. 예상이 넘는 기부금을 모금하자 조선총독부는 당초 계획한 수용환자 수보다 1,000명을 증원하여 총 3,000명을 수용할 시설로 확충하기로 계획을 수정했다.[91] 모금 형태는 일반인의 기부였지만 실제로는 상당히 강제적인 모금이었다. 매일신보는 주기적으로 도별 모금액을 발표했으며, 관리들에게는 급료를 떼고, 일반주민, 학생, 죄수에게까지 기부금을 내도록 강제했다.[92] 그 결과 소록도자혜의원은 총 3차에 걸친 확장공사 끝에 6,000명이 넘는 환자를 수용하게 되었다. 제1차 확장공사 중이던 1934년 9월 14일, 지방관제에 속해 있던 소록도자혜의원은 칙령 제260호 「조선총독부 나요양소관제」가 공포되면서 조선총독부 소속의 나요양소 관제로 재편되었고, 이를 계기로 의사 및 직원들의 수를 점차 늘려나갔다. 같은 해 9월 29일에는 「조선총독령 제98호」에 의하여 소록도자혜의원에서 소록도갱생원으로 명칭이 변경되었다.

이러한 일련의 움직임은 1935년 4월 20일의 제령 제4호 「조선나예방령」의 공포로 귀결되었다. 「조선나예방령」에 의하여 조선에서의 나병관리정책은 기존에 부랑나환자 관리 중심의 정책에서 모든 환자에 대한 종신격리정책으로 전환되었다. 이 법은 1931년 제정된 일본의 「나예방법」의 내용을 모방한 것으로 나환자에 대한 절대종생격리정책을 내용으로 하고 있으며, 시설 내에서의 나환자의 통제를 용이하게 하기 위하여 소록도갱생원 원장에게 징계검속권을 부여하여 규정 위반 환자의 처벌을 가능하도록 했다. 「조선나예방령」에 의하여 나환자에 대해서 어떠한 사회생활도 금지시킬 수 있게 되었다. 제3조를 보면 나환자가 업무상 병독(세균) 전파의 우려가 있는 직업에 종사하는 것을 금지했으며, 또한 시장, 극장, 기타 다중의 집합장소에 출입을 금지했고, 마지막으로 이들이 만지는 모든 물건의 매매 및 접수를 금지했다. 즉 이 법에 의하여 나환자는 경제생활을 할 수도 없고, 많은 사람들이 모여 있는 곳에 가서 구걸할 수도 없게 되었다. 특히 제3조의 내용을 위반한 자는 제11조에 의하여 백 원 이하의 벌금 또는 과료를 받게 되었기 때문에 강제력이 매우 높은 법이었다.

이로써 나환자는 사회의 일원으로서 자격을 완전히 박탈당하고, 이들이 선택할 수 있는 것은 나환자 관리시설에 격리되거나 경제력이 뒷받침되는 가족이 있을 경우 집에서 숨어 지내는 것이었다.

3차 확장공사가 완료된 1940년 소록도갱생원의 나환자 수용 능력은 6,136명에 이른다. 이것은 1929년 735명에 비해 11년 동안 5,401명이 증가한 것이다. 소록도갱생원에 수용된 환자 수에 서양선교사가 운영하는 나병원들에 수용되어 있는 환자 수를 합하면 8,000여 명의 나환자가

1940년 당시 나시설에 수용되어 있었던 것으로 추산된다. 이 수는 1929년 조선총독부가 수용되지 못한 조선의 나환자 수 5,355명을 훨씬 웃도는 것으로 이 무렵에 이르면 부랑나환자 문제는 어느 정도 해소된 것으로 보인다. 이러한 결과는 근본적으로 나환자 문제의 유일한 해결책은 강제격리라는 인식을 공유하고 있었던 조선사회와 조선총독부 양자가 때론 협력하고 때론 갈등하며 만들어낸 합작품에 가까웠다.

결론: 격리의 강화와 확대

마지막으로 던져야 할 질문이 남았다. 이러한 결론은 당대 상황에서 과연 불가피한 것이었을까? '부랑나환자'에 대한 낙인과 차별, 대규모 격리수용은 '나병'이라는 세균성 전염병의 특성으로 인한 어쩔 수 없는 선택, 혹은 이들을 치료하기 위한 '선의'의 산물로 이해해야 할까? 당시 조선인은 근대 서구의학지식, 특히 병인론으로서 세균설이 조선에 수입되고 나서야 엄청난 사망자를 발생시키는 두창(천연두), 호열자(콜레라) 등의 급성전염병이 병독, 즉 세균에 의하여 발병되는 것임을 깨닫게 되었다. 오랫동안 인간이 통제할 수 없는 귀신의 영역에 있었던 이들 급성전염병은 현미경을 통해서 발견된 세균에 의해 발생한다는 것을 깨닫자 인간의 영역으로 내려왔고, 이제 인간이 통제할 수 있는 질병이 된 것이다. '세균설'이라는 지식과 이에 근거한 식민지의 전염병관리제도는 세균의 위험성을 조선인에게 각인시켰고, 조선사회는 이를 별다른 의심 없이 수용했다.

세균이 인간이나 동물 등을 매개체로 전파된다는 사실의 발견은 급성전염병의 통제와 인간의 이동에 대한 통제를 비슷한 것으로 보게 했다. 물론 세균이 번식하기 유리한 비위생적인 환경을 개선하려는 노력도 없지 않았지만 통치비용의 측면에서 비위생적인 주거환경을 개선하고 상수도를 설치하여 깨끗한 식수를 공급하고, 하수도를 설치하여 분뇨 등 오물을 처리하는 것보다 '사람'을 직접 통제하는 것이 훨씬 효율적이었다. 특히 일본 내지와 다르게 식민지는 위생적인 도시환경을 조성하는 것보다 치안유지 등 군사적인 통치비용이 더 시급한 곳이었고, 그래서 식민권력에 의한 급성전염병의 통제는 위생적인 환경을 만드는 것보다 위생경찰을 통하여 질병의 매개체이거나 매개체로 의심되는 사람들을 관리함으로써 문제를 단순화하고 최소한의 통치비용을 사용하는 것에 초점을 맞췄다. 앞에서 보았듯 이는 조선의 지식인 엘리트들 역시 받아들인 관점이기도 했다.

그런데 사실 만성전염병이자 빈곤층에 유병률이 높은 나병과 결핵 같은 질병은 전염병이지만 급성전염병과는 그 성격이 상당히 다르다. 특히 나병은 전염성이 매우 낮고 감염자의 영양이나 면역 상태에 따라 발병에 영향을 받는 질병이기 때문에 경제적·사회적 발전 등 영양학적·위생학적 조건의 향상으로 어느 정도 질병의 확산을 막을 수 있다.

그러나 질병의 병인론으로서 세균설에 근거한 식민지 조선의 전염병관리정책과 그것을 실행하는 위생경찰이라는 제도 속에서 살아가며, 문명화된 근대적 의학지식으로서 그것을 받아들인 식민지 조선인들에게 나병이라는 질병은 나환자를 둘러싼 사회경제적 조건을 향상시킴으로써 통제될 수 있는 전염병이라는 인식 자체가 부재했다. 단순히 매개체인 환자를 추방하고 격리함으로써 통제할 수 있는 전염병으로 인식되었다. 게다가 근대적 공간으로서 도시에서 살던 조선인 도시민들에게 토막 등의 가건물에서 집단생활을 하고 걸식하는 부랑나환자의 존재는 도시민의 위생뿐만 아니라 치안을 위협하는 위험으로 사회문제화되었다. 동시에 비문명국가의 질병으로 간주되던 나병은 조선인의 수치심을 자극했다. 이는 나병이 사라진 것으로 알려진 서구에 비하여 나병 유병률이 높았던 일본의 수치심과 비슷한 것이었다. 나병과 나환자는 사회의 치안과 위생을 위협하는 질병인 동시에 민족의 열등함을 표상하는 상징과 같은 존재였다.

통치비용의 문제로 나환자에 대한 적극적인 활동을 주저하는 조선총독부에 앞서 조선사회는 나병 문제를 해결하기 위하여 먼저 움직였다. 조선사회는 1920년대 초반부터 부랑나환자를 사회문제화했고, 치안과 위생의 관점에서 이들의 위험성을 담론화했으며, 부랑나환자의 관리를 보건당국에 요구했다. 조선사회의 이러한 적극적인 움직임에도 불구하고 통치비용의 문제 때문에 조선총독부가 본격적인 부랑나환자의 관리에 소극적이자, 조선사회는 먼저 나서서 부랑나환자를 격리할 수 있는 나병원을 만들기 위하여 조선나병구제연구회 같은 단체를 설립하고 활동했다.

그러나 조선총독부와 식민지 조선사회가 공유한 전염병과 전염병 환자에 대한 인식에 근거한 조선사회의 담론과 활동은 애초에 목표했던 것과 전혀 다른 방식으로 전개되었다. 세균과 그것을 매개하고 있는 환자의 존재를 동일하게 보는 인식에 근거한 부랑나환자에 대한 낙인의 결과 더 많은 부랑나환자들이 발생했고, 이들이 남부의 일부 도시에서 식민지 조선 전역으로 확장되는 의도치 않은 전염병 통제의 실패로 귀결되었다. 한편 일제강점기 형성된 부랑나환자에 대한 부정적 인식과 태도는 전염병의 통제에서뿐만 아니라 사회문제를 해결하는 방식에도 부정적인 영향을 미쳤다. 조선사회는 나환자 등 부랑인이 발생한 경제, 사회, 정치 등 구조적 원인을 탐구하고, 해결책을 제시하는 것이 아니라, 구조의 피해자일 수 있는 취약한 집단에게 문제의 책임을 묻는 방식을 자연화했다. 그리고 낙인찍힌 집단을 도시에서 추방하거나 외딴 곳에 격리함으로써 사회문제를 해결하는 것을 자연스럽게 생각했다. 이러한 '부랑'에 대한 부정적 인식과 태도, 그리고 추방과 격리는 광복 이후에도 이어졌다.

사회적 배제의 지속과 변형* 02

발전국가 시기의 사회정치

박해남

들어가며 아우슈비츠(Auschwitz)라는 이름으로 잘 알려진 폴란드 남부의 도시 오시비엥침(Oświęcim)에는 히틀러가 이끈 나치체제 하 최대의 수용소 두 곳이 있다. 하늘에서 내려다봤을 때, 오시비엥침 기차역 동쪽에 그 유명한 아우슈비츠가 있다. 이곳은 우리에게 잘 알려진, "노동이 너희를 자유케 하리라(Arbeit macht frei.)"는 문구가 새겨진 정문에, 벽돌로 지어진 십수 개의 건물로 가득한 수용소다. 기차역 서쪽에는 비르케나우 수용소가 있다. 아우슈비츠보다 훨씬 넓은 공간에 목재 가건물이 듬성듬성 자리한 이곳에는 아우슈비츠와 달리 "노동이 너희를 자유케 하리라"는 문구가 없다. 〈그림 2〉에서 보듯 입구에는 어떤 표지도

* 이 글은 『민주주의와 인권』(19권 4호, 2019)에 「한국 발전국가 시기 사회정치와 부랑인의 사회적 배제」란 제목으로 실린 필자의 논문을 수정·가필한 것이다.

그림 1. 아우슈비츠 수용소 입구 (2019년 7월, 필자 촬영)

그림 2. 비르케나우 수용소 내부의 철로 (2019년 7월, 필자 촬영)

없으며, 오시비엥침 중앙역에서 갈라져 온 철로가 수용소 내부로 향할 뿐이다.

두 수용소의 구조가 이처럼 다른 이유는, 두 수용소의 성격이 다르기 때문이다. 1940년에 지어진 아우슈비츠는 강제노동을 통해 인간을 '교화'시킬 것을 내세웠다. 실제로는 인간의 교화가 아닌 강제노동과 폭력, 생체실험 등으로 인간을 동물처럼 부리는 장소였지만 말이다. 1942년에 지어진 비르케나우는 다수의 가스실과 시체소각로를 갖춘, 인간을 절멸하기 위한 장소였다. 따라서 어떤 슬로건도 내걸 필요가 없었다. 유태인들을 비롯한 다양한 '부적격자'들은 동물수송차량(Viehwaggon)이라는 이름의 화물차에 짐짝처럼 실려와, 수용소 내부의 플랫폼에 내려지자마자 건강상태에 따라 분류되었으며, 노동력으로서 쓸모가 없다고 판정받은 다수는 가스실로 바로 이동하여 최후를 맞았다. 이처럼 같은 수용소라 하더라도 그 성격은 매우 다를 수 있다. 수용 의도의 차이가 수용소의 외관과 수용소 내 생활의 차이를 낳고, 수용자들이 살아가는 과정의 차이가 수용자들의 이후의 삶, 즉 수용 결과의 차이까지를 만들 수 있다.

형제복지원은 어떨까? 그곳은 어떤 성격의 수용시설이었을까? 국내 최대의 부랑인 수용시설이었던 형제복지원은 외관상 '복지시설'이고, 부랑인들을 '갱생'시키는 곳이었다. 하지만 실제로는 납치하다시피 사람들을 데려가 무기한 감금했으며, 수용자들에게 지속적으로 폭력을 가하고, 더없이 가혹한 노동을 부과하여 수백 명을 죽음으로 내몰았다.

당시 사람들은 형제복지원이 '사회악'이라 불리던 부랑인을 수용하고 '교정'하여 사회로 복귀시키는 기관이라고 생각했다. 그간의 연구 경향은 사회를 규율하고 병영화하려 했던 독재국가가 사회의 '정상성'을 유지하기 위하여 비정상으로 범주화된 부랑인들을 단속하고 수용했다는 해석이 우세했다.[1] 그러나 최근의 연구들은 수용시설인 형제복지원이 '교정'이나 '갱생'이 아닌 수백 명을 죽음에 이르게 할 정도로 가혹한 폭력과 강제노동의 공간이었으며, 수용된 이들을 끝없이 가두는 데 초점을 맞추었다는 것을 보여준다.[2] 이러한 사실은 국가나 수용시설 사업자가 내건 '갱생' 같은 슬로건과 수용된 이들의 일상 사이에 매우 큰 차이가 존재함을 말해준다. 이는 형제복지원의 성격에 대하여 여전히 설명을 요청하고 있다.

부랑인 수용의 성격을 해명하기 위하여 이 글은 국가만이 아니라 시민사회와 수용시설 사업자들을 모두 고려하는 접근법을 취하고자 한다. 기존의 연구들은 주로 국가만을 부랑인 수용과 관련한 중요한 주체로 여기며 '갱생'과 '정상화' 기관으로 형제복지원을 해석해왔다. 이는 폭력과 강제노동으로 점철된 수용시설의 일상생활과 수용시설을 나온 이후 사회로부터 격리 아닌 격리상태에 놓여 있는 수용자들의 상황을 설명하기 어렵다. 이를 설명하기 위해서는 국가만이 아니라 시민사회나 수용시설 사업자들의 부랑인 인식과 실천들을 살펴볼 필요가 있다.

이 글은 1960년대부터 1980년대 사이 발전국가(developmental state) 시기 사회정치(social politics)에 초점을 맞춰보고자 한다. 냉전을 배경으로 1960년대 초 탄생한 발전국가는 빠른 경제성장을 제1의 목표로 삼았다. 그리고 경제성장과 체제의 유지를 위하여 '사회정치'를 수행했다.[3] 국가는 산업화와 도시화 과정에서 발생하는 빈곤, 범죄 등 다양한 사회문제(social question)의 원인을 진단하고 그 나름의 대응책을 제시하고, 시민사회와 이를 둘러싼 경쟁, 협력 등의 상호작용을 했다는 것이다. 이때 시민사회만이 아니라 사회복지 사업자들 역시 중요한 변수가 되는데, 발전국가는 경제성장을 위하여 복지지출을 최소화하면서 민간 사업자들의 활동에 의존하는 경향이 있었기 때문이다.

일반적으로 부랑인은 '노동기피자(workshy)'로도 불리며 사회정치 과정에서 가장 중요한 사회문제 원인 집단으로 꼽혀왔다.[4] 한국에서도 식민지 시기부터 부랑인을 지속적으로 단속하고 수용했으며, 이를 둘러싸고 총독부와 조선인 사회 사이에 일종의 공모관계가 형성되기도 했다.[5] 발전국가는 경제성장과 체제의 유지를 위하여 사회문제 해결을 외치면서도 사회복지 대부분을 민간영역에 의존했던 사실을 포함하여 식민지와는 다른 양상을 여러 장면에서 보여준다. 하지만 발전국가 시기 부랑인을 둘러싸고 국가와 시민사회를 모두 포괄하는 사회정치에 대한 연구는 아직 이뤄지지 않았다.

따라서 이 글에서는 우선 발전국가 시기의 사회정치 과정에서 국가는 사회문제를 어떻게 풀어가려 했고, 부랑인은 어떻게 규정되었으며, 이에 기초하여 어떤 실천을 수행했는지 알아보고자 한다. 다음으로, 그러한 국가의 사회정치 담론에 대한 시민사회의 반응과 부랑인에 대한 태도를 알아보고자 한다. 그리고 이와 같은 사회정치 담론 및 부랑인 접근법 속에서 수용시설 사업자들이 보여준 수용의 목표, 과정, 결과를 해석해보고자 한다. 마지막으로 발전국가 시기 사회정치라는 맥락에서 형제복지원 사례를 포함한 부랑인 수용의 성격을 규정해보고자 한다.

사회악을 제거하고자 하는 국가

습속 개조와 주의주의

발전국가 시기의 사회는 일반적으로 국가가 반공주의 이데올로기에 기초하여 국민의 습속과 의견을 통제하고 규율하는 '반공규율사회'로 정의된다. 공산주의와의 대결을 명분 삼아 일상생활의 각종 영역을 통제하고 규율하려 한 것이 발전국가였다는 것이다. 그렇다면 국가는 '반공' 외의 다른 영역에서도, 특히 사회문제의 인식과 해결책의 제시에서도 규율을 앞세웠다고 볼 수 있을까?

국가는 사회문제를 사회구성원들의 습속의 탓으로 돌렸고, 습속에 관한 지도와 통제를 통해 이를 해결하고자 했다. 예를 들어 권력자 박정희는 쿠데타를 수행한 지 얼마 지나지 않아 발표한 글에서 "가난은 가난을 낳고, 헤어날 길 없는 고생과 쪼들림만이 계속 되풀이될 뿐, 경제적 자립을 이루지 못하고, 국민의 생활하는 정도는 부끄럽게도 세계 여러 나라 민족과 비교해서 그중 밑바닥을 차지하고 있다"면서 한국사회의 가장 심각한 사회문제로 빈곤을 꼽고 있다. 그리고 이 문제의 원인은 사회구성원 대다수가 지닌 습속이었다. 해결책 역시 '의식개조', '인간혁명', '생활혁명' 등이었다.[6] 1980년 이후 국가는 무질서를 빈곤보다 더 심각한 문제로 여겼지만, '정신'과 '의식'을 개조한다는 해결책은 여전했다.[7]

사회문제의 원인과 해결책을 모두 사회구성원의 습속에서 찾는 국가의 사회정치 기조는 대통령 취임사를 통해 일관되게 드러난다. 박정희와 전두환은 일관되게 '복지사회' 내지 '복지국가'를 목표로 내걸었다. 박정희는 1963년, 1967년, 1971년, 1978년, 총 4회의 대통령 취임 연설에서 '복지사회'를 목표로 내걸었다.[8] 전두환은 1980년과 1981년 모두 '민주복지국가'와 '복지사회' 건설을 내걸었다.

그런데 이를 달성하기 위한 방법은 습속 개조였다. 박정희의 경우 1963년에는 "강인한 노력의 정신적 자세"를, 1967년에는 "근로와 실무에 밝고 충실하며, 우리 주변의 사소한 구석구석을 눈여겨 개선하고, 사회생활의 윤리와 질서를 존중"하는 자세를, 1971년에는 "남을 탓하는 그 시간에 나 자신의 허물을 고치는 자기 정화를 생각하고, 거짓과 부정을 배격하는 그 의분으로 사치와 낭비를 몰아내고, 근면과 검소, 정직과 성실의 기풍을 일으키는 사회 혁신"을, 1972년에는 "땀흘려 일하는 근로와 창의, 생산과 능률의 미덕"을 강조했다. 1978년에도 마찬가지로 "건전한 국민정신과 사회 기강의 확립"을 강조했다. 1980년대 들어서는 "국민 모두가 근면하고 협동"할 것을 요구했다.[9]

이는 단순히 수사에 그친 것이 아니었다. 1960년대를 대표하는 재건국민운동, 1970년대를 대표하는 새마을운동, 1980년대를 대표하는 사회정화운동, 이 모두는 사회구성원의 습속을 개조하기 위한 대규모의 캠페인 기구였다. 내핍생활, 근면정신 고무, 생산 및 건설의식 증진 등을 목표로 내세운 재건국민운동,[10] 자력갱생 및 자조(self-help)원칙에 기초하여 농촌의 빈곤 문제를 해결할 것을 주문한 새마을운동,[11] 그리고 "정직, 성실, 근면한 사람이 우대받고 존경받을 수 있는 건전한 사회풍토를 조성"하고자 한 사회정화운동,[12] 발전국가는 이들 세 관제캠페인을 통해 수백만 명의 회원을 동원하여 자신들이 원하는 바를 달성하고자 했다.

하지만 캠페인과 연설 외에 습속의 변화를 유도할 장치는 없었다. 4대보험을 기축으로 하는 복지제도란 사회구성원을 포용(inclusion)하는 동시에 습속의 변화를 유도하는 대표적인 장치로 여겨진다. 그런데 뒤에서 볼 수 있듯이 복지제도는 소수의 인원에게만 해당하는 선별적인 것이었다. 습속 개조를 통해 사회문제를 해결할 수 있다는 담론은 많았지만, 국가는 습속을 개조할 것만을 지속적으로 주문할 뿐, 바꾸는 것은 개인의 몫이었다. 좋든 나쁘든 간에 습속은 오로지 개별 구성원의 '의지' 혹은 '정신'의 산물이었다.[13]

따라서 발전국가 시기 국가가 보여준 사회정치는 '규율(discipline)'과 거리가 있다. 푸코(Michel Foucault)는 프랑스 복지국가가 황금기(Trente glorieuses)를 막 지나는 시점에서 복지국가를 비판하기 위해 이 개념을 활용했다.[14] '정상적' 사회구성원을 상정한 뒤 이를 만들기 위하여 다량의 재정을 활용하며 구성원의 일상의 구석구석에까지 영향력을 행사했던 국가의 적극적 행위를 염두에 둔 것이었다. 이와 달리 발전국가 시기 당시 한국은 캠페인 이상으로 구성원의 일상을 바꾸기 위한 적극적 행동을 보여준 적이 거의 없었다. 복지 지출은 늘 최소한으로 억제했다.

이를 잘 보여주는 사례가 박정희 정부의 '개척단' 사업이다. 국가는 1961년 쿠데타 직후 부랑인들을 서산이나 장흥, 창원 등지로 데려가 농지를 개간케 하고, 결혼을 시켜 가족을 구성하게 했다.[15] 노동과 가족을 통해 부랑인들을 사회의 '정상적' 구성원으로 만들고자 한 것이다. 이를 자랑스레 선전했고, 시민사회에서도 기대감을 드러냈다. 하지만 실상은 사회구성원의 정상화와는 거리가 멀었다. 고립된 공간에서의 고된 노동에도 불구하고 토지는 주어지지 않았으며(서산), 토지가 주어졌다 하더라도 당사자들은 그곳에 정착하는 것을 기피했다(장흥). 부랑인도 윤락여성도 아닌 이들을 강제로 끌고온 경우도 적지 않았고, 강제 결혼도 다반사였다.[16] 개척단 사업은 사회적 타자를 정상화하는 연극이었지, 이들이 실제로 습속을 바꿔 정상적 사회구성원이 되어 살도록 하는 장치는 아니었다.

사회정화와 선별적 포용

발전국가 시기 국가의 사회문제 해결 방식은, 문제시된 습속이 비교적 현저하게 드러나는 이들을 '사회악'이라는 이름으로 범주화하고 이들을 사회에서 격리시켜 사회를 '정화'하는 것이었다. 이는 사회문제의 원인을 습속에서 찾고, 그 습속은 개별 주체들로부터 오롯이 비롯하는 것으로 보는 주의주의적(主意主義的) 관점에 기초한 판단이었다. 문제적 습속은 개인의 책임이며, 그러한 습속을 가진 이들이 타인에게 영향을 미치지 못하도록 사회에서 격리시켜야 한다는 논리였다.[17]

5.16으로 정권을 잡은 군인들은 온갖 유형의 문제적 습속을 '사회악'으로 정의한 뒤 이를 '일소' 내지 '근절'하겠다고 나섰다.[18] 마치 판에 박은 것처럼 5.18로 정권을 잡은 군인들도 '사회악 일소조치'와 더불어 정치 전면에 나섰다.[19] 부랑인은 깡패, 소매치기, 윤락여성 등과 더불

어 대중의 습속, 즉 사회를 오염시키는 대표적인 '사회악'이었다. 1962년에 자신들의 치적을 드러내기 위해 제작한 책에서 군인들은 "깡패와 소매치기, 부랑아" 등의 '사회악'을 일소하고 사회를 "명랑화"한 것을 중요 성과로 홍보했다.[20] 국가는 부랑인을 호기심, 허영심, 충동성, 반항심 등을 지녀 내적으로 범죄의 소질을 지닌 집단으로 파악했으며,[21] 나아가 사회 내 다른 구성원의 습속을 오염 내지 전염시킬 수 있는 자들로 규정했다.

그렇다면 국가는 어떤 이들을 부랑인이라고 보았는가? 국가가 '사회악'으로서의 부랑인을 범주화하는 방식은 단순했다. 특정한 방식으로 일하는 이들이 곧 부랑인이라는 식이었다. 부랑인의 강제수용과 관련하여 매우 중요한 근거조항이 된 1975년의 「내무부 훈령 제410호」가 이를 단적으로 보여준다. 훈령 제1장 2절 및 3절은 부랑인을 "건전한 사회 및 도시 질서를 저해"하며, "사회에 나쁜 영향을 주는 자"라고 정의한다. 하지만 사회와 도시 질서를 저해하고 나쁜 영향을 줄 만한 습속이 무엇인지는 정의하지 않는다. 부랑인은 직업으로 범주화된다. '걸인, 껌팔이, 앵벌이, 노변행상, 빈 지게꾼' 등의 직업이 그것이다. 구두닦이, 신문팔이, 행상, 넝마주이 등의 '가두직업 소년' 역시 부랑인과 동일시되었다.[22]

국가는 이렇게 '사회악'으로 범주화된 부랑인들을 어떻게 처우하여 문제를 해결하고자 했는가? 국가의 사회악 대처 방식을 가장 잘 보여주는 개념은 '사회정화'였다. 오염을 제거하는 것이다. 사회정화라는 개념은 전두환 정부의 '사회정화위원회'와 더불어 1980년대에 본격적으로 활용되었지만, 1960년대 초부터 국가는 이 개념을 빈번하게 사용했다. 1962년, 박정희 정부의 치적을 홍보하는 소책자에서 이들은 자신들의 사회정치 실천을 사회정화로 소개했다.

과감한 사회정화 시책에 따라 무법천지를 이루었던 폭력배가 자취를 감추고 난마와 같았던 교통질서가 바로 잡혔다. 또 부랑아와 걸인이 없어졌고, 판잣집도 철거되었다. 사치와 허영과 퇴폐가 일소되는 대신 건실하고 발랄한 신질서가 수립되었다.[23]

1966년 여름부터 정부는 '사회정화범국민운동'이라는 관제캠페인을 준비하고,[24] 이듬해 9월 11일 '사회정화대책회의'라는 관제캠페인 조직을 만들어냈다.[25] 이 조직은 1970년까지 지속되었다. 서울시에서도 1969년 자체적으로 '사회정화실천위원회'를 만들었고,[26] 1972년에도 서울시의 구별 사회정화운동이 있었으며,[27] 내무부 치안국 역시 자신들의 단속활동을 '사회정화캠페인'이라 불렀다.[28] 박정희도 이 개념을 자주 활용했다. 1971년 5월 16일, 5.16 10주년 기념사[29]와, 1972년 '8.3 조치' 연설문,[30] 그리고 유신체제하 대통령 선거 직후인 1978년 시정연설[31] 등, 중요한 연설마다 사회정화라는 개념을 활용했다. 박근혜 역시 1979년 제1회 '새마음제전'에서 "사회에 새마음 정신의 뿌리를 깊이 내릴 때 사회정화는 더욱 확실해질 것"이라며, 사회정화를 자신의 정치활동의 슬로건처럼 썼다.[32]

그렇다면 이 사회정화가 구체적으로 의미하는 것은 무엇이었을까? 사회악으로 범주화된 인구집단을 단속하고 검거하고 수용하고 격리하는 것이었다. 1962년에 국가는 사회정화를 "사회악의 온상이 되어왔던 대도시의 우범지대를 철저히 단속"하는 것이라고 소개한다.[33] 1980년에 만들어진 사회정화위원회가 가장 먼저 한 일은 사회악 일제단속을 통해 5만 명이 넘는 이들을 검거한 것이었다.[34]

다른 범주의 집단들과 달리 부랑인들은 단속과 검거로 끝나지 않았다. 이들은 사회로부터 격리되고 수용되어야 했다. 앞서 본 것처럼 1961

년 5.16을 일으킨 군인들은 도시의 부랑인들을 모아 국토건설단 내지 개척단이라는 이름을 붙여 미개간지로 보낸 뒤 이들을 현지에 정착시키고자 했다. 그렇게 해서 부랑인들은 강원도 대관령, 창원 외감리, 서산 간척지, 장흥 간척지 등 '외부세계와 동떨어진' 곳으로 갔다.[35] 도시에 산재한 넝마주이는 경찰서별로 집단수용소를 마련한 뒤 그곳에서 생활하도록 했다.[36]

1980년 5.18을 일으킨 군인들도 마찬가지였다. 이들은 사회악이라 호명된 이들에 대하여 '삼청교육'이라는 이름의 극악한 폭력을 행사한 뒤, 「사회보호법」을 만들어 지속적으로 구금하고, 이후에는 지역사회에서 감시하게 했다.[37] 1981년 4월 10일에는 전두환의 지시에 따라 부랑인을 대대적으로 단속해, 1987년까지 격리된 공간에 수용된 이들의 숫자는 계속 증가했다.[38] 수용자들의 갱생 과정에 초점을 맞추는 대신 부랑인들을 단호하게 구금하는 원장에 초점을 맞춘 형제복지원 소재 MBC 드라마 〈탄생〉(1982)은, 국가가 '사회악'이라 호명된 이들을 어떻게 대하고자 하는지를 여실히 보여준다.[39] 발전주의 시기 국가의 사회정치는 사회악이라 불린 이들을 물리적으로나 상징적으로나 사회공간으로부터 격리시키는 데 초점을 맞추었던 것이다.[40]

그렇다면 국가는 누구를 포용의 대상으로 여겼는가? 그것은 '발전'에 필요한 인력, 즉 고학력과 고숙련 인력이었다.[41] 1960년대 중반 복지제도가 본격적으로 시행된 이래 1987년까지 복지 서비스는 소수의 고숙련 및 고학력 인력에게 우선 제공되거나, 더 많이 제공되었다.[42] 부랑인들을 포함하여 사회 기층에 존재하는 구성원은 물론, 다수의 노동자와 서민층은 그러한 복지 서비스에 접근조차 힘들었다. 1961년 정권을 잡은 이들은 가장 시급한 실업문제 대신 공무원연금과 군인연금, 그리고 산업재해보험을 선택했다.[43] 산업재해보험이 가장 먼저 선택된 이유 중 하나는 실업보험과 달리 근로의욕을 저하시키지 않고, 국가의 지출을 최소화하면서도 빈곤화를 막을 수 있다는 것이었다.[44] 1963년 이후 GDP 대비 복지지출은 이전보다 오히려 감소한다.[45]

연대가 부재한 시민사회

먼저 주지해야 할 것은, 발전주의 시기 국가는 시민사회의 성장을 체계적으로 억압했다는 사실이다.[46] 따라서 다양한 시민사회 세력이 성장하기란 결코 쉽지 않았다. 4.19와 더불어 등장한 진보적 대학생·지식인, 진보적 기독교 지도자, 1970년대부터 활성화된 노동운동 조직 등의 세력이 존재하기는 했지만, 국가는 이들의 활동을 억압하고 새마을운동이나 사회정화운동 등을 통해 관제시민사회를 성장시키려 했다. 국가는 시민사회의 의견을 듣지도, 수용하려고도 하지 않았다.

그렇다고 해서 시민사회의 사회정치 지식과 실천이 의미가 없는 것은 아니다. 국가가 부랑인을 사회악으로 정의하고 정화의 대상으로 바라보면서 물리적으로나 상징적으로나 사회로부터 격리하고자 하더라도, 시민사회가 국가에 효과적으로 이견을 제시하고 연대하며, 지역사회가 이들을 포용하고자 할 경우 부랑인들은 일상에서 완전한 사회적 격리를 면할 수 있을 것이다. 또한 부랑인의 격리와 수용은 남발되기 어렵고 수용 종료 이후에는 비교적 수월하게 사회에 통합될 수 있을 것이다. 그렇다면 시민사회의 사회정치 지식과 지역사회의 포용 의지는 어떠했는가?

1960년대 시민사회의 사회정화론

발전주의 시기 대표적 시민사회 세력이었던 진보적 지식인과 기독교 세력의 사회정치 접근법을 살펴볼 경우, 특히 1960년대를 살펴보자면 국가와 공유하는 지점이 있음을 알 수 있다. 사회구성원의 습속에서 사회문제의 원인을 찾고, 습속의 개조를 통해 문제를 해결하고자 하는 사회정치 방식이 그것이다.

문제적 습속에 주목하는 시민사회의 사회정치 접근법은 해방공간에서 시작된 신생활운동에서 그 기원을 찾아볼 수 있는데,[47] 이는 1960년 4.19 이후 다시금 활성화된다. 4.19를 '반외세, 반매판, 반봉건의 민족혁명'이라 주장했던 학생들은, 4.19 이후 "경제적 자립과 정치적 자주"를 위한 실천방안으로 외래품과 사치품 퇴치운동을 전개했다. 그리고 이를 신생활운동이라 불렀다.[48] 외래품 소비와 사치라는 습속이 민족의 자립을 방해하고 빈곤을 야기한다는 문제의식 속에서 사회 상층의 습속을 문제시 하고 이를 개조하려 했던 것이다. 재건국민운동이 시작되자 이것이 4.19의 혁신담론을 계승한 것이라고 보는 지식인들도 있었다.[49] 습속을 개조하여 문제를 해결하려 한 점에서 유사성이 있고, 박정희 정권은 자립경제를 주장하는 등 4.19세력의 주장을 수용하는 것처럼 보였기 때문이다. 1961년 초 신생활운동협회를 조직한 유달영, 김팔봉, 이관구 등은 후일 재건국민운동과 사회정화대책위원회의 의장을 맡게 될 정도로 박정희 정부의 사회정치에서 핵심적 역할을 담당한다.[50]

1960년대의 진보적 대학생과 지식인, 그리고 진보적 기독교 지도자들이 만든 문헌에서 주의주의적인 사회정치 지식과 습속 개조를 통한 문제 해결 등을 찾아보기란 어렵지 않다.[51] 진보적 지식인의 경우 『청맥』이 그 예를 보여준다.[52] 예를 들어 1964년 9월호 「청소년문제와 사회정화」라는 글의 저자는 "소년들이 디케이던스(decadence)에 물들어 인간적 성장이 오도되고 범죄와 사회악 속에서 방황하게 되는 것은 요컨대 불건전한 사회 환경에 그 근인이 있다"고 말한다. 국가와 사회정치의 언어를 공유한 것이다. 또한 1964년 12월호에는 「한국인의 이상기질」이라는 특집 기사로 총 8편의 글을 게재하면서, 한국사회 구성원의 습속을 비판한다. 불신풍조와 이중인격자들이 만연하며, 잘난체를 포함한 각종 '체'도 만연하고, 자기 자신을 비하하는 엽전의식도 가득하며, 불로소득을 좋아하고 사대주의적 성격을 지니며, 빽만능주의도 엿보이고, 팔자소관을 탓하는 노예근성도 엿보인다는 것이다.[53] 같은 해에는 서울을 "눈살을 찌푸리게 하는 걸인과 물품강매, 불량배, 도범" 등이 우글대는 곳이라며 부정적으로 묘사하기도 했다.[54]

사실 진보적 대학생들과 사회의 기층에 있는 이들, 특히 부랑인 사이에는 '구별짓기'의 계기가 존재했다. 4.19가 그것이었다. 고등학생과 대학생이 중심이 된 1960년 4월의 시위는 시간이 지날수록 사회 기층에 있는 이들이 밤거리를 휘저으며 기물을 파손하는 분위기로 바뀌어 갔다. 4.19를 주도했던 이들은 이를 경계하고 질서를 회복하고자 했는데,[55] 이때 부랑인은 무질서를 주도하는 이들로 보였다. 아래 기사는 4.19 국면에서 대학생과 부랑인을 분리하는 장면을 보여준다.

> 26일의 시내 「데모」에서 시민들은 지나가는 차량을 강제 접수하여 타고 다니는 광경을 처음엔 박수로 호응해주었으나 일몰에 가까워지자 그들이 학생이 아니고 부랑아도 끼여 있음을 알고는 밤의 무질서를 염려했던 것이다.[56]

진보적 기독교 역시 큰 틀에서 사회정화론을 공유했다. 한국사회 습속 전반에 문제가 있다는 상황 판단을 공유하고, 개별 주체들의 습속이 바뀌어야 사회문제가 해결된다는 해석에도 동의했다. 다만 사회악의 제거 대신 기독교인들을 사회정화의 주체로 호명하는 데 초점을 맞춘다는 점에 차이가 있다. 이들의 눈에 한국사회는 자학과 불신으로 어지럽

혀 있고,[57] 부정부패로 가득한 공간 등으로 해석하고 있다.[58]

전문가들 가운데는 부랑인에 대한 인식을 국가와 같이하는 이들도 있었다. 국가는 윤락여성을 부랑인과 비슷한 범주로 파악하면서 격리와 수용의 대상으로 여겼다.[59] 그런 윤락여성은 주로 빈곤한 농촌이나 가정의 해체, 가정 내 폭력으로 인하여 지역에서 상경한 여성들이었는데, 이들에 대하여 서울시는 허영심과 충동을 가출의 원인으로 파악했다.[60] 일부 전문가들 역시 도시에 대한 동경이나 지역에 대한 애착심 부족으로 '무작정 상경'이 발생한다고 진단한다.[61] 문제적 습속은 개별 주체의 내적 요인의 발현이라는 것이다.

1970년대 시민사회의 동정론과 연대의 부재

1970년대 들면서 분위기는 조금 달라진다. 진보적 지식인들은 사회 기층 구성원을 '사회악'으로 호명하는 것이 아니라, 이 사회가 폭력을 내재하고 있다고 보거나 문제는 사회 상층의 습속에 있다고 보기 시작했다.

1960년대 한국은 본격적인 산업화와 도시화의 길을 걸었고, 도시는 빈곤한 농촌에서 이주한 이들로 '만원'이 되어갔다. 학력과 기술이 있는 이들은 유학과 취업으로, 그에 못 미치면 공장으로, 그에도 못 미치면 소규모 영업장 보조나 버스안내양이 되어 도시에 자리를 잡았다. 돈, 학력, 기술, 인맥 모든 것이 부재한 이들은 식모가 되거나 날품팔이가 되었고, 그러다가 윤락여성과 부랑인으로 전락하곤 했다.[62] 이러한 상황에서 지식인들은 이들을 둘러싼 폭력적인 삶을 고발하는 글을 쓰기 시작했다.[63] 이들 소설에서 빈곤에서 탈출한 하층민은 없으며, 다양한 구조적 폭력과 물리적 폭력에 노출되며 비극을 반복할 뿐이다.[64] 문제의 원인은 사회의 상층에 있다는 인식이 퍼져가고 있음을 보여주는 대목이다. 같은 시기 『기독교사상』은 한국사회는 '사회정화'가 필요한데, 문제가 되는 것은 지도층의 센티멘탈한 민족주의, 극단의 개인주의, 시대착오적 강권주의, 방종적인 자유주의, 일제의 군국주의 잔재, 조선 역대로 흘러온 관료주의의 찌꺼기 등 사회악으로 인한 부정부패라고 설명한다.[65]

그렇다고 해서 지식인들이 사회 기층의 구성원들과 적극적으로 연대할 의사가 있거나 권리를 보장하고 포용해야 할 동등한 사회구성원으로 보았다고 하기는 어렵다. 그들이 다양한 폭력에 노출된 기층의 구성원들에게 보낸 것은 '동정'이었다. 때로는 이들에 대한 불안감을 드러내거나 성적으로 대상화하는 모습도 보인다.[66]

노동자 세력 역시 부랑인으로 범주화되는 이들과 연대하기 힘들었다. 우리에게 잘 알려져 있는 것처럼 발전국가 시기 내내 노동자들은 산별노조나 전국단위 노조는커녕, 직장 내 노동조합을 만드는 일조차 어려웠다. 수면과 휴식마저도 최소화시키는 장시간 노동이 지속되었고,[67] 생활고를 비관한 노동자들의 자살은 흔했다.[68] 이처럼 국가에 의한 억압과 탄압 속에서 이들이 다른 사회구성원과 적극적으로 연대하기란 어려운 일이었다.

당시의 상황 역시 부랑인들과 노동자를 동일한 범주에 두기 어렵게 만들었다. 특히 1960년대와 1970년대 당시 노동자들은 도시의 비공식 부문에서 일하는 이들과 상황이 달랐다. 공장의 노동자들은 입사 이전에도 그 나름의 학력이나 숙련을 지닌 이들이었고, 입사 이후에는 자신의 숙련을 향상시키고 조직 내에서의 지위 향상을 경험한다.[69] 그리고 작업장 내에서 동료들과 소통할 수 있고, 노동조합 등을 매개로 연대를 실천할 수도 있었다. 국가는 이들을 '산업전사'로 호명하며, 사회적으로 중요한 자원으로 인정했다. 버스안내양은 '시민의 안내원'이었다. 하지만 부랑인과도 같은 범주인 윤락여성이 되기 쉬운 존재로 여긴 식모의 경우, 이들을 부를 이름은 없었다.[70] 이들은 봉건적 주종관계 속에서 일하고,

정기적인 월급조차 받지 못하는 경우가 많았으며, 성폭력의 대상이 되는 경우도 있었다.[71] 식모를 포함하여, 도시의 비공식 부문에서 일하는 이들에게는 경제적 보상도, 교육도, 숙련도, 사회적 소통도, 연대도, 인정도 없었다고 봐야 한다. 이들은 부랑인들처럼 격리되고 수용되지는 않았지만, 그럴 확률이 가장 높은 이들로 여겨졌다.[72] 이와 같은 현실 역시 '민중연대'를 어렵게 했다.

지역사회의 비가시화

그렇다면 형제복지원이 위치한 부산지역사회에서 부랑인을 바라보는 시각은 어떠했을까? 부산지역의 대표적 신문 『부산일보』의 기사들은 다음과 같이 지역사회가 부랑인들을 비가시화하고 또 비가시화를 행정당국에 요구했음을 보여준다.[73] 해방 이후 일본으로부터의 귀국과 전쟁 중의 피난을 겪은 한국 최대의 항구도시 부산에는 전쟁고아 및 부랑인들이 많았다. 이에 따라 1949년부터 1959년까지 다량(총 231건)의 기사에서 부랑인 문제를 다루었다. 1950년대 당시 신문은 부랑인들을 양가적인 시선으로 바라본다. 한편에는 이들에 대한 동정이 존재한다. 전쟁으로 고아가 된 이들을 보면서 굶주림을 걱정하는 것이다. 다른 한편에서 이들은 경계의 대상이다. 타인에게서 금전 등을 갈취하는 범죄자로 생각하는 것이다. 이들은 사회에 대한 가해자인 동시에 피해자로 여겨졌다. 어떻게 바라보든 간에 신문이 요구하는 해결책은 한 가지였다. 이들로부터 사회를 보호하기 위해서든, 사회로부터 이들을 보호하기 위해서든, 이들을 단속하고 수용하여 사회와 분리시켜야 한다는 것이다. 다음 글이 이를 보여준다.

가혹한 전쟁으로 인하여 부모와 가정을 잃고 거리를 방황하는 부랑아들의 참상은 뜻있는 사람들의 가슴을 아프게 하고 있거니와 이들 중에는 뼈저린 굶주림과 냉정한 세파에 호소할 길도 없어 아모 지각도 없이 죄를 범하는 소년들이 허다한데 그중 사직의 보호를 받게 되는 이런 범죄자들의 수는 날로 증가하여 작년 일 년 동안에 부산소년심리원에서 취급한 총 건수는 약 1천2백건에 달하고 가련한 그들의 수는 1천여 명으로 장차 이 나라의 역군이 될 소년보호에 경종을 울리는 한편 부랑아들에 대한 정부와 사회의 적극적인 구호대책이 요망되고 있다.[74]

기사의 논조는 1961년 6월부터 8월 사이에 한 번 바뀐다. 앞서 본 것처럼 쿠데타를 일으킨 군인들이 '개척단'이라는 이름으로 부랑인들을 황무지 개간 등에 노동력으로 활용하고 부랑인 수용시설을 증설하자, 이에 대한 소식을 계속 전하면서(총 23건) 기대감을 피력했다.

부산의 거리를 헤매던 어제의 부랑자들 170명이 오늘 씩씩한 재건의 일군으로 금성개척단에 참가, 20일 상오 10시 부산 본역 광장에서 발단식을 올리고 희망의 일터와 보금자리가 기다리는 개척 현지 구포읍 금성리로 군에서 동원된 「트럭」 7대에 실려 출발했다. 부산에서 처음으로 편성된 이 개척단은 발단식 석상에서 변재갑 부산시장의 격려를 받았다. 그리고 연말까지는 정부에서 농기구, 경작비, 피복, 식량(1년간)을 도와줄 것이고 내년 안으로 자립경제체제를 확립, 내후년부터 5년간은 개척진척에 따라 땀흘린 일군들에게 농지가 분배될 것이라고 약속받았다. 또한 경남도지사(대리)도 축하 격려했다. 107명의 개척단원들은 모두 「카키」색 작업복(헌옷)으로 갈아 입고 대표 박충근(27) 씨의 『힘차게 우리의 일터를 개척하고 재건하겠다』는 답사로 「삽」, 「괭이」, 「호미」 등을 나누어 메고 해동고교악대의 주악리에 밝은 얼굴로 출발했다. 산성개척 현지의 임야 2백여 정보를 논 34정보, 밭 17정보, 목축지 117정보로 개척하는게 이들의 희망인 것이다.[75]

이처럼 개척단이 만들어지고 수용시설이 확충되었지만, 신문은 수용된 이들의 '갱생'에는 어떤 관심도 보이지 않았다. 1961년 10월 이후 1978년까지 총 73건의 기사는 대부분 부랑인들의 단속 소식만을 전한다.[76]

1975년부터 1986년 말까지 총 12건 등장하는 형제복지원 관련 기사는 지역사회가 형제복지원에 수용된 이들을 비가시화하고 있음을 보여준다. 『부산일보』의 기사는 형제복지원 총무의 명령으로 원생들이 일으킨 납치·폭력 사건에 주목하고,[77] 형제복지원에 새롭게 만들어진 건물에 주목하고,[78] 형제복지원의 시설 미비에 주목하고,[79] 형제복지원에 대한 구호행위에 주목한다.[80] 형제복지원에 수용된 이들은 범죄자의 모습으로서만 얼굴을 내밀 뿐, 구호의 대상자로 객체화되거나 거대한 시설에 가려진다. 이들이 어떻게 살아가는지, 이들이 사회의 구성원으로 복귀하고 있는지, 실제로 형제복지원을 나온 이들은 어떻게 살고 있는지 등에 대한 관심은 찾기 어렵다. 형제복지원 앞으로 지나는 기차를 향해 일손을 멈추고 손을 흔드는 원생들의 모습을 보며 희망을 느낀다는 어느 수필가의 칼럼은,[81] 지역사회가 마치 기차에 탄 승객처럼 주마간산 격으로만 형제복지원을 들여다보고 있음을 드러내고 있다.

1987년이 되면 기사의 내용이 다시 한번 바뀐다. 1월부터 5월까지 총 35건의 기사는 대부분 형제복지원 사건을 다루고 있다. 원장 일가의 비리 및 잘못된 단속과 수용에 대한 고발이 이어진 것이다. 1987년 7월부터 기사는 다시 부랑인에 주목한다. 총 21건의 기사를 통해 형제복지원 폐쇄 이후 부산 시내에 늘어난 부랑인들로 인한 각종 범죄와 불안을 보여주면서, 이전에 그랬던 것처럼 단속과 더불어 새로운 수용시설을 요구한다.

이상을 통해 볼 때, 부산지역의 대표적 지역신문이 보여주는 지역사회의 의견은 부랑인을 단속하고 수용하여 눈에 보이지 않도록 하라는 것이었다는 소결을 내리게 된다. 신문이 주목한 것은 주로 부랑인들이 저지르는 범죄와 그로 인한 혼란상, 그리고 단속과 수용 소식이었다. 부랑인들은 범죄의 원천으로 가시화되었던 것이다. 개척단이라는 이름으로 노동 현장에 투입된 이후의 삶과 수용소에 들어간 이후의 삶에 대한 기사는 확연히 줄어든다. 형제복지원에 대한 기사들 역시 거대한 시설과 구호 행위에 주목할 뿐 수용된 이들의 삶은 가시화시키지 않는다. 부랑인이라는 이름으로 수용된 이들이 보이지 않는 곳에서 어떻게 살아가고 있는지, 자신의 노동에 대한 정당한 대가를 받고 있는지, 노동과 수용을 통해 지역사회의 일원이 되어가고 있는지, 이곳에서 나온 이들은 어떻게 살아가는지 등에 대한 관심 역시 찾아볼 수 없다. 부랑인들을 지역사회의 일원으로 받아들이고 포용하려는 의지는 찾기 어렵다고 할 수 있다.

시설의 지속을 위해 수용하는 시설사업자

발전국가 시기 내내 사회적 격리 상태에 머무르고 있는 이들의 습속을 바꿔 정상적인 사회구성원으로 복귀시키는 것은, 오롯이 수용시설 사업자의 양심에 달려 있었다. 국가가 이들을 적극적으로 격리하고자 하고, 시민사회는 이들을 포용하거나 통합하려는 의지를 보이지 않는 상태란, 시설사업자에게 부랑인들의 습속을 개조하여 사회로 복귀시켜 달라는 주문을 하지 않는다는 의미이기 때문이다.[82]

이러한 상황에서 형제복지원이라는 수용시설 사업자는 사회복귀를 위한 습속 개조를 염두에 둔 규율이 아니라 수용소의 지속적 운영을 위한 규율 내지 폭력으로 구성된 일상을 만들었다. 특히 1970년대부터 수용시설 내 영리행위가 가능해지고, 부랑인 수용에 따른 보조금이 지원되

면서, 수용시설은 그 자체로 유지와 '발전'을 추구하는 성향을 지니게 된다.[83]

수용시설 내 권력과 폭력은 수용소의 유지와 '발전'을 목적으로 작동했다. 수용시설 내부의 권력은 자신이 발화하는 모든 명령과 호명에 대하여 반론하거나 이의를 제기하지 않고 복종하는 주체로 수용자들을 개조하고자 했다. 일단 수용자들이 수용시설로 들어왔을 때 가장 먼저 만나는 것은 저항의 의지를 꺾기 위한 폭력이었다. 강제로 격리된 이들은 수용에 저항하기 마련이다. 특히 자신을 부랑인이 아니라고 생각하는 경우 더욱 그러하다. 하지만 형제복지원은 구타를 통해 이들을 '부랑인'의 행색으로, 부랑인이라 말해도 저항할 수 없는 이들로 만들어버린다.[84] "여기도 사람 사는 데 아이가" 같은 말은 더 큰 폭력을 부를 뿐이다.[85]

형제복지원의 일상은 원장-중대장-소대장-총무와 조장으로 이어지는 명령과 감시, 그리고 구타와 기합으로 채워졌다.[86] 원장은 유급직원을 최소화하고 수용자들을 관리자로 삼았다. 이들은 무차별적인 폭력을 통해 수용자들이 명령에 따라 움직이도록 만들었다. 이러한 폭력 속에서 수용자들은 "반항하지 않고, 무조건 숨을 죽이고 말을 잘 들어야"만 이 공간에서 물리적으로 살아남을 수 있었다.[87] 내부의 질서를 목적으로 폭력은 얼마든지 용인되었기 때문이다.[88] 수용자들은 '언제 어느 때 맞아서 죽을지도 모르는 상황'에서 위로부터 내려오는 명령을 수행할 수밖에 없었다.

사회로의 복귀가 아닌 지속적인 수용만을 위한 시설이 지니는 성격은 '규율'도 '갱생'도 아닌 '사회적 배제(social exclusion)'라고 할 수 있다. 경제적인 빈곤뿐만 아니라 정치적 권리, 경제적 권리, 사회보장, 인간으로서의 존엄성, 사회와의 네트워크 등 한 사회의 구성원으로 누려야 할 다양한 권리를 모조리 박탈당했기 때문이다.[89] 수용자들은 발언할 권리를 포함하여 인간으로서의 존엄성을 박탈당하고 가혹한 노동의 대가도 받지 못했다. 그뿐만 아니라 지속적인 감금과 폭력에 노출되면서 사회의 도덕 및 상징세계로부터도 격리되어버렸다. 수용소를 거치면서 수용자들은 사회구성원 사이에 유의미한 존재가 될 수 있는 능력을 상실할 수밖에 없었고, 실제로 수용자들은 수용시설을 나온 이후에도 사회에서 배제되거나 고립되는 경험을 할 수밖에 없었다.

따라서 형제복지원에의 수용의 결과는 수용시설에서 나온 후 사회적 삶에 참여할 능력의 제거였다. 반복되는 구타와 기합을 통해 수용시설은 '사회적인 것', 즉 소통의 기본인 언어와 도덕을 수용자들이 포기하도록 만들었다. 학력을 쌓거나 기술을 쌓을 수 없게 했고, 노동의 대가는 지불하지 않았다. 미래를 계획하기는커녕 덜 맞고 덜 기합 받는 것만이 일상의 목표가 되게 했다.[90] 무엇보다도 수용생활을 끝내려 하지 않았다. 복지원의 권력은 수용시설을 수용자들이 "썩을 곳"이자 "영구 취직자리"라고 말한다.[91] 실제로, 이들을 사회로 복귀시키고자 하는 강력한 의지를 지닌 이들, 가족이나 기타 외부의 사람들이 오지 않는 이상 이들은 자신들의 품행과 관계없이 계속해서 수용되어 있어야 했다. 이러한 상황하에서는 수용자들 역시 수용시설 바깥을 염두에 둔 사고와 행동을 상실하게 된다.

형제복지원의 수용자였던 피해생존자들은 수용시설의 문 바깥에서 새로운 곤경을 만나게 되었다. 사회로부터 배제되어 '사회적인 것'을 경험해 본 적이 없었던 이들이, 갑자기 '사회생활'을 제대로 수행할 리 만무했다. 이들은 주변 사람들과 제대로 소통하지 못하고, 제대로 노동하지 못하며, 빈곤과 고립 상태를 좀처럼 벗어나지 못하고 있다.[92] 피해생존자인 한종선은 "사람에서 짐승처럼 되긴 쉽다. 그렇지만 짐승에서 사람으로 온전히 돌아간다는 것은 너무나도 힘들다"고 말한다.[93] 형제복지원이라는 시설에의 수용이 만들어낸 사회적 배제의 효과를 '짐승'이라는 개념으로 설명하고 있는 것이다.

사회적 배제로서의 부랑인 수용

발전국가 시기 국가는 사회구성원의 습속이 한국사회의 문제들을 만들고 있으며, 개별 주체들이 스스로 습속을 바꿀 때 문제가 해결된다고 보았다. 이들은 주의주의적 사회정치 접근법에 기초하여 개별 주체들 내부에 습속 문제의 원인이 있다고 보았다. 따라서 문제적 습속은 오롯이 해당 주체들의 문제였다. 그러한 문제적 습속의 대표가 부랑인이었다. 국가는 이들을 사회의 오염원, 즉 사회악으로 정의하고, 이들을 사회에서 격리·수용함으로써 사회정화를 수행하고자 했다. 국가는 소수의 구성원만을 포용하고, 다수는 규율했으며, 다시 일부는 사회에서 격리시켜 사회문제를 해결코자 했는데, 부랑인이 바로 마지막 범주에 해당했다.

국가가 성장을 억압한 시민사회는 정책을 바꿀 힘이 없었다. 하지만 시민사회의 내적인 난점은 부랑인들이 사회에서 설 자리를 완전히 상실하는 사태를 방지하지 못했다는 것이었다. 1960년대의 진보적 시민사회는 주의주의적 사회정치관과 사회정화론을 일정 정도 공유했고, 1970년대의 진보적 시민사회는 부랑인들을 포함한 도시 하층의 구성원들을 동정했지만, 이들을 연대와 통합의 대상으로까지 상상하지는 못했다. 자신들의 권리조차 빼앗기고 살아가는 노동자들 역시 연대를 실천할 힘이 없었고, 노동자들과 그 아래의 하층 구성원들은 같은 범주로 여겨지지 않는 것이 일반적이었다. 형제복지원을 둘러싼 지역사회는 계속해서 부랑인들을 도시에서 격리할 것을 요구했다.

이처럼 발전국가 시기 사회정치 구도 속에서 부랑인들을 사회의 '정상적' 구성원이 되게 하는 데 관심을 지닌 세력이 없는 상황에서, 수용시설의 사업자들은 수용자들의 습속 개조와 사회 복귀를 목표로 하지 않게 되었다. 수용시설의 유지와 '발전'에 목표를 맞추고, 폭력적 수단을 활용하여 수용자들을 순종적으로 만들어 원장의 명령에 복종하도록 했다. 이는 그 자체로 사회적 배제의 상황을 만들어내, 수용자들은 수용시설 이후의 사회적 삶에 참여하기 위해 필요한 제반 능력을 상실하게 되었다.

요컨대, 발전국가 시기의 사회정치하에서 부랑인의 수용이 지니는 성격은 사회적 배제였다. 형제복지원이라는 공간 속에 들어가면서 이들은 경제 활동의 권리, 그것이 어려울 때 복지서비스를 제공받을 권리, 가족과 지역사회에서 교류하면서 살아갈 권리, 정치적인 주체로서 발언하고 행동할 권리 등 제반 권리를 상실했다. 수백 명의 목숨을 앗아갈 정도의 극악한 폭력이 형제복지원에서 반복될 수 있었던 것은, 이들을 사회로부터 격리된 공간에 수용하고자 한 국가의 기획과 이에 대한 시민사회의 방임과 연대세력의 부재, 그리고 사회로의 복귀가 아닌 수용시설의 지속에 초점을 맞춘 사업자들의 상호작용 속에서 부랑인 수용시설이 사회적 배제의 장치로 기능했기 때문이다.[94]

사회적 배제의 기술들[•] 03

부랑인 단속과 노동력의 쓸모

추지현

부랑인 단속과 관리의 기술'들'

1장에서 살펴보았듯이 누군가를 부랑인이라 명명하여 낙인을 찍고, 단속하여 공간적 격리를 시도해온 시설은 형제복지원에 국한되지 않았다. 하지만 그러한 시설들이 모두 형제복지원처럼 이른바 복지를 표방하는 민간 시설이었던 것은 아니며, 수용된 이들을 바라보는 사회적 인식도 시기와 대상에 따라 달랐다. 한국전쟁 이후 부랑인, 부랑녀, 부랑아를 둘러싼 언설과 인식은 다양한 모습으로 드러났다. 이들은 전쟁과 가난이 만들어낸 안타까운 구호의 대상이면서, 때로는 무능과 나태함의 상징이었고, 도시 미관과 위생, 안전을 위협하는 인자로 인식되기도 했으며, 이것들이 서로 결합할 때도 있었다. 부랑인에

• 이 글은 필자의 박사학위논문(「사법민주화와 엄벌주의」)과 『사회와 역사』(117호, 2018)에 「박정희 정권의 '사회악' 호명: 형사사법의 효율성 확보전략을 중심으로」란 제목으로 실린 필자의 논문을 이 책의 전체 구성에 맞게 수정한 것이다.

대한 단속의 규모와 목적, 이들에 대한 관리 방식과 국가의 재정, 노동력의 활용 방식 역시 변화했다. 부랑인이라는 기표가 모호한 만큼이나 그 대상을 관리하기 위한 법령과 수단 역시 다양했다. 즉, 1960년 설립된 형제육아원이 어떻게 수백 명을 죽음에 이르게 할 정도로 가혹한 폭력과 강제노역이 행해진 형제복지원으로 성장할 수 있었는지는 바로 그 시기 동안 이뤄진 부랑인 단속의 다양한 주체와 목적, 단속 이후 구사된 행정의 기술, 그것들이 남긴 유제와 흠결들을 통해서 설명될 필요가 있다.

이 글은 1961년부터 1987년까지 국가의 부랑인 단속이 그 대상자들에 대한 어떤 상이한 관리 기술'들'을 만들어냈는지, 그 차이는 어디서 비롯된 것인지를 살펴본다. 즉 부랑인 단속과 그 이후의 관리를 주도한 국가의 구체적 전략을 다룰 것이다. 이를 위해서는 국가를 단일한 의도와 목적을 가진 행위자로 간주하기보다는 다양한 행정 운영의 기술이 배치되고 조합되는 장[1]이자 그 효과[2]로서 이해할 필요가 있다. 부랑인 단속과 관리에는 2부에서 자세히 살펴볼 민간 시설사업자와 지방자치단체, 복지 및 건설 관계 부처뿐 아니라 경찰, 검찰, 법원과 교정 기관 등 다양한 국가 기관이 관련되어 있다. 국가로 통칭되는 바로 이 기관들의 상이한 자원, 권한, 이해가 어떻게 결합되어 그 효과를 만들어냈는지를 이해하는 것은 형제복지원은 물론 선감학원, 서산개척단, 삼청교육대 등이 보여주는 영토화된 격리, 극단의 폭력과 착취가 등장하고 변화하는 과정을 살피는 데도 필요한 작업이다. 이 장에서는 단속의 주체였던 경찰과 사후 절차를 담당한 형사사법기관의 움직임을 중심으로 그 과정을 살펴본다.

‘사회악’ 척결 기획의 상시화와 부랑인 단속 규모의 변화

2장에서 살펴본 바와 같이, 1961년부터 1987년까지 부랑인에 대한 명명과 단속은 정부의 사회악 척결 기획을 중심으로 전개되었다. 박정희 집권 이후 전쟁고아, 부랑아, 소년범, 걸인, 넝마주이 등은 더는 전쟁과 가난의 상징이나 구호가 필요한 대상이 아니었다. 이들은 범죄와 연루된 집단, 사회를 도덕적으로 타락시킬 우려가 있는 집단으로 범주화되기 시작했다.[3] 이들에 대한 단속은 늘 ‘선도’, ‘갱생’, ‘자활’을 명분으로 시행되었지만 정작 그들의 삶에 개입할 실질적 복지제도나 국가의 의지는 부재했다. 우리가 2장에서 당시의 부랑인 단속이 ‘습속’을 변화시키기 위한 규율을 목적으로 한 것이 아니라 단지 그들을 사회적 타자로 삼아 노동과 내핍의 이데올로기를 전파하기 위한 도구에 지나지 않았다고 평가했던 이유다.

그런데 단속과 관리에는 인력과 예산, 이를 움직일 조직 등 실행 수단과 역량이 필요하다. 뒤에서 살펴보겠지만 부랑인 단속에 국한되지 않는 상시적인 사회악 호명은 형사사법체계에 큰 부담으로 작동했다. 그렇다면 대국민 훈육을 목적으로 내건 대대적인 부랑인 단속은 어떻게 20년 이상 지속될 수 있었던 것일까? 그 과정에서 수백 명이 죽음에 이르는 상황이 어떻게 일어날 수 있었던 것일까? 부랑인에 대한 단속이 사회악 척결 기획을 중심으로 전개된 만큼, 이것이 집중적으로 추진된 과정을 먼저 알아볼 필요가 있다.

사회악 척결이 처음 선언된 시기와 관련 입법과 단속, 처벌 등 실제 정책이 집중되는 시기 사이에 시간 격차가 있었으며, 그 내용 또한 달랐다. 5.16 직후 박정희 정권의 사회악 호명의 목적은 이승만 정권과의 차별화에 있었던 만큼, 부정과 부패를 가져오는 공무원 범죄와 이들과 결탁한 깡패 등의 강력범죄가 대표적인 사회악의 하나로서 포함되었다.

4.19 이후로도 청산되지 못하고 있던 구정치 세력에 대한 국민적 공분은 깡패나 공무원 부패에 대한 처벌을 강화할 수 있는 기반이었고, 이를 통해 박정희 정권은 과거의 악습을 과감히 정화한다는 이미지를 확보하려 했다.[4]

이후 1966년 '5대 사회악' 척결 기획에서는 밀수·탈세·도벌·마약·폭력사범이, 1972년 '5대 사회악'에서는 밀수·탈세·마약·폭력사범뿐만 아니라 부정의약, 그리고 밀주 제조 및 도축 등 '부정식품' 사범이 새로운 '사회악'으로 명명되었다. 박정희가 '민족경제의 타개'와 '자주경제의 확립'을 '혁명'의 직접적 목표라 밝혔던 만큼 매점매석, 사치품 사용, 탈세 행위 등 경제질서 위반 행위에 대한 엄벌을 언급한 것이다.[5] 특히 유신체제를 선포한 1972년은 신군부가 비상계엄을 선포한 1980년에 비견될 만큼 사회악에 대한 언론 보도가 역사상 가장 많은 시기였다. 또한 경찰이 1972년 유신헌법 발효 이후부터 1979년 12월 12일까지 사회악 제거 작업을 추진하며 내린 단속 지시 건 수는 68회에 이른다.[6]

1980년 전두환은 안보태세 강화, 경제난국 타개, 정치발전과 내실도모, 사회악 일소를 통한 국가기강 확립 등의 추진을 내걸고 '사회정화분과위원회'를 설치했고, 이곳에서 삼청교육대 운영 계획의 입안과 전반적인 조정, 통제 업무가 진행되었다. 1986년 아시안게임과 1988년 서울올림픽을 앞두고 관광을 방해하는 요소이자 국가의 대외 이미지를 훼손하는 통행금지가 구시대적인 것으로 간주되어 해제되고 '자율'을 내세우는 변화가 나타났지만, 도시 경관을 정화하려는 의지는 지속되었다. 아시안게임과 올림픽 유치를 목적으로 한 국책사업의 일환으로 부랑인에 대한 강제 수용 역시 대대적으로 시행되었고[7] 전국의 부랑인 수용시설은 1982년부터 1986년까지 대폭 증가했다.[8] 이 과정에 대해서는 2부에서 별도로 다루었다.

이렇게 시기별로 사회악 척결 기획이 표방했던 내용과 단속 대상이 달랐음에도 불구하고 걸인, 사창가, 부랑아, 넝마주이 등에 대한 단속과 선도는 사회정화의 일환으로 빠짐없이 등장했다.[9] '부랑인'을 거리에서 비가시화시키는 것은 대중이 치안 활동의 성과를 체감하게 만드는 데 효과적이었을 것이다.

그런데 여기서 주목할 점은 걸인, 부랑아에 대한 단속 규모 변화가 1960년대와 1970년대에 서로 다른 양상을 보인다는 점이다. 〈표 1〉과 〈표 2〉에서 보듯, 이들에 대한 단속 건 수는 1962년부터 1966년까지

표 1. 걸인, 부랑아 단속 현황(1962~1966) 단위: 명

연도	단속 수	수용보호	귀향 알선	연고 인계	개척지	입건
1962	9,115	1,700	895	747	139	134
1963	17,025	11,325	4,101	1,283	285	34
1964	34,618	20,185	7,455	3,933	956	2,421
1965	45,077	20,576	15,179	5,490	302	3,521
1966	40,651	14,743	16,121	4,602	165	5,020

출처: 경찰청, 1966, 『경찰통계연보』, 86쪽.
단속 수와 처분 현황의 인원이 일치하지 않음.

표 2. 보안경찰의 단속 현황(1973~1978) 단위: 명

연도	즉결처리	경범죄처벌법 위반	기타 행정법규 위반	청소년 풍기단속	걸인, 부랑아 단속
1973	591,456	-	-	194,525	36,522
1974	411,592	-	-	178,570	26,938
1975	484,050	294,577	52,844	177,656	24,374
1976	818,645	240,699	120,238	194,067	17,467
1977	615,168	357,832	193,381	208,543	17,352
1978	633,168	347,946	226,742	257,637	13,488

출처: 내무부치안본부, 1985, 『한국경찰사』, 923-928쪽 재구성.

지속적으로 증가했다. 하지만 1973년부터는 감소하여 1970년대 후반의 수치는 1960년대 초반 수준이다. 왜 이런 변화가 나타났을까?

경제개발계획과 국가의 노동력 수급 필요

1961년 국토건설단

걸인과 부랑인에 대한 단속인원이 증가하여 최고 수준에 이른 시기가 제1차 경제개발 5개년계획(1962~1966)을 통해 국토건설사업이 재개되었던 시기와 일치한다는 점은 우연이 아니다. 한국전쟁 이후 난민정착사업이 마을 단위의 정착과 자립을 위한 농지 조성에 목표를 두었던 것과 달리, 이 시기의 국토건설사업은 정부에서 지정한 사업장, 즉 대지구 농지개발이나 산업기반 시설 건설을 목표로 했으며,[10] 사업의 기간 역시 필요에 따라 유동적이었다. 5.16 직후에는 이미 교도소에 수용된 자들에게 정역으로 부과되던 노동 역시 '대단위 특수작업장'이라는 형태로 국토건설사업과 연계되기도 했다.[11] 국가의 생산기반을 조성하는 데 노동력으로 동원된 것이다.

1961년 12월, "시급을 요하는 국토건설사업의 성공적 수행을 위해 사업의 원동력이 될 노동력의 확보와 확보된 노동력에 대한 집약적 관리"를 입법 목적으로 「국토건설단설치법」이 제정, 시행되었다.[12] 당초 국가재건최고회의는 노동력 동원의 주된 대상을 병역미필자로 삼았다. 이는 군기피자라는 오명을 씻어주기 위한 조치라는 명분으로 시행되었으며, 병역미필자의 대부분을 차지하는 '식자층'에 대한 정치적 통제 수단이기도 했다.[13] 이를 위해 정부는 국토건설단원의 소집통지를 받고 출두하지 않은 사람에게 징역 1년의 실형을 선고하기도 했고,[14] 병역미필자는 직장의 유무와 상관없이 신고케 하고 이를 위반한 경우 5만환 이

하의 벌금과 구류처분을 부과[15]하는 등 강제적 제재 수단을 통해 동원을 지속했다.

그런데 병역 대상자 이외에도 「국토건설단설치법」 제3조 3항 3호에서는 "근무동원에 관한 법령에 의해 동원된 자"를 건설원으로 활용할 수 있도록 규정하고 있었다. '근무동원에 관한 법령'이 구체적으로 무엇인지, 이로 인해 동원된 이들이 얼마나 되는지는 확인할 자료가 충분치 않다. 다만 1985년 발간된 『한국경찰사』에서는 1962년 2월 국토건설단이 설립된 이유를 "사회정화의 병적 요소가 되고 있는 폭력배와 치기배를 거국적으로 단속하여 과형 집행보다는 재범 방지와 근로정신의 체득으로 자활력을 배양"시키기 위한 것이라고 설명하고 있다.[16]

또 「국토건설단설치법」 제정 직후인 1961년 12월 13일, 노역에 강제로 동원할 수 있는 법률적 근거로서 「폭력행위자등단속에관한특례법」(법률 제833호)이 제정된다. 이 법에서는 교도 및 노동정신 체득을 명목으로 폭력행위자를 국토건설사업을 위한 노역에 취역하도록 규정하고, 부칙에서 "5.16 이후 국토건설사업에 강제취역 중인 자"를 이 법에 따라 취역한 것으로 간주하도록 했다. 즉 병역미필자 이외에도 폭력배, 치기배라 명명된 이들 역시 국토건설사업을 위해 단속, 배치되었다. 이 과정에서 부랑인들 또한 단속의 대상이 되었다. 국가재건최고회의가 국토건설단 운영 종료 이후 발행한 홍보자료에는 당시의 국토건설사업이 불량배와 깡패, 소매치기는 물론 부랑아를 "건전한 생활로 인도"하기 위한 것이었다고 홍보하고 있다.[17]

건설단원은 4개 지단, 6개 분단, 30국으로 편성되어 지단별로 건설사업을 담당하도록 했다. 이들은 1962년 3월 진주 남강댐 건설[18]을 시작으로 울산공업지구 건설, 춘천댐 건설, 정선선 철도 건설, 영주-점촌간 경북선 철도 건설, 정선 산업도로 건설, 소양강댐 건설 등에 투입되었다.[19] 건설원의 신분은 현역 군인에 준하게 하고 이들에 대한 재판은 군법회의가 관할하도록 했다. 이와 같이 형사사법기관이 아닌 군대가 노동 과정을 관리하고 위반 행위를 처벌할 권한을 갖는 것은 '준전시' 상황이라는 이유로 정당화되었으며, 국가재건최고회의가 입법, 행정, 사법의 3권을 장악했기 때문에 이에 대한 견제 또한 어려웠다.[20]

재범 방지와 근로정신 체득을 명분으로 부과된 이와 같은 노역은 집행 절차와 대상 선정 기준이 불명확했을 뿐 아니라, 예비역 장교가 기간요원을 맡았기 때문에 건설단원들은 철저히 군대의 규율에 따라 통제되었다. 이는 반인권적인 처사를 불러올 수밖에 없었는데 현장의 위생 상태나 주거 환경이 좋지 않았기에 중노동에 시달리던 건설원들에게 집단으로 늑막염이 발생하기도 했고, 기간요원의 규율에 불만을 품은 300여 명의 대원이 시위를 벌여 군법재판에서 소요죄로 실형을 선고받기도 했다.

한편 월동 장구를 비롯해 제대로 된 작업 장비가 없었기 때문에 정부가 기대한 만큼 효율적인 작업이 이루어지지도 못했다.[21] 이에 민간기업보다 비경제적이며, 작업방식이 비현실적이고 기술공이 부족하다는 비판이 제기되자, 운영방법을 달리하여 이들을 3~4개월간 조림 및 사방사업에 활용하는 방안이 논의되다[22] 결국 사업이 중단되었다. 당초 1963년 1월 1일까지 운영될 계획이었던 건설단은 1962년 11월 12일부터 해산이 시작되었고,[23] 12월에는 근거 법률이 폐지되었다. 국가재건최고회의 역시 국토건설단이 경제적 측면에서 효과가 없다는 평가를 내렸다.[24]

개척단 운용

단속된 부랑인을 동원한 개척단 사업은 박정희 정부가 공식적으로 인정한 부랑인에 대한 개입 성과이기도 하다. 5.16 직후 정부는 고아와 부랑인을 갱생시켜 "사회 명랑화"를 추구한다는 명목으로 개척단을 조직, 정착사업에 동원하기 시작했다. 토지 개간이나 개척으로 농지가 조성되면 이들에게 농지를 분배한다는 계획이었다. 이러한 목적으로 당시 구성된 개척단의 규모나 장소는 현재까지도 정확히 파악되지 않았다.[25] 구호대책으로서의 난민정착사업은 도시와 농촌의 가내수공업 장려, 개간과 간척 등의 형태로 외원과 구호양곡을 통해 이전부터 진행되어온 것이었다. 당초 전쟁 난민이 주된 대상이었던 이 사업은 5.16 직후 식량생산 확대를 위한 개간과 농지 조성에 집중되었고, 부랑인을 대상으로 확대되었다. 국가재건최고회의에서는 장흥과 서산, 두 군데의 간척지에 대한 정착사업을 혁명정부의 부랑인 단속의 성과로 언급하고 있다.[26]

노동력으로서의 가치가 있다고 인정되는 한, 아동 역시 사업 동원의 대상이 되었다. 1965년 당시 서산의 대한청소년개척단은 단원 726명 중 25%에 해당하는 187명이 15세 이하였다.[27] 또한 "항구적 자립자활을 촉진하고 유휴농경지를 개척"한다는 목적으로 추진한 새로운 '자활정착사업'을 통해 5.16 직후부터 1964년까지 8,080명이 정착하고, 총 5,507정보를 개척 중인 것으로 보고되었는데, 이 중 63%가 고아 및 부랑인, 37%가 한센병 완치자라 기재되어 있다.[28] 이 사업에는 보건사회부, 농림부, 재무부 등 정부기관이 식량과 의료, 농축자금 및 행정자금을 원조했으며,[29] 지방자치단체와 경찰이 검거와 예산 집행을 담당했다. 그리고 입법과 행정, 사법의 권한을 모두 행사하는 초헌법적 통치기관인 국가재건최고회의는 이를 혁명의 성과로서 홍보했다. 민간 사회사업단체 또한 이 사업에 참여했지만, 민간 단체가 이들을 강제 수용할 수 있는 법적 근거는 없었다.

개척단에서의 규율 방식과 폭력, 감시 또한 국토건설단의 상황과 크게 다르지 않았다. 식량은 배급되었지만 잡곡밥과 소금국 정도여서 굶

그림 1. 서산청소년개척단 작업 광경

출처: 국가기록원, 공보처 홍보국 사진담당관, 1962, CET0068594.

주림에 시달렸고, 열악한 노동 조건을 견디지 못하고 사망하는 경우도 많았다.[30] 그럼에도 정부는 이 사업을 '사회악'인 부랑인들을 생산적 주체로 전환하는 모범적인 사례로서 홍보하였고, 동원된 이들에 대하여 가호적을 승인해서 국민으로 등록케 했다.[31] 여러 사업지 중 장흥에서는 농지를 무상 분배하기도 했으나, 대부분의 지역 상황은 그렇지 못했다. '서산자활정착사업장'은 염전을 조성하고자 바다를 매립하다 중도 포기한 공유수면구역을 매립, 개간하기 위해 운영되었으나, 이 사업을 주도한 '국가'가 구체적으로 누구를 지칭하는지 알 수 없다는 이유로 2021년 현재까지도 분배하지 못하고 당시의 전매청과 서산시 사이의 책임 회피가 지속되고 있다.

1968년 국토건설단

그런데 〈표 1〉에서 제시한 경찰의 걸인 및 부랑아 단속 통계에 따르면 개척지로 보내진 인원 역시 1962년 139명에서 1964년 956명으로 증가했다가 이후 감소한다.[32] 1966년에 이 통계자료를 작성한 경찰은 같은 자료에서 부랑인을 '단속 → 수용 → 방면'하는 악순환이 거듭되고 있음과 함께 복지당국의 수용시설 부족 및 개척지 정착사업의 부진을 문제점으로 지적한다.[33] 1960년대 중반 이후 정부는 '자조'를 강조하면서 영농자금이나 비료 등 자원을 제공하거나 조달토록 지시했지만 충분한 수준은 아니었기에 개척단원들은 이를 통해서도 생계조차 유지하기 어려운 상황에 처하기도 했다.[34] 1968년에는 개척단이 폐촌 위기에 처해 있다며 정부에 적극적 구호를 요구하는 기사가 보도되기도 했다.[35]

이 시기 이후로도 해외 국빈 방문이나 스포츠 대회 등 국제 행사를 앞두고 부랑인, 걸인 등에 대한 경찰 단속과 시설 수용은 반복되었다. 다른 한편 시설이 과도한 인원을 수용한다는 점이 지적되면서 부랑인의 연고지를 확인하여 귀가토록 하는 지시가 하달되기도 했다.[36] 하지만 부랑인에 대한 단속과 노역, 감금이 완전히 사라진 것은 아니었다.

1968년 3월, 범죄자를 건전한 생활로 인도한다는 명분으로 국토건설사업에 취역케 하는 제도가 다시 등장한다. 대규모 공업기지를 구축하고 이를 지원할 교통, 통신 등 인프라를 구축, 도시 인구의 분산을 내용으로 하는 국토건설종합계획('대국토건설계획')에 따른 것이다. 계획의 시안이 확정되어 건설 작업에 가속도가 붙은 상황에서 법무부는 1970년까지 경부고속도로 공사를 비롯한 전국 각지의 국토건설사업에 참여시킬 목적으로 각 교도소 및 소년원에 갱생건설단[37]을 창설했다.[38] 1968년 6월, 경찰은 검찰과의 합동 작전으로 폭력배 일제 소탕전을 벌여 약 3,000명을 검거하고 이들을 국토건설단에 취역시킨 것을 홍보했다.[39] 1969년 3월에는 대검찰청이 폭력배들에게 기술교육을 시켜 자립할 터전을 마련해줄 '오지개발 및 축산단지 조성계획'을 구상하고 경제기획원 등과 협의에 들어갔다.[40] 1969년 4월 중순부터 치안국은 폭력 및 치기배에 대한 '소탕전'을 벌여 검거된 자들 중 죄질이 무거운 2,500여 명을 취약지구에, 1,500여 명은 지하용수개발, 소양강댐 건설 등 기타 국토건설단에 투입할 계획임을 밝혔다.[41] 이와 같이 국토건설사업에 투입할 인력과 단속의 목표치가 사전에 설정되고 불과 몇 개월 만에 단속 실적이 보고되는 상황은 당시의 단속이 노동력을 확보하고 실적을 채우기 위한 것임을 짐작케 한다. 그러나 형사사법기관과 건설부 등 정부 부처의 의욕과 달리 당시에도 예산이 부족했던 것은 물론 건설사업 현장을 관리하는 민간사업자들과의 협업 역시 제대로 이루어지지 못했던 것 같다.[42]

그런데 이 시기 국토건설사업에는 형의 집행을 위해 수용된 갱생건설단원들뿐만 아니라, 아직 재판을 치르지 않아 형이 확정되지 않은 이들도 대거 동원되었다. 1985년 경찰이 발간한 『한국경찰사』에서는 이 시기의 국토건설단이 취역을 희망하여 자원한 자들에 한하여 부과된 것이라 기술하고 있지만, 2006년 작성된 『한국경찰사V』에서는 그것이 '형벌집행을 대신'한 강제적 조치였다고 기술하고 있다. 즉 유죄가 확정되지 않은 자들에 대해 검찰이 강제노역을 부과할 정도로 당시 형사사법의 절차적 정당성은 결여되어 있었다. 폭력 우범자 리스트를 기초로 한 검찰의 일제단속으로 체포된 이들 중 그 정당성을 수용하는 이들은 33%에 그쳤다.[43] 당시 신민당은 범죄 혐의조차 없이 강제노역에 동원된 이들을 불법 감금한 것을 문제삼기도 했다.[44] 그리고 당시 단속 대상에는 폭력배 등뿐만 아니라 부랑인, 걸인 등이 포함되었다.[45]

이 시기의 국토건설단은 1961년과는 달리 군대가 아닌 경찰이 운영의 주체가 되었는데, 건설단을 관리, 감독하는 경비경찰에 소요되는 급식비, 의류비, 유류비 등 이외에 건설단원들을 위해서는 별도의 국비 예산이 배정되지 않았다. 이들의 식비나 노임은 건설 현장의 사업주체인 민간에서 부담했고, 다만 각 지구의 경찰경비대장이 매일 건설인원의 출역, 휴무, 기타 근무내역을 확인하고 1일 300원의 급식비를 지급하는 데

입회, 감독하거나 확인서를 작성하는 역할을 했다.[46] 태백, 홍천, 인제 지구의 건설사업이 종료되면서 국토건설단 역시 1969년 10월 2일자로 해단했으나 경찰의 폭력배, 치기배 등에 대한 집중 단속은 국토건설단의 완전한 해단, 귀가 조치가 시행되기 전까지 계속되었다.

이와 같이 정부 부처 간 협업체계가 가동되어 대대적인 부랑인 단속이 시행될 수 있었던 것은 국토건설사업의 수행을 위한 '시급한' 노동력 수급의 필요성이 인정되었기 때문이다. 하지만 건설 현장에서조차 생산성이 떨어지며 법적 근거가 빈약하다는 문제가 제기되고, 민간사업자의 사업 참여에 대한 소극적 태도가 지속되자 1971년에는 갱생건설단의 운영 역시 중단되었다.

이렇게 부랑인을 국가사업에 동원하는 접근은 1970년대를 거치며 점차 줄어들게 된다. 1975년 12월에는 「내무부 훈령 제410호」로 '부랑인의 신고, 단속, 보호와 귀향 및 사후관리에 관한 업무처리 지침'이 제정되었다. 1992년 사단법인 한국아동복지시설협의회가 발간한 『한국아동복지편람』에서는 이 지침을 계기로 "부랑인·아를 위한 보호대책이 1975년의 공안행정에서 1981년에는 복지행정으로 방향이 전환"된 것으로 평가한다. 1980년대에 접어들면서 부랑인에 대한 단속은 범죄와의 관련성보다는 '복지'를 더욱 주요한 명분으로 내세우기 시작한 것이다.[47]

행정 비용의 절감과 부랑인 처우

그렇다면 국가의 노동력 수급 필요성이 부랑인에 대한 단속 규모와 관리 방식을 결정했다고 볼 수 있을까? 앞서 살펴본 바와 같이 국토건설사업의 진행을 위한 노동력 활용은 한시적이었고, 개척단으로 보낸 인원 역시 단속 인원의 일부에 지나지 않는다. 국가가 직접 노동력을 확보해 사용할 이유가 사라진 상황에서도 부랑인 단속과 수용은 지속되었다. 2장에서 살펴본 바와 같이 전두환 정부는 1986년 아시안게임과 1988년 서울올림픽 유치에 열을 올리며 사회정화사업을 통한 부랑인 단속을 계속했다. 순경들은 승진을 위해 평범한 시민도 부랑인으로 만들어 잡아들였고,[48] 전국의 부랑인 복지시설은 1982년부터 1986년까지 대폭 증가했다.[49] 노동력 활용의 필요성만으로는 부랑인에 대한 특정한 처우 방식의 등장 과정을 설명하기 힘든 이유다.

이하에서는 부랑인 단속이 경찰에 의해 이뤄졌다는 점에 주목한다. 흔히 경찰의 단속 이후 부랑인들이 민간 시설로 곧장 인계된 상황을 떠올리지만, 단속의 대상이 된다는 것은 검찰, 법원, 교정기관 등 형사사법기관에 의해 처분, 결정의 대상이 될 수도 있음을 의미한다. 또한 민간으로의 부랑인 위탁은 이 형사사법체계의 수용 능력에 영향을 받기도 한다.

형사사법기관의 '입구' 전략: 형사절차의 파행과 행형의 효율성 강화

1963년의 한 신문기사에서는 경찰이 부랑인 단속을 강화한 기점을 5.16 직후로 지칭하면서, 이들의 구걸행위가 길 가는 부녀자에 대한 행패로 이어져 단속반 편성이 이뤄질 수밖에 없었다고 설명한다.[50] 1968년에는 서울시경이 "부랑아 및 걸인, 번화가에서의 구걸행위"를 훈방이나 즉결심판 등 관대한 처분이 아닌 경찰과 기동대를 총동원하여 검거하고 형사범으로 입건하는 '처벌주의'의 대상에 포함시키기도 했다.[51] 구걸행위는 물론 "일정한 주거를 가지지 않고 제방에 배회하는 자"와 "불안감을 조성하는 자" 또한 풍기 단속이라는 이유로 입건 대상이 되기도 했다.[52] 이러한 행위는 모두 「경범죄처벌법」이라는 실정법을 통해 위법행위로 명문화되어 있었다.

사실 「경범죄처벌법」 제정 당시 등장한 "일정한 주거를 가지지 않고 제방에 배회하는 자"라는 조항은 1954년 「경범죄처벌법」 입법 발의안에서 "생계의 방도가 없는 자가 근로능력이 있으면서 직업을 가질 의사 없이 일정한 주거를 가지지 않고 제방에 배회하는 자"로 명시되었던 것이다. 하지만 근로의 의사를 입증하는 것이 어려울 뿐더러 이 규정대로라면 규율 대상이 "중앙청 앞에서 광화문까지 가는 동안 수백 명을 검거하고도 남을 정도로 어마어마한 것"이라는 비판이 제기되면서 결국 입법안이 수정되었다. 당시만 하더라도 "걸인의 생계를 도모해주지 않고 이들을 취체(取締), 즉 법적 통제의 대상에 넣는다는 것은 인권 옹호에 모순"된다는 주장, 근로의 의사나 능력 부족에 대한 책임을 개인에게 물을 수 없다는 주장이 제기되기도 했다.[53] 이러한 주장은 결국 입법 과정에서 반영되지 못했고, 박정희 정부 시기에 들어서면서 이와 같이 빈곤의 문제를 개인에게 환원하는 것을 비판하는 담론은 더는 찾아볼 수 없게 된다. 부랑인을 입건할 수 있는 명분이 된 법률은 「경범죄처벌법」 하나가 아니다. 다음 절에서 살펴보겠지만, 「소년법」이나 「윤락행위등방지법」 등에 따른 단속과 입건도 있었고, '선도'를 표방한 법적 근거 없는 수용 역시 계속되었다.

그렇다면 사회악 척결 기획의 지속과 형사 입건이 확대되는 상황에서 형사사법기관은 수많은 단속 대상을 어떻게 처우했을까? 형사사법기관을 통한 시설 수용은 한국전쟁을 겪으면서 악화되었다. 1950년 3월 당시 남한에는 형무소 20개와 지소 1개가 있었지만, 전쟁을 거치며 전국 형무소의 구금 장소와 작업장이 거의 소실되었기 때문이다.[54] 특히 서울 소재 소년원은 전부 파괴되어 1954년에는 서울에 있는 소년원생 700여 명 중 600명이 안양에 가건축한 수용소에 수용되는 상황도 있었다.[55] 교정 환경은 더욱 열악해질 수밖에 없었다. 5.16 직후 교정시설의 평당 수용밀도는 2.5~3.3명에 달할 정도로 심각한 수준이었다.[56] 단속 인력이나 예산도 부족했다. 1965년 이후 경찰이 야경원, 방범원을 채용하여 활용하기 시작했지만 그 이후로도 이들에게 지급할 인건비는 지역의 방범위원회가 주민들로부터 징수한 방범비로 충당해야 하는 상황이었다.[57] 형 확정이나 입건과는 무관하게 잠재적 범죄자들을 단속하는 상황에서 그 수용 공간 역시 부족했다. 1962년에는 서울시 내 경찰서 11개곳에 걸인, 넝마주이를 수용하기 위한 집단 수용소를 새로 설치하기도 했다.[58]

이러한 상황은 박정희 정부의 재정 부담과 연관된 것이었다. 5.16 직후, 박정희는 사법행정의 '근대화'라는 명분으로 예산과 인력 운영의 계획화, 합리화, 사건처리의 신속화, 행정사무의 효율화, 간소화를 지시했다.[59] 경찰 참모에 군 장교 출신자를 특채하여 배치하고 대법원 감독관으로 군 장교를 파견하여 지휘체계 정비를 통한 신속한 사건 종결을 지시하면서 형사사법체계 전반에 국가재건최고회의의 명령이 작동할 수 있는 시스템을 갖추었다. 대대적인 검거와 처벌로 인해 초래된 형사사법의 업무 과중과 사건 처리의 효율성 위기를 돌파하기 위해 추구한 이러한 전략은 신속한 수사와 재판을 위해 적법절차 원칙을 폐기하여 사법부의 권한을 제한하는 것이었다.[60] 하지만 형사절차의 간소화만으로는 상시화된 사회악 척결을 통한 기소 인원의 증가와 선고 형량의 장기화, 그로 인한 행형 시설의 수용 인원을 조절할 수는 없었다.

1961년 5월, 사회악 제거와 그 후속조치로 천명된 '사법 및 법무정책 발표'에서 교도소 내 필요한 물자는 시설에서 자체 생산하도록 함으로써 국가 재정을 절약하도록 했다.[61] 1961년 7월, 법무부 형정국에서는 예산 부족으로 교정시설의 '합리적 운영'과 '독립적 운영'이 어려운 상황임을 고려하여, 수형자의 생산활동을 통해 더 많은 이익을 획득하여 국가 재정에 공헌할 필요가 있다며 발표 내용을 입법할 것을 건의했다.[62]

이에 따라 12월에 「교도작업특별회계법」을 제정해 교도작업으로 발생한 일체의 수입과 전입금, 차입금을 그 세입으로 하고 교도작업에 필요한 일체의 경비를 그 세출로 하도록 했다. 이와 함께 「교도작업관용법」을 제정하여 국가 및 공공단체, 정부관리기업체 등은 교도작업에서 생산되는 물건 및 자재를 우선 구매하도록 했다. 즉, 행형에 소요되는 예산을 수용자의 노동력을 통해 충당토록 한 것이다. 이러한 상황은 그저 노동력을 활용하기 위해 단속과 수용이 이뤄진 것이 아니라 단속된 이들을 관리하기 위해 노동력 활용이 중요해졌음을 의미한다.

이런 조치에도 불구하고 교정시설의 수용 인원이 계속 증가하자, 1967년부터는 「사법시설등조성법」과 「사법시설등특별회계법」 등 사법특별회계 예산의 법률적 근거를 마련하여 상당수의 교정시설을 신축, 증축하기 시작했다. 이 재원의 조성은 벌과금, 몰수금 및 인지수입의 15%로 하도록 했다. 이에 따라 1968년에는 영등포, 홍성, 경주, 장흥, 제주, 강릉, 마산, 대구 등지에 교도소를 신설하거나 기존 시설을 신축 이전했다.[63] 1972년까지 한시적으로 적용키로 했던 이 법은 물가상승, 부지 및 청사 매각 부진 등으로 1976년까지 연장 적용되었다.

형사사법기관의 '출구' 전략: 수용의 민간 위탁과 갱생보호사업

이와 같이 행형 비용의 부담 속에서 수용시설을 확대하려는 노력이 지속되는 한편, 수용된 이들을 출소시키는 것 역시 하나의 해법으로 쓰이기 시작했다. 형사절차의 기본적 원칙을 폐기하는 것이 형사사건 증대에 따른 행정과 인력, 시간 소요의 비용 부담을 최소화하는 '입구' 전략이라면, 이미 형이 선고된 자들에 대한 가석방이나 사회 내 처우의 확대는 '출구' 전략이라 할 수 있다.[64]

후자의 전략이 추진된 과정을 살펴보자. 1961년 9월, 「갱생보호법」

이 제정되었다.[65] 이 법의 골자는 "소극적인 시설 수용을 지양"하고 "적극적인 노력동원"을 통해 자활독립의 기반을 마련하는 것이었다.[66] 그리고 국가가 사회로 돌려보낸 '형여자', 즉 잔여 형기가 있는 자들을 민간 기업체가 고용하도록 하고, 사업주는 정당한 이유 없이 이를 거부하지 못하도록 했다. 이를 위반한 사업주에게는 벌금을 부과하되 사업주가 운영하는 '보호회' 및 '보호소'의 국세, 지방세를 면제해주는 방식으로 민간의 고용을 지원하도록 했다. 이러한 갱생보호사업을 통해 국가 시설 수용으로 인한 재정 부담을 덜고 가석방자들의 노동력을 활용하도록 민간에 강제하는 것은 입법 목적이 보여주듯 '자본의 효율화'를 위한 전략이었다. 이와 같이 시설 수용을 감축하는 것은 사법행정에 국한된 것이 아니라 재정난에 시달리던 전후 국가 정책 운용의 일반적인 경향이었다.

국가의 시설 수용은 최소화하고 민간 사업체에 갱생과 보호를 위탁하는 과정에서 '부랑인' 역시 예외가 아니었다. 부랑인에 대한 단속이 경찰 등 형사절차를 활용해 이루어진 만큼, 그들 중 일부는 〈표 1〉에서 볼 수 있듯 입건되어 교도소에 수용되거나 입건 후 재판 없이 검찰의 처분에 의해 소년원 등 지정된 수용시설로 인계되거나 교정시설 출소 후 관리 대상이 되기도 했다. 앞서 살펴본 「갱생보호법」의 주된 적용 대상을 보면, 출소 후 다시 길거리를 배회할지 모르는 부랑 행위에 대한 우려가 반영되어 있다. 이 법 제1조에서는 형 집행 종료자, 면제자, 가석방자, 선고유예 및 집행유예 선고를 받은 자는 물론 공소제기 유예처분을 받은 자까지 규정하고 있어서 기소 없이도 적용 대상자가 될 수 있었다. 그런데 2010년 발행된 『대한민국교정사 I』에 따르면 당시 갱생보호사업을 통한 '실요보호자'는 이 대상자들 중 "무의무탁하여 석방된 후 보호할 가족, 친지와 연고자가 없는 자", "가족 등 기타 연고자가 있다 하더라도 귀주지까지 갈 비용이 없는 자", "생활수단을 소유하고 있지 않으므로 경제적으로 자립할 수 없는 자"였다고 기술하고 있다.[67] 보호의 방법은 시설 수용과 귀가를 위한 의복, 여비, 급식, 의료 지원이었고, 수용보호의 경우 6개월 범위 내에서 숙식을 제공하되 취업 알선과 직업 교육을 제공하고 직업에 필요한 도구를 대여하도록 했다.

국가의 노동력 활용 조건: 갱생보호사업과 삼청교육대

갱생보호의 대상은 1964년 13,307명에서 1972년 105,480명에 이를 정도로 급격하게 증가했지만 그중 무연고자를 대상으로 집중적으로 이뤄진 시설 수용 대상자는 1964년 35,220명에서 1970년 85,552명까지 증가하다 이후 감소한다. 이는 경찰의 부랑인 단속이 감소하는 시기와도 일치한다. 1971년 기준, 갱생보호사업을 위한 수용시설은 전국에 17개가 존재했고 목공, 인쇄, 이발, 철공, 양재 등의 직업훈련을 할 수 있는 직업보도장은 18곳에 설치되었으며 이곳에서 책상, 걸상, 피혁, 창문, 수갑, 작업복 등이 생산되었다. 그리고 갱생보호회는 서울 안국빌딩, 대구 사보이극장, 부산 항도극장 등 세 곳을 소유하여 수익사업을 할 수 있도록 했다. 갱생보호회에는 재정의 절반에 해당하는 국고보조금이 지급되기도 했지만 나머지 재정은 이와 같은 수익사업으로 충당되었다. 법무부 교정본부는 이 사업이 1968년 이전까지는 '구호적 차원에서의 소극적 보호사업'에 그치다가 이후 국고지원 예산의 확대와 사업에 대한 정책지원이 강화되면서 지원이 확대된 것이라 보고하고 있다. 그러나 이후로도 시설 수용자가 참여할 수 있는 훈련 직종은 미장, 조적(벽돌 쌓는 일) 등 일부에 그치고 초보 단계를 벗어나지 못했다.[68] 이조차 시설 운영을 위한 수익사업을 목적으로 진행되었으니 수용자의 '갱생'을 기대한 것이라 보기는 어렵다.

주목할 것은 이 법률이 출소자를 민간의 보호시설에 떠맡기기 위해 국가가 기업체에 고용 '명령'을 내릴 수 있도록 했다는 점이다. 또 이 기업체에 대한 관리 감독을 강화하기 위해 사업체 위촉을 소재지 지검차장, 지청장에게 전담시켰다. 즉 법무부는 무연고자 혹은 실업자 등, 부랑의 우려가 있는 출소자의 취업을 민간 기업에 법적으로 강제하는 한편, 세제 혜택을 통해 보호회의 사업을 지원하였고, 보호회는 수용된 이들이 사업장에서 생산한 물품의 판매와 자체 수익시설 운영을 통해 그 재정을 충당했다.

즉, 교정시설의 증축이 부지 확보 문제와 예산 부족으로 지연되고 1970년대 들어서는 물가 상승으로 운영이 어려워지자, 수용자의 노동력을 활용하여 시설 운영에 필요한 경비를 조달하는 방식이 자본의 효율화라는 명분으로 추진된 것이다. 그 시설이 법무부가 직접 운영하는 교정시설이건, 갱생보호사업과 같이 법무부의 관리, 통제, 고용 명령 등을 받았던 민간의 복지시설이건 말이다.

국가가 기소 처분조차 이뤄지지 않은 이들의 노동력을 자의적으로 활용하면서까지 치안 기획을 지속하겠다는 발상은 삼청교육대 운영 과정에서도 계속되었다. 2장에서 설명한 바와 같이 1980년 8월 전두환은 '사회악 일소 특별조치'를 선언하며 불량배, 우범자 등을 검거하여 사회에 복귀시킨다는 명분으로 군부대에서 2주 내지 4주간의 순화교육을 실시하는 삼청교육대를 운영하기 시작했다. 삼청교육대는 5.18 광주민주화운동으로 뒤숭숭한 시국에 전두환 정권의 충실한 홍보 자료로 활용되었다. TV와 신문에서는 검거된 이들이 공갈배, 폭력배, 밀수범, 마약범, 무전취식자, 제비족 등이고, 삼청교육대 운영으로 인해 사회가 지극히 평정을 유지하고 깡패들이 소탕되었다고 보도했다.[69]

하지만 삼청교육대의 실상은 이와는 달랐다. 생존자들의 증언과 민주화 이후 설치된 국방부의 과거사 진상규명위원회의 조사 결과에 따르면 자신이 어떤 이유로 체포되어 사단으로 끌려와 가혹한 훈육을 받아야 했는지 알 수 없는 자들, 이미 불기소 처분된 자들은 물론 잠재적 범죄자로 취급해 경찰이 관리해 오던 넝마주이들도 삼청교육대로 끌려갔다.[70] 1980년 여름부터 이듬해까지 계엄군과 경찰이 합동으로 넝마주이 막사를 포위하고 재건대원(넝마주이)들을 모두 잡아갔고, 한 넝마공동체의 경우 30%가량이 삼청교육대에 갔다 왔던 것으로 기억되고 있다.[71]

또한 삼청교육대가 단속된 이들을 심사하여 훈방, 군교도소 이송, 교육대 등으로 나눠 배치하고 교육기간을 달리했던 것[72]은 1969년의 국토건설단 운영 방식은 물론 단속된 이들을 형사절차를 통해 교도소나 갱생보호시설에 수용한 것과 흡사했다. 관리 주체가 군이었다는 점에서 차이가 있지만 수많은 인권침해를 초래한 것은 마찬가지였다.[73]

그런데 삼청교육대는 국가의 노동력의 수급 필요성 때문에 운영된 것이었다고 보기는 어렵다. 1년 남짓의 한시적인 삼청교육대 운용은 민간 위탁이 아닌 군대가 주도했다. 왜 이런 차이가 발생한 것일까? 1975년 이후 한국 경제는 비록 민중의 생활 개선을 수반하지 못하며 생존권 확보를 위한 투쟁을 촉발하고는 있었지만, 국가가 독점자본 중심으로 중화학공업을 육성하여 자본축적을 지원하는 상황에서 강제 수용을 통한 미숙련 노동력의 적극적인 확보와 직접 활용의 필요성은 이전 시기와 비교할 때 크지 않았다. 또 앞서 살펴본 바와 같이 노동력 활용을 주요 목적으로 두었던 국토건설사업은 낮은 생산성, 건설 현장 민간 사업자의 저항, 법적 정당성을 둘러싼 비판 속에서 의도한 만큼 효율적으로 작동하지도 않았다. 이런 과정을 거치며 사회악을 단속, 수용하여 노동력으로 활용하는 방식에 대한 의구심이 현장에 있었고, 삼청교육대에 끌려간 이들이 배치될 수 있는 건설 현장도 이전 시기만큼 많지 않았다.

1980년대에는 국가가 직접 수용시설을 운영할 수 있는 여력이 있었다. 전두환 정부는 「사회보호법」을 제정하여 삼청교육대로 끌려온 이들 중 상당수를 석방 이후에도 보호감호라는 명분으로 징역과 별도로 구금할 수 있는 시설을 설치하기도 했다. 이것이 오늘날 많은 사람들이 기억하는 청송감호소다. 국가가 부랑인의 노동력을 직접 활용해야 할 동인이 적은 상황이었기에 보호감호소 수용자에 대한 노역 부과 역시 당시 제정된 위 법률에는 명기되지 않았다.

다만 이들에게 노역을 강제해도 된다는 발상은 지속되어, 삼청교육대원들 중 일부는 전후방 20개 부대의 전술공사와 방호시설 보강공사에 동원되기도 했다.[74] 이 시기에도 값싼 노동력을 원하는 민간 사업자들이 여전히 있었는데 그 필요와 부과된 노동의 내용은 이전 시기 국토건설사업과 같은 것은 아니었다. 이 과정에서 운용된 대표적인 민간 시설이 바로 형제복지원이다. 형제복지원이 어떻게 합법적인 시설로서 설치되고 운영될 수 있었는지 그 변화 과정에 대해서는 4장에서 자세히 살펴볼 것이다.

국가의 갱생사업 위탁과 부랑인 관리 기술의 동형화

1980년대 이전까지는 많은 부랑인을 직접 수용하고 관리할 국가의 역량이 부족했다. 이들에 대한 폭력이나 강제노역은 그저 묵인된 것이 아니라 시설의 유지와 국가의 '사회악' 척결 기획의 지속을 위해 필요한 것이었다. 이러한 역사적 경험이 의미하는 것은, 국가의 부랑인 단속 목적이 단지 국토개발을 위한 노동력 확보에 있었던 것이 아니며, 단속된 이들을 수용, 관리하는 데 소요되는 재정을 최소화하기 위한 국가 전략의 필요성에서 그들이 노동력을 제공해야만 하는 상황이었다는 점이다. 그렇다면 부랑인 수용을 사실상 위탁받은 민간 복지시설의 운영은 어떻게 가능했을까? 이들 시설의 부랑인 관리 방식은 운영 경비를 절감하고 '자본의 효율화'를 꾀하고자 했던 정부 부처의 그것과 과연 달랐을까? 부랑인 단속 규모가 최대에 이르렀던 1962~1966년 사이 단속된 인원의 대다수는 국토건설사업 현장이 아닌 민간 단체가 운영하는 수용시설로 인계되었다. 하지만 부랑을 이유로 단속된 이들이 동일한 시설에 수용된 것은 아니었다.

부랑인 수용 기준의 다양성과 모호함

부랑인이 사회악을 둘러싼 당대의 담론을 통해 구성된 존재인 만큼, 이들이 구체적으로 누구인지는 파악하기 어렵다. 1960년에 발표된 한 논문에서는 전쟁고아, 양친이 있는 양가의 아동이나 빈곤한 가정에서 가출한 아동, 구두닦이나 신문팔이, 담배팔이, 행상, 넝마주이 등 직업전선에 뛰어든 이들, 홍등가에서 문전걸식을 하는 이들, 밀매음을 중개하는 호객꾼, 절도범, 날치기, 소매치기 등의 생활을 하는 이들과 이들이 집단화하여 '왕초'의 지배하에 있는 경우를 모두 '부랑아'로 포괄하고 있다.[75] 즉, 부랑아는 고아나 가출소년만을 일컫는 것도, 노동하지 않는 노숙자만을 지칭하는 것도 아니며 이들을 모두 범죄자나 비행소년으로 간주할 수도 없는 것이었다.[76] '윤락여성' 역시 이들과 완전히 이질적인 집단이라 보기 어렵다. 성매매여성들은 생계를 유지하고 거처를 마련하기 위해 유입된 '미망인'이나 가출소녀로서 부랑인이 될 위험이 있는 경우가 상당수였기에 도시 공간을 더럽히는 '부랑여성', '부랑녀'로 불리기도 했다.[77]

대개 부랑인이라는 이유로 경찰에 단속된 이들 중 아동, 즉 부랑아는 시립아동보호소나 영아원 등 아동보호시설로, 전쟁미망인은 모자원으로, 부랑녀로 불리던 성매매여성은 직업보도소와 기술원으로, 질병이 있는 이들은 시립병원으로 보내졌다. 그 밖의 상이군인 등 신체에 장애가 있는 이들은 당장 노동능력이 없지만 기술을 가르칠 수 있다는 이유로 갱생원에 남겨졌다.[78] 물론 이와 같은 성별, 연령, 장애 여부에 따른 분리 수용은 단속 인원의 증가와 각 시설의 수용 인원 초과, 사회적 무관심 때문에 엄격하게 이루어지지는 않은 것으로 보인다. 신문보도를 통해 추정컨대, 부랑인으로 명명된 이들의 다수가 수용된 시설은 갱생원이었다.

'갱생원'이라는 명칭을 사용하는 시설들이 어떻게 변화했는지는 분명하지 않다. 일제강점기 이래 나병환자를 수용하던 소록도갱생원이 있었고, 전후에는 나병이나 폐병과 같은 질병이 있는 부랑인들이 함께 수용되었던 부산 낙동갱생원, 광주 무궁갱생원 등이 있었다. 적어도 1960년대 '갱생원'은 의료 지원이 필요한 이들만을 국한해 수용하지는 않았던 것으로 보인다. 1961년 10월 서울 서대문구 구산동에 개원한 서울시립갱생원의 경우, '20세 이상 60세 미만의 걸인으로서 노동능력이 없는 불구자'를 수용하여 기능을 가르치는 곳으로 홍보되기도 했지만[79] '갱생의 길'을 열어주려 했던 당초의 의도와 달리 무의탁 중환자들이 대량 수용되고 있다는 진단하에 수용자를 노동의 가능성이 있는 이들로 제한하고자 하는 시도도 계속되었다.[80] 이후 서울시립갱생원은 1996년 '은평의 마을'로 이름을 바꾸고 현재는 서울시에서 가장 오래된 노숙인 시설로서 운영되고 있다. 또한 1961년 9월에는 부산시가 걸식하던 부랑아 250명을 이틀에 걸쳐 모아 그중 18세 이하는 갱생원에 수용하고 나머지는 시에서 주선한 유휴지 임야 개척사업에 개척단으로 보냈다는 보도가 있다.[81] 갱생원에는 신체장애나 질병이 있는 경우뿐만 아니라 "의지할 곳 없고 생활능력도 없어 거리에서 방황하는 부랑인"들이 함께 수용되기도 했다.[82]

갱생원에 수용된 이들 중 일부는 국가의 정착사업을 지원하기 위한 개척단으로, 국토건설사업의 일환으로 진행된 새서울건설단에 참여하기도 했다. 그러나 국가 재정 지원이 부족하고[83] 이들의 노동력을 필요로 하는 시장 역시 빈약했기 때문에 시설의 재정 상황은 열악할 수밖에 없었다. 정부의 원조나 보조금에 의존하지 않는 사회사업단체나 개인이 운영한 시설은 더 열악한 환경이었을 것이다. 이러한 상황에서 수용자들의 노동력은 시설의 '복지' 사업비를 충당하기 위한 자구책으로 동원되어야만 했다. 1962년에는 간부들과 경찰이 '멀쩡한 양민들'을 역사 대합실에서 납치하여 금품을 뺏은 후 광주 무궁갱생원으로 데리고 와 강제노역을 시키고, 저항하는 원생을 폭행, 감금한 사실이 보도되기도 했다.[84] 1966년에 서울시가 택지조성과 도로관리사업을 목적으로 창단한 새서울건설단은 고아 및 실업자, 그리고 갱생원생을 주된 노동력으로 삼았다.[85] 1967년에는 갱생원생 중 새서울건설단에 종사하는 200여 명이 일당 200원씩을 받고 있었는데 이 돈을 원생들의 자치조직 간부가 횡령했다는 보도도 등장한다.[86] 1968년부터는 서울시립갱생원 수용자들이 서울시가 추진하고 한강건설이 공사를 맡은 서울 시내 도로 확장 공사, 여의도 매립 및 제방 건설 등에 동원되었다.[87] 이는 앞서 살펴본 국토건설사업의 일환으로 추진된 것이었다.[88] 서울시립갱생원의 원생들은 건축공사장에서 벌어온 노임 일부를 갱생원 직원들이 착복한 사실을 경찰에 진정하기도 했다.[89]

국가의 위탁, 그럼에도 부재한 관리와 사회적 방임 속에서 부랑인에 대한 인권 침해는 만연할 수밖에 없었다. 갱생원의 규율은 강제노역과 폭행으로 513명을 사망케 했던 형제복지원의 상황과 다르지 않았다.[90] 1961년 부산의 낙동갱생원 원장이 갱생원들에게 배급될 구호양곡을 횡령한 사실이 드러나 원생들로부터 불신임을 당하자 깡패 13명을 시켜 한밤에 원생을 유인, 감금한 후 낙동강에 빠뜨려 숨지게 하는 사건이 발생했다.[91] 1963년에는 서울시립갱생원의 경비원들이 취침 명령에 불응한다는 이유로 수용자 1명을 폭행하여 12주의 상해를 입혀 원생들이 집단으로 맞대응을 하는 사건도 있었다.[92] 1966년에는 서울시립갱생원 '내무반'의 반장 4명이 청소명령에 불응한다는 이유로 수용자를 때려 숨지게 했다.[93] 이어서 1967년에는 급식이 하루 3홉에 불과하고 의복 지급이 여름 런닝 2벌, 동복 1벌에 그치는 것을 수용자들이 문제 삼자 당국이 '나갈 사람은 나가라'고 말한 것에 격분한 100여 명이 집단탈원했다는 기사도 등장한다.[94] 갱생원 이외에도 당시 경기도 부천에 소재한 선감학원에서는 1964년 한 해 동안에만 103명이 섬에서 탈출을 기도했다는 사실이 보도되었다.[95] 선감학원 역시 부모나 연고자가 있는 소년들까지 경찰의 부랑아 일제단속기간의 실적 채우기를 통해 강제로 수용되었고, 강제노역과 폭력이 만연했던 것으로 알려져 있다.[96]

1960년대에는 일자리를 창출함으로써 최선의 복지를 제공하겠다는 생산주의와 복지를 비용으로 간주하는 보수주의가 강했기 때문에 보편적인 사회보장은 물론 노동의 생산성 향상과 직결되지 않는 재정의 분배는 미약했다.[97] 절대적인 빈곤 상황에서 당시 야당 역시 사회복지에 대해 적극적으로 요구하지 않았다. 사회복지 관련 부서의 영향력은 미약했으며 경제기획원은 사회복지보다 경제성장이나 산업발전에 예산배분의 우선순위를 두었다.[98] 비생산적인 것으로 간주되는 복지시설의 수용과 구호 관련 예산은 최소화되었으며 이러한 경향은 1970년대까지 지속되었다.[99] 4장에서 상세히 살펴보겠지만 전후 민간 사회복지단체의 확장을 가능하게 했던 원조 역시 1960년대 후반 들어 줄어들면서 이들 단체들이 운영을 위해 자구책을 마련해야 했고, 그 과정에서 극단의 폭력과 강제노역이 지속되는 상황이 초래되었다. 1975년 「내무부 훈령 제410호」로 '부랑인의 신고, 단속, 보호와 귀향 및 사후관리에 관한 업무처리지침'이 제정되고 '구걸행위자 보호대책'의 일환으로 시설 신축 및 사업비

지원을 위한 예산이 확대되면서 시설 운영 환경에 변화가 나타났지만, 근본적인 운영과 수용자 관리의 기술은 크게 변화하지 않았다.

이러한 상황에서 넘쳐나는 부랑인을 수용해야 했던 민간 단체들은 이들의 자활을 도모할 재정도 역량도 없었다. 만성적인 수용 과밀 상태가 지속되자 1968년, 대표적인 부랑아 수용시설인 선감학원에서는 '부랑아 귀가책'을 통해 원생들을 집으로 돌려보내기 위해 연고지 확인을 위한 작업을 실시하기도 했다.[100] 이와 같이 열악한 수용시설의 상황은 부랑인들에 대한 강제노역 부과와 그 노임의 횡령으로 이어질 수밖에 없었다. 노동력을 상품화하지 않은 상태에서도 삶을 지속할 수 있도록 하는 것이 보편적 복지이고, 노동력을 완전히 상실한 빈민의 경우에 한정해 국가의 구제 대상이 되는 것이 잔여적 복지라 한다면, 당시 '부랑인'으로 단속, 수용된 이들에게는 그 어떠한 형태의 복지도 존재하지 않은 셈이다. 복지시설에 대한 취약한 관리체계와 이들에게 씌운 사회악이라는 오명으로 인해 폭행과 강제노역은 방임될 수밖에 없었고 시설의 작동 방식 역시 형사사법기관이 운영 혹은 위탁했던 방식과 별반 다르지 않았다.

성별화된 부랑인 노동력의 '쓸모'

복지시설에의 부랑인 강제 수용과 노역이 대부분 법적 근거 없이 묵인된 재량의 영역이었다면, 수용의 필요성이 법에 명시된 경우도 있었다. 그 중 하나가 1961년 11월 9일에 국민의 '풍기정화'와 인권존중에 기여한다는 명분으로 제정된 「윤락행위등방지법」이다. 이 법에서는 '윤락녀'에 대한 보호와 선도를 위해 보호지도소를 설치하여 상담과 동태 파악, 직업알선, 임시보호를 하도록 규정했다. 또 이 법 제7조에서는 "윤락행위의 상습이 있는 자와 환경 또는 성행으로 보아 윤락행위를 하게 될 현저한 우려가 있는 여자"를 '요보호여자'라 정의하고, 이들에 대하여 "자립갱생의 정신과 능력"을 함양하는 것을 입법 목적이라 밝히고 있다. 또한 "실정에 따라 필요하다고 인정할 때에는 임시로 수용보호를 행하는 일"을 보건사회부 장관이 설치한 보호지도소의 업무로 규정했다.

예산의 지출을 최소화하기 위해 국가가 복지대상자에 대한 수용보호시설의 정비와 수용인원의 감축 방침을 내세움에 따라 기존의 주된 여성 보호시설이던 모자시설은 점차 축소되었지만, 「윤락행위등방지법」 제정 전후로 오히려 성매매여성에 대한 직업보도소 및 보호지도소는 지속적으로 증가했다.[101] 기존 모자시설은 직업보도시설로 전환되었고 1961년 6월 19일 성매매여성에 대한 보호수용소로서 가장 규모가 큰 서울특별시립여자기술원이 설립된다.[102] 1972년의 한 신문기사에서는 보호소에서의 수용 기간은 평균 20~30일가량이며, 자동차 운전, 뜨개질, 미용, 이발 등의 기술을 배우고 보호받는 것이 싫어 '도망치는' 여성들도 있지만 대다수는 물품을 생산하고 노임을 받고 있는 것으로 보도했다.[103]

하지만 이곳에서도 인권 침해로 인한 집단 탈출사건들이 이어졌다.[104] '보호'라는 명목으로 운영된 직업보도소가 사실상 단속과 처벌의 기관이었던 것이다. 1977년에는 경찰에 의해 일제 단속된 윤락여성들이 보호소에 수용되면서 한바탕 울음판을 벌여 초상집을 방불케 하는 실정이라는 기사가 나오기도 했다.[105] 1995년 8월 21일 새벽에는 경기도 용인군 구성면 마북리 소재 경기여자기술학원의 원생 일부가 집단 탈출을 위해 각방에 이불을 모아놓고 방화하여 37명이 숨지는 사건이 발생할 정도로[106] 민주화 이후에도 상황은 크게 개선되지 않았다. 1990년대 중반에 이르러서야 행정기관의 복지처분에 불과한 보호수용이 사실상 강제수용으로 진행되어온 것에 대한 법원의 위헌 판단이 잇따르면서,[107] 강제적인 단속은 점차 줄어들고 수용 인원 역시 감소하기 시작했다.[108]

여성에 대한 직업보도시설 수용과 인권 침해가 부랑인 단속, 노동력의 수급 필요성이나 성매매 단속의 필요성에 따라 시기별로 어떻게 변화했는지는 여전히 연구가 필요하다. 1960년대 정부는 직업보도소에 수용되었던 여성 중 일부를 개척단원들과 혼인토록 하기도 했다. 1963년 5월에는 서울시의 주선으로 '내려온' 여성 60명이 서산의 개척단원들과 합동 약혼식을 하였고,[109] 이들 중 일부는 서울시립부녀보호소에 보호 수용되어 있던 성매매여성들이었다.[110] 1964년 11월에도 서산의 개척단원 중 225명이 서울시립부녀보호소에서 '재생'한 여성들과 결혼식을 올렸으며, 이 '매머드' 결혼식의 주례는 당시 서울특별시장 윤치영이 맡았다.[111]

물론 이 결혼들이 자의에 의한 것이라 보기는 어렵다. 1964년 대한청소년개척단에 입단한 성매매여성 300명과 개척단원 300명을 대상으로 실시한 한 면접조사 결과에서도 당시 합동결혼식에서는 신부가 없어 강제로 성매매여성들이 동원되었다는 진술이 확인된다.[112] 서산개척단원이 된 여성들에게서도 취업을 미끼로 끌려갔다는 진술이 있다.[113] 이곳에서는 합동결혼식 뒤 350쌍 중 45쌍이 결혼에 실패했고, 40%는 결혼 상태에 불안을 느끼고 있다는 조사 결과가 발표되기도 했다.[114] '윤락'의 오명을 씻어준다는 명분이었지만 이들은 남성 개척단원의 자활과 정착을 지원하기 위한 보조적 존재로 간주된 것으로 보았다. '갱생'을 통해 국토 건설과 발전에 기여할 주체는 가족을 부양할 남성으로 한정되고 그들의 노동력을 재생산하기 위한 노동에 여성들이 배치된 측면을 부정할 수 없다. 형제복지원에서도 강제노역, 감금, 가혹한 규율 등에 의한 수용자들의 긴장 상태가 여성들에 대한 성적 착취로 이어졌으며, 강제 불임시술이 이루어졌다는 기록도 있다.[115] 성적 착취의 대상으로만 환원할 수 없는, 당시 여성들의 다양한 상황에 대한 연구가 필요하다. 하지만 성

그림 2. 대한청소년개척단 125쌍 합동결혼식
출처: 국가기록원, 공보처 홍보국 사진담당관, 1963, CET0068620.

적 이중규범이 지속되는 가운데 현재까지도 이 여성들의 이야기는 온전히 들리지 않고 있다.

나가며

지금까지 1960년대에서 1980년대까지 부랑인에 대한 국가의 단속과 배치의 기술들이 어떻게 등장할 수 있었는지를 살펴보았다.

누군가를 부랑인으로 명명하고 검거하는 작업은 제1차 경제개발계획의 추진과 같이 노동력 수급의 시급성이 인정될수록 강화되었다. 법률에 의하지 않는 체포와 구금, 강제노역 부과라는 방법은 '자본의 효율화'와 개발계획의 추진을 명분으로 그 외피만 남게 되었으며, 오히려 경찰,

검찰, 법무부와 군사법원에 이르는 법 집행 기관의 협업을 통해 추동되었다. 하지만 부랑인 단속은 1970년대에 접어들면서 산업구조가 변화하고 이들의 노동력이 크게 필요하지 않게 된 이후로도 지속되었다.

1960년대 이후 30여 년간 지속된 사회악 척결 기획에서 형사사법 체계의 수용 능력 및 재정 부족의 상황이 초래되자 정부는 국가의 재정 운용의 효율성을 최대화하는 방식으로 복지와 형벌 체계를 활용했다. 국가는 보호와 갱생을 표방하되 자본의 효율화라는 명목으로 그 실행을 민간으로 위탁하거나 교정시설의 운영 방식을 변화시키기 시작했다. 교정시설에서는 수용자들이 물자 생산을 통해 자급하도록 만들고 그 생산품을 민간 기업이 소비하도록 강제했다. 수용 위탁사업에서는 민간 단체가 이를 거부하지 못하게 하는 방식으로 갱생보호사업이 추진되었다.

이 과정에서 정부 부처가 국토건설단, 삼청교육대 운영 과정에서 보여준 분류 심사, 강제노역과 군대식의 규율은 같은 시기 이들의 수용을 떠안은 민간단체에서도 반복되었다. 국가 기관이 구사했던 기술들은 민간 단체의 수용자 관리 방식으로 동형화되어갔다. 원조와 보조금이 충분치 못한 상황에서 민간의 수용시설 역시 수용된 이들의 노역을 통해 수입을 충당해야 했기 때문이다. 국가 재정의 조달은 물론 정부의 원조나 보조금에 의존하지 않는 사회사업단체나 개인이 운영한 시설 역시 재정 상황은 열악했기에 이들 시설은 부랑인에게 강제노역을 부과하거나 국가 및 지방자치단체 단위에서 시행되는 사업에 취업케 한 후, 그 임금을 횡령하고 이를 통제하기 위해 폭력과 감시를 반복했다. 이때 국가는 노역의 활용을 독려하고 지원하기도 했으며 폭력과 착취에는 묵인했다. 국가가 직접 노동 현장을 관리하는 경우에도 형 선고에 의하지 않은 강제노역, 폭력과 군대식의 규율 등은 마찬가지였다. 이러한 상황은 1970년대 후반 이후 수용시설에 대한 보조금 지급이 확대되면서도 변화하지 않았으며 부산 형제복지원, 대전 성지원, 충북 광성복지원, 충남 연기양지원 등의 문제가 공론화된 이후에도, 나아가 성매매여성에 대한 강제적인 시설 수용이 이루어진 1990년대 중반까지도 지속되었다.

이와 같이 국가와 민간 단체 모두의 역량 부재와 함께 노동력 활용이 사회악 척결은 물론 갱생보호사업 지속의 핵심적 기제가 되면서 노동력의 쓸모에 따라 완급이 조절되던 부랑인 단속은 오히려 그 쓸모를 창출해내는 방식으로 변화해 갔다. 중증장애로 노동의 가능성이 희박하다고 판단되는 자들은 의료시설로, 아동과 여성들은 각각의 보호시설로, 불구자, 상이군인, 그 밖에 노동력을 완전히 상실하지는 않은 것으로 간주된 자들은 갱생원과 같은 복지시설로 보내는 것이 당초의 의도였을지 모르지만, 수용 과밀과 함께 이들의 노동력이 돈벌이로 활용되면서 이와 같은 분류 수용의 경계 역시 흐트러졌다. 특히 여성은 '노동의 주체인' 남성의 정착과 안정을 지원하거나 수용 상태의 긴장을 해소하기 위한 성애화된 보조적 존재로서 활용되었고 성적 착취의 대상이 되기도 했다.

즉, 이 시기의 부랑인 수용과 폭력, 강제노역은 이들을 근면한 육체로 훈육하기 위한 것이라기보다는 값싼 노동력을 수급 혹은 활용해야 할 국가 기관의 이해와 재정 부담을 최소화하기 위한 전략이 결합된 결과라 할 수 있다. 대대적인 단속에도 불구하고 정작 부랑인을 관리할 능력이 부재했던 국가, '갱생'이라는 허울 아래 떠넘겨지고 방임된 이들을 그 쓸모가 다할 때까지 노동력으로 활용했던 민간 복지시설, 그리고 삼청교육대와 같은 군사화된 폭력도 사회정화를 이유로 정당화될 수 있다는 사회적 믿음이 있었기에 가능했다. 이런 환경에서 형제복지원은 거대 시설로 성장해갈 수 있었다.

단순히 부랑인에 대한 낙인과 배제라는 설명만으로는 '갱생'이라는 명분과 무관한 극단적 폭력과 노동 착취가 어떻게 가능했는지 설명할 수 없다. 이러한 설명에만 의존한다면 형제복지원은 그저 부랑인에 대한 사회적 무관심과 배제의 결과로서만 이해될 뿐이다. 설령 이러한 요인들이 주요한 것이었다 해도, 어떻게 국가의 단속이 민간 시설의 위탁 수용으로 이어졌는지, 수용시설들이 어떤 이해를 갖고 사업을 지속할 수 있었는지, 이를 가능하게 한 조건이 무엇인지에 대해서는 별도의 설명이 필요하다. 다양한 행위자의 이해와 '발전'에 대한 상이한 욕망이 어떻게 서로 접합될 수 있었는지를 이해할 때, 수용시설에서의 노동 착취와 폭력이 그저 '묵인'된 것이 아니라 시설의 유지와 운영을 위해 '필요'했던 것이라는 사실을 이해할 수 있다.

국토개발 과정에서 부랑인을 동원하고 활용한 국가와 민간사업체, 민간복지단체 3자의 구체적 이해와 계약, 이익 배분의 구체적 내용 역시 그림자 속에 가려져 있다. 이에 대한 사실 규명과 피해보상, 새로운 역사쓰기의 작업은 주요한 과제로 남아 있다. '부랑인'에 더하여 '범죄자'라는 낙인을 받은 이들, '정숙하지 못한 여성'이라는 섹슈얼리티에 대한 이중 규범까지 덧씌워진 이들의 목소리를 우리는 지금까지도 온전히 들을 수 없다. 새로운 역사쓰기의 과정에서 단속의 대상이 될 수밖에 없었던 이들의 계급, 젠더, 장애, 연령 등의 다양성과 교차성을 소거해버린다면, 그리고 '무고한' 부랑인을 구분하고 범죄 행위에 '정당하게' 부여된 갱생 프로그램을 구분하길 우선한다면, 우리는 다양한 방식으로 행사된 폭력과 착취를 문제화하는 데 실패할 수 있다. 우리가 형제복지원 '사건'을 바라보며 그저 국가 혹은 시설운영자를 비난하는 데 그칠 수 없는 이유다.

오늘날 노숙인은 물론 난민과 이주자, 성판매여성들에게 가하고 있는 '잠재적 범죄자'라는 낙인을 보라. 그들 존재 자체가 아니라 그들의 행위를 문제 삼을 뿐이라고 말하는 이들조차도 기실 자신의 삶의 환경과 도시 미관, 안전을 위해 그들을 비가시화하는 예방적 조치에 찬동하고 있다. 빈곤과 부랑의 삶을 만들거나 노동력의 쓸모를 묻는 사회구조를 끈질기게 대면하려 하기보다는 발전과 안전만을 지향하면서 자명한 부정의에만 공분하길 반복해온 한국사회의 모습은 크게 변화하지 않았다. 부랑인 단속이 지속될 수 있었던 과정에 공모했을지 모를 우리의 역할, 현재에도 마찬가지의 상황을 겪고 있을 또 다른 누군가의 삶은 비가시화될 수밖에 없다. 피해자의 고통을 전거로 삼되 정작 변화를 위한 정치에 참여하지 않는 사회가 형제복지원은 물론 부랑인으로서 단속의 대상이 되었던 이들의 목소리를 봉합해왔다. 우리가 고민해야 할 것은 누가 가해자이고 피해자인가가 아니라, 무엇이 어떻게 가해자와 피해자를 만들어내는지, 나아가 그러한 전선을 긋고 공분하기에 안주하도록 만드는지에 관한 것이다. 지금도 어디선가 지속되고 있을지 모를 또 다른 형태의 형제복지원에 대해 말하기 위해 필요한 과제이기도 하다.

| 부록 1 |

「내무부 훈령 제410호」의 배경과 내용

1975년 12월 15일에 공포된 「내무부 훈령 제410호: 부랑인의 신고·단속·수용·보호와 귀향 및 사후관리에 관한 업무처리지침」(이하 「훈령」으로 표기)은 1970~1980년대 국가의 '부랑인' 단속및 강제수용의 논리와 구체적 행정절차를 보여주는 중요한 문서라 할 수 있다. 앞서 2장, 3장에서도 몇 차례 「훈령」의 중요성에 대해서 언급한 바 있다. 그런데 정작 「훈령」의 법적 지위는 매우 낮다. '훈령(訓令)'은 '법령(法令)'이 아니며, 법령 집행의 통일성을 확보하기 위한 부처 내부의 업무처리 지침 정도의 성격을 지니기 때문이다.

그렇지만 잘 알려져 있듯, 「훈령」은 1987년 당시 형제복지원 사건 재판에서 형제복지원 운영이 법에 따른 '정당행위'였음을 주장하는 논거 중 하나로 활용되기도 했다. 역으로 형제복지원 진상규명 운동이 본격화되면서, 「훈령」은 당시 '부랑인'에 대한 폭력적 관리의 최고 정점에는 국가권력이 자리하고 있음을 명확히 보여주는 증거로 주목받아왔다. 「훈령」의 위헌성, 위법성에 대해서는 그간 여러 연구에서 상세하게 규명해

왔기 때문에, 여기에서는 「훈령」의 제정 배경과 그 주요 내용만을 간략히 소개하고자 한다.[1]

'총력안보체제'와 「훈령」의 정치적 배경

「훈령」은 구체적으로 누구에 의해, 어떤 논의 과정을 통해 만들어졌을까? 자료의 부족으로 현재로서는 여기에 대해 명확하게 확인하기 어렵다. 다만 1975년 당시의 정치사회적 상황과 「훈령」 공포 전후로 시행된 다른 정책들을 토대로 그 사정을 추론해볼 수는 있다.[2] 1975년은 「긴급조치 9호」를 포함한 긴급조치가 잇따라 공포되면서, 유신정권의 정치적 억압이 정점으로 치닫던 해였다. 박정희 정권은 '4대 전시(戰時) 입법'을 통해서 소위 '총력안보체제' 구축에도 박차를 가했다.[3] 특히 「사회안전법」은 「국가보안법」, 「반공법」 등 사상통제 관련 법 위반으로 형을 받은 자들을 대상으로 한 출소 이후 재감호 및 보호관찰 등 '보안처분' 제도를 법제화한 것이었다. 그밖에도 같은 해 「주민등록법」도 개정되었는데, 이는 주민등록제도를 한층 강화함으로써 '안보저해요인'으로 간주되는 자들을 색출하기 위한 장치로 활용하고자 했던 것이다.

안보의 적으로 지목된 것은 비단 사상적으로 '불순'한 자에 그치지 않았다. 광범위한 도시하층민 집단에 대한 통제 역시 한층 강화되었다. 물론 앞서 1부에서 보았듯, '부랑나환자', '부랑아', '걸인' 등으로 규정된 집단에 대한 낙인과 격리수용은 1970년대 새로 등장한 현상은 아니었다. 하지만 급속한 도시화 과정에서 발생한 도시하층민 집단을 관리, 통제하는 것은 당시 유신정권에 사회안보적 측면에서 시급한 과제로 다가왔다. 1971년 '광주대단지 사건'은 이를 상징하는 것이었다. 도시하층민은 단순히 빈곤한 집단이 아니라, 안보적 측면에서 위험한 집단이자 잠재적 범죄자로 규정되었다. 이러한 상황에서 '부랑인'으로 규정된 일부 도시하층민 집단에 대한 단속과 수용의 지침을 체계적으로 규정할 필요가 있었을 것이다.[4]

당시 도시치안에 대한 강조에는 안보적 측면과 함께, 한국의 관광지 이미지에 대한 고려도 일부 존재했다. 특히 1970년대 초반부터 외국인 관광객이 증가하면서 서울, 부산, 경주 등 주요 관광지를 중심으로 소위 '관광지 정화사업'이 실시된 것이다. 경찰의 단속 대상이 된 "관광저해사범"에는 '휴지나 꽁초를 버리는 행위', '술주정 추행행위' 등도 포함되었지만, 그보다 중요한 것은 '걸인', '부랑아', '나환자' 등을 비가시화하는 것이었다.[5] 즉 이들은 특정한 일탈 행위를 실제로 저질러서가 아니라 그 존재 자체로 '범죄화'되었고, 소탕해야 할 대상으로 지목되었다. 이러한 일련의 과정을 주도한 곳은 내무부 치안본부(1974년 '치안국'에서 개편)였는데, 치안본부는 「훈령」의 작성과 일선 경찰로의 하달에서도 중요한 역할을 했을 것으로 짐작된다.

이렇게 보면 「훈령」은 도시하층민에 대한 낙인과 단속, 강제수용이라는 훨씬 오래된 관행의 연장선에 있었던 것이었다. 즉 「훈령」은 '무에서 유를 창조한' 것은 아니었다. 그럼에도 「훈령」을 통해 기존의 관행들이 체계적으로 정리되고 하나의 통일된 지침으로 관계기관에 하달됐다는 점은 매우 중요하다. 이후 1980년대까지 지속적으로 이루어진 '부랑인' 단속과 수용시설의 운영 역시 기본적으로는 「훈령」에 규정된 지침에 따라 진행된 것이었다.

「훈령」의 구조와 주요 내용

이러한 배경을 전제로, 「훈령」의 구조와 주요 내용을 살펴보자. 「훈령」은 전체 6장, 총 21절로 이루어진 규정들과 각종 업무처리서식으로 구성되어 있다. 각 장의 제목에서 보듯, 「훈령」에는 '부랑인' 신고에서 단속, 수용에 이르는 전 행정처리 과정에 대한 지침이 포함되어 있다.

제1장 총칙
제1절 부랑인 단속의 기본적인 임무
제2절 부랑인의 정의
제3절 업무처리방침

제2장 신고
제1절 일반신고
제2절 지역신고책임자 신고
제3절 신고처리방법

제3장 단속
제1절 기동단속반 편성운영
제2절 신상파악과 신병인수인계

제4장 수용 및 보호
제1절 일련번호에 의한 분류
제2절 신상기록카드 작성 비치
제3절 수용자연명부작성 비치
제4절 연고자 확인
제5절 신원특이자, 우범자에 대한 조치
제6절 환자에 대한 조치
제7절 수용시설
제8절 수용자의 보호

제5장 귀향조치
제1절 귀향절차
제2절 귀향자 신상기록카드 작성
제3절 보호책임자 지정

제6장 사후관리
제1절 생계지원
제2절 재가출방지

'부랑인'의 정의와 단속의 목적

제1장 '총칙'은 당시 유신정권이 '부랑인'을 바라보는 기본적인 시각을 잘 보여준다. 제1절은 '부랑인 단속의 기본적인 임무'로서 "사회적 측면에서 불우이웃을 도와 건전하고 명랑한 사회질서를 확립하고 도시환경을 정화"하는 것과 함께, "안보적 측면에서 범법자, 불순분자 등의 활동

을 봉쇄"하는 것을 명시했다. 또한 제3절 '업무처리방침'에서는 단속된 부랑인에 대해서 "1차 단속기관에서 주민등록증 등 제증표의 확인과 상담으로 신원을 철저히 조사하여 범법자 불순분자" 여부를 확인해야 하며, '신원특이자'를 별도로 관찰하며 관리할 것을 지시하고 있었다. 전체적으로 구호보다는 안보적 측면에 대한 강조가 훨씬 두드러졌다.

그렇다면 단속 대상이 되는 '부랑인'은 누구인가? 사실 기존의 법령이나 지침에서 '부랑인'은 명확히 정의된 적이 없었는데, 「훈령」은 최초로 이를 구체적으로 정의하고자 시도한다. 제2절 '부랑인의 정의'는 다음과 같다. "일정한 주거가 없이 관광업소, 접객업소, 역, 버스정류소 등 많은 사람이 모이거나 통행하는 곳과 주택가를 배회하거나 좌정하여 구걸 또는 물품을 강매함으로써 통행인을 괴롭히는 걸인, 껌팔이, 앵벌이 등 건전한 사회 및 도시질서를 저해하는 모든 부랑인을 말한다." 더 나아가 제3절 '업무처리방침'에서는 "노변행상, 빈지게꾼, 성인 껌팔이 등 사회에 나쁜 영향을 주는 자"도 부랑인 대책에 준하여 이루어져야 함을 명시하고 있다.

여기에서 나타난 '부랑인'의 정의는 법적 용어라기보다는 직관과 주관적 판단에 기댄 것이었다. "부랑인은 … 건전한 사회 및 도시질서를 저해하는 모든 부랑인을 말한다"는 기묘한 문장구조에서 볼 수 있듯, 이는 '건전한 시민'에 대한 자의적 판단을 전제로, 그 범주에서 벗어나는 광범위한 도시하층민 집단을 사실상 모두 포괄하는 방식이었다.[6] 이러한 포괄적 정의는 일선 경찰 당국이 대단히 광범위한 도시하층민 집단을 무차별적으로 단속해왔던 관행을 반영하면서도, 이를 사후적으로 정당화하는 효과가 있었다.

단속 지침과 전 사회적 신고체계 구축

제3장 '단속'에서는 시청, 구청, 군청 등 각 행정단위별로 경찰과 합동으로 '기동단속반'을 구성, '부랑인'에 대한 상시적인 집중 단속 체계를 편성할 것을 지시했다. 특히 "관광·접객업소·역·터미널·지하철·지하도·육교 등 다중집결지와 우범지역"이 집중 단속지역으로 명시되었고, 단속 인원에 대해서는 주민등록증 등을 통해 신원을 파악한 후 부랑인 수용시설로 인계하도록 했다.

그런데 「훈령」은 경찰과 공무원뿐만 아니라 전 사회적 신고체계 구축을 지시하면서, 사회 구성원들을 '부랑인' 신고의 주체로 호명했다. 제2장 제2절 '지역신고책임자 신고'는 "부랑인의 배회가 예상되는 역, 터미널, 지하도, 육교 등과 우범지역에는 시설관리책임자 또는 인접한 상점주인 등을 부랑인신고 책임자로 지정"하면서, "부랑인 지역신고책임자는 발견 즉시 신고가 되도록 시청, 구청, 군청의 부랑인신고센터와 긴밀한 연락체제를 유지해야 한다"고 규정했다. 또한 "통반장을 중심으로 한 주민조직을 활용하여 주택가 등에 배회하는 부랑인을 즉시 신고하도록 한다"는 의무 역시 부과했다. 이는 사회 기층의 주민통제조직을 통해서 촘촘한 신고 및 단속 체계를 갖추고자 했던 의도를 보여준다. 이러한 '자발적 신고' 과정에서 사회 구성원들이 '부랑인'을 건전한 사회질서와 '명랑화'를 저해하는 사회적 타자로 인식, 사회적 낙인을 찍는 경향도 더욱 강화되었다.[7]

수용시설 정비와 수용자 관리

「훈령」에는 시설 수용 및 관리에 대한 세세한 지침도 마련되었다. 제4장 제7절 '수용시설'에서는 "부랑인수용시설은 각 시도단위로 성인남자, 부녀, 아동으로 구분하여 각각 1개소 이상 운영하여야 하며 필요시에는 시군단위에도 설치 운영"할 것을 지시했다. 또한 필요하다고 판단될 경우에는 "자선단체 등의 개인에게 … 위탁경영케 할 수 있다"고 규정하여 민간위탁에 대한 방침 역시 두었다. 실제로 1975년 이후로 여러 수용시설, 특히 성인 남성을 주 수용대상으로 하는 시설들이 속속 정비되었다. 해당 시설들은 1980년대까지 지속적으로 운영되면서 각 지역의 부랑인 수용의 거점이 되었다.[8]

수용자 관리의 세세한 업무 양식도 규정되었다. 여기에서 특히 두드러지는 것은 수용자의 안전과 보호보다는 '범법자', '불순분자'의 색출과 통제 시도였다. 예컨대 제4장 제2절 '신상기록카드 작성 비치'에서는 수용된 인원을 "신원특이자", "우범자", "환자" 등으로 분류하여 관리하도록 지시했다. 더 나아가 제5절 '신원특이자, 우범자에 대한 조치'에서는 "관할 경찰서장 및 지·파출소장은 주1회 정기적으로 수용시설을 순찰하여, 신원특이자대장, 범죄인명부와 대조 확인하여 불순분자 및 범법자의 색출에 철저를 기하여야 한다"고 규정했다. 「훈령」에서 부랑인 수

그림 1. 형제복지원을 방문한 부산시경 보안과 직원과 박인근 원장(1977. 9. 11)(왼쪽)
부산 대공분실 실장 앞에서 시설 현황을 브리핑하는 박인근 원장(1977. 12. 15)(오른쪽)

출처: 형제복지원재단, 2010, 『형제복지원 운영자료집』 11권, 23쪽, 126쪽 형제복지원 내빈 사진철 자료(형제복지원대책위원회 제공)

용시설은 단순 '복지시설' 이상의 잠재적 활용 가치를 지닌 곳으로 인식되었던 것이다.

퇴소 이후 사후관리와 감시

마지막으로 퇴소 이후에 대한 지침을 살펴보자. 제5장 '귀향조치'와 제6장 '사후관리'에서는 연고자가 확인된 자에 대한 귀향 및 사후관리의 절차를 명시하고 있다. 5장 제2절에서는 귀향 인원에 대한 인수인계 책임자를 지정하고, 귀향 인원을 인수한 읍·면·동장이 '귀향부랑인 신상기록카드'를 작성, 관리하고 이를 관할 파출소장에게도 통보하여야 함을 명시하고 있다. 또한 읍·면·동장은 '귀향부랑인'의 연고자 중 보호책임자를 지정하여 이를 관리하도록 했고, 보호책임자는 '부랑인 보호서약'을 관할 읍·면·동장에게 제출할 것을 지시했다. 제6장에서는 '귀향부랑인'에 대한 생계지원으로서 직업보도 및 취업조치가 이루어져야 함을 명시하면서도, 보호자 및 관할지 주민조직에 '재가출방지'를 위한 관리책임을 부여했다.

이러한 지침에서는 퇴소한 인원에 대한 생계보호나 취업알선에 관한 내용이 일부 포함되어 있지만, 오히려 주목해야 할 것은 이들을 '귀향부랑인'으로 규정, 지속적으로 관리하고 통제하고자 했다는 점이다. 연고자가 확인되어 퇴소한 사람들에 대해서도 오히려 수용 경력을 관할 관청 및 주민조직에 통보·공유하도록 하고, 이들에 대한 통제 권한까지 부여했던 것이다. 이러한 조항은 일상적 감시와 사실상의 보호관찰제로 기능할 여지가 컸다. 이후 7장에서 보듯 시설수용 경험자들의 퇴소 이후 삶에는 각종 사회적 낙인과 차별이 드리워져 있었는데, 이도 「훈령」과 전혀 무관했다고 보기 어렵다.[9]

제2부

형제복지원의 운영과 폭력

‘돈벌이’가 된 복지•

04

형제복지원 재단의 역사

김일환

형제복지원을 ‘사회복지법인’으로 다시 보기

형제복지원에서 ‘복지’란 무엇을 의미하는 것이었을까? 보통 우리가 복지(welfare)라는 용어를 사용할 때는 어떤 제도와 조직, 특정한 실천이 사람들의 ‘좋은 상태’를 위한 개입을 목적으로 한다는 긍정적 의미를 떠올린다. 물론 구체적으로 무엇이 ‘좋은 상태’인지, 그것이 누구의 관점에서 정의되는지는 또 다른 문제로 남겠지만,[1] 이러한 일반적 사전적 정의에 비추어볼 때, 형제복지원은 분명 대외적으로는 수용자들의 삶에 개입하여 이들의 인간적 삶의 조건을 개선한다는 목표를 표방하고 있었다. 우리가 형제복지원에서의 엄중한 인권침해와 잔혹한 폭력을 처음 대면할 때 느끼는 당혹감 역시 이 때문일 것이다. 그리고 자연스럽게 ‘복지’가 기껏해야 수용시설의 폭력성을 은폐하기 위한

• 이 글은 『민주주의와 인권』(19권 1호, 2019)에 「복지는 어떻게 ‘사업’이 되었는가: 한국 사회복지법인의 역사로 본 형제복지원」이란 제목으로 실린 필자의 논문을 이 책의 구성에 맞게 수정한 것이다.

미사여구 정도가 아니었을까 하는 의심을 하게 된다.

이 글은 형제복지원이 또 다른 의미에서는 분명 '복지'시설이었고, 이러한 민간 사회복지시설로서의 성격을 다시 한 번 세밀하게 들여다보아야 한다는 생각에서 출발한다. 그 이유는 사실 매우 간단하다. 형제복지원은 동시대 다른 많은 시설과 마찬가지로 법적·제도적으로 복지시설로 공인받았고, 이것이 형제복지원이라는 거대한 조직이 설치·운영되는 방식을 결정짓는 핵심 요인이었기 때문이다. 단적으로, 해외에서 원조 자원 및 막대한 국고보조금을 획득할 수 있는 기회도, 내부 수용자들의 노동력을 활용하여 수익사업을 할 수 있었던 것도 복지시설이 아니었다면 불가능했던 것들이다. '복지'는 단순히 형제복지원의 실상을 위장하고 은폐하기 위한 베일에 그쳤던 것이 아니라, 시설의 '정상적' 운영에 필수불가결한 조건이었다고 해도 지나치지 않을 것이다.

이렇게 본다면 우리는 형제복지원의 실상이 수용자들의 '복지'와는 거리가 멀었다는 규범적 판단에서 한 걸음 더 들어가볼 필요가 있다. 그리고 형제복지원의 운영 방식이 한국 민간 사회복지의 역사적 맥락에 얼마나 깊게 뿌리내리고 있는지에 좀 더 주목해야 한다. 뒤에서 자세히 살펴보겠지만, 형제복지원은 그 규모나 운영의 특성 등으로 볼 때 1960~1980년대 사회복지 수용시설의 '극단'적 사례라 할 수 있을지언정 '예외'적인 조직은 결코 아니었다. 오히려 한국 민간 사회복지시설 발전의 한 전형을 보여주는 사례에 가까웠다. 1987년 형제복지원 '사건'이 발생할 수 있었던 구조적 조건을 추적하기 위해서 민간 사회복지의 역사적 맥락과 복지시설로서의 형제복지원의 존재 방식을 살펴보아야 하는 것도 바로 이 때문이다.

그런데 이유는 여기에 그치지 않는다. 과거 사건에 대한 설명과는 별개로, 1987년 민주화 이후에 더욱 확대된 민간 복지수용시설들이 지금껏 야기해왔던 여러 문제도 시야에 넣을 필요가 있기 때문이다. 8장에서도 살펴보겠지만, 분명 1987년 형제복지원 사건 이후 '부랑인 정책'에는 많은 변화가 있었고, 특히 권위주의적 일제 경찰단속과 무차별 수용의 관행은 조금씩 사라져갔다. 그렇지만 놀랍게도 민주화 이후에도 각종 부랑인·장애인 복지시설에서의 인권침해 문제는 계속해서 신문지면에 오르내렸음을 기억해야 한다. 민주화 이후에도 각종 '복지' 수용시설에서 지속적으로 발생하는 유사한 문제들을 어떻게 이해해야 할까. 혹시 '형제복지원'이 뿌리내리고 있었던 민간 사회복지 영역의 어떤 난점이 민주화 이후에도 해소되지 않고 지속되었던 것은 아닐까?[2] 이러한 질문들을 염두에 두고 이 장에서는 형제복지원의 초기 설립과 발전, 그리고 1987년 '사건화'까지의 역사를 한국의 독특한 민간 의존적 복지체제 발전이라는 맥락을 통해 살펴볼 것이다.

그런데 이 장에서 구체적으로 주목하는 대상은 따로 있다. 그것은 '사회복지법인'이라는 독특한 조직 형태다. 통상적으로 '형제복지원'이라고 하면 부랑인 수용시설, 정신요양원 등 수용자들이 물리적으로 격리된 공간에서 생활하고, 이를 관리하는 인적 조직으로 구성된 총체적 기관(total institution)으로서의 수용시설을 떠올리게 된다. 하지만 '시설'로서의 형제복지원이 아니라, 이를 설립하고 운영했던 '법인' 조직으로서의 형제복지원이 이 장의 관심사다.[3] 사회복지법인이라는 렌즈를 통해 형제복지원 사건의 의미를 다시 살펴보고, 형제복지원 재단의 사례가 한국의 민간 복지체제와 수용시설의 발전을 이해하는 데 어떠한 함의를 주는지를 묻고자 한다.

사회복지법인은 기본적으로 재단법인의 특수한 한 형태로서, 사회복지라는 목적에 기부된 자산의 묶음에 법인격을 부여받고, 이를 규율하는 일련의 법·제도하에서 복지사업을 운영하는 조직체다. 잘 알려져 있듯 한국의 민간 사회복지시설은 1950년대 후반 이후 대부분 비영리 '재단법인'의 형태로, 1970년 「사회복지사업법」 제정 이후에는 '사회복지법인'의 형태로 운영되어왔다. 사회정책에 대한 재정 지출을 최소화하고자 했던 개발독재기 한국은 각종 사회정책을 추진하면서 사회복지법인을 복지시설의 운영 주체이자 국가의 하위 파트너로 동원해왔다. 그런데 다른 한편으로 여러 사회복지법인은 정부와 갈등하고, 협상하면서 다양한 사회적 자원을 동원하고자 했던, 독자적인 이해관계를 가진 조직체이기도 했다. 형제복지원을 운영했던 '형제복지원 재단' 역시 이를 구성하는 물적 자원과 이를 경영하는 인적 조직의 결합으로 존재했던 하나의 독자적인 법인조직이었다.[4]

이 장에서 법인조직의 측면에 초점을 맞추는 것은 독자적 조직으로서 형제복지원 재단의 활동이 비단 수용시설 운영이라는 기능에 국한되지 않는 형태로, 대단히 다양한 층위에서 이루어지기 때문이다. 수용시설과 직간접적으로 연계되어 있는 경제활동, 정부 관료와의 협상과 담합, 후원조직 및 기업체 등 다양한 외부 행위자들과의 네트워크 형성, 이익집단으로의 결집과 로비 등등이 그것이다. 따라서 형제복지원을 수용시설이 아니라 법인조직으로서 살펴보았을 때, 우리는 형제복지원 시설의 운영을 통해 특정한 경제적·사회적 기회를 전유하고자 했던 행위자들의 활동과 이해관계, 이의 배경이 되었던 사회복지 관련 법·제도의 맥락에 좀 더 직접적으로 주목할 수 있다. 형제복지원 재단은 운영 과정에서 각종 사회복지 법·제도를 어떠한 방식으로 활용했는가? 그 과정에서 정치권력과 어떠한 관계를 형성하며 사회사업을 운영했는가? 왜 형제복지원의 사례에서 사회복지는 하나의 '사업(business)' 내지는 '돈벌이'가 되어서 수용자들의 인권과 생명을 위협하게 되었는가? 이러한 질문에 대한 답을 찾아보고자 한다.

'비영리' 사회복지법인의 경제적 행위

형제복지원 재단의 성격과 그 궤적을 해명하기 위해서는 우선 사회복지법인 조직의 '경제적 행위자'로서의 측면을 살펴보아야 한다. 모든 사회조직의 경제구조는 그 조직의 운영 양상을 결정하는 근본 조건이기 때문이다. 이것은 이윤 추구를 목적으로 하는 자본주의적 기업뿐만 아니라, 사회복지법인과 같은 비영리(nonprofit) 조직도 마찬가지다.[5] 복지시설의 운영 주체로서 사회복지법인은 자신의 활동을 유지하고 확대하기 위해서라도 다양한 유형의 경제활동에 종사하고, 각종 자원을 동원하지 않을 수 없다. 그렇다면 비영리 사회복지법인은 어떤 집합적 행동과 전략을 동원하여 자원을 동원하는가? 영리기업과 비영리 사회복지법인의 그것은 어떻게 다른가? 이러한 사회복지법인의 경제적 활동과 그 양상은 조직의 성격, 더 나아가 민간 사회복지영역 전체를 구성하는 중요한 변수가 된다.

그런데 비영리 조직으로서 사회복지법인의 독특한 위상과 경제적 실천의 양상은 한국 현대사의 독특한 맥락에 뿌리내리고 있었다.[6] 특히 압축적 산업화 과정에서 각종 사회정책에 대한 국가의 공적 재정지출은 최소 수준으로 유지되었다.[7] 그런데 한국전쟁과 압축적 산업화가 야기한 각종 사회문제(social question), 특히 전쟁고아, 장애인, 부랑인 등의 주변적 인구집단에 대한 국가의 대응이 부재했던 것은 아니었다. 국가권력은 이들 집단에 대한 경찰단속과 시설 수용 등에 막대한 행정 역량을 지속적으로 투입해왔다. 따라서 3장에서도 자세히 살펴보았듯이, 한편으로는 사회문제에 적극 개입하고자 하는 시도와, 다른 한편으로는 여기에 소요되는 재정 부담을 최소화하려는 시도가 공존하는 모순적인 상황이 초래될 수밖에 없었다.

이러한 상황에서 1950년대 이후 국가권력은 다양한 수단을 활용하여 공적 재정지출을 대신할 수 있는 해외원조 및 국내 민간 자원 등을 적극 동원하고 이를 통치 과업에 활용하고자 했다. 그 과정에서 주요한 정책 수단으로 활용되었던 것이 바로 민간 재단법인이었다. 이들 재단법인 조직이야말로 사회정책에 대한 공적 재정지출을 최소화하면서도, 각종 민간 자원에 의존하여 복지 행정체계를 관리하는 것을 가능하게 했던 수단이었다. 그렇다면 다음과 같은 질문을 할 수 있다. 국가는 구체적으로 어떠한 정책 수단을 통해 이들 민간 행위자들을 동원할 수 있었는가? 이렇게 동원된 재단법인들은 어떠한 형태로 각종 경제적 자원을 확보하며 그 활동을 지속할 수 있었는가? 그 과정에서 활용할 수 있었던 법적·제도적 조건은 무엇이며, 정부나 원조단체, 영리기업 등 다양한 외부 행위자와의 관계는 어떻게 구성되는가?

주목해야 할 것은 비영리 조직으로서의 사회복지법인의 경제활동은 다른 조직과는 다소 차별화된 형태로 이루어질 수밖에 없다는 사실이다. 사회복지법인은 대체로 비영리 재단법인에 준하는 형태로 법적으로 규율된다. 그런데 목적사업을 위해 기부된 재산의 묶음에 법인격을 부여하고, 이를 이사회라는 과두적 기구를 통해 경영하도록 하는 재단법인의 구조는 모두 '복지(welfare)'라는 공공적 목적의 사심 없는 수행을 전제로 성립된 것이다. 즉 '공공'을 위한 기부와 증여, '비영리성'은 사회복지법인 조직이 사회적 정당성을 획득하는 핵심적인 논리적 근거가 된다.

이러한 사회복지법인의 공공성을 담보하기 위해서 법적·행정적 규제가 뒤따른다. 법인의 지배구조에 대한 각종 제한조항, 회계 보고에 대한 의무조항, 시설 운영에 대한 각종 규제 등이 그것이다. 사회복지법인은 다른 일반적인 민법상 재단법인에 비해 훨씬 강한 공공성을 요구받으며, 이러한 제도적 구속 속에서 활동하는 조직체다. 따라서 사회복지법인은 사업의 지속적인 수행을 위해서 단순히 경제적 자원의 조달뿐 아니라, 이러한 공공성에 대한 사심 없는 헌신을 법적·사회적·상징적으로 공인받을 필요가 있다.

하지만 사회복지법인의 경제적 활동에서 주목할 것은 이러한 제도적 구속에 상응하여 주어지는 특혜들이다. 공공적 목적에 대한 헌신을 전제로, 사회복지법인에는 상속세 및 증여세 면세 혜택, 다양한 수익사업에 대한 법인세 감면 혜택 등이 부여되고, 시설운영비, 인건비 등에 정부 재정 지원도 주어진다.[8] '공공성'을 인정받는 것의 이면이라 할 수 있는 이러한 혜택들은 사회복지법인이 다른 영리법인과는 구별되는 독특한 방식으로 자원을 동원하고 자산을 운영하는 배경으로 작용한다.

따라서 사회복지법인 조직에서 '비영리성'과 '공공성'은 법인의 경제활동에 대한 강력한 제약임과 동시에, 적극적으로 활용해야 할 기회이기도 한 것이다. 사회복지법인 경영자들은 법인의 공공적 성격을 전제로 부여되는 각종 특혜를 적극 활용하여 자체 수익사업, 외부 기부금 및 정부보조금 등 재정 자원을 동원하기 위한 다양한 활동을 전개해왔다. 이러한 수단들을 통해 법인의 수입을 극대화하는 것은 '경제적 조직'으로서의 사회복지법인이 지닌 또 다른 심층적 이해관계라 할 수 있다. 이렇게 보면 사회복지법인의 경제적 이해관계의 추구는, 법인의 공공적 기능에 대한 법적·사회적 정당성의 획득이라는 차원과 결코 분리될 수 없는 일종의 이중적 구조를 지니고 있다. 즉 영리기업과 달리 비영리 법인으로서의 사회복지법인의 경제활동은 단순히 적나라한 영리추구만으로는 환원될 수 없는 형태로 이루어지는 것이다. '사회복지'라는 정당화의 논리를 제도적으로 공인받는 것은 영리추구행위를 은폐하기 위한 '가면'이라기보다는, 법인의 경제활동을 구성하는 가장 기본적인 제도적 조건에 가깝다고 할 수 있다.[9]

그런데 국가가 민간 사회복지법인들을 동원하는 과정에서 제공할 수 있는 제도적 특혜는 국고보조금 지원, 법인세 감면 등 공식적인 것에 국한되지는 않음을 기억할 필요가 있다. 실제로 비공식적·탈법적 방식으로 부여되는 특혜들 역시 존재했다. 민영화 및 업무 위탁 과정에서의 일부 행위자에 대한 특혜, 사회복지법인의 폐쇄적 지배구조 및 사유화에 대한 묵인, 수용시설 내부 상황에 대한 비간섭, 제도화된 부정부패와 감사 기능의 부재 등이 그것이다. 사실 국가-사회복지법인 간의 비공식적 담합, 공적 법인조직의 사유화 등은 한국 사회복지의 역사에서 매우 빈번하게 나타난 현상이다. 사회복지법인들은 이러한 독특한 공-사 관계에서 주어지는 기회들을 전유하면서, 때로는 합법과 탈법의 경계를 넘나들며 자기 이해를 극대화하고자 노력해왔다.[10]

마지막으로 주목해야 할 것은 사회복지 영역에서 재단법인을 활용하고자 하는 국가의 전략, 이를 규정하는 법과 제도의 변화에 따라 법인의 형태, 법인의 자원동원 구조, 시설 내부 수용자의 독특한 정체성 역시 지속적으로 변화해왔다는 사실이다. 형제복지원 재단도 크게 다르지 않다. 1965년 설립되어 1970~1980년대에 급속도로 팽창한 후, 2014년에 법인 해산 절차에 들어간 형제복지원 재단이 50여 년간 밟아온 궤적은 매우 역동적이었다. 이는 재정구조, 각종 외부 행위자와의 관계, 내부 수용자들의 정체성 등 여러 측면에서 한국 사회복지법인의 역사와 밀접한 관련이 있었다. 다음에서는 형제복지원 재단의 사례를 한국 사회복지법인의 역사라는 맥락 위에 위치시키고, 그 변화상을 따라가보자.

한국전쟁의 유산과 외원의 중요성

전후 민간 복지시설 팽창과 재단법인화

1986년 말 사건화 당시의 형제복지원은 수용인원 3,100여 명 규모의 거대한 부랑인 수용시설이었다. 하지만 1960년 설립된 그 전신 형제육아원은 연고 없는 아동들을 수용한 작은 미인가 육아시설이었다. 형제육아원은 동시대 다른 수많은 아동수용시설과 비교해 특별할 것은 없었지만, 오히려 그렇기에 당시 민간 사회복지시설의 전형적인 운영 방식을 보여주는 사례로서 살펴볼 필요가 있다. 우선 주목할 지점은 형제육아원의 설립과 운영에 재단법인이라고 하는 조직 형태가 활용되었다는 것 그 자체다. 사실 형제육아원의 설립 당시만 하더라도, 정부가 민간 사회복지시설의 설립·운영에 재단법인의 설립을 요구한 것은 그리 오래되지 않은 관행이었다. 민간 사회복지시설과 재단법인 양자 사이의 결합은 한국전쟁기 전시 구호활동의 재편이라는, 다소 우발적인 역사적 맥락에서 일어난 일이었다.

재단법인(財團法人) 제도가 민간 사회사업 영역에서 활용되기 시작한 것은 식민지 시기로 거슬러 올라갈 수 있다. 1장에서 부랑나환자의 사례를 통해 살펴보았지만, 조선총독부는 초기부터 식민지의 다양한 부랑인구 집단에 대해서 '사회사업(社會事業)'이라는 틀로써 개입하고 있었다. 그런데 이러한 조선총독부의 사회사업은 대체로 민간 사회의 자체적 책임을 강조하면서, 각종 시설 설립에 소요되는 총독부의 재정부담을 최소화하는 형태를 띠고 있었다. 따라서 의사, 군인, 지역사회 유지 등 다양한 민간 집단의 참여가 상대적으로 두드러졌는데, 이미 이들 중 일부는 각종 사회사업 시설을 운영하기 위한 수단으로 재단법인을 설립하고 있었다.[11]

하지만 식민지 조선의 사회사업 영역에서 1940년대까지 실제로 재단법인이 구성된 사례는 많지 않았던 것으로 보인다. 오히려 많은 경우 민간 사회사업의 주체는 개인 혹은 영세한 지역사회나 종교단체가 주를 이루었고, 재단법인이 구성된 사례는 드물었다. 이러한 상황은 해방 이후에도 크게 달라지지 않았다. 해방 직후의 대규모 인구이동과 사회적 혼란은 그에 대응한 구호행정의 필요성을 제기하고 있었다. 하지만 미군정기 국가기구의 행정·재정적 역량은 주로 억압적 국가기구의 확충에 집중되어 있었고, 사회사업 영역에서의 공적 대응은 제한적이었다.[12] 민간 자원에 의존한 사회사업의 관행은 지속되었고, 당시 운영되었던 '후생시설'들은 재단법인을 구성하지 않은 채 개인이나 종교단체가 운영하는 영세한 것이 대부분이었다.[13]

한국전쟁은 이러한 영세한 복지시설들이 폭발적으로 증가하게 된 계기였다.[14] 3년간의 '톱질전쟁'이 낳은 대규모 파괴와 살상은 '요구호자(要救護者)'로 포착되는 인구집단의 급증을 초래했다. '전쟁고아', '부랑아', '피난민', '불구자', '상이군경' 등의 용어로 분류된 이들 집단에 대한 전시 응급구호정책은 현대 한국 복지행정의 원점이라 해도 과언이 아니다. 이때 절대적인 역할을 한 것이 국경을 넘어 남한 사회로 유입된 원조 자원이었다. 한국전쟁의 발발을 계기로 냉전의 최전선으로 부각된 남한에 자본주의 진영의 원조 물자가 집중되었고, 부산지역을 중심으로 미군과 유엔군, 외원단체가 진행한 응급구호 활동 역시 외원에 절대적으로 의존하고 있었다.[15] 1950~1960년대 한국 복지체계의 가장 큰 구조적 특징이라 할 수 있는 외원에 의존한 복지행정이 등장한 순간이었다.

그런데 외원단체의 활동은 단순히 물적 자원을 공급한다는 의미를 넘어서, 한국의 독특한 수용시설 중심의 복지체계를 형성하는 중요한 요인으로 작용했다. 실제로 이들 외원단체의 활동은 대체로 구호시설에 수용되어 있던 인구집단에 대한 지원의 형태로 이루어지고 있었다.[16] 이러한 상황에서 민간 수용시설의 신규 설립이 빠르게 증가하고, 수용인원 역시 급증했다. 물론 민간 수용시설의 설립에는 종교적·도덕적 동기들이 복합적으로 작용하고 있었다. 하지만 경제적 측면에 국한해 볼 때, 새롭게 설립된 수용시설들이 남한 사회로 유입되었던 원조 자원을 획득할 수 있는 주요한 통로로 기능했던 것도 분명한 사실이다. 더구나 많은 후생시설은 사실상 사유화된 형태로 운영되고 있었기에, 원조 자원을 둘러싼 각종 불법·탈법 행위가 만연했다.[17]

이러한 상황에서 1950년대 한국 복지행정의 중요한 과제는 한국전쟁을 기점으로 급격히 팽창한 민간 수용시설에 대한 관리·감독 체계를 확립하는 것이 될 수밖에 없었다. 휴전 이후에도 빠르게 확대된 민간 복지시설은 대부분 개인이 설립·운영하는 영세한 시설이었다. 더구나 그 중 상당수는 정부의 행정관리 체계 밖의 미인가 시설이었고, 느슨한 관리감독 체계하에서 원조자원의 횡령, 내부 수용자에 대한 영양실조와 학대가 빈발했다. 그런데 이러한 상황은 '고아'와 '부랑아'들을 단속, 수용하고 있던 정부의 입장에서도 방관하기 어려운 일이었다. 따라서 정부의 통제 범위 바깥에서 운영되는 시설들의 설립과 운영, 모금활동에 대한 행정규칙을 정비할 필요가 제기되었다. 이는 시설의 부실화를 방지함으로써, 부랑인구 집단에 대한 격리수용 정책을 지속하기 위해서라도 꼭 필요한 일이었다.[18]

이러한 맥락에서 '재단법인'이라는 법적 틀은 팽창한 민간 사회복지 영역을 정비하면서, 시설 수용 중심의 복지체계를 더욱 강화하는 수단으로 활용되었다. 1955년부터 보건사회부는 전국의 후생시설을 대상으로 재단법인의 설립을 요구하면서, 재단법인 구성을 완료하지 못한 시설들은 폐쇄할 것이라는 방침을 밝혔다.[19] 이로부터 시작된 재단법인으로의 전환 과정은 수년에 걸쳐 다소 더디게 진행되었다. 정부가 설정한 재단법인 설립 기준 이상의 자산을 확보하는 것은 사실 많은 영세한 미인가 시설 운영자들에게 용이한 일은 아니었다. 일부 개인 사회사업가들이 재단법인화를 시설의 '국유화'와 다름없는 것으로 받아들이고, 운영

표 1. 설립 형태 별 복지수용시설 수 (단위: 개, %)

연도	국공립	사립			총계
		법인	종교단체/기타	개인	
1956	48 (8.0)	257 (42.6)	42 (7.0)	256 (42.5)	603 (100)
1958	43 (7.0)	456 (74.8)	27 (4.4)	84 (13.8)	610 (100)
1960	46 (7.2)	487 (76.6)	8 (1.3)	95 (14.9)	636 (100)
1962	48 (7.3)	550 (83.6)	3 (0.5)	57 (8.7)	658 (100)
1964	38 (5.7)	602 (90.3)	1 (0.1)	26 (3.9)	667 (100)
1966	62 (8.1)	672 (87.7)	5 (0.7)	27 (3.5)	766 (100)
1968	49 (6.0)	715 (88.3)	24 (3.0)	22 (2.7)	810 (100)

출처: 보건사회부, 『보건사회통계연보』, 각 연도.

을 포기하는 경우도 있었다.[20]

그럼에도 〈표 1〉에서 보듯 후생시설의 재단법인화 과정은 1960년대 초반이 되면 대체로 완료되었다. 재단법인화는 한국전쟁기 응급구호행정이 유산으로 남긴 수용시설들에 대한 관리감독 체계를 재정비하는 수단이었고, 동시에 국내외 민간 자원의 안정적 동원을 가능하게 하는 제도적 토대이기도 했다. 이러한 1950년대 후반 시설의 재단법인화는 결과적으로 1961년 군사쿠데타 이후 각종 '사회악' 척결 기획과 부랑인에 대한 대규모 시설수용 정책이 지속될 수 있었던 하나의 핵심적인 전제조건이 되었다.

외원에 의존한 '재단법인형제육아원'의 운영: 1960~1970년

그렇다면 당시 복지수용시설을 운영하는 재단법인들의 운영 실태와 경제적 구조는 어떠했을까? 그리고 시설수용자의 상황은 이러한 구조와 어떤 관계가 있었을까? '재단법인형제육아원'의 사례를 통해 당시 시설 및 재단 운영의 모습을 관찰해볼 수 있다. 1960년 박인근(朴仁根) 원장이 부산 감만동에 설립한 형제육아원은 소규모의 미인가 육아시설이었다.[21] 형제육아원이 보건사회부로부터 재단법인형제육아원의 설립인가를 획득한 것은 수년이 지난 1965년, 정식으로 육아시설 설치인가를 획득한 것은 1966년이었다.

초창기 형제육아원의 운영 및 재단설립 인가 과정은 부산 지역의 다른 소규모 육아시설과 크게 다르지 않았던 것으로 보인다. 1965년 인가 시점 당시 형제육아원은 만 18세 미만의 '요보호아동' 60여 명이 거주하는 소규모 수용보호 시설이었다. 인가신청 서류에서 재단법인형제육아원은 설치 목적으로 "아동복리법에 의한 요보호아동의 수용보호"

그림 1. 1965년 재단법인 설립 인가 당시의 형제육아원 모습

출처: "재단법인 설립허가 신청서 진달", 『법인대장형제원(5-1)』(BA0951054).

그림 2. 형제복지원을 방문한 미국 리빙스턴 선교회와 '비둘기합주단'

출처: 형제복지지원재단, 2010, 『형제복지원 운영자료집』 11권, 44쪽, 150쪽.

를 내세우며, "아동들의 직업보도에 전력을 경주"할 것을 표방했다.[22] 하지만 당시 형제육아원의 상황에서 그러한 목적을 달성하기는 상당히 어려웠을 것으로 짐작된다. 인가 단계에서부터 형제육아원 시설은 「아동복리법」 등에 규정된 시설 설치기준을 제대로 충족시키지 못해 행정적 어려움을 겪고 있었다.[23] 명시적으로 표방된 '자활'과 '직업보도' 기능은 형제육아원의 재단 규모 및 수용시설의 영세성을 고려할 때 사실상 수행이 불가능한 것이었다. 따라서 형제육아원의 기능은 다만 일정한 수의 아동 집단을 바닷가 인근의 외딴 공간에 격리 수용하는 것에 국한되어 있었다.

이러한 시설 상태와 더불어, 재단법인의 기본재산과 이사회의 구성, 재정운영은 재단법인형제육아원이라는 조직의 성격을 잘 보여준다. 재단 설립 인가 당시의 기본재산은 박인근 원장이 선친에게서 상속받은 경남 울주군 소재의 농지 약 3,000평이 전부였다. 이러한 기본재산은 수용인원 100여 명 내외의 시설을 운영하는 데에 경제적으로 큰 기여를 하지는 못했던 것으로 보인다. 〈표 2〉와 〈그림 3〉은 1960년대 중후반 당시 재단법인형제육아원의 운영수입 구조를 보여준다. 자체적으로 조달하는 재원보다도 정부가 수용인원에 비례하여 지급했던 식량 및 부식비 보조 비중이 더 높았다.[24] 그런데 정부에서 지급되는 보조금도 경제적 유인이 될 수 있었지만 법인을 운영하기에는 충분하지 못했다.

재단법인형제육아원의 이사회는 이러한 사정을 일정 정도 반영하여 구성되었다. 형제육아원의 재단 이사진은 정부보조금 이외의 다양한 외부재원에 접근, 기부를 획득하기에 유리한 형태로 구성되어 있었다. 형제육아원의 재단 이사장은 좌천동교회의 목사였던 박광성으로, 개신교계 인사가 전면에 나서는 외양을 취했다. 또한 미육군 AFAK(대한군사원조)에서 근무하고 있던 이재명, 지역 제재업자인 안교선 등이 박인근과 함께 이사 명단에 올라 있었다. 즉 초기의 재단 이사회는 오히려 박인근 일가로 국한되지 않는 지역 개신교계 인사, 미군 원조기구 관련 종사자 등의 참여가 두드러졌다.[25]

이를 바탕으로 형제육아원은 외부 후원단체, 특히 외원단체의 기부금에 대단히 효과적으로 접근할 수 있었고, 결과적으로 재정 운영의 상당 비중을 각종 후원금을 통해 충당할 수 있었다. 〈그림 3〉은 설립 초기의 형제육아원이 연간 수입의 약 40~50%를 여러 기독교계 외원단체의

표 2. 형제복지원 재단 기본예산서상 수입구조 변화 (단위: 원, %)

연도	기본재산/수익사업	정부 보조	기부금/해외원조	기타	총액
1964	269,240 (23.5)	273,750 (23.9)	551,200 (48.2)	50,000 (4.4)	1,144,190 (100)
1969	517,200 (37.2)	154,300 (11.1)	713,122 (51.3)	5,779 (0.4)	1,390,401 (100)
1971	2,361,000 (50.0)	1,595,000 (33.7)	770,000 (16.3)	-	4,726,000 (100)
1975	13,264,000 (48.0)	4,694,260 (17.0)	9,506,656 (34.4)	148,250 (0.5)	27,613,166 (100)
1977	15,276,000 (47.3)	5,901,260 (18.3)	10,890,508 (33.8)	196,000 (0.6)	32,263,768 (100)
1979	62,900,000 (44.4)	57,065,000 (40.3)	21,060,000 (14.9)	500,000 (0.4)	141,525,000 (100)
1982	111,600,000 (32.5)	195,561,200 (57.0)	36,000,000 (10.5)	-	343,161,200 (100)
1985	81,568,000 (6.4)	1,153,000,450 (91.1)	28,800,000 (2.3)	1,797,890 (0.1)	1,265,166,340 (100)

출처
1964년: "재단법인 설립허가 신청서 진달", 『법인대장형제원(5-1)』(BA0951054)
1969년: "아동복리시설 인가 갱신", 『법인대장형제원(5-3)』(BA0951056)
1971년: "사회복지사업 시행에 대한 조치", 『법인대장형제원(5-5)』(BA0951058)
1975년: "사회복지법인 정관 변경 허가신청서", 『형제복지원(6-2)』(BA0951060)
1977년: "사회복지법인 임원인가 신청", 『형제복지원(6-3)』(BA0951061)
1979년: "사회복지법인 정관변경 허가신청서 진달", 『형제복지원(6-3)』(BA0951061)
1982년: "사회복지시설 설치 허가(정신요양원)", 『형제복지원법인대장(3-2)』(BA0951066)
1985년: "사회복지시설의 명칭 및 정원 변경 허가", 『형제복지원법인대장(3-1)』(BA0951068)

보조와 각종 기부금을 통해 충당하고 있음을 보여준다. 재단법인형제육아원은 초기부터 해외 원조단체와의 네트워크 구축에 비교적 성공을 거두었고, 조직의 초기 생존 역시 이에 크게 빚지고 있었다.[26]

이렇게 보면 1960년대 형제육아원을 운영했던 재단법인형제육아원은 수용인원의 보호에 필요한 자원의 제공자, 재활의 책임주체라기보다

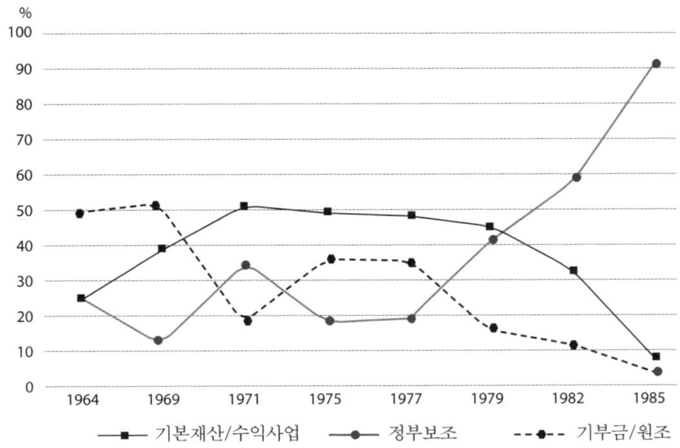

그림 3. 형제복지원 재단 기본예산서상 수입구조 변화 추이

는 단순 격리 수용에 대한 관리감독자에 더 가까웠다. 심지어 그러한 제한적인 기능의 수행도 적극적으로 외원단체에 접근, 더 많은 외원을 확보하지 않으면 불가능한 조직이었다. 형제육아원 재단에게 '요보호' 아동들을 시설에 수용하고 있다는 것은, 적어도 경제적인 의미로만 국한했을 때 아동 수에 비례해서 지급되는 국고보조금과 외원 확보에 필요한 매개를 확보하고 있음을 의미했다. 시설에 수용된 인원은 이미 1960년대부터 형제육아원 재단의 경제적 운영을 뒷받침하기 위한 중요한 필요조건이었던 것이다.

사회복지법인으로의 전환: 준공공화 혹은 사유화

외원의 철수와 사회복지법인 제도 도입

재단법인형제육아원의 운영구조는 1960년대 후반부터 변화하기 시작한다. 이는 무엇보다 외원의 감소라는 외적 변수의 영향 때문이었다. 전후 민간 사회복지영역 팽창의 원동력이었던 외원단체들은 1960년대 후반에 한국에서 속속 철수, 다른 제3세계 국가들로 이동하기 시작했다. 동아시아 냉전의 최전선이라는 지정학적 위치에 기대어, 복지영역에 소요되는 자원을 외원을 통해 손쉽게 동원하는 것이 더는 불가능해진 것이다. 복지시설의 재정난을 조명하는 각종 언론보도가 쏟아져나왔고, 보건사회부 관료들은 외원을 대체할 새로운 자원동원을 위한 제도 정비 방안을 논의하기 시작했다.

1970년의 「사회복지사업법」은 이러한 배경에서 제정되었다. 이 법의 골자는 1961년 쿠데타 직후 제정된 「아동복리법」, 「생활보호법」, 「상이군경원호법」 등 특수 집단을 대상으로 하는 일련의 사회복지 관련 법률을 보다 일반적인 법을 통해 정비하는 한편, 사회복지사업의 민간 주체로서 사회복지법인 제도를 도입하는 것 등이었다. 특히 민법에 의거한 재단법인을 대신하여 '사회복지법인'이라는 법인격 형태가 신설된 것에 주목할 필요가 있다. 이는 특수한 형태의 재단법인인 사회복지법인을 통해 복지 영역에서의 새로운 공-사 관계를 제도화하는 효과를 가져왔다. 1970년 입법 당시 「사회복지사업법」의 사회복지법인에 대한 규정을 민법의 재단법인에 대한 규정과 비교해보면 〈표 3〉과 같다.

1970년 「사회복지사업법」 시행 이후, 복지수용시설을 운영하던 재단법인들은 짧은 기간 안에 사회복지법인으로 일제히 전환되었다. 기존의 재단법인을 대신하여 사회복지법인 제도를 신설한 정책 의도 및 그 효과는 무엇이었을까? 우선 「사회복지사업법」의 사회복지법인 관련 조항들에는 국가의 공적 보조금 지급과 관련한 규정이 신설됨으로써, 외원단체 수입 감소에 대응하여 복지시설 및 수용자에 대한 공적 책임을 한층 더 강화하는 내용이 포함되어 있었다.[27] 이러한 보조금 지급 규정과 함께, 민법상의 재단법인에 비해 강화된 정부의 관리감독 권한 역시 분

표 3. 민법상 재단법인과 사회복지법인의 비교

	재단법인	사회복지법인
정의	학술, 종교, 자선, 기예, 사교, 기타 영리 아닌 사업을 목적으로 하는 영리를 목적으로 하지 않는 재단법인	사회복지사업을 행할 목적으로 사회복지사업법의 규정에 의하여 설립된 법인 또는 연합체
명칭	-	사회복지법인의 명칭 보호(14조)
설립	주무관청의 허가	필요한 자산을 구비하고 보건사회부 장관이 인가(7조, 12조)
관리기관 1)임원 2)임원의 임기 3)감사	1) 특정한 친족이 임원 과반수 점유 가능 2) 별도 규정 없음 3) 임의 설치	1) 민법 규정에 의한 친족이 임원 총수 1/3 초과 불가능(19조) 2) 이사 임기 3년, 감사 임기 2년. 보건사회부 장관의 승인 얻어 취임 3) 필요 설치. 이사의 업무집행을 엄정하게 감사
보조금	별도 규정 없음	국가 및 지방자치단체에 의한 보조금 지급 가능 규정(13조)
수익사업	별도 규정 없음	수익사업의 인정. 건전한 경영 위해 특별회계의무, 수익사업 정지 등의 감독규정(17조, 18조)
합병	합병 규정 없음	보건사회부 장관의 허가 받아 취약한 법인 합병 가능(19조)

명히 하고 있었다.

하지만 이러한 내용을 근거로 「사회복지사업법」의 제정 의도가 복지 행정에 대한 공적 책임을 명확히 하는 것이었다고 판단하기는 어렵다. 이 법은 시행규칙을 통해 복지시설 운영에서 재단의 재원 조달 책임을 오히려 분명히 못박고 있었기 때문이다. 즉 외원철수라는 변화에 대응하는 주된 방식은 국가 재정의 추가적 투입이라기보다는 재단의 자체적인 재원 부담을 강조하면서, 각종 민간 자원 동원의 통로를 더욱 확대하는 것이었다. 그리고 사회복지법인 제도의 신설은 다양한 민간 자원 동원을 더욱 용이하게 하고, 각종 법적·조세적 수단을 통해 자체적 모금·수익사업의 기회를 열어준다는 의미도 있었다.[28] 이를 바탕으로 사회복지법인은 국가와 지방자치단체가 자체 시설과 조직, 인력을 통해 사회복지를 제공하기보다는 조치위탁, 경영위탁, 사업위탁 등의 명목으로 공적 책임을 민간에 위탁하는 핵심 기제로 자리 잡게 된다.

이러한 법적·제도적 변화는 복지시설을 운영하던 기존 재단법인 조직들의 정체성에도 일정한 변화를 초래할 수밖에 없었다. 첫째, 사회복지법인으로의 전환 과정은 이들 조직이 더는 외원단체에 의존해서 경영할 수 없는 상황에 직면했음을 의미하는 것이었다. 공적 재정지원이 일정하게 확대되기는 했지만, 그것은 아직까지 수용자들의 인원에 비례하여 지급되는 최소한의 현물 및 금전 지원 수준이었다. 따라서 많은 재단이 당면했던 과제는 사회복지법인 제도를 통해 가능해진 각종 자원 동원의 통로들 — 보다 확대된 수익사업의 운영 기회, 그리고 각종 세제 혜택 조항 등 — 을 통해 법인의 경제적 기반을 새롭게 구성하는 것이었다.

둘째, 사회복지법인으로의 전환 이후 이들 조직은 중앙·지방정부와 기존과는 다른 공-사 관계에 놓이게 되었다. 새로운 사회복지법인 제도는 적어도 명목상으로는 정부 재정보조 증가와 관리감독 강화, 법인 이사회의 인적구성에 대한 제약조건 등 이전보다 강한 공적 규제를 포함하고 있었다. 일부 재단 경영자들은 재단법인의 사회복지법인으로의 전환을 사실상의 '사회화' 혹은 '국유화'로 판단, 재단을 해산하거나 복지시설 운영을 중단하기도 했다.[29] 하지만 이것이 일반적인 경향은 아니었다. 오히려 대다수의 재단 경영자들은 사회복지법인으로의 전환 이후에도 새로운 사업 분야로 진출하거나 정부와 새로운 관계를 형성, 적극적으로 공적 사업을 수탁함으로써 기존 사업의 확장을 모색했던 것으로 보인다.

'사회복지법인형제원'의 직업보도 사업과 수용자의 동원: 1971~1979년

'재단법인형제육아원'의 사례는 변화하는 제도적 환경에서 한 복지법인이 새로운 사업 기회를 기민하게 포착, 비약적으로 성장하는 모습을 잘 보여준다. 1971~1972년 동안 재단법인형제육아원은 「사회복지사업법」 시행에 따라 '사회복지법인형제원'으로 법인의 구조와 명칭을 전환한다. 이때 법인 산하 시설로 기존의 육아시설 외에도 '직업보도소'를 신설하고, 사업 영역 역시 '육아'에서 '부랑아 보호·선도'로 변경한다. 특히 눈여겨볼 내용은 직업보도소의 설치인데, 이는 아동들을 단순히 격리수용하는 시설이었던 형제육아원에는 존재하지 않았던 새로운 기능이 덧붙여지는 양상을 보여주기 때문이다. 즉 사회복지법인형제원의 사례는 한국전쟁 이후 임시구호행정의 일환으로 도입되었던 수용시설들이 외원의 축소와 함께 점차 기능이 축소되고 '탈시설화'가 진행되는 것이 아니라, 오히려 수용시설들에 직업보도를 위시한 여타 이질적인 기능들이 하나하나 덧붙여지며 복합 시설로 탈바꿈하는 과정을 전형적으로 보여준다.

사회복지법인형제원의 직업보도소 설치는 「사회복지사업법」에 명시된 새로운 수익사업 기회와 세제 혜택을 활용하기 위한 하나의 방편이었을 것으로 추측되는데, 실제로 직업보도소는 재단 경제구조의 중요한 한 축으로 자리 잡게 된다. 5장에서 더 자세히 살펴보겠지만, 명목상으로 직업보도소는 시설 수용자들에 대한 단순 수용을 넘어서서 이들에게 근면한 노동규율을 주입시키고 '자활'과 '갱생'을 도모한다는 목표를 표방하고 있었다. 하지만 동시에 주목해야 할 것은 '새마을공장' 등의 이름으로 운영되었던 직업보도소가 1970년대 사회복지법인형제원의 주된 수익사업의 기능 역시 떠안고 있었다는 사실이다. 직업보도소 설치를 계기로 시작된 자물쇠 생산, 일본으로 수출할 낚시바늘 생산 등 각종 직업보도 사업은 사실은 법인 수익사업 기능을 겸하고 있었고, 여기에 수용인

원의 노동력이 체계적으로 동원되었다.[30]

앞의 〈표 2〉와 〈그림 3〉은 직업보도소 설치를 전후한 시점에서 형제복지원 재단의 자원 동원 방식이 뚜렷이 변화하고 있었음을 보여준다. 여기에서 우리는 1960년대 내내 재단의 가장 주요한 수입원이었던 외원 및 기부금의 비중이 빠르게 감소하고, 이를 대신하여 법인의 기본재산 수입 및 자체 수익활동이 중요해짐을 확인할 수 있다. 사회복지법인형제원은 외원 단체로부터 각종 자원을 조달하는 조직에서 서서히 벗어나, 자체의 시설 및 수용인원의 노동력을 활용하여 재정을 확보할 수 있는 조직으로 탈바꿈하고 있었다. 그리고 이것은 형제원에 수용되어 있던 아동들이 경제적으로 이중적인 중요성을 띠기 시작했음을—즉 한편으로는 국고보조금의 수령 통로로서, 다른 한편으로는 법인 수익사업에 동원할 수 있는 노동력으로서—의미하는 것이기도 했다. 여기에 더해 사회복지법인의 수익활동에 부여되는 법인세제 혜택이 재단의 새로운 경제 활동을 더욱 촉진했다.

하지만 사회복지법인형제원이 비약적으로 성장하게 된 더욱 중요한 계기는 지방정부와의 새로운 관계 설정을 통해서였다. 사회복지법인형제원은 1975년 7월 25일 '부산시재생원설치조례'에 근거하여 부산시와 위탁계약을 체결, '부랑아' 수용 업무를 공식적으로 위탁받았고, 곧이어 '사회복지법인칠성원'이 담당했던 성인 부랑인 수용 업무까지 떠안게 된다. 부산시와 위탁계약을 체결하면서, 사회복지법인형제원은 부산시 부랑인 행정의 가장 중요한 공식적인 하위 기구로서 자리매김하게 되었고, 일종의 준공공적(quasi-public)인 조직으로 변화했다.[31]

부산시와 위탁계약 체결 이후 법인 조직의 성격 변화에 대해서는 좀 더 짚어볼 필요가 있다. 위탁계약 체결 이후에 법인의 지배구조, 조직목표, 재정운영구조는 어떻게 변화하는가? 사회복지법인형제원이 위탁

그림 4. 수용자들을 동원한 주례동 국유림에서의 형제복지원 시설 공사 현장

출처: 형제복지지원재단, 2010, 『형제복지원 운영자료집』 6권, 22쪽, 70쪽.

계약을 통해 활동하는 준공공적 조직이 되었다는 것이, 국가-사회복지법인 관계에 함축하는 바는 무엇일까? 사회복지법인은 단순히 국가 기능의 하위 집행자로서의 성격만을 지니는가? 이것이 기존의 사회복지법인 관련 연구에서 언급하는 사회복지법인에 대한 국가 통제의 강화 혹은 '사회화' 과정으로서 이해될 수 있는가?

형제복지원 시설의 주례동 이전과 대규모 수용시설 신축 과정 —

특히 신축공사 과정에 소요되는 재정적 부담을 둘러싼 협상과 담합의 과정 — 은 부산시와 사회복지법인형제원의 관계에 대해 많은 것을 함축하고 있다. 형제원이 아동시설에서 부랑인 수용시설로 탈바꿈하는 과정은 한편으로는 부산시의 전폭적인 행정적 지원 아래에서 진행되었다. 부산시는 주례동 소재 국유림을 부랑인 수용시설 건설을 명목으로 형제복지원에 매도했고, 이후 해당 부지에서 대규모 부랑인수용소 건설공정이 시작되었다.[32] 하지만 다른 한편으로 형제원은 건설공정에 필요한 상당한 재정 부담을 최소화할 수 있는 대안을 부산시에 제공하고 있었다. 재단 측이 부산시에 제공할 수 있었던 가장 중요한 자원은 다름 아닌 경찰로부터 인계받은 수용자의 노동력이다. 주례동 국유림에서의 시설 신축 과정은 이들의 노동력을 활용한 일종의 강제노역의 형태로 진행되었다. 부산시의 입장에서 사회복지법인형제원은 '부랑인' 수용 업무를 외주화하고, 더 나아가 대규모 부랑인 수용시설 건설에 소요되는 재정을 절감할 수 있도록 해주는 조직이었다.

자연스럽게 양자 사이의 '담합' 또는 '이해관계의 교환'이라 할 만한 관계가 형성되었다. 사회복지법인형제원은 여기에서 결코 수동적 위치에 머무르지 않았으며, 오히려 적극적으로 조직적 이해관계를 추구하는 행위자에 가까웠다. 그런데 복지법인이 부산시로부터 획득할 수 있었던 기회는 위탁관계를 통한 새로운 사업 기회에 국한되지 않았다. 위탁계약 체결 및 수용소 건설은 다른 한편으로는 박인근 원장을 중심으로 한 법인의 폐쇄적 지배구조가 더욱 공고화되는 계기였고, 부산시 당국은 이 과정을 묵인했다.[33] 이러한 법인의 사유화 및 부정부패에 대한 묵인은 부산시가 사회복지법인형제원에 제공해줄 수 있는 다양한 비공식적 반대급부의 일부였다.

여기서 우리는 사회복지법인 형태로의 전환과 위탁계약 체결을 통해 공공적 성격이 강화되는 과정과 나란히, 역설적으로 법인의 폐쇄적 지배구조가 더욱 강화되는 이중적 모습을 관찰할 수 있다. 실제로 이루어진 것은 법인의 사회화(socialization)가 아니라 사유화(privatization)였던 것이다. 〈표 2〉에서 볼 수 있듯, 이미 1979년의 시점에서 사회복지법인형제원은 전체 재정수입의 40% 이상을 정부보조금에 의존하는 조직이었다. 그럼에도 부산시는 이러한 사유화 과정을 묵인했는데, 이는 부산시가 위탁사업자인 사회복지법인형제원에 제공한 일종의 숨은 형태의 지원(hidden-aid)이었다. '문제 인구'에 대한 관리 책임을 위탁하면서 동시에 수용자들의 노동력 동원 및 사유화 과정을 묵인해주는 거래와 담합이 1970년대 중후반의 형제원 운영에서 더욱 뚜렷하게 관찰된다.

더욱 거대해지고, 더욱 사유화된 사회복지법인형제원은 어떤 의미에서는 1970년대 외원 감축과 복지수용시설의 위기에 가장 성공적으로 적응, 생존했던 조직이었다. 이제 형제원은 외원에 의존하는 아동시설에서 탈피, 직업보도시설의 수익사업화를 통해 유사 영리기업 조직의 모습마저 지니게 되었다. 또한 정부와의 위탁계약 체결 이후 수용인력의 규모는 급격히 팽창했고, 이들을 동원한 새로운 사업의 기회 역시 포착했다. 1979년 '사회복지법인형제복지원'의 탄생과 사업 분야의 급격한 확장은 이러한 일련의 과정의 귀결이었다. 사회복지법인형제복지원은 1978년에 이미 수용인원 1,600여 명 규모의 시설을 운영하는 거대 재단으로, 전체 민간 복지체계 내의 다른 사회복지법인들과는 차별화되었다. 〈표 4〉에서 볼 수 있듯 수용시설의 규모와 재정 면에서 형제복지원은 다른 시설에 비해 독보적이었다.

하지만 이러한 형제복지원의 변화를 '예외'적인 현상이라 보기는 어렵다. 부랑인구에 대한 강제단속과 수용정책, 사회복지법인에 부여된 각종 행정·재정적 혜택, 그리고 통치비용 문제를 해소하기 위한 독특한

표 4. 전국 사회복지 수용시설 규모별 분포 (단위: 개)

수용 인원	아동시설	노인시설	부녀시설	장애인시설	부랑아/ 부랑인 시설	총계
1~49명	34	15	7	17	1	74(15.8%)
50~99명	194	23	12	22	4	255(54.5%)
100~199명	73	5	5	18	3	104(22.2%)
200~399명	7	-	1	13	-	21(4.5%)
400~599명	-	-	3	1	1	5(1.1%)
600명 이상	1	-	-	-	4	5(1.1%)
총계	310	43	28	74	13	468(100%)

출처: 아산사회복지사업재단, 1979, 『한국의 사회복지』, 499-586쪽 내용 재구성.

공-사 관계들은 형제복지원 재단뿐 아니라 다른 많은 사회복지법인 조직에도 해당되는 환경이었다. 1970년대 형제복지원의 사례에서 독특한 것은 수용인력을 동원한 대규모 시설증축 정도였지만, 이것 역시 이후 전두환 정부에 의해 부랑인 수용시설 건설의 '모델'로 채택되어 전국적으로 확산되었다.[34]

국가-사회복지법인의 담합관계

대규모 시설수용 정책과 민간 복지영역의 팽창

형제복지원 재단의 사업운영은 전두환 정권의 사회복지정책을 통해서 새로운 전기를 맞는다. 광주 학살을 배경으로 집권한 전두환 정권은 임기 초반부터 통치의 정당화를 위해 '복지국가 건설'이란 수사를 내걸었다.[35] 쿠데타 직후 사회복지 관련 법령이 대폭 제정·개정되는 현상이 5.16 쿠데타에 이어 다시 한 번 반복되었다. 1981년을 전후로 1961년 군사쿠데타 이후 차례로 제정되었던 각종 사회복지 관련 법률이 재개정되면서, 관련

법 체계가 대폭 변화한 것이다.[36] 이러한 사정을 반영하여, 1980년대 초중반 긴축재정에 대한 정권 차원의 강조 속에서도 사회복지 관련 예산의 비중은 꾸준히 증가하고 있었다.[37]

실제로 1980년대에 접어들면서 장애인시설, 부랑인시설 등 다양한 유형의 신규 사회복지 수용시설 설립이 급증했다. 이는 단순한 양적 확대라기보다는 한국전쟁 이후 급격히 팽창한 아동시설 중심의 복지수용시설 체계 전반이 재편되며, 다양한 유형의 복지수용시설이 신설되고 있음을 의미했다. 1980년대에 접어들면서 민간 복지영역은 분명 새로운 확대의 국면을 맞고 있었다. 이러한 흐름과 맞물려, 한국전쟁기 응급구호 행정의 유산 위에서 형성된 사회복지 부문의 공-사 관계 역시 여러 측면에서 일부 재편되고 있었다.[38]

첫째, 1980년대 이후 정부는 복지수용시설 운영에 대한 보조금 지원을 증가하기 시작했다. 1984년 대폭 개정된 「사회복지사업법」은 기존의 법에 비해 각종 사회복지사업에 대한 정부의 공적 책임을 분명히 표명하고 있었다. 이는 선언적 구호에만 그치는 것은 아니었다. 이전에 수용시설 내부의 인원에 비례하여 지급해 왔던 보조금은 그 액수가 크게 증가했고, 이에 더해서 사회복지시설 인건비에 대한 정부 보조 역시 새롭게 지급되기 시작했다.

둘째, 사회복지시설에 대한 정부 개입은 단순한 보조금 지원 증대에 그치지 않았으며, 정부의 국책사업으로서 일련의 대규모 복지수용시설 신축 및 개조 작업들이 추진되고 있었다.[39] 국가 예산 투입을 통한 각종 복지수용시설의 신·증축 사업은 이전 시기에서는 찾아보기 어려운 것이었다. 1980년대 초반 시점에서 부랑인 수용시설과 장애인 수용시설은 이미 기존 복지시설의 다수를 차지했던 아동시설을 뛰어넘는 규모로 성장하고 있었는데, 이는 일정 정도 정부의 새로운 시설 신축정책의 결

과였다.[40]

셋째, 정부의 재정투입 증가와 더불어, 사회복지법인을 통한 민간자원 동원의 통로 역시 더욱 확대되었다. 특히 사회복지법인에 대한 조세감면 혜택이 대폭 확대되면서, 민간 행위자들의 참여를 유도했다.[41] 이러한 복지법인에 대한 감세정책은 공적 재정지출 못지않게 중요한 숨겨진 지원정책이었으며, 1980년대 이후의 복지행정이 여전히 민간 행위자의 동원에 초점이 맞추어져 있었음을 짐작하게 한다.

넷째, 실제로 당시의 복지행정은 새로운 민간 행위자들을 동원하는 한편, 새로운 위탁운영 제도에 따라 기존에 국공립으로 운영되던 시설도 체계적으로 민영화하고 있었다. 예컨대 '보호대책'은 부랑인 수용시설의 효율성 및 전문성을 위해 민간 행위자에게 운영을 위탁하는 방침을 세워놓고 있었다. 결과적으로 1980년 초반 이후 모든 부랑인 수용시설은 민간 사회복지법인에 의해 운영되었다.[42]

즉 한편으로는 민간 복지영역이 빠르게 확대되었지만, 공(public)과 사(private)의 경계는 뚜렷이 구분되지 않았다. 증가하는 정부의 복지재정 지출은 일견 공공성의 확대처럼 보였으나, 이는 대단히 사유화된 복지 조직들의 팽창을 수반했다. 더구나 1980년대 급격히 성장한 대표적 사회복지 부문인 '부랑인 복지'에서 우리는 사회복지 행정의 전문화된 논리보다는, 치안 유지의 논리가 복지 담론과 '착종'되는 현상을 목도할 수 있다.[43] '삼청교육 5호' 사업이 종료된 직후에 수립되었던 '보호대책'은 이를 여실히 보여준다. '부랑인'에 대한 대규모 단속 및 강제수용은 "모든 걸인은 정부의 보호를 받아야 한다"는 복지 담론의 논리를 통해 정당화되었다. 치안과 복지의 논리가 착종되어 있었던 이러한 지침을 통해서 전국 각지에 부랑인 수용시설이 빠르게 설치되었고, 1986년 말에는 전국 36개, 약 1만 6천여 명 규모까지 확대되었다.

국고에 의존한 '사회복지법인형제복지원'의 사업 다각화: 1980~1987년

1980년대 경찰에 의한 대규모 부랑인 단속과 시설수용, 수용 인원에 비례하여 지원된 국고보조금 등은 부랑인 수용시설을 운영하는 복지법인에는 비약적으로 시설을 확장할 수 있는 기회를 의미하는 것이었다. 사회복지법인형제복지원은 1980년대 초반 2차에 걸쳐 수용시설 확장 공사를 진행했다. 축대 건설, 교회 건축, 수용동 2층의 증축 등 대부분의 공정에 수용자들이 동원되었다.[44] '보호대책'에 따라 지원되었던 보조금과 수용자의 강제노역을 바탕으로 신축공사는 1984년에 완공되었다. 이렇게 확충된 시설에 다시 경찰이 단속한 인원이, 그리고 그에 비례하여 더 많은 국고보조금이 유입되면서 재단의 사업이 팽창했다.

형제복지원을 비롯한 당시 부랑인 수용시설의 운영재단들은 이러한 국가 정책에 적극 호응하면서 새로운 사업 확장 기회를 모색했고, 그 과정에서 독특한 복지재단 및 시설운영 형태가 갖추어졌다. 첫째, '복지사회 건설'을 내세운 전두환 정권이 시행한 각종 지원사업, 그리고 사회복지법인에 새롭게 부여된 여러 특혜조항은 형제복지원 재단에 새로운 사업 확대의 기회를 열어주었다. 5장에서 더 자세히 살펴보겠지만, 특히 내부 직업보도 시설 확충에 정부의 지원이 있었는데, 형제복지원의 경우 부랑인 수용시설 중 가장 큰 규모의 지원이 이루어져 자동차운전면허학원이 설치되었다. 또한 지역의 기업체들을 형제복지원 시설 내부로 끌어들이고, 크게 증가한 시설 수용자들을 잉여 노동력으로 활용하여 각종 수익기업체를 운영할 수 있는 기회도 확대되었다.[45] 이렇게 확대된 수익사업에 각종 세제 혜택이 뒤따랐다.

둘째, 형제복지원을 비롯한 부랑인 수용시설 운영재단들은 1980년대 초반을 기점으로 사업을 다각화하면서, 복수의 복지시설을 운영하는 거대한 조직으로 발돋움하게 된다. 특히 1984년 「심신장애자복지법」 제정 이후 더욱 확대된 장애인수용 복지시설에 대한 수요는 이들 사회복지법인들에 새로운 사업의 기회를 열어주었다. 사회복지법인형제복지원 역시 이러한 기회를 적극 활용했다. 이미 1977년부터 차근차근 추진되어온 '형제정신요양원'의 설치는 1982년 정부로부터 설치를 허가받았다. 이후 1984년에 부랑인 수용시설과 공간적으로 바로 인접한 곳에 거대한 형제정신요양원 시설이 개원, 운영되기 시작했다.

사회복지법인형제복지원이 부랑인 수용시설과 함께 정신요양원 시설을 운영한 의미는 무엇일까? 이는 무엇보다 수용자의 특성에 따라 시설·재단이 전문화, 분화되는 것이 아니라 여러 복합적인 기능이 하나의 수용시설 공간에 접합되면서, 복지재단의 사업 영역이 더욱 다각화되고 수용시설은 대형화되는 양상을 잘 보여준다. 아동수용시설에서 출발한 형제복지원에 각종 새로운 기능이 덧붙여지면서 하나의 복합체(complex)로 발전하게 된 것이다. 그런데 이는 비단 형제복지원에 국한된 현상은 아니었다. 부랑인 수용시설의 운영권을 획득하면서 중앙·지방 정부와 밀접한 관계를 형성한 많은 사회복지재단들이 거의 동일한 시점에서 정신요양원 혹은 장애인 수용시설을 겸영하면서 사업 분야를 확대해갔다.[46] 시설의 전문화를 구호로 내세웠던 1980년대 복지행정은 그 구호와는 사뭇 다른 결과로 이어졌다.

시설의 대형화 및 다각화는 사회복지법인형제복지원의 경제적 운영 형태 역시 바꾸어놓았다. 〈표 2〉에서 볼 수 있듯, 시설 및 수용인원의 확대와 더불어 국고보조금의 규모도 빠르게 증가했다. 결과적으로 법인의 재정구조 역시 1970년대 초중반과는 비교할 수 없을 정도로 정부 재정에 압도적으로 의존하는 형태로 변화했다. 수용인원에 비례한 정부의 지원금과 더불어, 1984년부터는 시설장 등의 인력에 대한 인건비 보조금까지 지급되기 시작했다.[47] 이는 법인 운영에서 비가역적 변화가 나타났음을 함축하고 있다. 1960년대 외원에 의존하는 조직으로 출발한 형제복지원 재단은, 1980년대에 접어들면서부터는 정부 재정에 절대적으로 의존하는 시설로 탈바꿈하게 된 것이다. 형제복지원 재단은 사회복지법인의 비영리성이라는 제약에도 불구하고, 정부에 의해 제공되는 각종 행정적·재정적 특혜를 통해 다른 비영리조직은 접근하기 어려운 자원 확보의 기회를 획득할 수 있었다. 적어도 이러한 재정구조의 측면에서 볼 때 사회복지법인형제복지원은 이미 하나의 공공조직과 크게 다르지 않았다.[48]

하지만 이러한 재단 운영구조의 변화에도 불구하고, 이 시기 형제복지원 재단의 지배구조에서는 어떠한 중대한 변형도 발견되지 않는다. 우리는 앞에서 1975년 부산시와의 위탁계약 체결 이후 오히려 형제복지원의 사유화가 진전되는 역설적인 상황을 확인했다. 이러한 시설 사유화의 문제는 형제복지원 재단이 1980년대 들어와 복수의 중대형 시설들을 겸영하는 조직으로 발전하면서 더욱 심화되었다. 이제 이사회 구성을 기준으로 본다면 형제복지원 재단은 박인근 일가의 가업(family-business)과 다르지 않은 조직이 되어 있었다.[49]

1987년 형제복지원의 실상이 사회적으로 폭로되면서 지면에 오르내린 각종 탈법 행태는 이렇게 사유화된 법인 구조에서 뿌리내릴 수 있었다. 이러한 현상은 단순히 중앙·지방 정부의 관리감독의 허술함 때문이라고 해석하기 어렵다. 오히려 법인 사유화에 대한 묵인과 방조는 국가-사회복지법인 사이의 수탁·위탁 관계를 구성하는 핵심적인 요소에 더 가까웠다. 국가 권력의 공백 지점을 메우기 위해 각종 민간 사회복지법인을 동원했던 국가는 각종 특혜조항을 통해 이들에게 새로운 사업 기회를 열어주는 한편, 법인의 사유화 경향에 대해서는 사실상 의도적으로 방임하고 있었다. 법적으로 규정된 감사(監査)는 형식적으로 진행되었고,

이것 역시 어떤 의미에서는 형제복지원 재단을 비롯한 사회복지법인들에 부여되는 가장 큰 특혜 중 하나였다.

결국 사회복지법인형제복지원의 사례에서 우리는 부랑인의 수용이라는 국가 프로젝트의 수행 과정에서 국가-사회복지법인 양자의 이해관계가 서로 맞물리면서 일종의 담합 관계가 발전하는 양상을 확인할 수 있다. 부랑인의 수용에 필요한 사회적 비용 부담의 문제는 이러한 담합을 낳은 핵심 요인이었다. 사회복지법인에 제공된 합법적 특혜의 공간, 그리고 각종 비공식적·탈법적 지원이 형제복지원 재단이 사익을 추구할 기회를 제공해주었다. 재단의 입장에서 가장 중요한 재원이었던 시설 수용자들에 대한 탈법적인 장기간의 시설 수용이 만연하게 된 것도 바로 이러한 조건하에서 가능한 일이었다.[50] 결과적으로 합법과 탈법의 모호한 제도적 경계 속에서 형제복지원이 표방하고 있던 '복지'는 적나라한 '돈벌이'와 다르지 않은 모습으로 전락했다.

'돈벌이'가 된 복지와 그 유산

지금까지 형제복지원 재단의 역사를 시간의 흐름에 따라 되짚어보았다. 형제복지원 재단이 그려온 궤적은 한국 민간 사회복지법인의 역사적 맥락을 긴밀히 반영하고 있었다는 점이 한층 더 분명해졌을 것이다. 앞에서 살펴본 내용을 다소 일반화해본다면, 다음과 같은 몇 가지 결론을 도출해볼 수 있다.

첫째, 한국전쟁의 유산 위에서 팽창한 시설 수용 중심의 민간 사회복지체계에서, 재단법인은 처음부터 수용시설의 재정비 및 효율적 운영의 수단으로 활용되어왔다. 수용시설에 대한 관리감독 주체로서 재단법인은 지역사회에 긴밀히 뿌리 내리기보다는 오히려 외원단체와 같은 외부 행위자와의 관계 속에서 운영되는 조직이었다. 이러한 성격은 사회복지법인 제도 도입 이후에도 크게 달라지지 않았다. 민간 사회복지법인의 역사는 애초부터 수용시설의 역사와 불가분의 관계에 있었다.

둘째, '비영리', '사회복지'라는 틀에서 제공되었던 각종 특혜가 사회복지법인의 경제적 운영을 가능하게 한 기회들을 제공했다. 정부의 재정지원 및 인건비 보조, 법인 수익사업에 대한 세제 감면 등이 그것이다. 이러한 기회들은 사회정책 영역에서 국가 통치의 공백을 메우기 위해 민간 행위자들을 동원하고자 하는 맥락에서 제공되었으며, '비영리' 사회복지법인들은 이러한 기회들을 다시 여러 방식으로 활용, 전유할 수 있었다.

셋째, 사회복지법인은 분명 국가기구에 행정적·재정적으로 종속되어 있었지만, 동시에 국가 역시 사회복지법인의 존재에 기능적으로 의존할 수밖에 없었다. 결과적으로 양자 사이의 담합 구조가 발전되어갔다. 공식적으로 이루어지는 사회복지법인에 대한 지원과 함께 각종 비공식적인 지원들 역시 존재했다. 법인 지배구조의 사유화 및 사익추구를 묵인하고, 수용인력의 자의적 동원을 방치한 것 등이 그것이다. 비공식적 담합과 이해관계의 교환, 부정부패는 단순히 국가 행정능력의 제약에서 기인하기보다는, 국가-사회복지법인 관계의 핵심적 구성요소에 가까웠다. 형제복지원 재단의 운영은 바로 이러한 제도적 조건에서 이루어졌다.

이렇게 형성된 국가-사회복지법인 관계의 가장 큰 피해는 다름 아닌 시설 수용자들에게 돌아갔다. 국가의 입장에서 부랑인은 단속, 비가시적 영역으로 격리되어야 하는 존재들이었고, 사회복지법인의 입장에서 이들은 인원에 비례하여 국고보조금을 받을 수 있는 매개체이자 시설 확장, 수익기업체 운영 등에 손쉽게 동원할 수 있는 노동력이었다. 수용자의 존재 그 자체가 경제적 자원 획득의 가장 주요한 통로가 되었기에,

부랑인 수용시설의 운영은 일종의 유사 인신매매적 특징까지 띠게 되었다. '복지'와 '보호'의 수사 아래 이들에 대한 장기간의 시설 수용이 정당화·묵인되었고, 각종 인권침해가 뒤따랐다. 사회복지법인과 경찰, 복지 관료 사이의 유착관계가 만들어낸 장(場) 안에서 수용자들은 하나의 벌거벗은 몸뚱이로 전락했다.

우리는 지금까지 주로 사회복지법인이라는 렌즈를 통해 본 형제복지원의 역사를 살펴보았다. 그런데 위의 내용은 역으로 형제복지원 사례를 통해서 한국 사회복지법인의 성격을 다시 살펴볼 필요가 있음을 시사한다. 형제복지원 사건을 단순히 독재 정권의 사회복지 행정에서 벌어진 극단적 인권침해 사례, 또는 예외적이고 일탈적인 사건으로 이해하는 것은 이러한 역사적 경험을 축소하는 것일 것이다. 오히려 한국의 독특한 민간 의존적 복지체계의 역사적 궤적과 그 난점이 형제복지원을 통해 가장 극적으로 나타난 것에 가깝지 않을까. 한국의 민간사회복지 역사에서 형제복지원 사례의 보편성과 특수성, 그리고 그 유산에 대해서 본격적인 질문과 성찰이 필요한 이유다.

이 장의 서두에서 언급했듯, 이 문제는 1987년 민주화 이후 더욱 확대된 한국 사회복지 수용시설의 현실에 대한 고민과 밀접하게 맞닿아 있다. 형제복지원의 폐쇄 이후에도 한동안 지속되었던 부랑인에 대한 경찰의 단속과 강제수용은 1990년대 초반 이후 점차 사라져갔다. 그런데 권위주의적 경찰행정이 사라진 뒤에도 여전히 변화하지 않은 것들이 있다. 각종 사회문제를 격리수용을 중심으로 해결하고자 하는 관행, 수용시설을 운영하는 민간 사회복지법인의 구조, 국가와 사회복지법인 사이의 담합 관계 등이 그것이다.

이 장에서 자세하게 살펴보지는 못했지만, 1987년의 '사건' 이후 형제복지원 재단의 역사는 이러한 변화하지 않는 현실을 너무나 잘 보여준다. '시설'로서의 형제복지원이 사라진 뒤에도 '사회복지법인'으로서의 형제복지원은 이름을 바꾸며 조직의 생존을 유지했고, 부산시의 묵인 속에 오히려 더욱 노골적인 사익추구의 도구로 활용되었다.[51] 진상규명운동이 본격화된 뒤 재단 청산 및 매각 과정에서도 부산시와 형제복지원 재단의 유착관계에 대한 비판이 제기되었다.[52] 이는 형제복지원에 국한된 일은 아니었다. 1980년대 다른 부랑인 수용시설을 운영했던 사회복지법인들 역시 장애인 수용시설로, 정신요양원 시설로 사업 분야를 확대하며 덩치를 키웠고, 이후 수십 년 동안 같은 시설에서 수용자 인권침해 문제가 재발해왔다.[53] 권위주의 정권의 경찰 행정은 사실 이들 법인조직이 민주화 이후 더욱 팽창하는 것을 가능하게 했던 소실 매개자(vanishing mediator)의 역할을 했다고도 볼 수 있다.

변화하지 않는 이러한 현실은 우리에게 여러 고민을 던져준다. 1987년의 민주화, 2000년대 이후 소위 '복지국가의 발전' 이후에도 민간 사회복지법인들이 복지체계에서 차지하는 중요성은 더 커졌다. 그런데 형제복지원 사례를 통해 드러난 민간 사회복지체계의 난점으로부터 우리는 얼마나 자유롭다고 할 수 있을까? '문제집단'을 격리수용하는 시설을 중심으로 발전해온 사회복지법인들의 구조와 기능을 어떻게 하면 좀 더 민주적이고 공공적으로 변화시킬 수 있을까? 형제복지원 사건의 진상을 규명하고, 과거사 문제의 해결을 모색하는 작업 역시 이러한 현재적 질문에 대한 진지한 성찰과 함께 이루어져야 하지 않을까.

'자활'이라는 가면• 05

시설-국가-지역사회의 공모

소준철

'자활'은 어떻게 등장했을까?

형제복지원은 정부의 정책에 근거해 운영되는 사회복지시설이었다. 이곳은 1980년대 국내에서 가장 큰 규모의 시설이었고, 선진적인 시설로 꼽히기도 했다. 형제복지원은 '부랑인'을 격리수용하는 시설이자 '자활'이라는 기치 아래 운영되고, 직업훈련을 통해 부랑인들의 재사회화를 목표로 하는 시설이었다.

형제복지원이 운영되던 당시에 발간된 기관지인 『새마음』을 보더라도 수용자들이 필자로 나서서 시설에 대한 '감사'를 표현하고, 자신들의 미래를 기대하는 내용의 글을 지속해서 기고했다. 이 기관지에 따르자면, 수용자들은 시설에서 습득한 기술을 토대로 취업에 성공했을 것이다. 그러나 수용자들의 증언에서 시설 내의 훈련을 통해 취업한 경우를

• 이 글은 『사회와 역사』(125호, 2020)에 「정부의 '자활정책'과 형제복지원 내 사업의 변화」란 제목으로 실린 필자의 논문을 이 책의 전체 구성에 맞게 수정한 것이다.

찾기란 쉽지 않다.[1]

시설이 말하는 수용자의 '자활'이란 무엇일까? 이 장에서는 자활의 사회적 맥락을 살펴보겠다. 자활은 형제복지원에서만 사용한 특수한 개념은 아니다. 한국전쟁 이후 구호사업에서 논의된 주요 목표 역시 자활이었다. 예를 들어 이승만 정권은 전쟁의 직접적인 피해자인 군경원호대상자에게 '자립·자활'할 것을 요구하는 동시에 정부의 시책을 최소화했다.[2] 이때의 '자활'이란 국가가 관리하기 어려운 상황에서 전후의 피해자들이 각자도생하기를 요구하는 구호였다. 박정희 정권에서는 급증하는 부랑아·부랑인에 대한 대책으로 그들을 조직화했고, 몇몇 조직은 개척지로 보냈다. 게다가 정부가 나서서 부랑인들의 '합동결혼'을 성사시키기도 했다. 앞의 두 정권은 고아와 부랑아·부랑인들에게 국가와 사회에 의존하지 않고, 개인 혹은 가족 스스로 자활하라는 요구를 했을 뿐이다.[3] 그렇기에 자활은 국가가 국민의 삶을 돌보지 않거나 돌보지 못하는 처지를 면피하기 위해 동원된 개념으로 보아야 한다.

'자활'이 구호에서 정책으로 바뀌게 된 건, 정부가 「자활지도사업에 관한 임시조치법」(1968)을 제정하면서부터다. 여기에서 '자활지도사업'이란 "취로사업을 실시하고 노임을 지불하는 자립보호 방식"이란 의미였다. 그러나 1972년 PL480, 즉 「미공법」 480호에 의해 노임으로 제공되어온 양곡의 제공 방식이 변경되었고, 자립보호 방식의 자활사업을 지속할 수 없게 됐다. 이에 따라 정부는 이전처럼 해외원조물자를 배분하는 방식이 아니라 정부가 직접 재정을 마련하고 배분하는 방식으로 변경했다. 동시에 정부는 새마을운동을 통해 국민에게 "근면·자조·협동을 생활화하는 의식개혁운동"에 참여할 것을 요구했다. 여전히 '자활'은 정부가 제기하는 의식개혁의 목표이자 구호 수준에 머물렀다.[4]

정부는 「사회복지사업법」(1970)을 제정하고, '직업보도사업'을 활성화해 하층민이 자활하겠다는 취로사업 계획을 내놓았다. 이 사업은 하층민이 직업훈련을 통해 '1인 1기(技)'를 습득해 근로자로 재사회화되는 것을 목표로 했다. 이때의 '자활'은 개인이 경제적으로 독립한 상태라고 읽을 수 있다. 그러나 정부와 시설의 관계를 중심으로 볼 때, 이 자활은 완전히 다르게 읽힌다. 자활을 목표로 하는 취로사업은 정부가 하층민을 지원하는 사업으로 보인다. 그렇지만 이 사업은 정부와 시설을 연결하는 결과를 가져왔다. 다시 말하자면, 국가의 '자활정책'과 시설의 '자활사업'은 수용자들이 퇴소 후에 경제적인 독립을 이룰 수 있다는 목표를 공유하고, 그 목표를 서로 정당화하며 존재했다.

자활을 통해 국가와 시설이 관계를 갖는 방식은 현재도 유지되고 있다. 사회복지학계에서는 2000년 국민기초생활보장제도의 도입에 따라 제도로서의 자활이 시작되었다고 본다. 그 이전까지의 자활은 사회복지의 영역이 아닌 행정의 영역으로 보고 있다.[5] 그렇지만 자활의 목표가 기초생활자가 탈수급하는 상태라는 점에서 볼 때, 과거나 현재나 자활은 개인이 경제적으로 독립하는 것을 목표로 한다.[6] 국가의 자활정책과 시설의 자활사업이 '경제적 독립'이란 목표를 공유하며 연결된 레짐으로서의 자활은 1970년대에서 현재까지 이어져왔다고 보아야 한다.

그렇다면 이 자활 레짐은 결과적으로 시설 내 수용자들의 자활을 성공하게 했을까? 주지하듯이 형제복지원의 사례는 자활이 실패한 경우이며, 단적으로 '시설 내 자활'이 가진 어두운 면이 고스란히 드러난 사례로 볼 수 있다. 그렇다면 형제복지원 문제가 사건화되었을 당시 언론에 보도된 것처럼 이러한 실패를 과연 극악한 운영자가 사적이익을 추구한 결과로만 볼 수 있을까? 이 물음이 이 연구의 출발점이다.

앞서 말한 대로 형제복지원은 1980년대 초, 전두환 정권이 우수하다고 평가한 사회복지시설이었다. 무엇보다 형제복지원의 사업은 「내무부 훈령 410호」 "부랑인의 신고·단속·수용·보호와 귀향 및 사회관리에 관한 업무처리지침"(1975)에 근거한 사업이었다. 그런데도 왜 형제복지원 수용자들은 자활에 실패했을까? 여기에는 운영자의 개인적 비리 외에도 드러나지 않은 구조적 문제가 있다고 본다. 그래서 다음의 연구문제를 설정했다. 첫째, 국가와 시설이 정책과 사업을 통해 어떻게 공모했는지, 둘째, 시설이 '사업'을 기획하고 운영하는 과정에서 수용자를 어떻게 대상화하고 이용했는지, 마지막으로 형제복지원에서 이루어진 자활의 결과는 무엇이며, 그 이익을 누가 어떤 방식으로 나누었는지 살펴보겠다.[7] 이 연구는 '장애와 인권 발바닥행동'[8]이 제공한 형제복지원 관계 기록물철 가운데 3권, 5권, 7-1권, 12-1권, 14-1권, 14-2권, 16-1권, 31권, 89권, 100권을 정리한 결과이기도 하다.

1960~1980년대 부랑인을 대상으로 한 '자활정책'의 형성

'조직화'와 명분으로서의 자활

이 절에서는 박정희 정권과 전두환 정권에서 실시한 정부 '자활정책'의 역사를 짧게 이야기하려 한다. 정부는 이전까지 도시하층민 중 노동 가능한 인력에게만 노동의 대가를 지불하는 방식의 공공취로사업을 제공했다.[9] 그러나 이 사업은 비정기적인 취로사업에 불과했고, 참여할 수 있는 인원에도 한계가 있었다. 박정희 정권에 들어서 도드라진 건 자활을 목표로 하는 도시하층민의 집단을 만들고, 관리하는 방식이었다. 이러한 방식은 1970년대 들어 정부가 기존의 사회복지시설을 통해 하층민에게 훈련을 제공하는 방식으로 확장됐다.

1960년대 초, 도시에서 인구가 급증하자 정부는 실업상태의 도시하층민에 대한 대책을 마련해야 했다. 도시하층민 가운데 어떤 이들은 주거지가 없이 도시를 배회했고, 또 다른 이들은 사조직에 들어가 넝마주이나 껌팔이, 구두닦이, 혹은 날품팔이와 같은 비공식적 경제활동을 했다. 도시하층민은 점차 우범적 존재로 여겨졌고, 그들의 사조직 역시 마찬가지였다. 그들은 당시 사회에서 소거해야 할 대상으로 인식됐다. 보건사회부(1955~1994)는 도시하층민에 대한 정책으로 부랑인을 모아 새로운 집단을 구성하거나, 기존의 집단을 양성화하기도 했다. 무엇보다 이렇게 만들어진 부랑인 조직은 일시적이지만 정부가 관리했다. 잘 알려진 단체는 1960년대 초의 국토건설단과 근로재건대다. 국토건설단은 보건사회부 노동국이 소관한 실업자구제사업의 일환으로, 부랑인을 모아다가 전국 각지에서 벌어지는 국토간척사업에 투입했다. 근로재건대는 음성적인 넝마주이 집단을 양성화한 경우다. 정부는 이 두 집단이 소속원들의 자활을 목표로 하는 조직이라 했지만, 도시하층민을 가시화하고 연이어 도시 바깥으로 내보내거나 도시 내부에서 관리하려는 시도였다.[10] 정부는 두 개의 집단을 조직했지만, 막상 별다른 지원을 하지는 않았다. 국토건설단은 정부가 국책사업에 노동력을 동원하기 위한 사업이었고, 근로재건대는 정부가 문제시되는 집단을 관리할 수 있는 상태로 전환하기 위해 양성화한 치안사업에 해당했다.[11]

정부가 자활을 명분으로 도시하층민을 집단화하거나 양성화한 방식은 박정희 정권 이전부터 존재했다.[12] 1958년, 부산시가 조직한 '청소년갱생단'의 사례를 살펴보자. 부산시는 "12세 소년소녀로부터 50세까지의 성인"인 부랑인을 모아 청소년갱생단을 조직했다. 이 단체는 대한방범협회 경남지부의 후원으로 발족했고, 부랑인들은 "거지도 인간이다, 다 뭉쳐서 참된 사람이 되자"며 맹세하는 퍼포먼스를 했다. 그리고 "폐품을 단체적으로 수집하여 처분한 이익금을 가지고 자활의 길"을 맹세했다.[13] 그러나 정부가 이들을 보호하거나 지원하는 정책은 없었다. 이들이 자활하는 방법이란 폐품을 단체로 수집하고 처분해서 이익금을 만드는 것뿐이었다.

박정희 정권기에 들어서도 상황은 변하지 않았다. 박정희는 1963년 취임사에서 "정치적 자주와 경제적 자립, 사회적 융화안정을 목표로 대혁신 운동을 추진"해야 하며, 이는 "개인의 정신적 혁명을 전개"함으로써 가능하다고 말했다. 그렇기에 국민은 "자신의 운명을 스스로 개척한다는 자립·자조의 정신을 확고히 하고", "민주와 번영, 복지사회를 건설"하는 주체여야 했다. 이 취임사는 2년 전, "혁명공약"에서 "빈곤문제의 해결"을 약속한 것에서 후퇴한 것으로, 국가가 빈곤한 처지의 국민을 보호하기 위한 정책을 생산하기보다 "개인이 개척한다는 자립·자조의 정신"으로 각자도생하라는 언명을 내놓는 수준에 불과했다.

박정희의 대통령 취임 전, 국가재건최고회의가 정부를 운영하는 시기에 정부는 넝마주이 집단을 대대적으로 관리하기 시작했다. 내무부장관과 보건사회부장관은 넝마주이를 비롯한 부랑인들에게 정부에 '등록'할 것을 요구하는 담화를 발표했다. 특히 1961년 6월 20일에서 6월 25일 사이에 등록한 부랑인에 한해 넝마주이를 직업으로 가질 수 있으며, 등록하지 않은 자는 의법(依法) 대상이 된다고 겁을 줬다. 이때 등록은 서울시경 소관이었다. 서울시경 보안과 소년계에서는 "18세 이상 남자로 폐품수집으로 생계를 유지하는 자"를 등록했다. 부랑인들은 "사진 3매와 도장"을 가지고 시경 보안과 사무실에 가서 자신을 등록했고, 정부는 부랑인들의 "지문을 채취(採取)"하기도 했다.[14]

1958년 부산의 청소년갱생단과 1961년 서울시의 넝마주이 등록은 치안과 방범(防犯)에 목적을 두고 넝마주의를 양성하는 일이었다. 이 과정을 통해 서울시에서는 882명의 넝마주이가 등록했다. 서울시에 등록한 넝마주이는 시청으로부터 취업 중이라는 증명을 받을 수 있었다. 서울시는 이들을 구별로 관리하고, 등록된 넝마주이 조직을 '서울시폐품수집직업인자치회'라 부르게 했다. 구마다 지도위원을 4~5명씩 선발하여 총 50여 명을 선발했다.[15] 이 자치회의 구성원은 누구도 "부하를 둘 수 없고, 수집품의 이익을 중간(에서) 착취하는 자의 개입을 불허"한다는 원칙도 존재했다.[16] 정리하자면 지방정부는 넝마주이들을 양성적인 집단으로 조직화하고, 동시에 기존의 사조직을 불법화했다. 그리고 등록된 넝마주이에 한하여 '취업 중'이라는 자격을 부여했다.[17]

넝마주이 집단과 그 구성원들이 지방정부에 등록하고, 취업자라는 자격이 생겼다고 해서 그 생활이 바뀌었을까? 게다가 정부가 넝마주이 집단을 직접 관리했다고 해서 집단 내부의 문제가 사라졌을까? 그렇지 않았다. 정부에 등록된 넝마주이는 소속이 어디든 간에 폐품을 주워와 집단의 이름으로 팔고, 그 수입을 공통의 비용으로 예치하고, 인원 수에 따라 나누어 갖는 방식을 채택했다. 또 개인마다 "1일 저축계획을 수립"해서 관리한 것으로 알려졌다.[18] 그렇지만 자치회장이나 재건대장이 폐품 판매로 생긴 수입을 유용하여 적발되는 사건이 계속 발생했다. 서울에서는 자치회장 중 한 명이 '자치회'가 구성된 1961년 7월부터 다음해 3월까지 자치회의 판매 수입 가운데 10%가 넘는 금액을 유용했다.[19] 조직 내에서 상하 관계를 구성할 수 없고, 중간에서 착취하는 자의 개입을 불허한다는 원칙이 있었지만, 대부분의 집단에서는 자치회장 혹은 재건대장이 돈을 관리하는 구조였다. 다시 정리하자면 정부가 넝마주이들을 등록시켜 직접 관리하기 이전부터 존재한 사조직의 착취 구조가 없어진 건 아니었다. 게다가 정부가 구성원들에게 제대로 된 근로환경을 제공한 것도 아니었고, 오히려 이전의 조직에서는 개인이 소유할 수 있었던 현금을 소유할 수도 없게 되었다. 등록된 직후 관리감독의 주체가 경찰로 바뀌었다고 해도, 실제로는 여전히 재건대장 혹은 조직의 우두머리가 관리하는 구조였고, 그들에 의해 자금이 유용되고는 했다.

정부는 부랑인을 직접 관리하기 위해 기존의 조직을 양성화하거나, 새로운 조직을 구성했다. 그러나 이 조직화가 도시하층민, 특히 부랑인들을 자활하게 했다고 말할 수는 없다. 정부가 열악한 노동환경을 개선하려는 시도를 찾아볼 수 없고, 집단의 대표가 수입을 유용하는 일이 끊임없이 발생했으며, 이런 착취 구조를 개선하려는 별도의 노력이 없었기 때문이다. 더구나 정부는 자치회원과 재건대원 등의 조직원들에게 다른 직업을 갖기 위한 그 어떤 훈련과 기회도 제공하지 않았다. 즉, 국가가 도시하층민을 조직화하고 직접 관리하는 방식은 각 개인의 자활을 목표로 한 것이 아니었으며, 재정이 부족한 상황에서 이들에 대한 보호와 직업훈련은 민간사설단체와 외원단체의 영역이었다.[20] 이전까지는 통제할 수 없었던 넝마주이와 같은 문제 대상을 가시화하고, 조직을 구성해 관리 가능한 상태로 전환하기 위해, 정부는 '자활'이란 구호를 이용했을 뿐이다.

국가와 시설의 공모(共謀)

1960년대 후반이 되자 정부는 기술인력군을 형성하고자 「직업훈련법」을 제정하고 직업안정소 제도를 시행했다.[21] 이전과 달리 '기술'을 통해 실업상태의 개인에게 취업 기회를 주겠다는 목적이었고, 직업훈련을 받는 실업자의 수를 늘리려 했다. 사회복지시설은 정부의 이러한 정책 변화의 영향을 받았다. 외원보조가 줄어드는 상황에서 또 다른 재원을 찾고 있던 사회복지시설들로서는 정부의 이러한 정책 변화는 새로운 기회였다. 도시하층민을 상대로 한 자활정책에서 가장 중요한 법은 「자활지도사업에 관한 임시조치법」(1968)이다. 이 법은 당시 한국의 자활정책이 목표로 하는 지점을 명확하게 보여준다. "노동능력이 있는 영세민"만이 정부가 진행하는 "근로사업, 취로사업"에 참여해서 "노임"을 받아서 빈곤문제를 해결하는 자립보호였다.[22] 하지만 이 법만으로는 하층민의 상황이 나아지지 않았고, 자활정책에도 변화가 필요했다. 정부는 자활정책을 취로사업뿐만 아니라 직업훈련으로도 확장했다. 즉, 직업훈련을 통해 기술이 없는 사람들이 취업에 필요한 기능을 습득해 취업을 하게 하겠다는 것이다.[23]

이런 상황에서 사회복지시설의 역할이 도드라졌다. 시설들은 정부가 정책을 실현할 수 있는 자활사업을 구상했다. 시설은 정부의 지원사업이 없는 상황에서 「사회복지사업법」을 준용하여 스스로 수익사업을 실시했고, 이를 통해 시설운영을 위한 재정을 확보했다. 이 시기의 '자활'이란 사회복지시설이 직업훈련을 빌미로 수용자를 이익사업에 동원할 수 있는 명분이기도 했다.

정부의 '자활정책'에 사회복지시설이 본격적으로 공모를 한 시기는 '직업훈련지원사업'(1981)과 '영세민 종합대책'(1982)이 연이어 마련되고 「생활보호법」(1982)이 개정된 1980년대 초다. 사회복지시설 가운데서 수익사업을 통해 재원을 마련한 경우나 지역에서 주요 기관으로 인정받은 경우는 정부에서 재정을 지원받아 시설을 운영할 수 있었다. 특히 국무총리행정조정실에서 작성한 「구걸행위자보호대책」(1982)에서는 전국 특별시·광역시가 부랑인수용소와 같은 수용시설을 설치할 것을 요구했다. 각 수용시설은 사회복지단체가 나서서 위탁운영하며, 시설은 수용자들을 대상으로 한 직업훈련을 제공해야만 했다. 사회복지시설은 이전부터 운영해 오던 수익사업을 직업훈련의 일종인 '자활사업'으로 변용했으며, 정부는 이를 명목으로 보조금을 지급했다. 시설이 제공하는 직업훈련은 수용자들이 자활할 수 있을 거라는 사회적 상상으로 정당화됐다.

그러나 1987년 이후 수용소 형태의 사회복지시설에서 연이어 발생한 사건으로 그런 상상이 흔들리기 시작했다. 인권유린과 운영진이 지원금을 유용한 문제들이 터졌고, '수용소를 통한 자활'이 실제로는 불가능한 목표였다는 점이 드러났다. 수용자들은 수용시설 내에서의 기술을 습득할 수는 있겠지만, 사회적으로는 격리된 상태였다. 게다가 정부와 시설은 수용자들이 개인으로서 자활하는 것을 목표로 삼았지만, 시설에 입소한 사실이 자활을 어렵게 한 아이러니가 발생했다. 동시에 우리는 문제집단의 개체 수를 감소시키려고 했던 정부와 수익사업의 규모를 키우려고 했던 사회복지시설의 민낯과 공모의 흔적을 확인할 수 있다.

형제복지원 내 '자활사업'의 전개

'인가 조건'으로서의 직업보도소

이 절에서는 정부의 '자활정책'과 형제복지원의 '자활사업'의 관계를 살펴보겠다. 형제복지원은 본래 1960년 7월 20일 형제육아원이란 이름의 미인가 육아원으로 운영을 시작했고, 1965년 1월 6일 법인체인 재단법인 형제원이 설립됐다.[24] 그런데 법인이 정부로부터 육아원 인가를 받는 과정에서 수용자들을 대상으로 한 직업보도소의 설치를 요구받는 정황을 발견할 수 있다.

1965년 2월 3일, 재단법인 형제원은 부산진구청 사회과에 형제육아원의 "아동복리시설로의 인가 신청" 서류를 제출했고, 부산시는 1주일이 지나 답을 보내왔다. 부산시장의 명의로 된 부산진구청장에게 보내는 행정문서로, 형제육아원에 "직업보도를 위한 시설이 전연 없으며, 제시한 대책 역시 구체적인 시행성이 없기에 이를 시정"하지 않고는 아동복리시설로 인정할 수 없다는 내용이었다.[25] 재단법인 형제원은 많은 문제를 지적받은 데 비해 꽤 빠른 시간 안에 대처했다. 2주가 채 지나지 않은

2월 22일, 부산진구청 사회과 지방행정서기가 형제육아원을 방문한 후, 그는 상부에 "목공소를 설치하여 직업보도소를 설치"했고, 미비한 다른 사안들 역시 모두 해결되었다는 내용의 보고서를 발송했다. 1965년 3월 7일이 되자 형제육아원은 미인가 시설에서 아동복리시설로 인가받은 육아원이 되었다. 1969년 12월 9일이 되자 형제육아원은 정관에 기재된 재단법인의 명칭과 시설의 종류를 '아동복리시설'에서 '육아시설과 직업보도소'로 변경했다.[26] 이것은 「아동복리법」에 따르면 육아시설과 직업보도소 역시 아동복리시설의 일종이라는 점에서 큰 의미가 있는 변경이라고 볼 수는 없으며, 당시 「아동복리법시행령」(1969년 11월 10일 시행)이 전부개정되어 이에 의한 행정적 요청에 따라 변경된 것으로 추정된다.

이 상황은 정부의 요청과 시설의 일방적인 수용으로 보인다. 하지만 시정 기간 중 시설이 별도의 예산을 확보하거나 직업보도소 시설을 확충하기 위한 공사를 진행했다는 증거를 찾을 수는 없다.[27] 시설의 직업보도소 시설 확충이 사실인지 여부를 떠나, 이 시기에 들어 정부와 시설 사이에 일종의 공모관계가 형성되었음을 확인할 수 있다.

1965년에서 1969년 사이 재단법인 형제원 내의 직업보도소는 자활사업의 명목으로 운영되는 목공소와 자물쇠공장으로, 두 직업보도소 모두 「아동복리법」에 근거한 시설이었다. 시설의 입장에서 더 중요한 직업보도시설은 자물쇠공장이었을 것이다. 이 자물쇠공장은 목공소와 함께 보조금을 받을 수 있는 명목이며, 동시에 수익사업이 가능한 사업체였기 때문이다.

형제육아원에서 실제로 진행된 직업지도 행위는 무엇이었을까? 당시 아동복리시설은 「아동복리법 시행령」 21조에 따라 3년마다 인가를 갱신해야 했으며, 정부는 인가의 가능 여부를 판단하기 위해 해당 시설에 대한 실태평가를 진행했다. 형제육아원을 대상으로 한 「아동복리시

표 1. 1969년 국고보조금 내역

국고 보조금			합계
(미상)	생계비	○○보조금	
153,300원	73,000원	300,000원	526,300원
12원×365일×20명 = 87,600원 9원×365일×20명 = 65,700원	10원×365일×20명 = 73,000원	직업보도 특별보조금	

출처: "정관 일부 변경 허가신청서", 『법인대장형제원(5-3)』(BA0951056).

설 실태평가표」(1969)에는 "원내에서 기술보도사업을 진행 중이며, 특히 '자물쇠공장'을 운영"하고 있다는 내용이 적혀 있다.[28] 또한 이 자물쇠공장은 "직업보도시설"이며 이는 기본재산에 포함되는데, 이를 활용해 "자물쇠를 제조·시중판매"하고 있다고 적혀 있다.[29] 나중에 형제복지원장 박인근은 "용당동의 법인시설에서 직업보도소를 설치운영"했는데 "자물통(자물쇠)공장을 만들어 '브라더'라는 이름으로 자물통을 생산"했다고 밝혔다.[30] 즉, 형제육아원은 자물쇠를 판매해서 수익금을 얻고, 직업보도소로서 자물쇠공장을 운영한다는 명목으로 '직업보도특별보조금'도 받았다(표 1).

수익사업의 확대

1960년대 후반 경제기획원 기술관리국장 전상근은 "직업훈련을 통해 무기능 구직자와 소년공의 능력을 개발시켜야 취직이 가능하다"며 「직업훈련법」의 제정을 제안했다.[31] 게다가 「직업훈련법」(1967) 제정은 늘어나는 도시 내 이농인구를 관리하고, 실업상태의 이농민을 기능공으로 육성해서 경제개발에 이바지하기 위해서였다.

한 해 뒤인 1969년, 재단법인 형제육아원은 정관에 직업보도소의 설치를 명시하고, 다음해에 「직업훈련법」에 근거한 '직업훈련소'로의 인

그림 1. 자물쇠공장(1969. 12)

출처: 『법인대장형제원(5-3)』(BA0951056).

가를 받았다. 여기에서 부산시가 형제육아원 측에 직업훈련소 인가취득을 요구하는 정황이 발견된다. 1970년 1월 8일, 부산시는 부산진구를 통해 형제육아원이 "직업훈련법 제5조 4항에 규정된 공공직업훈련소의 인가를 받도록" 요구하는 행정문서를 발송했다.

부산시의 의도가 무엇이었는지는 정확히 알 수 없다. 그러나 1969년 행정개혁조사위원회에서 제시한 청소년행정의 개선을 위한 조사 보고서에서 육아원을 점차 폐쇄하여 직업보도시설로 전환하고 일시보호시설만 존치할 것을 건의한 바 있는데, 이로 인한 정책 변화의 영향이 아닌지 추정해본다.[32] 그러나 형제육아원은 육아원의 기능을 상실하지는 않았고, 이 시기 이후에도 형제육아원은 아동의 보호와 위탁을 목적으로 하는 '육아원/직업보도소'(「아동복리법」)와 기능기술개발을 위한 '직업훈련소'(「직업훈련법」)의 두 가지 기능을 갖춘 민간 시설로 운영되었다.[33]

얼마 지나지 않아 형제육아원이 새로운 길을 모색하게 됐다. 보건사회부가 사회복지법인과 사회복지시설의 사회복지 전달체계를 구축하거나 통제하기 위해 「사회복지사업법」(1970)을 제정했기 때문이다. 이는 외원 단체가 철수하는 상황에서, 정부가 민간자금을 동원해 사회복지 전달체계에 연결하기 위한 시도이기도 했다.[34] 형제육아원은 법인체의 성격을 재단법인에서 사회복지법인으로 곧장 바꿨다. 1971년 11월에 열린 이사회의 기록을 보자. 이사회 회의록에서는 "육아사업을 운영하는 가운데 체험한바 사회복지를 위하여는 무엇보다도 부랑아사업이 사회적으로 긴○함을 느낀 바 있어", "부랑아사업으로 사회명랑화를 기하며 또는 선도사업으로 건실한 육성을 목적"으로 한다며 재단법인 형제육아원을 사회복지법인으로 변경할 것을 의결하며, "부랑아(육아)시설 형제원 및 형제직업보도소 및 이에 수반되는 사업을 유지 경영"하는 사회복지법인으로 변경했다. 형제원은 정부로부터 보조금을 받을 수 있고, 시설 자체가 독립적인 모금과 수익사업이 가능한 사회복지법인으로 전환했다.[35]

재단법인 형제원이던 1969년과 사회복지법인 형제원이 된 1971년 사이의 수입구조에 큰 차이가 있다. 특히 기본재산 351.9%, 정부보조금 273.2%, 기부금 154.3%, 기타 371%가 증가해 총액은 241.9% 상승했다. 불과 2년 사이에 3.5배가 넘는 재단 수익이 가능해졌으며, 정부보조금은 2.7배 증가했다.[36] 동시에 형제원은 식당(19.12평), 조리실(6.08평), 의무실/사무실(8.54평), 실습장(37평), 세멘장(세면장, 6.08평), 오락실/강당(16.05평) 등의 시설을 갖췄다.[37]

이 시기를 기점으로 형제원은 자물쇠공장과 양계/양돈사업을 운영하며 재단의 수익을 극대화했다. 현재 정리된 기록물을 검토하면, 자물쇠공장은 1966년에 시작되었고, 14명(1972)이 생산과정에 참여하는 규모로 커졌다.[38] 이와 함께 양계/양돈사업은 사회복지법인으로 전환한

1970~1971년 사이에 도입한 것으로 보인다.[39] 양계/양돈사업의 도입을 1970~1971년으로 추정하는 건 『법인대장형제원(5-5)』(국가기록원 관리번호: BA0951058) 문서에 '사실증명원'과 '1972년 세입세출예산안'에 이전 해의 양계/양돈사업의 수익이 있다는 점과 1969년도분의 '예산안'에는 양계/양돈에 대한 내용이 없기 때문에 이 사이로 추정해 본다. 무엇보다도 이 시기의 수익이 증가한 데는 양돈사업이 큰 역할을 했다. 1972년 당시 총 156평의 돈사에서 돼지 147두(분만 가능한 돼지 60마리)를 키웠는데, 1년 동안 분만이 가능한 돼지 한 마리당 6마리를 분만한다는 가정하에, 이를 팔아 3,600,000원의 판매금을 벌고, 여기에서 유지비 1,800,000원을 제외한 1,800,000원의 수익금을 남기겠다는 기대를 하기도 했다.[40]

1970년대의 형제육아원은 정부 정책의 변화에 따라 '직업훈련소'로서 직업보도소의 기능을 더했다가, 법인의 성격을 사회복지법인으로 바꾸는 시기였다. 그러나 이 시기의 어떤 자료에서도 수용자의 자활과 그 방법에 대한 고민을 찾아볼 수는 없었다. 형제육아원은 그저 목공소와 자물쇠공장에 양계/양돈사업을 더하며 수익사업을 극대화했다.

물적토대의 구축

형제원은 1976년 용당동에서 주례동 18번지로 이전했다. 이전까지의 시기를 정리하면 미인가육아원이 재단법인을 거쳐 사회복지법인이 되었고, 아동복리시설(육아시설)과 직업보도소(인가 직업훈련소)로 기능했다. 주례동으로 이전하며 형제원은 '부랑인수용소'로 시설의 목적과 기능을 변경하려 했고, 이를 위한 주례동 부지의 확장과 이로 인한 부지의 개발이 그 어떤 사안보다 급선무였다. 용당동 시절에는 사회복지시설의 규모가 113.3평의 시설과 156평의 돈사에 불과했지만, 주례동으로 옮기며 15,390평의 국유지 가운데 8,579평의 부지를 '부랑인수용소'의 목적으로 사용하게 됐다.[41] 이 주례동 부지는 형제복지원이 별도로 매입한 것이 아니라 정부로부터 사용승인을 받아 사용하게 된 땅이었다.

부지 이전 직전에 형제원은 부랑인수용소 건설계획을 내놓았다. 원사 35동, 재봉실 1동, 새마을직업보도소 8동, 목욕탕 1동, 재건초등학교 4동, 세면장 1동, 사무실 1동, 식당 1동, 도서실 1동, 피복창고 1동, 식량창고 1동, 수위실 1동, 화장실 2동, 체육관 1동 등, 총 60동 규모의 시설을 갖추겠다는 거대한 계획을 내놓는다.[42]

형제원의 이전과 주례동 부지의 사용, 그리고 부랑인수용소의 건설계획에 관한 기록 어디에도 부산시가 형제원에 먼저 무언가를 요청한 흔적은 찾을 수 없다. 형제원의 위상이 높아졌고, 이에 따라 형제원의 요구가 정부의 별다른 허가를 거치지 않아도 되었다고 거칠게 추정할 수 있다. 건설계획이 나온 지 1년이 채 안 된 1977년 1월 12일, 형제원은 상당수의 건물을 지었다. 시설의 소재지를 용두동에서 주례동으로 변경하는 신청서에 기본재산 현황을 첨부했는데, 여기에서 원사 12동(480평), 취사장 및 식당 1동(112평), 병원 1동(40평), 사무실 1동(40평), 창고 1동(42평), 새마을직업보도소 7동(280평)을 건설한 것을 확인할 수 있다. 1년이 안 된 시점에 계획한 60개 동 중에서 23개 동의 "흙-블록과 가시오나무에 슬레이트 지붕으로 된" 건물들을 신축했다. 이 시설의 시설장인 박인근은 1976년의 공사에 대해 다음과 같이 회고한다.

> [부산시 담당 공무원에게] 오늘부터 부랑인 중 건강한 사람들을 설득하여 작업에 동원하여 흙블록을 찍어서 집을 신축하겠다고 [하였으며] … 주례동에서 28명 용당동, 신선대에서 42명 총 75명을 선출되었다. … 그리고 준비해 두었던 흙블록 기계, 삽, 고갱이, 블록 나르는 지게 등과 봐뒀던 흙더미들을 챙기고 블록 찍는 기술자 1명을 채용하였다. 목공기술자는 직원 중에 사촌동생이 있어서 그

그림 2. 형제복지원 건물의 변화와 노역

맨 위: 1차 공사, 중간 좌우: 2차 공사, 맨 아래: 2차 공사 후 형제복지원 전경.
출처: 형제복지원재단, 2010, 『형제복지원 운영자료집』 6권.

에게 부탁을 하고, 나가 소원하였던 흙블록을 찍고 햇볕에 말리는 작업을 착수하기로 어려운 결단을 내렸다.[43]

이 회고가 사실이라면, 형제원의 부랑인수용소 내 23개 동은 별도의 외부 인력 없이 벽돌기술자 1명, 목공기술자 1명과 75명의 수용자들이 만들었다. 박인근은 이들의 노동을 "부랑인들의 고귀한 자원노역"으로 부른다. 더구나 이 공사는 "부랑인들의 일시 수용기간" 동안 이루어졌고, "정부, 지방비, 일반 후원금 없이" 자원노역으로 신축했다고 밝혔다.[44]

이 공사의 의미는 무엇일까. 형제원은 1979년, 형제복지원으로 이름을 바꾸며 정관을 변경한다. 정관에는 요보호 성인을 위한 사회복지시설을 추가로 설립하고, 이에 따라 '부랑아 및 부랑인 선도사업 및 수용보호 시설'을 설치했음을 명기했다. 게다가 이런 방식은 전두환 정권으로부터 우수한 "모델"로 인정받는다. 부랑인 단속에 대한 행정체계 수립과 부랑인 수용시설의 확충에 대한 주문을 담고 있는 「구걸행위자보호대책」(1982)에 따르면 형제복지원의 자체 노역을 통한 시설 확충은 건축비를 절감한 사례로 타 지역의 부랑인 수용시설의 모범이었다.[45]

1980년과 1982년 사이에 형제복지원은 1970년대 중후반에 지은 건물 중 상당수를 허물고 더 큰 규모로 새로 지었다. 이로써 주례동으로 이전할 때 세운 공간계획에 가까워졌다. 이렇게 새로 지은 건물의 수가 총 30여 동이다. 1980년에는 숙소, 냉동실, 식당, 사무실, 창고, 공민학교 용도를 위한 8동(2,113평), 1981년에는 숙소, 직업보도, 냉동실, 세탁장 용도의 건물 10동(1,060평), 1982년에는 숙소, 목욕탕, 교회 용도의 건물 12동(1,691평)을 신설했다(그림 3).[46]

형제복지원은 1976년에는 주례동 부지에 건물 신축, 1979년에서

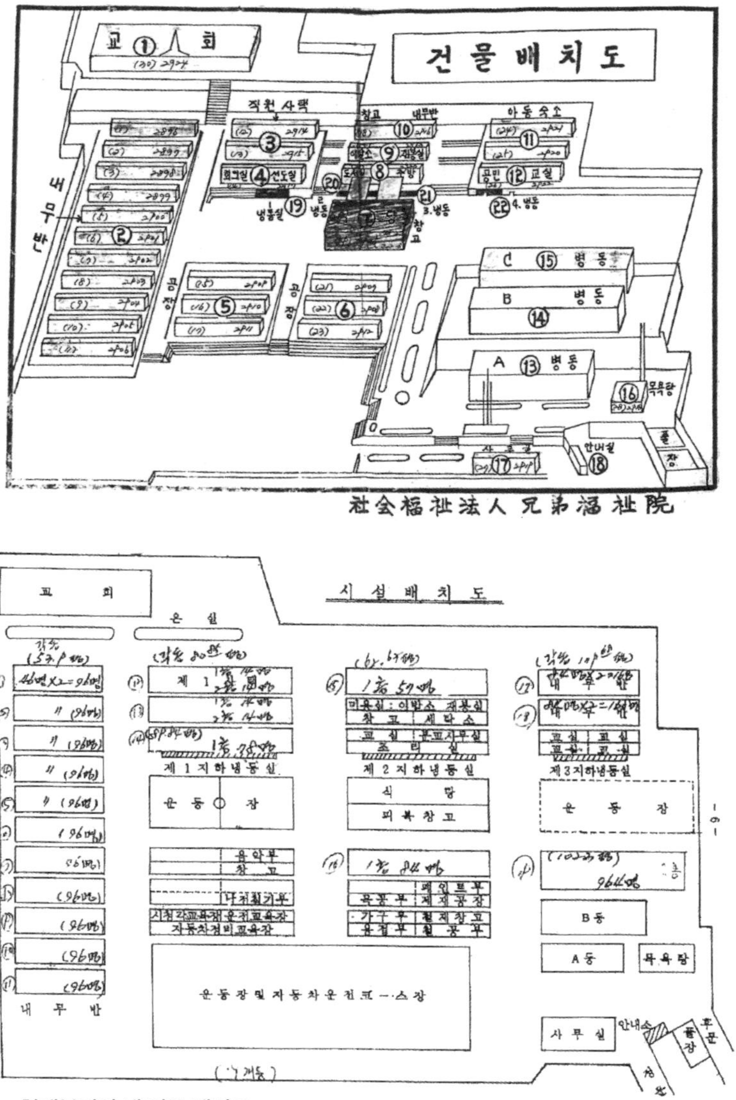

그림 3. 형제복지원 내 건물 배치도

위는 1982년의 배치도이며, 아래는 1985년의 배치도다. 1987년의 배치도는 6장에서 확인할 수 있다.

출처: 위: 『형제복지원(12-1)』(BA0951065), 아래: 『형제복지원(16-1)』(BA0951069).

1982년 사이 건물의 재건축에 수용자를 '자원노역'의 명목으로 동원했다. 시설의 입장에서 형제복지원은 수용자를 동원해 형제복지원 및 형제요양원 등의 사업 다각화를 위한 물적 토대를 다졌다. 그러나 이 노역은 개인의 '자활'을 앞당기는 노동도 훈련도 아니었다. 이 노역을 통해 실질적인 이익을 거둔 주체는 보조금을 절감한 정부와 정부로부터 우수사례로 손꼽힌 형제복지원이었다. 정리하자면, 형제복지원의 성장에 있어 자활은 수용자 개인의 자활이 아니라, 국가의 비용을 절감하고, 민간 사회복지시설의 물적토대의 확보를 위한 방편으로 기능했다.

'자활사업'의 다각화

'자활' 없는 노역

형제복지원 내에서 이루어지는 노역 가운데 일부는 시설의 운영을 위해 이뤄졌다. 1976년에서 1982년까지 형제복지원이 주례동으로 옮기는 과정에서 수용자들을 동원해 공사를 진행한 것처럼, 형제복지원은 시설의 운영에 별도의 노무자를 고용하지 않고 수용자들을 동원했다. 특히 수용자들이 배치된 '소대'는 수용자들이 공동생활을 하는 단위이면서 동시에 작업의 단위였다. 다음에서 설명할 수익사업을 위한 위탁사업장과 비수익사업을 위한 직업보도소와는 분리된 상태였다.

〈표 2〉는 형제복지원 수용자인 이○○의 구술과[47] 「부산 형제복지원 사건 신민당 진상조사 보고서(제1차 보고서)」에서 시설 내부의 소대를 가리키는 부분만을 발췌해 재구성한 것이다.[48] 마치 군대의 소대와도 유사하다. 형제복지원의 생활에서 발생하는 원생의 이발(7소대)과 의류 세탁(15소대), 인분 처리(16소대), 목욕탕 관리(14소대), 목재 작업(8/9소대)과 철재 작업 등은 각각 배당받은 소대의 몫이었다. 게다가 외부인사

가 형제복지원에 방문할 때 공연을 하는 별도의 소대를 운영했다. 외부의 인쇄소에 찾아가 출력물을 찾아오는 출력소대(5소대)와 시설의 필요에 따라 차량을 운전하는 운전자들이 모인 운전면허소대(16소대)도 존재했다. 그리고 몇 개의 소대는 작업과 상관없이 남녀 아동과 남녀 청소년이 지내는 단위였다. 또 처벌을 목적으로 하는 근신소대(6소대)도 존재했다. 2000년대의 구술자나 신민당 조사 당시의 증언자 사이에서 발견되는 공통점은 강한 수준의 '노역'이 존재했다는 점이다.[49] 〈표 2〉에서 보면 근신소대(6소대)에서만 노역이 이루어질 것 같지만, 구술자들의 증언에 따르면 소대에 상관없이 노역이 있었다. 신민당의 진상조사 보고서에서는 수용자들이 7소대와 13소대를 두고 "아오지 탄광"이라고 부르며, 이곳에 소속된 수용자들은 마걸이(모래주머니)를 메고, 다 떨어진 군복 차림(일명 똥복)으로 구보 등 기합과 구타, 돌깨기, 축조작업, 철근작업 등 노동을 해야 했다.[50] 즉, 목적이 없는 노동이 존재했다. 이채식은 근신소대가 아닌 의무소대에 배치되었음에도, "일반 소대와 같이 훈련도" 받았지만, "훈련이 없으면 뭐 무너지면 인자 흙짐 같은 거, 그래 하고 했으니까. 그리고 또 그냥 뭐 할 일 없으면 훈련이고, 할 일 없으면 뭐 그냥. 편히 쉬게 한 시간이 그렇게 딱히 없었"다고 말한다.[51] 수용자들의 빈 시간을 없애는 처벌과도 같은 이 노동에는 시설에서의 훈련을 통한 자활이라는 목표는 사라져 있었다. 그 대신 수용자들의 노역은 대규모 수용시설을 운영하는 데 필요한 유지·관리를 위해 이용될 뿐이었다.

수익사업과 위탁 사업체의 연루

형제복지원을 통해 볼 때 자활이란 패러다임은 국가와 사회복지시설이 공모하는 자리였다. 더구나 어느 한쪽이 일방적으로 기능한 것이 아니었다. 정부의 자활정책과 시설의 자활사업이 조응했다. 게다가 정부와 시

표 2. 형제복지원 내 소대 구성

1소대	2소대	3소대	4소대	5소대	6소대
-	-	-	-	출력	근신
7소대	**8소대**	**9소대**	**10소대**	**11소대**	**12소대**
이발사	목공	목공	야간중학교/ 검정고시반	신입	미화
13소대	**14소대**	**15소대**	**16소대**	**17소대**	**18소대**
"아오지탄광" (신민당)	목욕탕	세탁소	인분/운전면허	철공소	질병격리

설은 수용자들의 자활 가능성에 대한 논의와 사업의 효과를 논의하기보다는 비용을 절감하거나 물적토대를 구축하기 위해 수용자들의 노동력을 동원했다.

그러다 1983년에 들어서자 형제복지원은 자활사업을 적극적으로 추진했다. 정부는 「구걸행위자보호대책」(1982)에서 전국 각지에 형제복지원을 모델로 삼아 부랑인을 대상으로 한 수용시설을 확충해야 하며, "자활촉진 사업을 통해 조기 복귀할 수 있게 유도"해야 하고, "부랑인시설은 종교단체나 독지가 등의 민간에 의해 운영"되어야 한다고 주장한다. 무엇보다 부랑인수용소를 통한 "자활 촉진"을 유도하겠다는 정부의 목표는 앞으로의 변화를 암시한다.[52]

형제복지원의 대규모 건설은 정부의 기조와 마찬가지로 자활사업의 확장으로 이어졌다. 〈표 3〉을 통해 형제복지원이 수용자들에게 제공한 자활사업의 분야와 대략적인 운영(사업장 구분, 개시일자, 목적, 시설규모, 지도요원, 연간 배출인원, 1일 교육시간, 교육기간, 생산품 (및 수익금))에 대해 알 수 있다. 물론 다른 기록물에 자활작업장 운영기간이 다른 경우도 있기 때문에 〈표 3〉의 내용 그대로를 믿을 수는 없다.[53]

이 표에서 가장 흥미로운 지점은 "생산품(수익금) 처리" 부분이다.

1번에서 20번까지는 "판매센터를 통해 자립적금으로 적립", 21번에서 25번까지는 "기능자격 취득 후 취업 알선"으로 분리되어 있고, 맨 아래 부분에 "25개 사업장: 자활사업 20개, 직업보도 5개"라고 적혀 있다. 또한 "수익사업장-20개 소, 241명 종사(봉제공장 등), 비수익사업장-5개 소, 319명 종사(운전교육장 등)"라고 적힌 것을 기초로 할 때, 1~20번까지는 수익 목적의 사업장이며, 21~25번까지는 직업보도시설이라고 추정할 수 있다. 즉, 형제복지원의 시설은 직접수입을 위한 '자활'시설과 간접수입을 위한 '직업보도'시설로 나뉜다.[54] 다시 말하자면 형제복지원의 사업은 정부의 「사회복지사업법」에 의해 인정되는 수익사업과 「구걸행위자보호대책」 이후에 확장된 모델로 비수익사업으로서의 자활사업으로 나누어 볼 수 있다.

형제복지원은 주례동으로 이전하면서 '새마을직업보도소'란 이름의 수익사업을 시작했다. 한국일보의 기사에 따르면 1977년 4월, 케미슈즈 생산회사인 동창산업, 목각공예생산업체인 남도공업, 액자생산업체인 대영산업, 낚시보세가공업소인 경화조구, 풍선생산업소인 동선산업 등이 형제복지원에 입주했다.[55] 이 가운데 시설에서 낚시제품을 위탁하여 생산하는 일은 용당동 시절인 1970년대 초부터 시작됐다. 이때의 생산품은 일본에 수출했다. 시설 내에서 작업의 책임자는 박인근의 친동생이었고, 작업반의 규모는 7~8명이 1조로, 총 20여 개 조가 일을 했다. 작업자들은 대개 어린이들이었고, 이들의 숙련도가 높아질수록, 시설에서는 작업량을 늘리며 작업조들끼리 경쟁하게 했다.[56]

얼마 지나지 않아 형제복지원의 슬레이트 건물을 모두 허물고 2층 슬라브 건물이 신축되자, 수익사업의 규모가 더 커졌다. 건물의 확장과 함께 수용자의 수가 늘어났고, 이를 토대로 사업의 규모가 커졌다.[57] 1987년 형제복지원이 사건화된 이후 작성된 기록에 따르면, 폐쇄 직전까지 총

표 3. 형제복지원 자활사업장 활용 내역(1986. 3)

연번	사업장 구분	개시 일자	목적	시설규모(평)	지도요원(명)	연간 배출인원(명)	1일 교육시간(시간)	교육기간(년)	생산품(수익금) 처리	비고
1	목공반	1980. 3	기능공 양성과정	48.9	6	30	6	1Y	판매센터를 통해 자립적금으로 적립	
2	가구반	1980. 3		48.9	5	12	6	1		
3	나전칠기반	1984. 3		48.9	2	12	6	2		
4	자기반	1984. 3		24.3	3	18	6	1		
5	무광반	1983. 3		24.3	2	4	6	1		
6	목각부	1985. 11		24.3	2	20	6	1		
7	메끼부	1985. 11		24.3	2	9	6	1		
8	페인트부	1983. 3		24.3	1	20	6	단기 6개월 장기 1		
9	빠우부	1983. 3		38.2	3	5	6	1		
10	푸레스부	1983. 3		38.2	1	19	6	1		
11	철공부	1983. 3		38.2	4	20	6	1		
12	용접부	1983. 3		38.2	3	15	6	1		
13	선반부	1983. 3		38.2	7	31	6	1		
14	금형부	1983. 3		38.2						
15	대장간부	1983. 3		38.2	1	2	6	1		
16	모타부	1983. 3		38.2	1	2	6	1		
17	재봉부	1983. 3		22.6	6	12	6	1		307명 종사 (『새마음』 1987. 1)
18	양화부	1983. 3		22.6	2	6	6	1		
19	스크린인쇄부	1985. 11		22.6	2	4	6	1		
20	모자이크부	?								
21	이용부	1976. 4		45.2	9	22	6	1	기능자격 취득 후 취업 알선	
22	미용부	1984. 3		22.6	1	10	6	1		
23	운전교육반	1983. 2		(타이탄 4대 소형승용차 4대)	19	250	10	9주		수료인원 571명 중 자격취득자 257명, 취업 및 귀가자 237명
24	포크레인반	1986. 1		포크레인 1대	3	25	6	9주		
25	미장반	1980. 2		흙손, 붓, 자동	4	12	6	1		
					69명	560명				

25개 사업장: 자활사업 20개, 직업보도 5개.

28개 부문의 자활작업장이 진행되고 있다고 보고됐다. 「자활사업 내용 및 수입금 처리 문제」라는 기록에서는 "봉제, 자개, 편물, 완구, 흑표지, 스텐판(스테인리스판) 조립, 조화, 철공, 목공, 양화(洋靴, 제화), 스텐판 임가공"의 총 11개 작업장이 외부 업체로부터 수주를 받아 수익을 냈다.[58]

가장 대표적인 작업은 "봉제작업(혹은 재봉)"이며, 특히 "와이셔츠 제조작업"이다. 형제복지원 운영자인 박인근에 따르면, 대우실업에 공장 자체를 임대하기보다, 형제복지원이 "재봉틀 230대와 편물기를 일본에서 수입해서 설치한 후" 업체에 임대료와 인건비를 청구했다.[59] 이를 통해 형제복지원이 대우실업의 직영 하청업체가 아닌 업무위탁 방식의 하청업체로 운영되었으리라는 것을 추정할 수 있다. 기술자에 대한 기초교육은 초기에 원청인 대우실업에서 기술자 10여 명을 파견해 1주일 동안 (수용자들을 대상으로) 교육을 하는 방식이었다.[60] 이 같은 '수익사업'을 위한 직업보도소에 투입된 수용자들은 시설 내부에서 생활기록이 좋은 이들이었다.

재봉 작업에 관해서는 1987년 조사를 통해 작업장의 작업 내용과 시간표를 알 수 있는데, 작업 내용은 주로 실밥 따기, 단추 달기, 미싱질 등의 기초적인 작업이며, 작업일과는 "8시 30분에서 18시까지 일하며, 점심시간과 빵을 먹는 시간(15시)"이 주어졌다.[61] 게다가 이 재봉실에서는 텐트와 돗자리, 오자미까지도 제작했다. 여기에 수용자들의 의복도 수선했다.[62]

형제복지원의 새마을직업보도소는 3절에서 제시된 직업보도소와 동일한 시설은 아니지만, 수익을 내는 통로라는 점은 유사하다. 형제원 시절의 직업보도소는 아동복리시설의 기준을 통과하기 위한 시설이며, 시설 내 수용자들을 동원해 자물쇠를 생산하고 돼지나 닭을 길러 판매하는 자체 사업장이었다. 그러나 형제복지원의 직업보도소는 시설 내부의

그림 4. 맨 위 사진 두 장은 봉제(제봉)사업장의 모습으로, 정확히 어떤 업체의 일을 하는지는 알 수 없지만 재봉틀과 여러 설비가 구비되어 있는 것을 볼 수 있다. 중간 두 장은 목공사업장의 모습으로 왼쪽은 장롱을 만들고 있으며, 오른쪽은 아동으로 보이는 수용자들이 자개 작업을 하고 있다. 맨아래 사진 두 장은 당시 유행했던 케미슈즈를 만드는 사업장이다.

출처: 형제복지원재단, 2010, 『형제복지원 운영자료집』 9권.

수용자를 동원하지만, 자체 상품을 직접 제작하고 판매하는 자체 사업장이 아니라, 인근 지역 사업체의 제품을 위탁받아 생산하는 위탁작업장이었다. 형제복지원의 직업보도소에 입주하는 지역 사업체들은 이용료를 냈지만, 시설 내부의 수용자들을 값싼 인건비로 사용할 수 있었기 때문에 입점했으리라 추정한다. 동시에 시설은 수용자들의 직업훈련 참여 실적을 쌓고, 이용료와 인건비를 통한 수익을 얻었을 가능성이 높다. 이런 점에서 형제복지원의 직업보도소는 정부와 시설이 공모한 결과이면서 동시에 지역의 사업체가 연루되는 자리로 볼 수 있다.

비수익사업과 정부 보조금의 확보

형제복지원은 수익사업과 동시에 비수익사업도 진행했다. 형제복지원의 비수익사업 중 대표적으로 꼽을 수 있는 건 운전학원이다. 더구나 1982년은 운전면허 취득 붐이 일어난 시기다. 동아일보는 1983년 2월 10일 기사에서 "운전면허취득 추세는 70년대 초반까지 완만하게 늘어나다가 78년 한 해 동안 26만 8천 명이, 79, 80, 81, 82년에 각각 30만 명 이상씩 늘어나 82년 말 현재 전국의 운전면허소지자는 2백 30만 명을 넘었다"고 보도했다.[63]

형제복지원은 자동차 운전·정비 기술학원에 관심을 갖고, 법인 정관에 "부랑아·부랑인의 직업보도사업"을 추가했다. 여기에는 참여자의 "직업 훈련과목" 중에서 "취업이 가장 빠르고 용이하며", 시설의 입장에서 "투자에 비해 사회 진출의 효과가 크다"는 판단이 있었다.[64] 곧이어 그들은 곧장 부산시에 「직업보도사업계획서」(1983년 2월)를 제출했다.[65] 「사회복지법인 정관변경 허가신청서」(1983년 1월 31일 발행, 1983년 2월 1일 구청 접수)를 통해 법인 정관에 "2조 5항(신설) 「사회복지사업법」 제17조 규정에 의하여 직업보도사업을 위한 자동차 운전·정비 기술학원을 설

치·운영사업" 조항을 신설하려 했다.[66]

1월에 실시한 임시이사회의 내용을 살펴보면 박인근은 "1인 1기 교육을 시켜 장래에 국가와 사회가 요청하는 참일꾼으로 육성하고저" 직업보도사업을 신설하겠다는 목적을 밝혔으나, 실제로는 "「사회복지사업법」 17조의 규정에 수익사업이 명시되어" 있으며 이에 따라 "신고 후 수익사업의 일환으로 외부 일반 희망자를 모집하여 그 수익금을 운영경비에 충당할 수 있다"는 데 관심을 가졌다.[67] 형제복지원은 자활사업의 하나로 운전·정비 기술학원의 운영을 준비했고, 이 학원을 시설 내부 수용자를 위한 직업보도소이자 시설 외부 일반인을 대상으로 한 수익사업으로 구상했다.[68]

그러나 부산시는 「사회복지사업법」 17조에 의거한 자동차 운전·정비 기술학원의 직업보도소 인가 신청을 반려했다. 왜냐하면 "「사회복지사업법」 17조와 직업보도사업"은 별개이므로, "「사회복지사업법」 제2조 규정에 의거해 신청하기 바라며", 2조 4항에 따라 "부랑아, 부랑인 직업보도사업"으로 기재하길 요구한다. 이로 인해 형제복지원은 운전학원을 통해 민간인을 대상으로 한 사업 확장에는 실패한 것으로 추정된다. 형제복지원은 개정된 「직업보도사업계획서」(1983년 3월)를 제출하며 다음과 같이 적는다. "관내 영세민 중 희망자를 모집"하기로 했지만, "당원 수용자에 한하여 우선 실시하고 그 성과에 따라 차기 검토 실시"하겠다는 입장을 표명한다. 결국 계획보다 축소된 수용자 50여 명만을 선발해 운전교육반 1기 발대식을 2월 28일에 시행했다.[69]

형제복지원은 운전학원 운영을 두고 기획단계에서 목적한 일반인 대상자의 수용은 실패했지만, 〈표 2〉에 따르면 1980년대 초에는 19억 원이 넘는 큰 규모의 보조금을 받았다. 형제복지원 재단의 자료에 따르면 대략 5년 동안 766명이 교육과정을 수료했고, 자격을 취득한 이는 318명

그림 5. 위쪽 두 장의 사진은 수용자들의 운전실습 수료식 모습이며, 아래 왼쪽은 운전연습장 내 코스 전경이고, 아래 오른쪽은 운전연습장에서 바라본 형제복지원 건물 모습이다.
출처: 형제복지원재단, 2010, 『형제복지원 운영자료집』 9권.

이며, 이 가운데서 306명이 취업을 하거나 귀가를 했다. "취업을 하거나 귀가를 했다"는 이 애매한 표현의 통계 항목은, 형제복지원의 직업보도소가 '기술 습득'과 '취업'을 목표로 했다기보다는, 자활을 근거로 하는 보조금 획득의 일환으로 운용했던 게 아닌지 의심하게 한다.[70] 무엇보다 수용자가 운전면허를 취득해서 퇴소를 했다고 하더라도, 취업으로 이어지기란 어려웠다. 택시회사의 직원이 운전면허증을 어디에서 땄는지 물을 때, 수용자들은 "형제복지원에서 면허 땄습니다"라는 말을 할 수 없었다. 지역사회에서 형제복지원의 수용자들을 "양아치, 거지, 쓰레기"로 인식하는 상황이었기 때문이다.[71] 다른 지역의 택시회사에 간다 해도 택시회사들이 경력을 요구하는 통에 운전을 할 수는 없었다. 형제복지원에 수용된 기간 중에 운전면허증을 취득한 김성수는 가족의 도움을 받아 오토바이 배달업자로 5년의 경력을 쌓은 뒤에야 택시기사로 취업할 수 있었다.[72]

형제복지원은 인간의 실업상태와 불안정한 주거상태를 배제의 조건으로 상정하고, 이 조건에 맞는 자들을 수용하는 시설이었다. 동시에 정부의 자활정책과 시설의 자활사업이 공모한 장소였으며, 시설이 확장되자 수익성을 위한 작업장에 지역사회의 사업체가 연루된 장소였다. 이렇게 자활은 부와 시설과 지역사업체가 뒤엉킨 하나의 레짐이었고, 이 현상을 사회복귀로 인식하게 하는 가면이었다. 더구나 자활 레짐의 규모가 커질수록, 그것의 정당성 역시 의심받지 않았다. 반면에 이 레짐에 갇힌 수용자에게 자활이란, 자신의 미래에 도움이 되지 않는 텅 빈 구호에 불과했다.

나오며

정부의 자활정책과 시설 내에서 이루어진 자활사업의 변화를 살펴보았다. 정부는 부랑인과 같은 도시하층민을 통제하기 위해 개인이 필요에 따라 취로사업에 참여해 노동의 삯으로 자기구제하거나, 특정한 집단으로 조직화하여 관리하는 방법을 취했다. 그러나 불특정 다수를 관리할 수 없었고, 새로 조직화된 집단 역시 이전의 사조직과 다를 바 없는 상황이 발생했다. 이와 비슷한 시기에 전쟁고아가 줄어들고, 외원단체의 지원이 줄어드는 상황에 처한 사회복지시설은 자활정책에 조응하는 자활사업을 생산했다. 이렇게 만들어진 정부와 시설의 공모는 다소 심각한 결과를 낳았다. 형제복지원은 자활을 통해 시설의 미래를 만들었지만, 수용자들이 운명을 스스로 개척할 수 있는 훈련은 제공하지 않았다.

형제복지원은 정부의 정책에 조응하며 발전해왔다. 초기에는 정부의 보조금이 충분치 않은 상황을 타개하기 위해, 수용자들을 자체사업장인 직업보도소에 동원하여 수익금을 얻기도 했다. 「직업훈련법」과 「사회복지사업법」이 제정된 이후, 형제복지원은 직업훈련을 제공한다는 명목으로 정부의 보조금을 얻고, 그 가능성을 인정받아 더 넓은 부지로 이전했다. 이 과정에서 시설은 수용자들을 자활을 위한 훈련과 희생을 빌미로 노역에 동원했고, 이 덕분에 공사에 들어가는 비용을 절감했다. 전두환 정부는 이를 두고 시설 건축에 있어 '비용을 절감'한 우수사례이자 자활의 성과라며 치켜세웠다. 아이러니하게도 수용자들의 자활이 없는 노역이 비용 절감과 시설의 물질적 성장, 그리고 자활사업의 다각화로 이어졌다.

시설의 수익사업은 정부의 보조금을 받기 어려운 상황에서 시설이 할 수 있는 자구책이었다. 그러나 1980년대 들어 자활사업에 대한 정부의 보조금이 확대되면서, 사회복지시설들은 자신들이 직접 운영하는 수익사업보다 지역사회의 사업체들에 시설 내의 공간을 임대하게끔 하고, 수용자들을 노동인력으로 제공했다. 시설의 입장에서 업체로부터 임대료를 받으면서, 수용자들에 대한 직업훈련은 입주한 지역사업체에 떠미는 방식이었다. 마지막으로 시설 내에서 이루어진 비수익사업은 시설이 정부의 보조금을 확보하기 위한 목적이었다. 운전교습학원의 경우는 형제복지원이 당시 한국사회에서 지닌 상징성을 이용해서 수용자들을 명목으로 하는 정부의 보조금을 받고, 동시에 지역주민을 유입해 수익을 얻으려 했다. 그렇지만 형제복지원의 운전교습학원은 정부의 제재로 수익사업으로까지 확장하지 못했고, 수용자 일부만을 대상으로 하는 보조금 획득을 위한 사업에 그쳤다.

이 연구에서 확인한 '자활 레짐'과 그 작동 방식은 현재까지 지속되고 있다. 특히 정부와 시설의 불쾌한 공모와 연루는 형제복지원뿐 아니라 대구시립희망원, 장항 수심원 등의 과거 수용시설에서 반복적으로 발견될 여지가 있다. 수용시설에서 자활이란 시설의 입장에서 사회복지시설의 확장의 이유가 되고, 수용자들을 노역에 동원하는 명분이 된다. 그렇기에 이 허약한 자활에 대해 정부가 제대로 된 관리를 하기보다, 실적과 명분을 위해 정부와 시설이 공모할 때 자활을 위한 재정 지원은 시설의 사익에 이용될 여지가 크다.

박인근은 2000년대에 "형제복지원 내부 시설에서 훈련이 계속되었다면 수용자들이 참을성과 인내력을 기르게 하고, 부랑인과 거지가 사회를 만들었을" 것이라고 회고한 적이 있다. 그러나 노역과 훈련을 받았음에도 시설에서 퇴소한 수용자들은 취업에 성공하지 못했다. 이런 상황에서 현재까지 사실상 사회복지기관을 신설하거나 유지하게 하는 명목인 이 자활이 무엇인지 되묻게 된다. 끊임없이 터져나오는 시설의 문제를 볼 때, 과거와 현재는 크게 다르지 않은 것 같다.

규율의 환상과 폭력의 경제• 06

곽귀병

형제복지원과 폭력의 수수께끼

지금까지 앞 장의 글들을 통해 우리는 한국사회에서 '부랑'에 대한 사회적 배제의 구조가 어떻게 형성되고 발전되었는지 살펴보고, 이러한 구조 속에서 형제복지원이 어떻게 '부랑인'을 이용한 '사업'을 확장해왔는지를 살펴보았다. 이 장에서는 지금까지의 논의를 전제로 형제복지원 내부에서 수용자들을 대상으로 자행된 폭력의 양상과 구조적 동학을 살펴보고자 한다.

형제복지원 사건의 폭력성은 그 실상이 대대적으로 폭로된 1987년 당시 사회에 큰 충격을 안겨주었다. 당시 야당이던 신민당이 진상조사단을 꾸려 조사를 진행하고, 민주화운동 진영에서도 부천경찰서 성고문사

• 이 글은 『민주주의와 인권』(19권 2호, 2019)에 「총체적 기관 안에서 나타나는 폭력의 미시사회학: 부산 형제복지원 사례를 중심으로」란 제목으로 실린 필자의 논문을 이 책의 전체 구성에 맞게 수정한 것이다.

건, 박종철 고문치사사건 등과 함께 주요한 '인권파괴 사건'으로 받아들였다.[1] 피해생존자들의 목소리가 대중적으로 알려진 2010년대 이후에도 형제복지원 사건은 여전히 재현되고 빈번히 언급되고 있는데, 이는 폭력의 잔혹성이 주는 충격 때문이라고 할 수 있다.

이러한 폭력의 실상은 형제복지원이 '부랑인 보호시설'을 자처했다는 사실과 극적인 대조를 이룬다. 형제복지원이 발행한 『새마음』이라는 잡지에서 형제복지원은 부랑인과 부랑아를 수용하여 보호하고, 궁극적으로는 이들에게 기술을 가르쳐서 사회에 복귀시키는 기관으로 선전된다. 형제복지원은 『새마음』을 통해 스스로 "무의무탁으로 자활능력이 없이 배회하는 고아, 노인, 불구자, 걸인, 구전, 강매, 노숙 행위자를 수용보호함과 아울러 이들에 대한 자활 갱생사업을 실시하여 자립정신과 근로의욕을 고취시킴과 아울러 이들에게 1인 1기술을 습득시켜 이들이 조기에 정상인으로 사회에 복귀할 수 있는 기반을 조성함을 목적"으로 한 기관이라고 규정했다.

거기에 더해 형제복지원은 갱생과 복지를 종교적인 차원으로 제시했다. 형제복지원 내 건물 배치의 중심에는 교회가 있었고, 수용자들은 일요일마다 교회에 나와 목사의 설교를 듣는 등 실제로 교회가 기능했다. 형제복지원 입소자들은 입소 과정에서 국민교육헌장과 함께 성경과 찬송가를 외워야 했고, 내무반 생활 중에서도 찬송가를 합창해야 했다. 『새마음』에 실린 원장, 담임목사, 중대장 등 간부들의 글에서 형제복지원은 '복지동산'으로 이상화되고 있다. 재정 부족 등이 초래하는 운영상의 어려움은 신의 은총 아래 성실과 근면을 통해 극복할 수 있다는 메시지도 지속적으로 반복된다.

이와 같은 대외적 선전과 달리 형제복지원 안에서는 극단적 폭력이 횡행했다. 신의 은총 아래 부랑인을 갱생시키고 복지를 제공하겠다며 벌어진 극단적 폭력을 어떻게 이해해야 할까? 이 장에서는 형제복지원에서 발생한 여러 가지 폭력 행위를 상징적 폭력이나 문화적 폭력의 차원이 아니라 물리적 폭력의 차원에서 분석하고자 한다. 즉 형제복지원이라는 사례를 중심으로 사실로서의 폭력, 의도적으로 육체적 상해를 가하는 권력 행위로서의 폭력에 천착하려 한다. 이는 "구조적·문화적 폭력"보다는 "가시적이고 직접적인 폭력"을 다루고자 하는 시도[2]이며, 동시에 물리적 폭력이 근대사회와 맺는 복합적이고 역동적인 관계를 고려하고자 하는 것이다.[3]

또한 물리적 폭력을 폭력행사자의 문제가 아니라 상황의 문제로 이해할 필요가 있다. 폭력행사자의 특정한 인구학적 변수들(예를 들어 20대, 남성, 소수인종, 불우한 가정환경 등)은 폭력 발생의 직접적인 원인이 아니며, 통계적으로 특정 인구학적 집단이 폭력을 더 많이 행사한다는 사실만으로는 폭력의 발생을 온전히 설명할 수 없다. 폭력은 쉽게 발생하지도 않고, 무차별적인 방향으로 전염되지 않으며, 특정한 제도, 기술(technic), 특정한 상황이 조성되지 않으면 지속되지 않는다.[4]

이러한 전제하에 물리적 폭력을 그 성격과 의도에 따라 구분하고, 각각의 물리적 폭력의 성격이 사회적 상황과 제도적 맥락 속에서 어떻게 변용되고, 뒤섞이며, 고양되는지를 분석하려고 한다. 이를 위해 물리적 폭력을 개념적으로 다음의 세 가지로 구분해볼 필요가 있다. 첫째, 도구적 폭력(Locative Violence)은 신체를 대상으로 하지만 사실은 신체 그 자체를 목적으로 하지는 않는다. 이 경우 폭력행사자가 자신의 목적을 달성하려고 할 때, 타인의 신체는 방해물로 등장하거나 그 목적을 달성하기 위한 유용한 도구로 나타난다. 예를 들면 전투에서 적국 병사의 신체는 방해물이기 때문에 제거의 대상이 되고, 아군 병사들은 전투의 승리를 위한 도구가 되는 것이다. 둘째, 소유적 폭력(Raptive Violence)은 신체 그 자체를 소유하는 것을 목적으로 한다. 성폭력이 대표적인 사례다. 셋째, 자기목적적 폭력(Autotelic Violence)은 폭력 그 자체가 목적이 된다. 즉 타인의 신체에 위해를 가하는 것 그 자체가 목적이 되는 것이다.[5]

도구적 폭력이나 소유적 폭력 모두 신체적 대상을 제거하는 것을 통해 혹은 신체적 대상으로부터 무언가를 얻어내려고 한다는 점에서 목적합리적 행위의 성격이 있고, 이를 바탕으로 분석할 수 있다. 그러나 자기목적적 폭력은 행위 그 자체에서 최소한의 합리성도 발견하기 어렵다. 형제복지원이 안긴 대중적 충격도 형제복지원에서 발생한 폭력 행위들이 도구적 폭력과 소유적 폭력의 성격을 넘어서 자기목적적 폭력의 성격을 띠는 경우가 많았기 때문이다. 그리고 특정한 폭력 행위는 위에서 언급한 성격들을 동시에 띠기도 하고, 다른 성격으로 변질되기도 한다. 따라서 도구적 폭력이나 소유적 폭력이 자기목적적 폭력으로 고양되는 상황적 맥락과 제도적 배경에 관한 세심한 탐구가 필요하다.[6]

이러한 문제의식에서, 이 장에서는 형제복지원 내부에서 폭력이 극단적으로 심화되었던 동학을 살펴보고, 이에 대한 피해자들의 대응 양상을 살펴보고자 한다. 이를 통해 형제복지원의 사례를 단순히 예외적이고 이해 불가능한 사건으로 머물게 하지 않고, 물리적 폭력이 심화되는 과정을 사회과학의 시각에서 탐구하는 시금석으로 자리매김하고자 한다. 이러한 탐구를 바탕으로 자기목적적 폭력의 발생 과정을 이해하고, 궁극적으로는 자기목적적 폭력의 재발을 막는 데 기여할 수 있을 것이다.

물리적 폭력과 총체적 기관

형제복지원을 총체적 기관으로 이해하기

이러한 '폭력의 수수께끼'를 풀기 위한 실마리를 찾기 위해 우리는 형제복지원 내부 환경과 수용인 조직 방식에 주목할 필요가 있다. 이 절에서는 형제복지원이 폭력의 상황을 낳는 주요한 제도적 환경이라고 할 수 있는 총체적 기관(total institution)의 보편적 사례에 속하면서도, 동시에 폭력의 방식이나 강도 면에서는 총체적 기관의 일반적 형태에서는 일탈한 독특한 사례라는 점에 주목하면서 이 문제에 접근하고자 한다.

총체적 기관이란 외부사회와 공간적·제도적으로 격리된 특정 공간에 모종의 동질성을 가진 것으로 판단되는 인구집단을 다수 수용한 뒤, 이들에 대하여 단일한 행정적 권위가 노동, 여가, 거주를 관리하는 시설 혹은 제도다. 다른 근대적 제도나 생활세계와 달리, 총체적 기관은 자신의 공식적 목표를 충족하기 위해 고안된 하나의 합리적 계획에 따라 수용자들에게 다양한 활동을 강제한다. 즉 개인에게 기관에 대한 총체적 헌신(total commitment)을 요구하는 것이다. 대부분의 총체적 기관은 총체적 기관을 둘러싼 사회적 환경과는 다른 상호작용의례의 규칙과 기준을 가지고 있다. 기관마다 정도의 차이는 있지만, 기관 내부의 규칙과 기준이 바깥 사회의 규칙과 기준에 영향을 받지 않는 경우가 많다.[7]

총체적 기관 안에서의 사회적 상호작용을 이해하는 데 핵심 전제는 총체적 기관이 두 개의 집단, 즉 수용자와 관리자(staff)로 구성되어 있으며, 이 둘 간의 세계가 엄격히 구분되어 있다는 점이다. 그리고 이것이 수용자의 자아가 총체적 기관 안에서 겪게 되는 변형 과정의 주요한 토대가 된다. 수용자는 총체적 기관에 입소하는 순간부터 관리자의 지시와 통제를 따라야 하며, 이러한 상징적 폭력의 작용 속에 사회적 자아에 심각한 손상을 입고 이를 더는 유지할 수 없게 된다.[8]

총체적 기관은 위와 같은 상징적 폭력뿐만 아니라 물리적 폭력을 조성하는 주요한 제도적 맥락이며, 특히 괴롭힘(bullying violence)을 활성화하고 조장하는 제도다. 외부의 사회적 규칙이 통용되지 않는 총체적 기관의 투과 불가능성, 관리자와 수용자의 구분을 통한 위계구조 확립과 강화 등은 총체적 기관 내부에서의 약자에 대한 괴롭힘을 악화시킨다. 이러한 괴롭힘은 수용자의 입소 과정에서뿐만 아니라 관리자 등의 무지, 묵인, 비호 아래 수용자의 기관 내 생활 전반에 걸쳐 이루어진다.[9] 위와 같은 측면에서 형제복지원은 너무나 전형적인 총체적 기관의 한 사례로 보인다. 따라서 총체적 기관에서 나타나는 사회적 상호작용 중 하나로 형제복지원 내부에서 일어나는 폭력을 이해하고, 거꾸로 그러한 사회적 상호작용을 부추기는 제도적 맥락으로 총체적 기관인 형제복지원을 분석하는 작업이 요청된다.

그러나 형제복지원은 총체적 기관이라는 개념과 분석범주만으로는 온전히 설명되지 않는다. 총체적 기관을 분석하는 많은 영미권의 학자들은 서구권에서 나타난 총체적 기관을 주로 분석의 대상으로 삼고 있다. 고프먼(Erving Goffman)의 총체적 기관 분류가 지나치게 단순하며 분석적이지 않다는 비판 속에서 분석틀을 가다듬고 정교화한 연구들조차 총체적 기관에서는 관리자/수용자가 엄격히 구분되며, 관리자가 인도적 기준(humane standard)을 수용하고 있고, 이를 유지해야 하는 제도적 압력이 가해진다는 기본 전제들은 그다지 의심되지 않는다.[10]

그러나 이러한 전제들은 형제복지원에는 들어맞지 않는다. 뒤에서 밝히겠지만 형제복지원의 특징 중 하나는 관리자와 수용자의 구분이 엄격하게 작동하지 않았다는 점이다. 따라서 형제복지원을 총체적 기관의 한 사례로 접근하는 동시에, 전형적인 총체적 기관과는 구별되는 형제복지원의 독특한 조직구조, 그리고 이러한 조직구조가 낳은 사회적 상호작용의 특성을 파악하고, 이러한 특성이 형제복지원 안에서의 폭력 발생, 특히 자기목적적 폭력으로의 고양이 발생하는 메커니즘을 분석할 필요가 있다.

형제복지원의 공간구조와 조직관리구조

형제복지원의 조직관리구조를 이해하기 위해서는 형제복지원의 공간구조를 살펴볼 필요가 있다. 〈그림 1〉에서 보듯이 1980년대 초반 두 차례에 걸친 증축 이후를 기준으로 형제복지원은 감금 생활의 핵심을 이룬 내무반, 주로 환자들을 수용했던 병원 및 요양원, 종교활동의 중심을 이루는 교회, 형제복지원의 주요한 사업이었던 직업보도 및 각종 작업장, 1980년대 이후 일부 수용자의 교육을 담당했던 초등학교 및 중학교 분교, 이러한 생활을 보조하기 위한 식당 및 기타 창고 등으로 구성되었다.

이러한 형제복지원 공간에서 수용자들의 생활 전반에 대한 지시와 통제는 수용자들을 군대식으로 조직하여 위계를 만들고, 이를 통해 관리

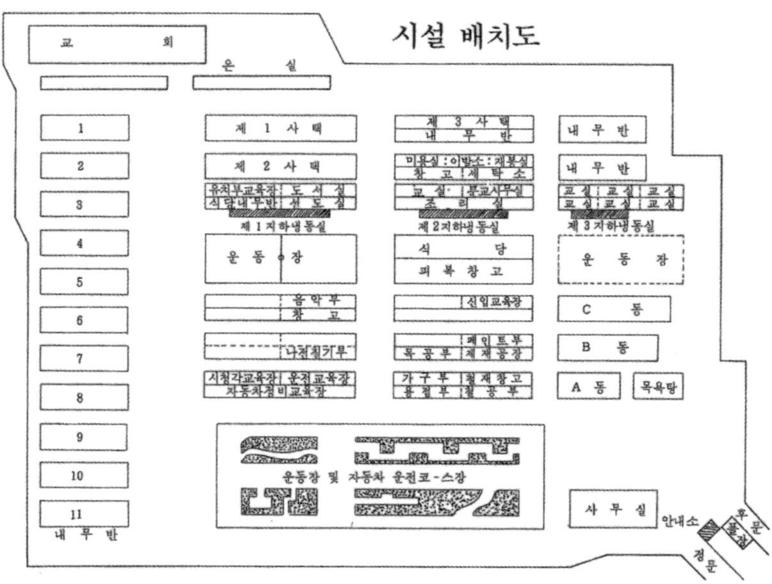

그림 1. 1987년 1월 당시 형제복지원 시설배치도

출처: 『새마음』, 1987년 1월호.

그림 2. 형제복지원 내 교회 모습

출처: 형제복지원재단, 2010, 『형제복지원 운영자료집』 12권.

그림 3. 형제복지원 내 내무반 모습

출처: 형제복지원재단, 2010, 『형제복지원 운영자료집』 13권.

하는 방식으로 이루어졌다. 박인근 원장을 정점으로 하여, 수용자 출신의 중대장이 1명 존재했고, 소대별로 소대장, 서무, 조장 등 간부가 임명되어 수용자들을 관리하고 통제했다. 피해생존자들의 증언에 따르면, 대략 26~28개 소대로 구성된 내무반으로 조직관리가 이루어졌고, 내무반별로 100명 내외의 인원이 존재했다. 『새마음』 1987년 1월호에 따르면 형제복지원은 3,164명의 인원을 수용하고 있었다. 1~26소대에 더해 '유아소대', '정박아소대' 등 20개의 소대가 더 있었으며, 이름이 나오지 않는 소대장을 제외하면 총 44명의 소대장 명단을 확인할 수 있다.

모든 소대에서 형제복지원이 운영되던 시기 내내 같은 방식으로 간부를 임명했는지는 확실하지 않다. 다만 피해생존자들의 증언에 따르면, 소대장이 서무를 지명하고, 서무가 조장들을 지명하고, 이에 대한 원장과 중대장의 승인이 떨어지면 실제 임명되는 방식이었다. 간부 선정에 고려되었던 점 중 하나는 탈출 시도 경력이었다. 원칙적으로 이전에 탈출을 시도했거나, 탈출했다 다시 입소하게 된 경우 간부로 임명될 수 없었다.[11]

소대장, 서무, 조장 등 하급간부들의 주요한 역할은 수용자들을 감시하여 도주를 막고, 인원 상황을 수시로 보고하는 것 등이었다. 불침번을 서는 것도 이들의 주요한 임무 중 하나였다. 이는 난방기기로 인한 화재나 연탄가스 등에 의한 질식사고를 막는 목적뿐만 아니라 도주를 막는 목적도 있었다. 서무는 이외에도 피복, 생활용품, 담배 등을 배급받고 소대원들에게 분배하는 역할도 맡았다.[12]

소대장들은 중대장이 관리했다. 중대장은 매주 월요일 간부회의에서 각 소대의 상황을 소대장들로부터 보고받았다. 소대장들의 주요한 보고 내용은 위계질서에 저항하거나 생활상의 문제를 저지르는 소대원들을 보고하는 것이었다. 소대 관리가 부실하다는 명목으로 소대장들에게 소대원들을 체벌하도록 지시하는 일도 있었고, 중대장이 이를 빌미로 소대장들을 구타하는 일도 있었다.[13] 탈출 시도나 규율 위반에 대한 처벌을 빌미로 중대장이 직접 폭력을 행사하는 경우도 많았다.[14]

형제복지원의 관리체계에서 흥미로운 점은 관리자와 수용자의 구분이 분명하지 않고, 두 계층 사이의 상층이동과 하층이동이 가능하다는 것이다. 서구적 경험에 근거하면, 총체적 기관에서 관리자의 역량은 상당 부분 수용자에 비해 시설 외부와 자유롭게 관계를 맺을 수 있다는 것에서 나온다.[15] 총체적 기관에서 일반적으로 관리자들은 수용자들과 다른 생활환경, 다른 사회적 관계, 더 높은 도덕적 기준을 가지고 있는 것으로 가정된다. 따라서 수용자들과는 기본적으로 다른 욕망을 가지며, 수용자들에게 물리력을 행사할 때도 보호, 교육, 치료 등의 명목으로 합리화되고, 수용자들이 물리력을 행사하는 경우와 달리 정당성을 갖는다.

그러나 형제복지원에서 중대장 이하의 관리자들은 다른 수용자들과 마찬가지로 여전히 시설 밖으로 자유롭게 다닐 수 없고, 별개의 자원을 확보할 수 없다는 점에서 수용자들과 구별되는 역량을 행사할 수 없었다. 특히 소대장, 서무, 조장들은 언제든지 소대원으로 지위가 격하될 수 있다는 점에서 지위가 온전히 보장되지 않았다. 소대장, 서무, 조장들은 여전히 같은 내무반에서 다른 수용자들과 생활해야 한다는 점에서 소대원들과 다른 도덕적 기준을 가지게 되거나, 다른 욕망 체계를 구성할 수도 없었다. 형제복지원의 이러한 특성은 형제복지원 내부의 상호작용 양상에 큰 영향을 주었다.

총체적 기관 안에서의 폭력의 심화

형제복지원 입소자들이 시청해야 했던 TV 드라마 〈탄생〉은 부랑인이었던 주인공이 형제복지원에 수용된 이후 기존의 생활 습관을 버리지 못하고 형제복지원에 적응하지 못한 채 갈등하는 과정을 그리고 있다. 주인공은 교회에서 박인근 원장의 지시를 따르지 않고 계속 대항하는데, 이 와중에 박인근 원장은 수용자들을 신앙으로 포섭하여 갱생시키기 위해서는 폭력을 사용할 수밖에 없다며 신에게 용서를 빈 뒤 수용자를 주먹으로 때린다. 〈탄생〉은 형제복지원 안에서 폭력이 매우 예외적이고 불가피한 상황에서 한정적으로만 사용되었다고 강조한다. 그러나 피해생존자의 증언에 따르면 형제복지원 안에서 구타와 고문은 시설 외부의 시선이 닿지 않는 곳이라면 예외 없이 늘 발생했다.[16]

맞아도 저항할 수 없는 존재 만들기

고프먼은 총체적 기관에 입소하는 과정에서 발생하는 정체성 도구의 상실, 신체적·인격적 멸시, 오염에의 노출 등을 '모욕'으로 통칭하고, 이러한 모욕이 수용자의 사회적 자아를 심각하게 훼손한다는 점을 논한 바 있다.[17] 이렇듯 총체적 기관의 입소 과정 자체가 수용자의 자아를 손상하는 상징적 폭력이라고 할 수 있지만, 특히 형제복지원에서의 입소 과정은 이러한 모욕 기제와 함께 강도 높은 물리적 폭력도 동반되었다. 형제복지원의 수용자들은 입소 직후 외부와의 접촉이 차단당하고 의복을 포함한 모든 개인적인 물품을 압수당했다. 수용자들은 소대장으로부터 자신의 거주지와 입소 이력을 질문받고, 사진이 찍히고, 수감번호를 부여받게 된다. 수용자들은 입소 절차에 군말 없이 따라야 했는데, 관리자들은 협조와 순응을 끌어내기 위해 이 과정에서 구타를 하기도 했다.

공개증언을 한 형제복지원 피해생존자 대다수는 자신이 '부랑인' 혹은 '부랑아'가 아니며, 자신을 챙겨줄 가족이나 연고자들이 존재했다는 점을 강조한다. 수용자 중 상당수는 경범죄 혹은 불량한 복장 등을 빌미로 파출소에 잡혀 있다가 형제복지원에 끌려왔거나 형제복지원의 수송 차량에 실려 영문도 모른 채 강제로 끌려왔다. 관리자들은 입소 과정에서 지시에 순종하면 귀가할 수 있다며 수용자를 달래기도 했지만, 협조하지 않았다고 판단하면 구타로 수용자들을 제압했다. 수용자 대부분은 자신이 수용되어야 하는 이유나 기관의 성격에 대해 자세한 설명을 들을 수 없었다. "너희들이 썩을 곳"이라는 엄포와 함께 구타가 선행되었다.[18] 수용자들이 부랑인이라는 성격 규정과 형제복지원 시설의 정당성에 대한 설명은 몇 차례의 구타가 이어진 다음에서야 수용자들에게 전달되었다.

형제복지원에 입소 과정을 마친 이후, 수용자들은 개별 소대에 바로 파견된 것이 아니라 신입소대에 배치되었다. 형제복지원의 선전과 다르게 신입소대는 연령, 장애 여부, 모집 방식과 관계없이 비슷한 시기 입소한 인원들을 하나의 소대에 모아두고 형제복지원의 생활에 적합하도록 수용자들을 변형시키는 장치였다. 신입소대에서는 사도신경을 비롯한 성경 암기, 찬송가 및 군가 암송, 형제복지원 내부의 규율에 대한 강조, 군대식 제식 교육, 〈탄생〉을 비롯하여 형제복지원과 박인근 원장을 찬양하는 비디오를 시청하게 했다. 요구한 내용을 암기하지 못하면 잠을 재우지 않는 등 가혹행위와 구타가 벌어졌다.

형제복지원 피해생존자들의 증언은 이러한 파괴적인 모욕 과정을 전혀 피할 수 없었다고 증언한다. 입소하기 전에 조직폭력배 생활을 했고, 따라서 폭력을 행사하는 데 매우 익숙했던 수용자들조차 이러한 과정에서 전혀 저항할 수 없었다. 감금의 부당함을 주장하며 소리를 지르는 것과 같은 직접적인 저항 시도는 관리자들의 즉각적인 집단구타로 진압되었다.[19] 이러한 폭력의 스펙터클이 주는 압박감은 다른 입소자들에게 공포를 각인시키고, 저항을 상상조차 할 수 없게 만드는 효과를 낳았다. 형제복지원은 입소 과정부터 물리적 폭력을 동원하여 수용자들의 저항 의지를 꺾고, 맞아도 되는 존재로 수용자들을 자리매김하고 기관에 대한 총체적 헌신을 강요했다.

도달할 수 없는 규율과 폭력의 경제적 사용

등록 절차와 신입소대 교육 과정에서 수행된 물리적 폭력은 수용자가 신입소대를 떠나 형제복지원 내에 생활하는 소대로 배치된 이후에도 전혀 약화하지 않는다. 수용자들은 소대 배치와 함께 또 한 번의 폭력적 '신고식'을 거치기도 했다. 배치받은 소대의 간부들이 자신의 소대에 새로 들어온 수용자를 폭행하거나, 모포를 씌우고 동료 수용자들에게 폭력을 지시하기도 했다. 이러한 신고식이 이미 신입소대에서 저항할 의지가 꺾인 수용자에게 복종과 저항을 더 각인시키는 효과가 있었다고 말할 수는 없다. 이 점에서 신고식의 폭력은 최소한의 도구적 합리성조차 결여하고 있었다.

이러한 비합리적인 폭력은 군기(軍紀)를 유지한다는 명목으로 행사되었다. 소대에 배치된 이후, 피해생존자들의 반복되는 증언은 군기가 제대로 잡히지 않았다는 빌미로 구타를 당하거나 기합을 받았다는 내용이다. 군기를 확인하는 주요한 의례 중 하나는 점호 등에서 실시하는 인원 점검으로 "신속 정확"하게 숫자를 외치고, 같은 시간에 같은 동작을 취할 것이 강조되었다. 이는 실질적 효용은 전혀 없는 의례라고 할 수 있다. 소대 내 인원을 확인하는 기능이 거의 없었고, 아래 서술된 바와 같이 관리자들이 요구하는 일사불란한 움직임이 육체적으로 불가능한 경우에도 일사불란함이 요구되었고, 구타와 기합이 일상적으로 뒤따랐기 때문이다.

> 남자 소대 같은 경우에는 정박아 소대가 있어가지고 좀 모지란[모자란] 사람들은 따로 분리는 했었는데, 여자 소대는 분리는 못 하니까 아침 1조 점오 저녁 점호 칠 때마다 이 머리를 저녁에 세 시간을 전세를 내놔요. 꼴아박기를 해야 돼. … 1번부터 86번까지 번호를 하잖아요. 예를 들어서 1,2,3,4,86 번호 끝 이카는데[이렇게 하는데] '일이' 할 때 모지라게 '어!' 이래가지고. … 일, 이, 삼, 사, 오, 륙,' '티일' [웃음] 또 쪼는거야.[20]

앞에서 언급한 것처럼 형제복지원은 주체를 갱생하는 원리의 원천으로 기독교적 교리를 강조하고 있다. 『새마음』 1987년 1월호에 실린 중대장의 수기는 원장 및 자신의 지시에 충실히 따르며 질서를 유지하며 형제복지원에 필요한 노역을 충실히 수행하는 것을 곧바로 "회개와 통회의 결속"으로 등치시킨다. 중대장의 수기뿐만 아니라 많은 소대장들의 수기는 신에 대한 순종을 형제복지원 관리체제에 대한 전폭적인 복종과 단순히 일치시키고 있을 뿐, 구체적인 종교적 교리를 기초로 자신의 생활을 스스로 규제하는 지침을 제공하거나 올바른 삶의 형태를 제시하

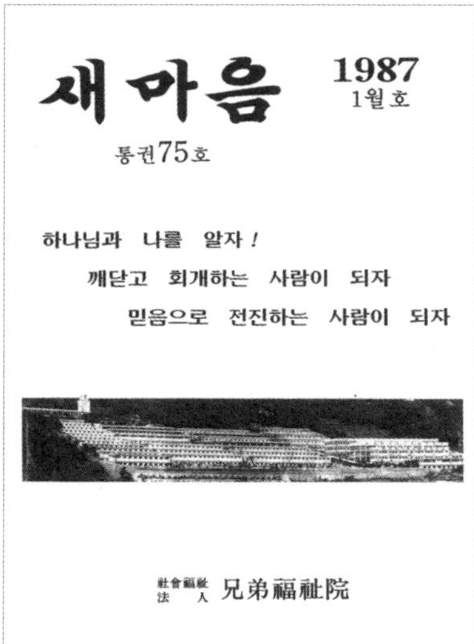

새마음 1987 1월호

통권75호

하나님과 나를 알자!

깨닫고 회개하는 사람이 되자

믿음으로 전진하는 사람이 되자

社會福祉法人 兄弟福祉院

그림 4. 『새마음』 1987년 1월호 표지

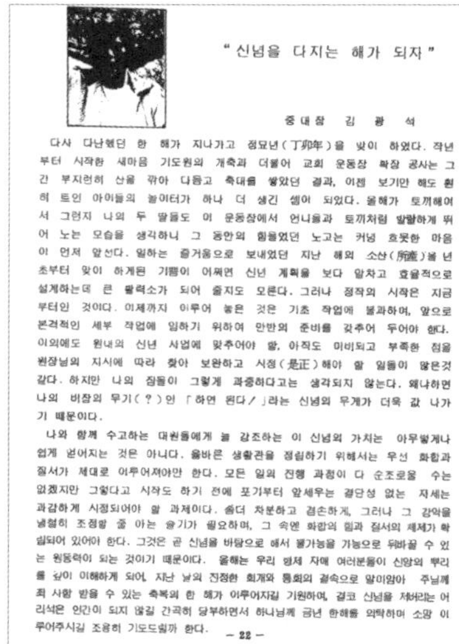

"신념을 다지는 해가 되자"

중대장 김 광 석

다사 다난했던 한 해가 지나가고 정묘년(丁卯年)을 맞이 하였다. 작년부터 시작한 새마음 기도원의 개축과 더불어 교회 운동장 확장 공사는 그간 부지런히 산을 깎아 다듬고 축대를 쌓았던 결과, 이젠 보기만 해도 훤히 트인 아이들의 놀이터가 하나 더 생긴 셈이 되었다. 올해가 토끼해여서 그런지 나의 두 딸들도 이 운동장에서 언니들과 토끼처럼 발랄하게 뛰어 노는 모습을 생각하니 그 동안의 힘들었던 노고는 커녕 흐뭇한 마음이 먼저 앞선다. 일하는 즐거움으로 보내었던 지난 해의 소산(所産)을 년초부터 맞이 하게된 기쁨이 어쩌면 신년 계획을 보다 알차고 효율적으로 설계하는데 큰 활력소가 되어 줄지도 모른다. 그러나 정작의 시작은 지금부터인 것이다. 이제까지 이루어 놓은 것은 기초 작업에 불과하며, 앞으로 본격적인 세부 작업에 임하기 위하여 만반의 준비를 갖추어 두어야 한다. 이외에도 원내의 신년 사업에 맞추어야 할, 아직도 미비되고 부족한 점을 원장님의 지시에 따라 찾아 보완하고 시정(是正)해야 할 일들이 많은것 같다. 하지만 나의 짐들이 그렇게 과중하다고는 생각되지 않는다. 왜냐하면 나의 비장의 무기(?)인 「하면 된다!」라는 신념의 무게가 더욱 값 나가기 때문이다.

나와 함께 수고하는 대원들에게 늘 강조하는 이 신념의 가치는 아무렇게나 쉽게 얻어지는 것은 아니다. 올바른 생활관을 정립하기 위해서는 우선 화합과 질서가 제대로 이루어져야만 한다. 모든 일의 진행 과정이 다 순조로울 수는 없겠지만 그렇다고 시작도 하기 전에 포기부터 앞세우는 결단성 없는 자세는 과감하게 시정되어야 할 과제이다. 좀더 차분하고 겸손하게, 그러나 그 강약을 냉철히 조정할 줄 아는 슬기가 필요하며, 그 속엔 화합의 힘과 질서의 체제가 확립되어 있어야 한다. 그것은 곧 신념을 바탕으로 해서 불가능을 가능으로 뒤바꿀 수 있는 원동력이 되는 것이기 때문이다. 올해는 우리 형제 자매 여러분들이 신앙의 뿌리를 깊이 이해하게 되어, 지난 날의 진정한 회개와 통회의 결속으로 말미암아 주님께 죄 사함 받을 수 있는 축복의 한 해가 이루어지길 기원하여, 결코 신념을 저버리는 어리석은 인간이 되지 않길 간곡히 당부하면서 하나님께 금년 한해를 의탁하며 소망 이루어주시길 조용히 기도드릴까 한다.

— 22 —

그림 5. 『새마음』 1987년 1월호에 실린 중대장의 글

지 않고 있다. 소대장 등이 교회 집사를 겸임하기도 했지만 종교의 내용을 이해하고 이를 바탕으로 자신이 관할했던 소대원들의 영적 구원을 바랐던 사례는 드러나지 않는다.

상당수의 증언자가 기독교에 반감을 표하는데, 이는 입소 과정에서 물리적 구타와 수면을 보장하지 않는 방식 등으로 종교적 교리나 찬송가 등을 무작정 암송했을 뿐, 교리 체계를 이해하거나, 종교 활동을 통해 정서가 고양되는 경험은 없었기 때문이다. 형제복지원의 교회는 원장이 탈출 시도자들을 공개적으로 벌주거나 구타하는 장소였거나, 설교 도중 졸았다는 명목으로 구타를 당하거나 기합을 받아야 했던 장소일 뿐이었다. 피해생존자들은 형제복지원 입소 이전에는 교회에 호감이 있었던 경우도 있었지만, 형제복지원을 경험한 이후에 기독교라는 종교 자체, 혹은 교회라는 시설에 깊은 반감을 품게 된다.

그게 제가 기독교를 아이 때 들어가기 전에 교회 가면 그 … 우리 집에서 좀 떨어진 곳에 교회가 있었는데, 거가면 빵을 줬어요. 그래서 가서 찬송가도 부르고 그 누나들이고 형들이 잘해줘서 너무 교회가 좋았는데, 형제복지원 들어가서 거 교회를 가면 정말 죽도록 싫었어요. 기독교가, 개신교가. 왜 그랬냐면 그 기억이 나는기 그 단상 교회당이 거 크거든요. 박인근 원장이 그기서 예수님의 이름으로 너희를 벌한다고 두고 차고 막 뺨을 때리고 그 3,000명이 넘는데서 … 그 똥마달이 입히 가지고 단상에 세워놓고 그랬거든요. 그러니까 예수님이 저렇게 때려직이라는갑다.[21]

푸코(Michel Foucault)는 정신병원, 감옥, 수용소 등을 분석하면서, 규율이 근대적 주체를 생산한다는 점을 강조한 바 있다. 특히 근대적 군대에서 강조하는 제식을 미세한 근육의 움직임마저 권력의 의지대로 통제하고, 이를 통해 개인과 조직의 힘을 강화하는 주요한 기술로 분석한다.[22] 제식 등 다양한 집합 의례를 강조하기는 했지만, 형제복지원 안에서 원장 등 주요 관리자들은 규율 잡힌 수용자들의 모습을 전시하고, 이를 통해 수용자들을 자신의 의지 아래 통제하기만을 원했다.

형제복지원에서 발생한 폭력에서 또 한 가지 주목할 점은 물리적 구타뿐만 아니라 기합으로 불리는 다양한 형태의 고문이 개발되고 시행되었다는 것이다. 고문이란 "a) 동의하지 않거나 방어능력이 없는 사람에게 의도적으로 극도의 물리적 고통을 가하고 b) 이를 통해 개인의 자율성 행사를 의도적으로 상당히 제한하는 행위"를 말한다.[23] 형제복지원에서 시행되었던 다양한 기합, '히로시마', '나룻배', '한강철교', '전깃줄', '고춧가루', '원산폭격', '뒤로 책상', '기마자세' 등은 이러한 고문의 정의에 부합한다.[24]

하지만 1980년대 한국의 권위주의 정부가 시행했던 고문과 형제복

그림 6. 내무반에 있는 형제복지원 수용자들의 모습

출처: 형제복지원재단, 2010,『형제복지원 운영자료집』13권.

그림 7. 식사를 기다리고 있는 형제복지원 수용자들의 모습

출처: 형제복지원재단, 2010,『형제복지원 운영자료집』8권.

지원에서 벌어졌던 고문은 여러 가지 차이를 보인다. 예를 들면 김근태를 비롯한 민주화운동 관련 인사들이 경찰로부터 받았던 고문은 당시 정권이 자신들의 편의에 따라 진실을 조작하고 주조하려던 시도였다.[25] 반면 형제복지원이 고문을 통해 얻어내려던 것은 진실을 토설하게 하는 것과는 무관했다. 당시 국가가 시행한 고문이 주로 개인을 대상으로 한 것이라면, 형제복지원에서 시행한 기합은 집합적으로 정적인 자세를 오랜 시간 유지할 것을 요구하는 고문이었다. 이러한 차이는 형제복지원이 수용자들의 집단적 수용 질서의 유지 그 자체만을 추구했다는 점을 보여주는 방증이기도 하다.

다양한 기합의 개발과 사용은 폭력행사자의 경제적이고 합리적인 폭력 사용의 측면에서도 이해될 수 있다. 방망이를 휘두르는 등의 물리적 구타는 폭력행사자의 체력 소모를 요구한다. 특히 폭력행사자의 신체부위를 활용한 물리적 구타는 의도와 별개로 폭력행사자의 신체적 손상을 불러올 수도 있다. 물론 기합에도 늘 구타가 동반되었지만, "빳따"로 불렸던 순수한 구타보다는 구타 정도가 낮았다. 수용자에게는 구타보다도 기합이 더 견디기 어렵다는 점도 기합의 경제성을 더 높였다. 따라서 다양한 기합 행태는 폭력의 경제적 사용을 통해 수용자들의 복종을 확인하는 것이었다.

형제복지원 안에서는 단순히 시간을 보내기 위해 기합을 가하는 경우도 많았다. 특히 이는 아동이나 청소년을 대상으로 빈번히 벌어졌다. 형제복지원 내부의 학교와 기술교육시설, 공장시설 등은 모든 수용자가 이용할 수 있을 만큼 충분하지 않았다. 아동이나 청소년은 작업장에서 허드렛일만을 하는 경우가 많았고, 이마저도 모든 아동과 청소년을 활용할 만큼 작업장이 충분하지 않았다. 형제복지원 내 학교는 1980년대에 만들어졌고, 그마저도 학교 교육을 받는 특권을 얻은 수용자는 소수에 불과했다. 따라서 작업장이나 학교에 보내지 않은 아동이나 청소년은 소대의 내무반에 남아 온종일 구타와 기합에 시달려야 했다.

폭력의 정당성과 방향

총체적 기관에서 폭력은 다양한 방향을 띠며 주체들 사이에서 작동할 수 있다. 감옥을 예로 들면, 관리자들 사이에서 싸움이 벌어지거나, 관리자가 수용자에게 물리력을 행사하거나, 수용자가 관리자에게 물리력을 행사하거나, 수용자들끼리 물리력을 행사할 수도 있다. 그러나 감옥에서 합법적인 폭력은 관리자들이 수용자에게 행사하는 폭력뿐이며, 이 역시 시설을 관리하는 절차를 따랐을 때만 정당성을 가진다.[26] 이러한 절차를 벗어나거나, 다른 행위자 간의 관계에서 벌어진 폭력은 부당한 것으로 여겨지고 억제된다.[27]

형제복지원에서 관리자가 수용자들에게 행사한 폭력 중 거의 유일하게 허용되지 않은 폭력은 성폭력이었다. 성폭력은 규율을 유지한다는 명목으로 거의 모든 관리자가 행사한 여타의 폭력 행위와 위상이 달랐다. 원장과 중대장도 성폭력을 규율 유지 수단으로 삼게 하지 않았다. 내무반뿐만 아니라 운동장이나 작업장 등에서도 일상적으로 벌어졌던 기합이나 물리적 폭력과 달리, 아동이나 청소년을 대상으로 벌어진 동성 성폭력은 형제복지원 안에서조차 정당성을 크게 결여하고 있었기 때문에 공개적으로 일어나지는 않았다.

동성 간의 성폭력은 비단 형제복지원뿐만 아니라, 다른 총체적 시설에서도 관찰 가능한 현상이다. 나치의 강제수용소에서도 남성 아동이나 청소년을 대상으로 동성 성폭력이 벌어졌다. 가해자들은 주로 수용소 관리자들이었고, 성관계를 대가로 노동을 면제해주거나, 음식을 더 배급해주는 등의 보상을 했다. 나치의 강제수용소에 있던 가해자들은 보통 일회적 성관계보다는 장기적 성관계를 추구했고, 그 보상을 대가로 남성 아동이나 청소년을 성노예로 만들었다. 이러한 성폭력을 통해 가해자는 자신의 권력을 확인하고 성적 쾌락을 얻었다. 아직 성에 대한 인식이 없었던 많은 피해자들은 자신의 피해 경험을 성에 대한 착취보다는 매우 고통스러운 폭력의 경험으로 기억하고 있다. 나치친위대(SS)는 동성애를 엄벌했기 때문에 아동을 대상으로 동성 성폭력이 발각된 경우, 가해자는 대부분 사형했다.[28]

형제복지원에서도 동성 성폭력은 관리자가 힘이 약한 아동을 대상으로 주로 저질러졌다. 대부분의 피해자 역시 성에 대한 인식이 없을 때 성폭력을 당했고, 이로 인해 지금도 트라우마를 겪고 있다. 낮 시간대에 문이 잠긴 내무반에 관리자와 어린 수용자 단둘이 남아 있던 특수한 상황에서 성폭력이 발생하기도 했지만,[29] 아동소대나 청소년소대의 소대장이 매일 밤 내무반에서 아동과 청소년을 대상으로 상습적으로 성폭력을 저지른 경우도 있다.[30] 동성 성폭력은 "똥티"라고 불린 몇몇 피해자들에게 집중적으로 일어났으며, 피해자에게 담배를 준 경우도 있었지만,

보상을 전제로 성폭력이 벌어진 것은 아니었다.[31]

아동을 대상으로 한 동성 성폭력이 중대장이나 원장에게 보고되면 가해자인 관리자가 처벌받았다. 문제를 일으킨 소대장이나 조장 등은 근신소대에 배치되어 강도 높은 노동을 해야 했다. 그러나 처벌 이후에는 다시 해당 소대의 소대장이나 조장으로 복귀했고, 복귀 이후에도 다시 성폭력을 저지르는 경우가 많았다.[32] 형제복지원의 조직구조에서 동성 성폭력은 규율을 위반하는 행위로 금지했지만, 탈출만큼 심각한 규율 위반으로 여기지도 않았고, 제대로 관리되지도 않았다.

결국 명시적으로 허용되지 않은 폭력의 사례에서조차 형제복지원에서는 폭력의 강도나 형식을 규제하는 절차는 없었다. 성폭력을 제외하면, 형제복지원에서 벌어지는 폭력은 관리구조를 따라 행한 경우, 즉 상위 관리자가 하위 관리자에게, 또는 관리자가 수용자에게 행사한 경우에는 대부분 처벌하지 않았다. 그러한 폭력에는 한계도, 제한도 없었다. 구타로 인해 심각한 육체적·정신적 손상이 생기거나, 심지어는 사망에 이른 경우에도, 형제복지원 내부의 질서를 유지하기 위한 명목이었다면, 폭력 행사자는 제지받거나 처벌받지 않았다.

그나마 형제복지원에서 유일하게 억제된 폭력이 있다면 수용자들 사이에서 관리자의 허락 없이 벌어진 폭력이었다. 역설적이게도 그러한 방향의 폭력을 억제하는 것 역시 폭력이었다. 가시적 질서를 위협하는 소대원들끼리의 싸움은 금지되었고, 싸움이 일어나면 "당사자들이나 하지 않았던 사람들이나 가리지 않고 체벌을 가한다. 본보기로 싸우는 두 명을 우리가 보는 앞에서 싸움을 시키고, 이기든 지든 그들은 죽지 않을 정도로 두들겨맞았다."[33] 조장들이 아동소대의 아동들 간에 일부러 싸움을 붙이기도 했고,[34] 잘못을 빌미로 서로 뺨을 때리게 하고, 세게 때리지 않으면 조장이 구타를 하는 경우도 있었다.[35] 즉 형제복지원 안에서는 폭력의 방향성만 문제되었을 뿐, 폭력 그 자체를 문제 삼은 적은 없으며, 관리자의 지시만 있다면 수용자들끼리의 수평적 방향의 폭력도 허락되었다.

폭력을 통한 처벌과 보상

총체적 기관은 일반적으로 사회 일반의 기준에 비추어 왜곡된 보상체계와 처벌체계를 가지고 있다. 일례로 앞에서 언급한 것처럼 감옥의 간수들은 인도주의적 기준에 따라 수용자들을 대해야 한다고 교육받고, 원칙적으로는 정해진 절차를 준수하는 방식으로만 죄수들에게 물리력을 행사할 수 있다. 간수들은 또한 합법적으로 정해진 절차에 따라 죄수들의 형량을 줄여주거나, 외출 및 면회 등 외부세계와의 접촉을 허락해줄 수도 있다. 하지만 많은 경우 이러한 공식적인 처벌과 보상 기제만으로는 감옥의 질서를 유지할 수 없다. 간수는 비공식적인 방식으로 금지된 외부의 물품을 전달해주거나, 사소한 위반 등을 눈감아주는 등의 방식으로 보상을 부여하고, 중대한 위반에 대해서는 이러한 공식적/비공식적 보상을 하지 않거나, 일상적으로는 허용되지 않는 방식을 통해 이를 처벌하기도 한다.[36]

감옥과 달리 대부분 그 자신도 수용자였던 형제복지원의 간부들은 집단을 관리하는 전문적 기술 및 절차를 교육받지 못했고, 다른 수용자들에게 감옥의 간수들과 같은 적극적 보상을 제시할 수도 없었다. 감옥의 간수들과 마찬가지로 다른 일반 수용자들에 비하면 형제복지원의 간부들은 소수집단이었다. 그런데 감옥의 간수들과 달리 관리하는 수용자들과 생활공간을 공유함에 따라 전복적 폭력이나 집단보복의 가능성에 훨씬 더 노출되어 있었다. 규율을 명목으로 수용자들에 대한 폭력이 만연한 상황에서 관리자들은 중대한 위반에 대해서는 폭력의 강도를 극도로 높이고 보상이 필요한 상황에서는 폭력을 줄이는 방식으로만 대응했다.

작업장에서 보이는 구타의 양상은 형제복지원이 처벌과 보상을 대부분 폭력에 의존했던 것을 여실히 보여준다. 볼펜, 낚시용 물품, 풍선, 운동화 등 수출용 물품을 생산했던 형제복지원 안으로 들어온 외부 생산장들의 경우, 동원한 소대들의 조별로 생산량을 배정하고, 이 생산량을 지정한 시간 안에 생산하지 못하면, 기준에 모자란 생산량만큼 관리자들이 조장을 포함한 조원 전원을 몽둥이로 구타했다. 반대로 생산량을 완수한 조에게 부여된 포상은 구타를 가하지 않는 것이었다.[37]

이러한 방식의 폭력이 효율성이 있다고 보기 어렵다. 폭력으로 손상된 신체는 손상되지 않은 신체보다 생산력이 떨어질 수밖에 없다. 또한 수용자들의 전략적 대응이 생산력을 떨어뜨리기도 했다.[38] 수용자들은 맞지 않기 위해 제품의 품질보다는 할당받은 생산량만을 고려할 수밖에 없었고, 이를 위해 다른 조의 생산품을 훔치거나, 필요한 제조 공정을 생략하는 방식으로 작업속도를 높여 불량품을 양산해내기도 했다.

형제복지원 안에서는 규칙의 실체가 분명하지 않았고, 관리자들의 자의적인 판단으로 조금이라도 규율에 어긋나 보였을 때조차 구타와 기합으로 이를 처벌했기 때문에, 역설적으로 가장 심각한 수준의 규율 위반에 대한 폭력의 강도는 더 높아질 수밖에 없었다. 형제복지원의 운영에 있어 가장 심각한 규율 위반은 탈출 시도였다. 탈출로 인한 수용자의 감소는 국가지원금의 감소로 이어지고(형제복지원에 지급되었던 국가보조금의 성격과 규모에 대해서는 이 책 4장을 참조), 용모로 확연히 구분되는 형제복지원 수용자들이 부산 시내를 배회하는 모습 자체가 부랑자들을 수용한다는 형제복지원의 기능 실패를 보여주는 것이었다. 이런 점에서 탈출 시도는 형제복지원의 운영 자체를 위협할 수 있는 가장 심각한 규율 위반 사례였고, 수용자들에게도 인지된 사실이었다.

> 거기서는 제일 큰 게 도망이 제일 크고. 그다음에 도망 모의. 그다음에 인자 여자들 뭐, 그거. 도망이 제일 크지, 거 하나가 빠져나가고 한 백 명이 빠져나가보이소. 국가보조금이 그 얼마나 줄어들겠습니까. 그러니까 죽기 직전 아니면, 죽어삐면. 어, 죽어삐면 이게 보조금이, 팔아먹으면 그게 돈이 얼마 안 되지만도, 살아가지고 몇 년만 저기 있으면 그 돈의 한 두 배, 세 배가 생기니까. 내보내주겠습니까.[39]

탈출을 시도했다가 실패한 수용자들에게는 '인민재판'이라는 이름의 처벌이 가해졌다. 탈출을 시도했다가 붙잡힌 수용자는 포대를 뒤집어쓰고, 교회 안이나 교회 앞에서 욕설과 구타를 당해야 했다. 중대장이나 원장이 직접 강도 높은 구타를 했다. 이들은 수용자 전체를 관객으로 두고 이러한 폭력행위를 과시하기도 했는데, 이는 왕의 신체적 위엄을 확인하기 위해 잔인성을 전시했던 전근대적 권력의 전형적인 행사 방식[40]을 연상시킨다. 탈출 시도자가 발생한 경우, 그 성공 여부와 관계없이 탈출 시도자가 속한 소대원들과 소대장이나 조장 등 관리자들에게 연대책임을 물어 처벌하기도 했다. 탈출이 성공한 경우에는 탈출 시도에 대한 동조나 묵인이 없었는지를 집요하게 캐묻는 구타와 기합이 이어졌고, 소대장과 관리자들 또한 근신소대로 보내는 경우도 있었다. 근신소대에서는 돌을 깨는 중노동이나 소위 '똥복'을 입고, 재래식 화장실에서 분뇨를 처리해야 했다.[41]

자기목적적 폭력기관

형제복지원에서 폭력은 도구합리적·소유적 성격을 넘어 종종 폭력 그 자체를 위한 목적의 성격으로 심화되어갔다. 이와 함께 암기를 강요하거나, 생산성을 높이거나, 규율을 위반했다는 최소한의 핑계도 없이, 성적 쾌락과도 연계되지 않은 형태의 폭력 양상도 종종 나타났다. 대표적인 것이 '타작'으로 구타와 기합의 이유도 제시되지 않았다. 비가 오는 날이면 문이 잠긴 내무반에서는 '타작'이 벌어졌다. 조장들이 이유 없이 자신의 기분에 따라 가혹행위를 하는 경우도 많았다. 대표적인 것이 이유 없이 기합을 가하다가, 언제 죽었는지도 모르는 뱀 껍질을 보여주며 수용자들 중 한 명이라도 이것을 먹으면 기합을 멈춰주겠다고 제안하는 등의 행동들이다.[42]

앞에서 언급한 것처럼 암기 강요, 생산성 향상, 규율 위반에 대한 처벌, 폭력행사자의 성적 쾌락 등을 이유로 발생했던 폭력 상황에서도 폭력행사자가 이성을 잃고 폭력을 행사하는 사례도 빈번했다. 줄을 세워 몽둥이로 때리는 형태를 넘어서서 "욕이란 욕을 해대면서 그냥 막 밟아 대고 몽둥이로 두들겨" 패고 "머리를 잡은 채 땅바닥에 갖다 박는" 형태 등도 나타나는 것이다. "때리던 조장의 분이 먼저 풀리든지, 아니면 맞는 쪽이 기절을 하든지 죽든지 해야 끝"이 나지만, 폭력을 행사하는 쪽에서 먼저 구타를 그만두는 경우는 거의 없었다.[43]

이 과정에서 많은 사망자가 발생했을 것이다. 형제복지원 증언자들의 증언 중에서 자주 나타나는 일화 중 하나는 기합을 받거나, 구타를 당하던 중 출혈을 일으키거나, 정신을 잃은 동료 수용자들의 이야기다. 증언자 대부분은 이들이 어떤 운명에 처했는지 직접 확인하지는 못했다. 다만 이러한 사건이 일어난 이후에 동료 수용자는 내무반으로 돌아오지 않았고, 형제복지원 생활 중에 정체를 확인할 수 없는 무덤들이 늘어났다는 소문과 목격담은 시설 안에서 떠돌았다.

형제복지원 안에서의 이러한 자기목적적 폭력으로의 고양은 관리자 개인의 성격적 결함이나 우발적 사고 등으로만 설명할 수는 없다. 사실 형제복지원 전체가 자기목적적 폭력의 기관이었다고 할 수 있다. 나치 강제수용소는 죽을 때까지 노동을 시키는 시설에서 인종주의 이데올로기와 대량 살상 기술의 개발을 바탕으로 특정 인종에 대한 체계적인 절멸을 시도했던 시설이다.[44] 반면 형제복지원은 '부랑인'들의 절멸을 목표로 한 것이 아니었다. 국가는 수용인원에 맞춰 보조금을 지급하고, 형제복지원 재단도 이를 통해 수익을 창출했기 때문에 형제복지원의 목표는 최대한 많은 부랑인을 수용하는 것이었다. 또한 국가와 형제복지원 모두 부랑인에 대한 갱생과 복지를 표방했다. 그러나 다수 인원을 수용할 관리기술과 최소한의 인도적 기준도 도입되지 않은 상황에서 형제복지원은 물리적 폭력에만 극단적으로 의존했고, 형제복지원 안에서 폭력으로 목숨을 잃는 사람들도 생겨났다. 형제복지원은 총체적 기관이 인종주의와 같은 특정한 이데올로기의 추구 없이도 근대적 규율과 종교적 계몽의 가면을 둘러쓰고 미시적 폭력의 상호작용을 구조적으로 재생산하고, 이를 통해 인간적 존엄과 주체성을 파괴하고, 사회적 고통을 양산할 수 있음을 보여준다.

폭력에서 살아남기: 고통 줄이기와 도망치기

홀로코스트 생존자인 프리모 레비(Primo Levi)는 "포로 상태의 의무적 귀결로서의 탈출"이나 억압에는 반드시 반란이 뒤따른다는 전제는 고정관념이라고 지적한다.[45] 나치 절멸 수용소에 수감되었던 유대인들은 수용소를 탈출한다고 하더라도, 재산도 없고, 지인도 없고, 심지어는 자신에게 적대적인 독일인들로 둘러싸인 외부환경 때문에 탈출을 꿈도 꿀 수 없었다. 더군다나 수용소에서 도주는 가장 심각한 규율 위반으로 포로가 단 한 명이라도 도주한다면, 관리자 포로에서부터 수용소장에 이르기까지 감시원들은 모두 해임을 각오해야 했고, 도주자의 동료들이나 같은 국적의 수용자들은 고문 끝에 죽임을 당했으며,

체포된 도망자는 공개적으로 교수형이 처해졌다. 굶주리고 쇠약해진 수용자들이 건장한 나치친위대 대원들에 대항하여 집단반란을 일으키는 것도 현실적으로는 거의 불가능한 일이었다.

형제복지원의 사정도 이와 유사한 점이 있다. 형제복지원의 폭력은 당시의 다른 총체적 시설과 비교해도 유별나게 가혹했으며, 수용자들은 늘 생명의 위협을 느껴야 했다. 앞에서 언급한 것처럼 입소 과정이나 신입 소대 배치 이후에 형제복지원에 감금된 것과 가혹한 구타에 항의하고 저항하려는 시도가 종종 나타났지만, 이는 훨씬 더 강도 높은 폭력으로 무자비하게 진압되었기 때문에, 수용자들에게 저항할 수 없다는 생각을 더 강하게 심어주는 계기가 되었다. 경비들이 지키고 있고, 경찰 등 공권력이 형제복지원의 운영에 적극적으로 협력하고 있는 상황에서 집단 봉기도 여의치 않았다. 특히 현재 증언자의 다수를 이루는 아동이나 청소년의 경우 성인과 비교하면, 집단 봉기를 상상하는 것조차 쉽지 않았다. 형제복지원 바깥을 안전하게 나갈 수 있는 유일한 방법은 가족 등 연고자들이 자신을 찾으러 오는 것뿐이었다.

형제복지원 수용자들은 가혹한 구타나 기합을 피하려고 자신들만의 요령을 개발하고 실행하며 형제복지원 생활을 버텨나갔다. 총체적 기관에서의 수용자들의 대응은 상황적 철회, 비타협 노선, 식민화, 개종(conversion) 등 다양한 형태로 나타날 수 있다. 일반적으로 수용자들은 한 가지 적응 전술만을 고집하기보다는 상황에 맞춰 이러한 전술들을 기회주의적으로 조합함으로써 신체적·심리적 손상을 최소화하려고 한다.[46] 여기서 병리적 반응에 가까운 상황적 철회(자신의 신체와 관련된 문제가 아니라면 벌어지고 있는 일에 전혀 신경쓰지 않는 것)를 제외하면, 형제복지원의 수용자들이 마주한 난점은 비타협 노선(관리자들의 지시 거부)이나 개종(형제복지원의 가치에 순응하여 모범적인 수용자 되기)의 전술을 수행하는 것이 불가능했다는 점이다. 지시 불이행은 곧바로 가혹한 폭력으로 이어졌고, 개종을 시도하기에는 형제복지원이 제시하는 가치가 무엇인지 분명하지 않았으며, 지시에 순응해도 폭력은 계속되었다. 형제복지원의 조건들을 우호적으로 활용하여 형제복지원 생활을 자기 집인 것처럼 즐기는 식민화의 전술을 채택하는 것은 관리자의 지위에 오른 수용자들 이외에는 거의 불가능했다.

이러한 어려운 조건에도 불구하고 수용자들은 폭력과 구타에 적응하려는 여러 가지 전략을 개발했다. 형제복지원 수용자들은 "맞는 데는 이골이 나서" 구타가 줄 고통의 강도를 계산하고 참아낼 수 있게 될 정도였다.[47] 또 다른 고통의 강도뿐만 아니라 고통의 시간도 계산할 수 있게 되었고, 이에 따라 기합을 받기보다는 차라리 구타를 해달라고 요구하는 경우도 있었다. 또한 구타와 기합은 개인을 대상으로 하기보다는, 같은 소대 전체를 대상으로 주로 작동했기 때문에 구타와 기합을 견뎌내고, 고통을 줄이려는 집단적 노력이 등장하기도 한다.[48]

그러나 이러한 적응 노력에도 형제복지원 생활은 근본적으로 버텨내기 어려운 것이었다. 간부 선발 기준이 명확하지 않았고, 소대장, 조장, 서무 등 간부가 되면 상대적으로 폭력의 강도가 덜 했지만, 견디기 어려운 폭력과 구타가 사라지는 것은 아니었다. 일례로 소대의 서무였고 운전면허 취득을 목표로 개설된 운전반에 뽑힌 수용자도 운전면허 취득을 위한 교육 과정에서 늘 구타를 당해야 했다.[49] 형제복지원이 선전한 것처럼 '갱생'하여 사회로 돌아갈 수 있는 명시적 기준도 제시되지 않았고, 연고자가 자신을 찾아오는 것도 기대하기 어려웠다.

그 결과 형제복지원에 대한 지식을 쌓게 된 수용자들은 개별적으로 혹은 집단을 이뤄 탈출을 시도했다. 여러 차례의 실패에도 불구하고, 계속해서 탈출을 시도한 수용자들도 있다. 형제복지원은 부산 시내에 있었고, 나치수용소의 수용자들과 달리 언어의 제약은 없었기 때문에 탈출 이후를 계획할 수 있는 최소한의 조건은 갖추어져 있었다고 볼 수 있다.

한 수용자의 집단적 탈출 시도 및 성공 사례[50]는 형제복지원의 특성을 여러 가지로 잘 보여준다. 그는 다른 수용자들과 연대하여 탈출을 오랜 시간 준비했다. 탈출을 쉽게 만들기 위해 동료 수용자들과 연계하여 기존의 내무반 서무가 자신의 직위를 포기하게 했다. 기존의 서무가 탈출 시도자를 고발할 수 있는 사람이라고 생각되었기 때문이다. 이 과정에서 탈출을 시도했던 수용자들은 '모다구리'(모포를 덮고 다수가 린치를 가하는 것)로 내무반 총무를 폭행하고 협박한다. 자신들을 감금했던 폭력의 기술이 탈출 과정에서 활용된 것이다. 자신들에게 협력하지 않을 관리자를 제압한 이후에는, 세탁소 서무로 근무했던 다른 관리자에게 협력을 얻는다. 그를 통해 도구를 얻어 철장을 뜯고 탈출한 것이다. 수용자들을 옥죄었던 조건이 탈출의 조건으로 전환되어 활용된 것이다. 이러한 일반 수용자들뿐만 아니라 간부의 지위에 있던 수용자들도 개별적으로 종종 탈출을 시도했고, 성공했다. 관리자들의 탈출과 탈출 협조는 형제복지원 체계의 약점을 여실히 보여주는 것이기도 하다.

형제복지원이라는 창문

바우만(Zygmunt Bauman)[51]은 "홀로코스트가 벽에 걸린 그림이라기보다는 하나의 창문"이라는 점을 지적한다. 즉 홀로코스트를 이제는 지나가버린 예외적 사건으로 간주하기보다는, "현대 사회의 숨은 가능성을 검사하는 드문, 그러나 의미 있고 신뢰할 만한 시금석"이자 "사회학적 실험실"로 간주할 수 있다고 제안한 것이다. 만약 홀로코스트처럼 형제복지원이 벽에 걸린 그림이 아니라 하나의 창문이라면, 우리는 이 창문을 통해 무엇을 들여다볼 수 있을까?

앞에서 살펴본 것처럼 형제복지원 안에서 발생한 폭력 행위들이 충격적이고 이해하기 어려운 것은 이 행위들 속에서 이데올로기적 동기나 합리성을 발견하기 어렵기 때문이다. 갱생이나 복지가 형제복지원이 더 많은 수용자를 확보하여 사업을 확장할 수 있는 명목에 불과했다는 점을 받아들인다고 할지라도, 즉 더 많은 인원을 수용하여 국가로부터 더 많은 보조금을 얻는 것 자체가 목적이었다고 할지라도, 때로는 수용자를 사망에 이르게 한 형제복지원 내부의 폭력 행위들은 합리적이지 않다. 따라서 특정 인종의 절멸을 중요한 목표로 삼았던 인종주의가 합리적 행정체계와 결합했던 홀로코스트와 형제복지원은 곧바로 등치할 수 없다.

형제복지원이 던지는 시사점은 홀로코스트보다 더 광범위하고 보편적이라고도 할 수 있다. 절멸을 목표로 하는 특정한 이데올로기나 목표의식 없이 '부랑인'들에 대한 수용을 민간에 위탁하고 이들에 대한 인권침해를 묵인한 국가, 그리고 이러한 '사업기회'를 적극적으로 활용하여 자신들의 수용 능력을 고려하지 않은 채 무분별하게 수용인원을 늘린 총체적 기관의 결합이 광범위한 인권침해와 사회적 고통의 양산으로 이어질 수 있다는 점을 보여주기 때문이다.

특히 수용자를 통해 수용자를 관리하는 방식, 폭력에 대한 별다른 규제 없이 폭력을 중심으로 처벌과 보상을 구성함으로써 관리자이자 수용자에게 폭력 사용을 장려하는 방식이 형제복지원을 자기목적적 폭력의 기관으로 발전하게 했다. 부랑인들을 사회에 유용한 새로운 주체로 만들어내겠다는 형제복지원의 표방과 달리 형제복지원 안에서 관찰되는 여러 가지 폭력의 상호작용들은 부랑인들의 감금을 통한 사회 격리 그 자체를 훨씬 더 고려했다. 따라서 형제복지원은 인구에 대한 통제를 목적으로 과학적 지식을 결합한 규율권력의 주요한 장치라기보다는 이 장치들의 몇몇 기술과 외양만을 빌린 유사규율권력(pseudo-disciplinary power)의 장치라고 할 수 있다.

그러나 규율권력, 혹은 총체적 기관의 서구적 이념형의 핵심이라고 할 수 있는 전문가 집단의 존재나 인도주의적 감수성을 갖춘 관리자의 존재만으로 폭력 그 자체를 근본적으로 막을 수는 없다. 형제복지원에도 극소수이긴 하지만 전문가들이 존재했다. 그러나 이들은 근본적으로 무기력했다. 일례로 학교 교사이면서 내무반의 소대장 역할을 했던 인물이 존재했는데, 본인이 직접 소대원들을 폭행하지도 않았고, 소대원끼리의 폭력행사를 말리기도 했지만, 원장이나 중대장의 폭력행사를 제지하거나, 다른 소대에서의 폭력행사에 개입할 수 없었다.[52]

형제복지원의 사례를 통해 판단해보면, 인도주의적 기준의 도입, 관리기술의 고도화, 더 많은 자원의 확보가 총체적 기관에서 폭력의 강도를 약화시킬 수는 있을 것이다. 그러나 궁극적으로 총체적 시설 그 자체가 입소 과정부터 물리적·상징적 폭력을 함축하고 있으며, 내부의 폭력행위를 고양시키는 주요한 환경으로 작동한다는 점이 더 강조되어야 할 것이다. 형제복지원은 극단적인 사례이긴 하지만, 폭력의 사용을 자제시키는 기제들을 갖춘 총체적 기관도 언제나 폭력의 자제를 실패할 가능성을 내포하고 있다. 일례로 형제복지원 안에서 시행되었던 많은 기합과 고문 기술은 선감학원, 대구 희망원 같은 복지시설뿐만 아니라 한국의 군대, 학교, 감옥 등에서도 심심치 않게 발견되는 것이다. 이런 점에서 형제복지원은 폭력 기술의 실험실이라는 측면에서도 시사하는 점이 많다. 형제복지원은 향후 한국사회에서 반복적으로 나타났던 총체적 기관 안의 폭력의 양상을 연구하는 데 중요한 참조가 될 수 있을 것이다.

| 부록 2 |

형제복지원 자료들

형제복지원 자료들의 현황

형제복지원과 관련된 다양한 자료 현황과 그 특성을 파악하는 것은 2부에서 진행하고 있는 형제복지원과 관련된 논의를 이해하는 데 큰 도움을 줄 수 있다. 형제복지원과 관련해서는 다양한 자료가 남아 있다. 부랑인을 단속하고 민간 수용시설에 입소시키는 과정에서 정부와 경찰이 작성한 서류들, 보건사회부나 부산시가 형제복지원 재단과 주고받은 수많은 공문서 등 정부가 남긴 자료들이 존재한다. 그리고 박인근 원장이 1980년대 당시 촬영한 수많은 사진자료, 통계자료들 역시 존재한다. 우리보다 30년 앞선 시점에서, 제각기 다른 관점에서 형제복지원의 진상에 다가가고자 했던 검찰의 수사자료와 신민당의 진상조사 자료 역시 우리에게 남아 있다. 무엇보다 중요한 것은, 형제복지원의 일상을 누구보다 깊이 체험한 피해생존자들의 증언의 목소리들이 존재한다는 사실이다.

지난 2012년부터 다시 진행되어온 형제복지원 진상규명운동은, 여기저기 흩어져 있던 이러한 자료들을 다시 수집하고 정리하는 데에도 노력을 기울였다. '형제복지원 진실규명을 위한 대책위원회'(이하 '대책위')는 국가기록원 기록관들에 분산 소장되어 있던 방대한 공문서들과, 기타 각종 자료를 수집하고, 목록을 만들었다. 이러한 자료 수집의 성과는 이후 수차례의 국회 토론회 등을 통해 일부 공개되면서, 형제복지원의 운영 실태 및 국가 책임 문제의 논의를 진전시키는 데 큰 도움을 주었다.[1] 이와 함께 피해생존자들의 증언을 수집하는 작업도 지속적으로 이루어졌다.

이 글에서는 대책위가 수집, 정리한 여러 자료를 중심으로 '그것을 누가 만들었는지,' 즉 자료의 생산주체에 따라, 그리고 자료의 유형에 따라 분류해보고, 전체적인 현황을 살펴보고자 한다. 다만 피해생존자들의 증언에 대해서는 이 책 7장에서 상세하게 다루고 있기 때문에 여기서는 언급하지 않겠다.

2013년부터 활동을 시작한 대책위는 국가기록원에 소장되어 있는 형제복지원 재단 관련 서류들을 광범위하게 소집하는 한편, 1987년 당시 김용원 검사의 수사기록, 2010년 박인근이 펴낸 『형제복지원 운영자료집』, 각종 신문기사 및 영상자료 등 방대한 자료를 수집해왔다. 이 중 일부 자료의 목록과 세부 내용은 2013년 다른 발표 자리에서 소개된 바 있다.[2] 발표회 이후에는 부산광역시 기록관에 보관되어 있던 자료 등이 추가로 수집되었고, 현재도 자료 수집과 발굴은 지속되고 있다.

우선 행정부의 공문서 자료들을 하나의 큰 묶음으로 분류해볼 수 있다. 생산기관별로는 사회복지시설을 운영하는 재단법인과 1차적으로 접촉하는 구청 수준에서 생산된 기록들과, 상급 행정단위인 부산시에서 생산, 보존된 기록들로 나누어볼 수 있다. 전자의 자료는 국가기록원에서, 후자의 자료들은 주로 부산광역시 기록관을 통해서 수집되었다. 자료들의 생산 기간 역시 형제복지원 재단이 부산시와의 위탁계약을 통해 부랑아/인 수용업무를 도맡았던 1975~1987년 사이에 생산된 서류뿐 아니라, 재단법인 형제육아원이 운영되었던 1963년부터 생산된 문서들, 그리고 형제복지원 폐쇄 이후 '재육원', '욥의마을' 등과 관련된 서류 등이 모두 수집되어 있다.

자료의 대다수는 사회복지시설 및 재단 운영과 관련하여 상급 행정기관에서 하달되는 지시사항, 형제복지원 재단이 부산시로 올려보내는 각종 서류(이사회 회의록, 재산등기서류, 예산 수입·지출 보고서, 시설 현황 관련 통계 및 사진 자료 등등), 일선 행정기관에서 형제복지원 시설에 대해 실시한 현장조사, 감사자료 역시 포함되어 있다.[3] 이러한 자료들은 일선 사회복지 시설 및 재단에 대한 관리책임이 있는 지방행정당국의 업무 수행과 그 실상을 들여다볼 수 있는 수단이 된다.

다음으로 형제복지원 재단에서 생산한 자료들이 있다. 박인근을 비롯한 형제복지원 운영자들은 시설 운영 과정에서 많은 자료를 만들어냈고, 그중 상당수는 아직도 남아 있다. 위에서 살펴본 국가 공문서 자료들에도 재단이 제출한 각종 서류들이 포함되어 있다.

하지만 이와는 별도로 많은 양의 기록물이 존재한다. 첫째, 형제복지원에서 간행한 격월간지인 『새마음』에는 시설 관계자 및 원생들이 작성한 수기나 시뿐만 아니라, 연도별 시설의 인원 현황, 수용자들의 범주별 비중, 정부보조금 지급 현황 등등 많은 통계자료가 제시되어 있다. 둘째, 2010년경 박인근은 형제복지지원 재단을 통해서 자신의 형제복지원 운영에 대한 '변명'의 성격을 지니는 총 14권의 자료집을 발간했다. 이 자료집에는 박인근 자신의 수기(手記)뿐만 아니라, 시설 운용 관련 각종 통계자료들이 정리되어 있다. 흥미로운 것은 6권부터 14권이 모두 사진 자료집이라는 것이다. 여기에는 시설 내의 소대생활, 직업보도활동, 학교, 종교생활, 식당, 여가 등등 각종 사진자료가 수록되어 있다. 이는 형제복지원 내부 생활과 관련하여 남아 있는 거의 유일한 사진자료라고 해도 과언이 아니다.

마지막으로 검찰 수사자료 및 신민당의 조사자료가 있다. 검찰 수사자료는 1987년 당시 형제복지원 담당 울산지검 검사가 조사 과정에서 남긴 서류들을 개인적으로 보관하고 있던 것을 대책위가 전달받은 문서들이다. 여기에는 당시의 수사보고서, 박인근의 국고보조금 횡령 관련 자료, 부당 수용 사례에 대한 조사, 관계자에 대한 심문조서 등 수사 과정에서 드러났던 형제복지원의 파행적 운영 실태를 보여줄 수 있는 자료들이 많이 남아 있다.

또한 당시 야당이던 신민당의 형제복지원 현장 조사자료가 남아 있다. 신민당은 1987년 당시 형제복지원 특별조사단을 구성, 현장 조사를 실시하고 그 결과를 '부산 형제복지원 사건 신민당 진상조사 보고서(제1차 보고서)'로 남겼다. 20여 쪽 분량의 짧은 보고서에서 조사단은 원생들과 시설 관계자들을 대상으로 강제수용 여부, 시설 내의 폭력행위, 사망자의 처리 과정 등을 조사했다. 이와 함께 신민당은 당시 또 다른 부랑인 수용시설이었던 대전의 성지원, 연기군의 양지원 등에도 현장조사를 실시하고 '전국 복지원 실태 특별조사 중간보고' 역시 남겼다. 이러한 자료는 당시 신민당이 형제복지원 사건을 어떠한 방식으로 이해하고 있었으며, 전두환 정권과 어떻게 싸웠는지를 보여준다.

이하에서는 이 책의 2부에서 주로 활용하고 있는 국가기록문서와 형제복지원 재단 생산 자료들을 중심으로 이 자료들의 맥락과 현황을 중심으로 간략히 소개하고자 한다.

국가기록문서

현재까지 형제복지원과 관련하여 수집된 자료 중 가장 많은 양을 차지하는 것은 국가기록문서다. 일선 구청 사회복지과, 혹은 부산시에서 형제복지원 재단과 주고받았던 공문서 서류철로 구성되어 있다. 서류철에는 중앙정부 부처인 보건사회부가 부산시로 내려보내는 공문, 부산시에서 형제복지원으로 내려보내는 공문, 형제복지원에서 부산시나 보건사회부로 올려보내는 공문 등 다양한 문서가 뒤섞여 있다.

행정당국은 형제복지원과 같은 시설 운영 재단들을 지속적으로 관리 감독할 의무가 있었다. 해당 재단들이 시설 운용을 규제하는 법령들을 준수하고 있는지, 시설에 수용된 사람들은 안전하고 인격적인 조건에서 생활하고 있는지 등을 관리감독하는 것은 여전히 국가의 의무였던 것이다. 부산시나 보건사회부는 형제복지원의 상황에 대해 지속적으로 보고를 받았고, 특정한 사업을 승인 또는 보류시키기도 했으며, 때로는 현장 조사를 실시하기도 했다. 이러한 활동의 기록은 모두 공문서로 남아 있다. 1964년 형제육아원이 재단법인을 구성하는 시기부터 1987년 형제복지원 사건이 터질 때까지, 그리고 이후에도 박인근 일가가 운영하는 사회복지법인과 정부가 주고받았던 수많은 문서를 확인할 수 있다.

형제복지원 재단 쪽에서 부산시 당국이나 보건사회부로 올리는 서류 등을 통해서, 당시 재단의 재산취득 과정, 재단의 예산 수입·지출 구조, 각 시설에 수용되어 있는 인원들의 현황, 이사회 임원 및 시설 직원의 명단 등을 확인해볼 수 있다. 이러한 자료들은 박인근 일가가 형제복지원을 어떤 방식으로 운영했는지, 시기에 따라 시설 운용에 필요한 재원은 어디서 끌어올 수 있었는지, 수용된 인원 수의 변동에 따라 전체 시설 규모는 어떻게 확장되는지 등을 확인할 수 있는 기본 자료다. 이러한 자료들은 한편으로는 해외원조 및 국가보조금 지급이 재단 운용에서 차지하는 역할 등 재단의 수입구조와 같은 내용 등등 형제복지원 운용의 내밀한 부분을 살펴볼 수 있는 중요한 자료들이다. 하지만 다른 한편으로는 느슨한 관리감독 체계하에서 작성된 문서들을 어느 정도까지 신뢰할 수 있는지에 대한 고민이 필요하다(형제복지원 재단 운영 방식에 관한 구체적인 내용은 이 책의 4장을 참조).

형제복지원 연구와 관련하여 가장 주목받아왔던 자료는 1975년 제정된 「내무부 훈령 410호」 "부랑인의 신고·단속·수용·보호와 귀향 및 사회관리에 관한 업무처리지침"이다. 이 자료와 더불어 국가기록원에 보관되어 있는 "구걸행위자관계철(BA0883735)"에도 주목할 필요가 있다. 이 자료철에는 1981년 4월 10일 전두환 대통령이 신체장애자의 구걸 행각 등을 단속하라는 내용의 총리지휘서신을 내려보낸 이후, 부랑인·걸인 등에 대한 대대적인 단속과 수용, 부랑인 수용시설의 확충 등을 정부의 중점 계획으로 추진하고 있는 경과를 보여준다. 이 자료철은 다음의 사료 건들을 포함하고 있다.

- 구걸행위자 보호대책추진 상황 중간보고
- 구걸행위자 보호대책사업 추진 상황 보고
- 구걸행위자 보호대책
- 구걸행위자 수용시설 신축사업비 기채 추진보고
- 구걸행위자 보호시설신축 추진 상황 점검을 위한 회의 개최
- 시립갱생원 생활관 신축계획 건의
- 부랑인시설 운영상 미비점 보완 필요
- 대통령각하 지시사항 실천
- 구걸행위자 보호대책사업 추진 상황 보고

위의 사료건들에는 총리지휘서신의 내용이 주요 정부 시책으로서 국무조정실, 내무부, 보건사회부 등의 공조하에 집행되었던 경과들을 자세히 담고 있다. 특히 여기에 포함되어 있는 문서들은 전두환의 지휘서신 이후 부랑인 단속 목표가 하달, 1982년 4월과 7월 두 차례에 걸쳐 부랑인을 대대적으로 일제단속하고, 그 결과를 국무총리가 전두환에게 직접 상황 보고했음을 보여준다. 또한 정부 차원에서 부랑인 수용시설의 신설 및 확충을 지휘하고 있었으며, 시설 관리 운영의 효율성을 위해 모든 수용시설을 민간에 위탁하여 민영화할 계획이었음이 드러난다.

이 자료들에 따르면 부랑인 수용시설의 확충에 들어가는 재정부담을 줄이기 위하여, 정부는 시설 수용인원의 노동력을 동원하여 시설을 신축하는 것을 국가 정책으로 추진했다. 부산 형제복지원은 이러한 비용 절감의 대표적인 모델로서 정부 관계자들에게 인식되고 있었다. 이는 1984년까지 계속된 형제복지원의 시설 확충 과정에서 수용자들을 동원한 강제노역은 사실상 정부의 방침하에서 추진되었다고 해도 과언은 아니다. 정부는 형제복지원 모델을 홍보하기 위해 영화화했다. 〈종점에서 시발점으로〉는 이러한 계획 속에서 제작되었음이 문서에서 드러난다.

형제복지원 재단 자료

『새마음』지와 각종 통계자료

다음으로 살펴볼 자료들은 형제복지원 재단 쪽에서 남긴 자료들이다. 위에서 살펴보았듯이 형제복지원 재단은 국가의 관리감독 체계하에서 끊임없이 재단 및 시설 운용과 관련된 문서들을 작성하여 보고해야만 했다. 이러한 자료와는 별개로, 박인근은 자신의 활동을 여러 형태의 기록으로 남겼고, 이를 공개적으로 출간, 배포하기도 했다. 대표적인 것이 형제복지원 운영 당시 발간된 격월간지 『새마음』과 2010년 형제복지지원재단에서 제작한 총 14권의 자료집이다.

『새마음』은 1981년부터 격월간으로 발행되었던 것으로 보이며, 『새마음』지는 전체 100~200쪽 분량으로 형제복지원 운영자들의 글뿐만 아니라, 내부 수용자들이 쓴 직업보도 체험기, 수필, 시, 신앙간증문 등이 수록되어 있다.

『새마음』에서 특기할 만한 것은 매 호마다 10~20쪽을 할애하여 형제복지원과 관련된 각종 통계를 수록하고 있다는 사실이다. 〈표 1〉에서 볼 수 있듯, 이러한 통계자료들은 입퇴소 인원 현황, 자립적금 관리, 보건위생, 직업보도, 식단 등 형제복지원 시설 운영 전반에 대한 정보를 담고 있다. 박인근이 2010년 출간한 『형제복지원 이렇게 운영되었다』에도 각종 통계자료들이 수록되어 있는데, 이러한 자료들 역시 사후적으로 새롭게 작성되었다기보다는 『새마음』에 수록된 통계를 활용, 가공한 것들이라 할 수 있다.

이러한 통계들은 형제복지원의 수용인원이나 사망자 수 등을 볼 수 있는 거의 유일한 자료이기 때문에, 형제복지원의 내부 상황에 접근하고자 할 때 계속해서 활용될 수밖에 없다. 그럼에도 『형제복지원 이렇게 운영되었다』는 물론 『새마음』은 대외홍보용으로 제작되었기 때문에, 여기에 수록된 통계들 역시 의도적인 누락, 왜곡으로부터 자유로웠다고 신뢰하기는 쉽지 않다. 따라서 이 통계들을 제대로 활용하기 위해서는 자료들에서 발견되는 수치상의 오류를 꼼꼼히 확인하는 작업과 더불어, 형제복지원 측이 이러한 통계를 왜 생산했고, 각 통계들이 왜 필요했는지를 이해해야 한다.

예컨대 〈표 2〉와 〈표 3〉의 내용은 『새마음』에 실린 가장 기본적인

표 1. 『새마음』과 『형제복지원 이렇게 운영되었다』에 수록된 통계자료 목록

『새마음』 52호	『형제복지원 이렇게 운영되었다』 1
• 이용자 현황 - 이용자 인원 현황 - 연도별 입퇴소 및 잔류자 현황 - 아동 및 성인 수용 현황 - 출신도별 수용 현황 - 연령별 수용 현황 - 지체 장애자별 수용 현황 • 자립적금 현황 - 자립적금 전년도 대비 통계 현황 - 퇴원자 적금 지불 현황 - 「원」이탈자 중 재수용 자립적금지급자 명단 - 귀가자 적금 전달 현황 • 이용자 수익 현황 • 수용실적 현황 • 퇴원자 현황 • 재수용자 현황 • 전과자 현황 • 무연고자 분류 현황 • 일반 현황 - 직원 현황 - 새마음교회 현황 - 차량 보유 현황 - 위생 난방 현황 • 형제정신요양원 현황 - 인원 현황 - 상태별 분류 - 직원 현황 - 진료 현황 - 환자 치료 현황 - 시설 현황 • 새마음교회 현황 - 시설 현황 - 인원 현황 - 집회 현황 - 연도별 세례자 현황 - 수용자 집사 현황 • 연도별 사망자 현황 • 85년도 사망자 명단	• 일반 현황 - 일반사항 - 종사자 현황 - 새마음교회 종사자 현황 • 분야별 자활사업훈련장 현황 • 연도별 자립저축 예입 추세 현황 • 자활사업 인원 추세 현황 • 인원 현황 - 수용자 현황 - 연도별 입퇴소 및 잔류자 현황 - 아동 및 성인수용 현황 - 출신도별 수용 현황 - 수용 인원 현황 - 일일입퇴소 인원 현황 - 분류별 입소 현황 - 연령별 수용 현황 - 지체장애자별 수용 현황 - 정신질환자별 현황 - 퇴원자 현황 - 재수용자 현황 - 전과자 현황 - 무연고자 분류 현황 - 연말인원 및 연인원 - 연도별 사망자 현황 - 사망원인별 현황 - 월중 사망자 현황 • 후생복지관계 현황 - 후생복지시설 - 후생시설 - 주간식단표 - 피복지급 현황 - 세탁소 물품 현황 - 세탁작업량 - 서신 발송 현황 • 보건위생관계 현황 - 정신질환자 현황 - 환자상태별 분류 현황

표 1. 『새마음』과 『형제복지원 이렇게 운영되었다』에 수록된 통계자료 목록(계속)

『새마음』 52호	『형제복지원 이렇게 운영되었다』 1
• 의무실 현황 - 의무실 자체 진료 - 촉착의원 정기래원 진료 현황(북부산의원) - 병원 입퇴원 현황 - 의료보험환자 진료 현황 • 보건위생 및 진료 현황 - 정신질환자 현황 - 환자상태별 분류 현황 • 교육시설 현황 - 학급별 인원 현황(국민학교) - 학급별 인원 현황(야간중학교) • 합동결혼식 현황 • 운전정비교습 현황 - 차량보유 현황 • 피복지급 현황 • 세탁소 현황 - 물품 현황 - 세탁 작업량(공휴일은 제외) • 서신발송 현황 • 주간식단표 • 월별 입소 퇴소 인원(추세) 현황 - 분류별 입소 현황 - 아동 집찾기(상태별) - 아동 집찾기(연고지별) • 후생시설 • 도서 현황 - 도서 시설규모	• 의무실 현황 - 의무실 자체진료 - 촉탁의원 정기래원 진료 현황 - 병원 입퇴원 현황 - 의료보험 환자 진료 현황 - 북구보건소 진료 현황 • 교육시설 현황 - 학급별 인원 현황(국민학교) - 형제분교 교사 현황 - 학급별 인원 현황(야간중학교) - 야간중학교 교사 현황 • 운전정비교습소 현황 - 차량보유 현황 - 운전면허 취득자 명단 • 지역사회대민봉사활동 현황 - 학생통학 실시 - 전투 기동경찰대 지원봉사 • 자립적금 현황 - 자립저금 전년도 대비 통계 현황 - 퇴원자 적금 지불 현황 - 86 귀가자 적금전달 현황 - "원"이탈자 중 재수용 자립저금 지급자 현황 - 이용자 수익 현황(대비) • 새마음교회 현황 - 시설 현황 - 인원 현황 - 집회 현황 - 연도별 세례자 현황 - 집사 현황 • 기타 현황 - 아동 집찾기(상태별) - 아동 집찾기(연고지별) - 합동결혼식 현황 • 도서 현황 - 도서 현황 - 현 시설 규모 - 각 소대 성경 찬송 일반서적 보유권수

표 1. 『새마음』과 『형제복지원 이렇게 운영되었다』에 수록된 통계자료 목록(계속)

『새마음』 52호	『형제복지원 이렇게 운영되었다』 1
	• 정신요양원 현황 - 정신질환자 현황 - 환자상태별 분류 현황 - 환자 인원 현황 - 연도별 입퇴소 및 잔류자 현황 - 아동 및 성인 수 현황 - 출신도별 수용 현황 - 인원 현황 - 상태별 분류 - 직원 현황 - 진료 현황 - 환자 치료 현황 - 시설 현황 - 연령별 수용 현황 - 지체장애자별 수용 현황 - 정신질환자별 현황

통계자료다. 연도별 입퇴소자 및 잔류자의 현황을 보여주는 이 표를 살펴보면, 연도별로 형제복지원에 수용된 인원과 퇴소한 인원의 흐름을 개략적으로 짐작해볼 수 있다. 물론 이 자료는 관리 당국인 부산시에 보고하기 위해 작성된 것이기 때문에 이 숫자들을 그대로 신뢰하기는 어렵다.

예를 들어 표의 입퇴소자 숫자는 형제복지원에 수용된 사람의 대부분이 짧은 기간 내에 다시 사회로 돌아갔다는 착시효과를 낳기에 충분하다. 하지만 여러 가지 질문을 더 던져볼 필요는 있을 것이다. 1년에 부산 지역에서만 3,000~4,000여 명이라는 어마어마한 인원이 형제복지원에 입소한다는 것의 의미는 무엇일까? 그중에서 누가 남고, 누가 나가게 되었을까? 연고가 확인되어 출소되었다가 재수용된 인원의 비중은 얼마나 되었을까? 1~2년 내에 형제복지원에서 출소하지 못하는 사람들의 삶에,

표 2. 연도별 입퇴소 및 잔류자 현황 (1985. 7. 31. 현재, 명)

구분 \ 연도	1975	1976	1977	1978	1979	1980	1981	1982	1983	1984	1985. 7.31	계
입소	1,448	2,554	3,005	3,428	3,638	1,785	3,115	2,997	4,019	4,355	2,339	31,683
퇴소	1,444	2,547	2,989	3,412	3,605	1,744	2,987	2,790	3,546	3,478	1,346	29,888
잔류	4	7	16	16	33	41	128	207	473	877	993	2,795

출처: 『새마음』 55호, 113쪽.

표 3. 연도별 입퇴소 및 잔류자 현황 (1985. 12. 31. 현재, 명)

구분 \ 연도	1975	1976	1977	1978	1979	1980	1981	1982	1983	1984	1985	계
입소	1,448	2,554	3,005	3,428	3,638	1,785	3,115	2,997	4,019	4,355	3,948	34,292
퇴소	1,445	2,547	2,993	3,420	3,616	1,753	3,003	2,807	3,622	3,667	2,408	31,281
잔류	3	7	12	8	22	32	112	190	397	688	1,540	3,011

출처: 『새마음』 58호, 188쪽.

표의 숫자가 대체 어떤 의미가 있을까? 이러한 질문들은 부랑인 보호수용소로서의 형제복지원의 가장 기본적인 성격을 이해하는 데 매우 중요하다. 하지만 이 표만으로는 이 질문에 대답할 수 없다.

따라서 기본적으로 『새마음』에 수록된 여러 통계자료는, 형제복지원의 운용 실상을 보여주는 자료로 활용하기에 여러모로 부족함이 많다. 물론 이러한 숫자들을 꼼꼼히 따져보고, 발견할 수 있는 오류들을 지적해나가면서, 정확한 숫자들을 다시 계산해보는 작업들은 어느 정도는 불가피하다.[4] 하지만 저러한 숫자들을 이해하는 작업에는 무엇보다도 형제복지원 내 다양한 장소에 있었던 피해생존자들의 경험을 통해서 이러한 내용을 하나하나 확인해보고, 이에 비추어 내부의 실상을 이해하고자 하는 노력이 기본적으로 전제되어야 할 필요가 있다. 무엇보다도 피해생존자들의 체험이 담긴 증언들은 통계적 숫자들이 보여주는 사실 그 이면의 진실을 이해하는 가장 중요한 통로일 수 있다.

사진자료집

2010년의 형제복지지원 재단 발간 자료집에서 특기할 만한 것은 전체 14권 중 6~14권의 화보집이다. 이 화보집에는 주제별로 분류된 총 1,800여 장의 컬러 사진이 수록되어 있다. 이러한 자료들은 당대 형제복지원의 운영 상황을 보여주는 시각적 자료가 양적으로 매우 제한되어 있다는 점에서, 기본적으로 매우 흥미를 끄는 자료가 아닐 수 없다. 〈표 4〉는 화보집에 수록된 전체 사진자료의 주제를 보여준다.

화보집에는 사진이 촬영된 주변 정황에 대한 정보는 거의 존재하지 않는다. 그 때문에 자료집만을 보아서는 이 방대한 양의 사진들이 어느 시점에 촬영되었는지, 누가 촬영했는지 등의 정보를 확인하기는 어렵다. 무엇보다 이러한 사진이 어떠한 이유와 맥락에서 촬영되고, 생산되었는지, 촬영된 사진은 누구에게 배포되었는지 등을 확인할 수 없다.

하지만 사진으로 재현된 형제복지원의 모습들을 찬찬히 살펴보면, 이 사진들이 특정한 의도를 전달하고자 하는 목적으로, 매우 세심하게 통제된 조건에서 촬영되었음을 짐작할 수 있다. 그리고 그러한 사진들 중 일부가 취사선택되어 자료집으로 제작되었을 것이다. 〈그림 1〉의 사진 예시들이 보여주듯, 화보집의 사진들은 형제복지원에 들어오기 전의 '부랑인'의 상태와, 형제복지원 내에서 '규율'을 학습하고 '자활' 능력을 익힌 수용자들의 상태를 대비시키는 시각을 전제하고 있다(형제복지원이 시설로써 표방했던 목표와 실제 운영과 관련해서는 이 책 5장과 6장을 참조). 그리고 이러한 시각 속에서 수용자들의 '변화'를 이끌어내는 형제복지원 내 여러 장치를 긍정적으로 묘사하는 사진들이 제시되고 있다. 이 때문에 제작자의 강한 의도가 전제되어 있는 사진자료들을 형제복지원 내부 운영 실상을 보여주는 객관적 자료로 활용하는 것은 쉽지 않다. 오히려 이러한 사진자료가 언제 왜 촬영되었는지, 사진에 담고자 했던 촬영자의 의도는 무엇인지, 이 사진들이 당시 사회에 어떤 효과를 낳았을지 등에 대해 질문할 필요가 있다.

표 4. 『형제복지원 운영자료집』 6~14권 [화보집] 차례

자료명	세부 구분
형제복지원 운영자료집 6	6-1. 1차 자원공사(스레트, 흙블록)
	6-2. 2차 자원공사(슬라브 철근콘크리트)
형제복지원 운영자료집 7	7-1. 부랑인 단속, 입소 당시 모습
	7-2. 부랑인 신상기록카드
형제복지원 운영자료집 8	8-1. 식당, 배식
	8-2. 빵공장, 부식가공공장, 주 · 부식 저장고
	8-3. 퇴원자(귀가자) 적금전달식
형제복지원 운영자료집 9	9-1. 직업보도소-봉제 · 편물 · 이불 제작
	9-2. 직업보도소-맥기기술훈련
	9-3. 직업보도소-철공기술훈련
	9-4. 직업보도소-선반 · 용접 기술훈련
	9-5. 직업보도소-목공 · 목각 · 자개농 기술훈련
	9-6. 직업보도소-케미슈즈 기술훈련
	9-7. 직업보도소-세탁 기술훈련
	9-8. 직업보도소-운전교육 · 차량정비 기술훈련
	9-9. 직업보도소-이 · 미용 기술훈련
형제복지원 운영자료집 10	10-1. 형제원 분교(개금초등학교)
	10-2. 체육대회
	10-3. 가장행렬대회

표 4. 『형제복지원 운영자료집』 6~14권 [화보집] 차례 (계속)

자료명	세부 구분
형제복지원 운영자료집 11	11-1. 형제원 방문자
	11-2. 비둘기합주단
	11-3. 새마음 교육
	11-4. 도서실
	11-5. 탁구실
	11-6. 가요콩쿠르대회, 합동생일잔치
	11-7. 바자회시장
형제복지원 운영자료집 12	12-1. 새마음교회
	12-2. 무료급식
	12-3. 피복창고
	12-4. 부랑인수송차량
	12-5. 풀장 · 목욕탕
	12-6. 합동결혼식
형제복지원 운영자료집 13	13-1. 본부사무실
	13-2. 내무반
	13-3. 의무실
	13-4. 정신요양원 휴게실
	13-5. 직원회의실
	13-6. 울산 반정목장
	13-7. 월동 준비
형제복지원 운영자료집 14	14-1. 창립 당시(용당동)
	14-2. 주례동(중증장애인요양시설 1차)
	14-3. 기장군(중증장애인요양시설 2차)
	14-4. 수익사업부(현재)

<단속 당시의 모습>

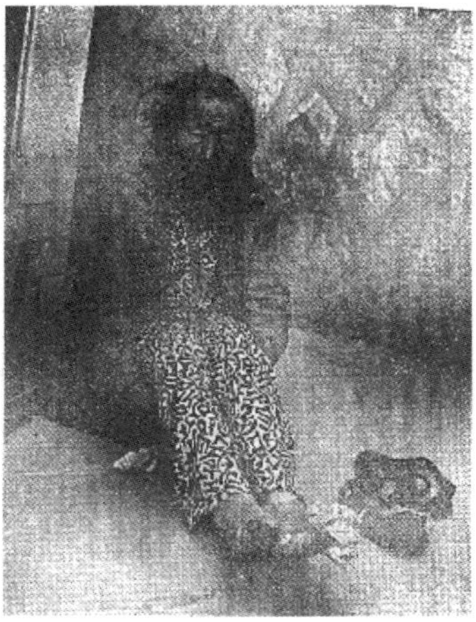

성명 김 곤 1921 12 26일생
입소경위 부산시내를 배회하며
구걸노숙하다 수용된 자임
*양측족지 동상

<수용 중의 모습>

위 사람의 현재모습 86년 1월 병동에서 치료중임

그림 1. 부랑인 단속 당시의 모습과 수용 중의 모습 대비

출처: 『형제복지원 운영자료집』 7권, 158쪽.

그림 2. 화보집 사진 촬영 상황을 묘사한 피해생존자 한종선의 그림

출처:「한국의 홀로코스트! "형제복지원 사건의 진실을 밝힌다"」, 형제복지원 사건 진실규명을 위한 대책위원회(준), 2013년 자료집, 96쪽.

제3부

형제복지원의 사람들

부랑인에서 피해생존자로

다르게 흐르는 시간*

07

수용자들의 생애 구조와 시간 의식

이상직

들어가며: 근대적 라이프코스의 구조

형제복지원과 형제복지원 수용자는 보통 전근대적인 폭력과 그 피해자로 여겨진다. 형제복지원이라는 '시설'은 비문명적 규범, 제도, 실천의 대표 사례이고, '피해자'의 생애는 예외적·일탈적 삶의 전형이다. 이 책의 2부 장들은 시설의 관점에서 형제복지원의 성격이 그렇게 단순하지 않다는 점을 밝혔다. 이 장은 형제복지원 수용자의 생애사라는 맥락에서 형제복지원의 성격을 규명한다. 나아가 '비정상적인' 삶으로 여겨지는 이들 생애의 역사적·현재적 의미를 검토한다. 이들의 생애는 근대적 생애였으며, 형제복지원은 근대적 제도였다. 이들

* 이 글은 『기억과 전망』(40호, 2019)에 「또 하나의 근대적 라이프코스: 형제복지원 수용자들의 생애 구조와 시간 의식」이란 제목으로 실린 필자의 논문을 수정한 것이다. 특히 방법론적 논의와 2차 문헌을 인용하면서 서술한 부분을 줄였다. 구술을 인용할 때에도 인용정보를 생략했고, 구술자도 사례 번호로만 표기했다. 주석 상당수도 생략했다. 생략된 내용과 인용 정보는 이 논문을 참조.

의 생애는 서로 맞물린 근대적 라이프코스의 두 가지 이념형 중 하나를 드러낸다.

먼저 우리가 익히 떠올릴 만한 사회적 시간표에 따라 곧게 나아가는 삶이 있다. 유년기-청소년기-성인기-노년기로 구획되는 삶이다. 각 국면은 여러 사회 제도로 구획된다. 유년기는 가정에서 보내고, 청소년기는 학교에서 보낸다. 성인기는 노동시장에서 일하고 새롭게 꾸린 가정에서 재생산에 전념하는 시기다. 생산과 재생산 역할을 마친 노년기에는 복지제도의 틀에서 노후를 보낸다. '정상인'의 라이프코스에서 각 단계는 다음 단계로 가기 위한 사전 단계다. 전 단계를 거치지 않고 다음 단계를 밟을 수 없다. 각 단계를 밟아가는 과정은 발전이다. 각 단계가 다음 단계를 전제하기에 거꾸로 갈 수는 없다. 삶은 단계적으로 직선적으로 나아간다.

사망률 감소에 따른 평균 수명 증가, 결혼의 보편화와 출산의 표준화, 임금노동자 증가와 집과 일터의 분리, 생산성 개념 도입에 따른 교육제도 및 은퇴제도 형성, 연령에 따라 촘촘히 구획된 규율기관 등장과 연령 규범 강화 등이 근대적 라이프코스를 형성한 힘이었다.

그런데 근대적 라이프코스를 말할 때 많은 이들이 간과하는 또 다른 형태의 라이프코스가 있다. 형제복지원 수용자의 생애가 드러내는, 시설로 통칭되는 집단수용소에서 삶의 주요 국면을 보낸 이들의 라이프코스다. 수용자의 생애는 일반적 라이프코스 구조와 다르다. 생물학적 나이는 먹지만 그에 수반된 사회적 역할의 연쇄는 형성되지 않는다. 삶의 단계 구분 경계도 흐리고, 삶의 영역 구분 경계도 흐리다. 단계적 시간표는 사라지고, 현재만 남는다. 형제복지원 수용자의 생애가 근대적 라이프코스의 전형에서 벗어난 것으로 여겨지는 이유다.

이러한 삶을 뒷받침하는 제도적 장치가 시설이다. 수용소는 다른 제도 영역(가족, 학교, 직장 등)과 달리 특정 생애 발달 단계(유년기, 성인기, 노년기)에서 경험하는 곳이 아니다. 시설은 먹고 자고 일하고 쉬는 등 생활의 모든 측면이 동일한 공간에서 집단적으로 이루어진다. 이런 의미에서 시설은 어떤 단계의 목표 단계도, 준비 단계도 아니다. 시설은 명시적으로는 수용자를 시설에서 나가게 하는 (사회로 복귀시키는) 것을 목표로 내세우지만, 암묵적으로는 사회에서 특정한 방식으로 규정한 이들을 기약 없이 모아둔다. 시설에서 시간은 무엇을 위한 시간도, 무엇에 따른 시간도 아니다. 이곳에서 시간은 멈춘다.

그러나 정상과 일탈을 서로 맞물린 것으로 보면 수용자들의 삶도 또 하나의 전형적인 근대적 라이프코스다. 첫째, 이러한 삶은 우리가 정상적인 삶이라고 여기는 상이 있고 사회가 그 상에 따라 조직되는 한 필연적으로 생겨난다. 삶이 근대적 시간표에 따라 촘촘하게 짜여질수록 시간표를 따르지 못하는 이들이 생겨나게 마련이다. 둘째, 그들의 생애가 '문제'가 되는 것은 촘촘하게 조직된 삶이 정상적인 삶으로 여겨지기 때문이다. 문제시되는 이들 또한 정상성을 받아들인다. 이러한 공감대에 따라 이들이 사회문제가 되고, 시설이 문제 해결 수단으로 여겨진다.

이러한 주장으로 이 장에서는 어떻게 1980년대에 형제복지원 사건과 같은 '야만적인' 일이 일어날 수 있었냐는 질문에 다른 각도로 접근한다. 결론부터 말하자면, 한국에서 정상성이라는 것이 형성될 수 있었던 물질적·제도적 토대가 마련된 시기가 1980년대였기 때문이다. 정상성 상이 형성되고 그 상에 부합하는 삶을 꾸릴 수 있는 사회경제적인 조건이 마련되자 상에 맞지 않는 이들의 존재가 비로소 드러났다. 이 장은 그 과정을 '라이프코스의 이중적 제도화'로 규정한다. 이것은 가족, 학교, 공장(노동시장) 제도의 틀에 따라 사회구성원 상당수의 라이프코스가 표준화되는 동시에 그 과정에서 누락되거나 탈락한 이들의 라이프코스가 시설이라는 또 다른 제도적 틀에 따라 표준화되는, 이중적 표준화 과정을 말한다. 이런 시각에서 보면 형제복지원 수용자들의 생애는 예외적인 것도 일탈적인 것도 아닌, 근대적 라이프코스의 또 다른 버전이다.

그동안 형제복지원 수용 경험에 관한 구술은 시설 내 경험에 한정된 피해 증언으로 수집되고 해석되었다. 그에 따라 형제복지원에 대한 기술에서도 폐쇄된 곳에서의 폭력이라는 공간 측면이 부각되었다. 이 폭력의 성격을 밝힌 것이 이 책의 6장이다. 이 장에서는 시설 수용 경험의 의미를 시간 측면에서 검토한다. 형제복지원에서 입은 직접 피해를 드러내는 것에 집중하기보다 형제복지원 수용 경험을 생애사적 맥락에서 이해해보려는 것이다. 이를 위해 먼저 형제복지원에 수용되었던 사람들의 생애사를 검토해 이들의 라이프코스 구조를 확인한다. 구조를 드러내는 것은 형제복지원 수용 전과 퇴소 후의 관계망의 성격이다. 다음으로, 이들이 수용 경험을 어떻게 이해하고 그 연장선상에서 자신의 삶을 어떻게 이해하는지를 시간 의식이라는 측면에서 해석한다.[1]

형제복지원 수용자의 생애 기록

생애를 검토하기 위해 수집한 자료는 수용자들의 수기와 구술 기록이다. 먼저 수기가 있다. 가장 일찍 발표된 것은 김영욱이 1988년에 펴낸 『형제복지원: 생지옥의 낮과 밤』이다. 1954년에 태어난 그는 29세 무렵(1982) 부산에서 형제복지원에 강제 수용되었다. 보름 만에 풀려났고, 그때의 경험을 글로 풀어냈다. 이후에 나온 것은 한종선이 한국예술종합학교 교수 전규찬, 인권운동가 박래군과 함께 2012년 말에 출간한 『살아남은 아이: 우리는 어떻게 공모자가 되었나?』다. 1976년에 태어난 그는 9세 무렵(1984) 세 살 위 누나와 형제복지원에 강제 수용되었다가 1987년 형제복지원이 폐쇄되면서 퇴소했다.

한종선의 책은 형제복지원 사건이 한국사회에 다시 부각되는 데에 크게 기여했다. 이 책의 출간을 계기로 형제복지원 사건을 다룬 TV 프로그램들이 방영되었고, '형제복지원 사건 진실규명'을 위해 탈시설정책위원회와 장애와인권발바닥행동 등의 단체가 중심이 된 '형제복지원 사건 진실규명을 위한 대책위원회'(이하 형제복지원대책위)가 2013년에 구성되어 관련 자료를 수집하고, 증언대회와 토론회 등을 조직했다. 형제복지원대책위는 특히 수용자들의 구술을 수집하는 일에 집중했다. 당시 상황을 파악할 수 있는 문헌 자료가 적었기 때문이다. 국가의 법적 책임을 요구하기 위해서라도 피해당사자의 증언을 수집하는 일이 중요했다. 이 장에서 활용한 구술자료 대다수는 그 과정에서 수집되었다.

2013년 10월 10일에 열렸던 '87년 부산 〈형제복지원〉 사건, 피해자 증언대회'에서 18명의 구술 기록이 발표되었다. 이 기록은 최초의 구술 발표라는 점에서 큰 의미가 있으나 증언의 성격을 띤 것이라 A4지 평균 5~6매로 그리 길지 않다. 이후 국사편찬위원회 구술자료수집사업의 지원을 받아 주윤정이 2014년에 수집한 5명의 구술 기록이 있다. 이 기록은 생애사 자료로 볼 수 있을 만큼 상세하다. 같은 해에 신문 〈한겨레〉는 구술자 23의 생애사를 9회에 걸쳐 실었다. 2015년에는 2013년 '형제복지원 피해생존자 실태조사'에 참여한 사람들 중 일부가 형제복지원 수용자의 구술 기록을 묶어서 『숫자가 된 사람들: 형제복지원 피해생존자 구술기록집』을 출간했다. 여기에 11명의 구술 기록이 담겨 있다. 분량이 그리 길지 않고 구술 내용이 일부 편집되었으나 기존 자료에 포함되지 않았던 이들의 생애 이력 일부를 확인할 수 있다. 최근에 나온 자료는 2017년에 국사편찬위원회 구술자료수집사업의 지원을 받아 곽귀병·김은지·김일환·김재형·류연미·주윤정이 수집한 5명의 구술 기록이다. 이 기록 또한 2014년에 수집된 국사편찬위원회 구술자료와 같이 정보가 상세하다.

지금까지 소개한 자료에서 확인한 구술 기록은 총 42건이다. 이것은 동일인의 구술이 여러 지면에 소개된 경우를 포함한다. 중복을 제외하면 구술자는 총 31명이다(표 1).[2] 이들의 구술 기록이 이 장에서 검토한 자료다. 개인 정보를 보호하기 위해 구술자는 번호로 표기했다.

구술 기록을 읽을 때 기록 수집 맥락을 고려했다. 구술 대부분이 형제복지원에서 입은 피해를 증언하는 맥락에서 수집되었다. 따라서 구술의 초점은 시설에서 입은 피해에 맞추어졌고, 입소 전과 퇴소 후의 삶은 많은 경우 도식화된 틀에 따라 요약되거나 생략되었다. 흩어져 있는 정보를 수합해 형제복지원 수용 이전과 이후의 생애 이력을 최대한 구성하고자 애썼으나 정확하지 않을 수 있다. 자료의 대표성도 고려해야 한다. 형제복지원을 거쳐 간 많은 사람들 중에 구술한 이들은 극소수다. 이들이 형제복지원 생활과 수용자들의 생애를 어느 정도 대표하는지 확인할 길은 없다. 그나마 살아남은 사람들로도, 그만큼 살아남기 어려웠던 사람들로도 볼 수 있다. 부랑인이 아닌데 잡혀 들어갔다는 암묵적으로 기대되는 피해자상에 부합하는 이들이 과대 대표되어 있을 수도 있다. 그러나 적어도 형제복지원 경험을 중요한 생애 사건으로 여긴다는 점에서는 같다.

이러한 한계에도 불구하고 형제복지원과 같은 수용시설에 들어가기까지 맥락과 시설 생활, 그리고 퇴소 이후의 생애 이력을 볼 수 있는 자료는 흔치 않다. 특히 같은 곳을 거쳐 간 다수의 이야기를 볼 수 있는 기회는 극히 드물다. 형제복지원이라는 시설 자체가 사건으로 등장하면서 수용자들의 이야기를 한 곳에 모은 덕분에 이들의 생애 이력에서 나타나는 공통점과 차이점을 확인할 수 있게 되었다.

표 1. 구술자 명단(입소 연도 순)

번호	성별	출생 연도	입소 연도	입소 계기	퇴소 연도	퇴소 계기	수록 지면*						
							1	2	3	4	5	6	7
1	남	1953	1969	시설	1979	탈출				○		○	
2	남	1960	1970	시설	1978	가족						○	
3	남	1962	1970	시설	1987	폐쇄			○				
4	남	1968	1972	시설	1987	폐쇄				○		○	
5	남	1969	1975	시설	1985	탈출			○	○			
6	남	1963	1976	시설	1981	탈출						○	
7	남	1960	1978	경찰	1978	가족			○				
8	남	1965	1978	경찰	1984	가족							○
9	여	1971	1980	경찰	1986	탈출						○	○
10	남	1967	1981	경찰	1982	퇴소			○				
11	남	1969	1981	경찰	1985	가족							○
12	남	1970	1981	이송	1985	탈출			○				
13	남	1963	1981	경찰	1987	탈출			○			○	
14	남	1954	1982	시설	1982	가족	○		○				
15	남	1961	1982	시설	1983	가족			○				
16	남	1969	1982	경찰	1986	가족						○	○
17	여	1973	1982	경찰	1987	폐쇄			○				
18	남	1971	1982	시설	1987	폐쇄						○	
19	남	1971	1982	시설	1987	폐쇄			○				
20	남	1976	1982	시설	1987	폐쇄			○				
21	남	1969	1982	신고	1987	폐쇄							○
22	여	1976	1983	경찰	1987	폐쇄						○	
23	남	1971	1984	경찰	1986	가족			○	○	○		
24	남	1971	1984	시설	1986	폐쇄			○				
25	남	1972	1984	신고	1987	폐쇄						○	
26	여	1974	1984	신고	1987	폐쇄			○				
27	남	1976	1984	신고	1987	폐쇄		○	○	○			
28	남	1971	1985	시설	1987	폐쇄						○	
29	남	1975	1985	신고	1987	폐쇄			○				
30	남	1974	1986	경찰	1987	가족			○				
31	남	1947	1986	시설	1987	폐쇄			○				

*: 1. 『형제복지원』(김영욱 1988), 2. 『살아남은 아이』(한종선 외 2012), 3. 피해자 증언대회 자료집(형제복지원대책위 2013), 4. 국사편찬위원회 구술자료(2014), 5. 한겨레 신문(2014), 6. 『숫자가 된 사람들』(형제복지원구술프로젝트 2015), 7. 국사편찬위원회 구술자료(2017).

표 2. 입소 시기(연도와 연령) (단위: 명)

입소 시기*	10세 이하	11~13세	14~16세	17~19세	20세 이상	합계
1969~1971년(형제육아원)	1	1		1		3
1972~1975년(형제원 1기)	2					2
1976~1979년(형제원 2기)			2		1	3
1980~1986년(형제복지원)	3	7	9		4	23
합계	6	8	11	1	5	31

*: 시설의 성격과 규모, 위치 변화에 근거해 시기를 구분했다(이 책의 4장 참조).

입소 시기로 보면 수용자 31명의 절반이 1980년대 초중반에 10대 초중반의 나이로 들어갔다. 출생연도로는 1960년대 후반에서 1970년대 초반에 태어난 이들이다. 그러나 1969년 형제육아원이었던 시절에 들어간 사람도 3명 있으며, 10세 이하일 때 입소한 이들도 6명 있다.[3]

10대 초중반에 입소한 이들은 형제복지원에서 대개 4~6년을 머물렀다. 상대적으로 이른 나이에 형제복지원에 입소한 이들이 더 오래 머무른 경향이 있지만 입소 당시 연령과 입소 기간이 부적 상관관계를 맺고 있다고 단정하기는 어렵다. 다수(17명)가 시설 폐쇄로 나왔기 때문이다.

종합하면, 구술자들은 10세 전후부터 10대 중후반까지 5년 내외를 형제복지원에서 보냈다. 중학교를 마칠 나이인 16세 이후에 입소한 이들은 6명밖에 되지 않는다. 10대 초중반은 일반적으로 학생 역할을 수행하는 시기로, 삶의 이력을 규정하는 결정적인 시기다. 이 시기에 이들은 형제복지원에 있었다.

이행하지 못하는 삶 이들의 생애는 크게 세 국면으로 구분된

표 3. 입소 당시 연령과 입소 기간

입소 당시 연령	입소 기간*				합계
	1년 미만	1~3년	4~6년	7년 이상	
10세 이하			3	3	6
11~13세		1	6	1	8
14~16세	1	5	5		11
17~19세				1	1
20세 이상	2	2	1		5
합계	3	8	15	5	31

*: 몇 차례 드나든 경우 시설에 있었던 기간을 합쳐서 산출했다.

다. '입소 전'과 '입소', '퇴소 후'다. 생애 유형을 나누는 것은 각 국면에서 맺은 관계망의 성격이다. 관계(망)는 각자가 시설에 입소하기 이전과 퇴소한 이후에 사회에 있던 자리를 드러내고, 그런 점에서 세 국면을 연결하는 고리가 된다. 입소 전 관계는 5가지(부모, 아버지, 조부모(친척), 고아원, 기타)로 구분했다. 퇴소 후 관계는 결혼 여부로 구분했다.

입소까지

형제복지원 입소까지의 생애에서 공통점은 유년기 가족 관계의 불안정 또는 부재다. 형제복지원 입소 전에 조부모나 큰아버지 등 친인척을 포함한 '가족 관계'가 살아 있었던 이들은 31명 중 17명이다. 8명은 고아원 등 '시설'에 있었다. 나머지 6명은 '기타'로 분류된다. 입양되어 양부모와 있었거나 홀어머니 사망 후 출가해 있었거나 부모로부터 독립해 가정을 꾸리고 있었던 등 독립 범주로 분류하기 어려운 경우들이다.

가족 관계가 살아 있었던 17명 중 부모와 함께 살았던 이는 3명(구술자 20, 구술자 7, 구술자 30)이다. 이 중 구술자 30[4]을 제외한 2명의 입소 경위는 납치에 가까웠다. 부산 시내를 돌아다니다가 탑차에 태워져 형제복지원으로 바로 끌려왔거나(구술자 20), 부산에 친구와 놀러왔다가 역 대합실에서 잡혀가 파출소를 거쳐 형제복지원에 수용되었다(구술자 7). 당시 18세였던 구술자 7을 제외하면 10세 내외일 때였다.

나머지는 어머니 사망이나 부모 이혼 후 아버지와 살았거나(11명) 조부모(2명)나 큰아버지(1명)와 생활했다. 아버지와 사는 경우, 아버지가 재혼하기도 했는데, 재혼 후 불편감으로 집을 나왔거나(구술자 23) 아버지의 폭력으로 집을 나오기도 했다(구술자 18, 구술자 28). 부산에서 태어난 구술자 23은 어머니가 사망하고 아버지가 재혼하자 가출했다. 1984년, 14세 무렵이었다. 이후 그는 신문팔이, 껌팔이, 구두닦이 등을 하면서 지냈는데, 어느 날 용두산공원에서 자다가 형제복지원 차량에 실렸다. 포항에서 살던 구술자 18은 부모 이혼 후 아버지의 폭력으로 집을 나와 부산에서 한 달 정도 배회하다 형제복지원에 끌려갔다. 제주에서 살던 구술자 28도 아버지의 폭력을 견디던 와중에 의붓어머니의 가출을 계기로 친어머니를 찾아 부산에 왔다. 노숙생활을 하던 중 고아원으로 갔고, 곧 고아원에서 도망쳐 나왔으나 부산역에서 형제복지원에 끌려갔다. 구술자 11과 같이 의붓어머니의 구박으로 집을 나온 경우도 있었다. 그는 부산역 근처에서 배회하다 경찰서에 끌려갔고 부산시청 사회복지과를 거쳐 형제복지원에 입소했다.

평소 폭력을 행사하던 아버지가 급기야 자식을 파출소에 '신고'해 복지원으로 이송된 경우(구술자 25, 구술자 27, 구술자 26)도 있다. 구술자 25는 어린 시절 어머니의 가출로 아버지와 살았다. 의상실을 운영하던 아버지에게 식사를 배달했던 그는 아버지의 일상적인 폭력에 시달렸고, 처음으로 폭력에 저항한 10세 무렵부터 가출을 반복했다. 그러던 중 아버지에게 이끌려 파출소로 갔다. 구술자 27도 어머니에 대한 기억은 없고,

구두닦이를 했던 아버지와 누나 둘에 대한 기억만 있다. 아버지는 술을 자주 마셨고, 술 마시고 들어오는 날이면 구술자 27을 자주 때렸다. 그럴 때면 그는 작은누나(구술자 26)와 파출소로 피신하곤 했는데, 어느 날 아버지의 신고로 그 파출소에 인계되어 형제복지원으로 이송되었다.

또 다른 유형은 가출이라고 볼 수는 없지만 어린 나이에 감행한 장거리 이동 중에 잡혀간 경우(구술자 8, 구술자 9)다. 친구와 함께 서울행 기차를 탄 구술자 8은 용산역에서 경찰에 이끌려 파출소로 갔다. 밤 9시 무렵이었다. 파출소에서 인적 사항을 얘기했지만 결국 서울 소년의집으로 이송되었고, 그곳에서 3년 동안 생활했다. 이후 집에 보내주겠다는 말을 듣고 버스를 탔지만 형제복지원으로 이송되었다. 진주 문산에서 태어난 구술자 9는 아버지와 의붓어머니 밑에서 오빠 둘과 함께 초등학교 1학년을 마칠 때까지 생활했다. 아버지의 제안으로 2학년을 시작할 무렵부터 절에서 지냈다. 절에서 지내며 2학년을 마치고 난 방학에 집에 왔고, 그때 의붓어머니로부터 부산에 사는 오빠에게 가 있으라는 얘기를 들었다. 그 길로 진주에서 부산행 기차를 탔다. 그러나 부산역에 마중 나와 있겠다는 오빠는 없었고, 파출소를 거쳐 결국 형제복지원으로 이송되었다. 상황은 조금 달랐지만 구술자 28도 어린 나이에 사실상 무작정 부산으로 왔다가 고아원을 거쳐 형제복지원에 입소하게 된 경우다.

마지막으로 조부모 집(구술자 16, 구술자 22)이나 큰아버지 집(구술자 24)에 있던 상황에서 잡혀간 경우다. 먼저 구술자 16이다. 부모 이혼 후 아버지는 동생을 데리고 서울로 떠났고, 구술자 16은 부산에서 조부모와 삼촌과 함께 살았다. 1982년 3~4월 개금중학교 교복을 입고 귀가하던 그를 개금파출소 순경이 잡았다. 그리고는 가방을 뒤져 나온 빵을 보면서 어디서 훔쳤냐며 추궁하고 형제복지원 차량에 태워 입소시켰다. 구술자 22는 7세였던 1983년에 어머니에게 가기 위해 5세 동생과 서울에서 대전으로 가는 기차를 탔다가 부산에 내렸다. 부산역에서 역무원에 이끌려 파출소에 갔고, 그 길로 동생과 함께 형제복지원에 갔다. 서울에서 태어난 구술자 24는 어린 시절 제주도로 이사 왔다. 어머니는 기억하지 못하고 아버지는 초등학교 4학년 때 사망했다. 아버지 사망 이후 제주도에 있는 큰아버지 집에서 생활하다 집을 나와 형이 있는 부산으로 왔다. 14세 무렵이었다. 부산에서 형을 만나지 못하고 형제복지원에 끌려갔다.

나머지 8명은 고아원(아동보호소, 보육원 등 포함)에 있었다.[5] 구술자 13은 "미아로 발견되어 진영 진수원-김해 방주원-거제 임마누엘 보육원을 거쳐, 12세 전후부터 숙식을 제공받는 대가로 시골 농가의 농사일이나 허드렛일을 하며 남의집살이로 약 3~4년간 보냈고, 18세를 전후하여 부산 형제복지원에 처음 입소했다." 1981년 무렵이었다. 구술자 6은 1963년 서울에서 태어나 형과 함께, 또는 홀로, 대전 시립아동보호소와 천안 신생보육원, 서울 소년의집 등 고아원에서 생활했다. 그 사이에 옥천에서 2년간 머슴살이를 하기도 했다. 어느 날 형을 찾기 위해 서울 소년의집에서 도망쳐 도둑 기차를 타고 내린 곳이 부산역이었다. 16세 무렵(1978)이었다. "아직도 생생해요. 부산역 대합실을 빠져나오자마자 두 사람이 나를 붙잡아서 단속차에 태웠어요. 아무런 절차도 없었어요." 이들 사례는 어린 시절 부모와 떨어진 이들의 입소 경위를 잘 보여준다. 여러 고아 시설을 전전하다가, 그 사이에 농촌에서 허드렛일을 도우면서 숙식을 해결하거나 부산에서 앵벌이로 생계를 유지하다가, 경찰이나 형제복지원 관계자에게 잡혀 입소하는 경로다.

정리하면, 입소 계기는 크게 네 가지다. 경찰을 통해 복지원에 인계된 경우(11명), 형제복지원 관계자가 직접 끌고 간 경우(14명), 신고로 경찰을 매개로 형제복지원에 끌려간 경우(5명), 고아원에서 바로 이송된 경우(1명)다.

표 4. 입소 전 관계와 입소 계기

입소 전 관계	입소 계기				합계
	시설	경찰	신고	이송	
아버지	3	5	3		11
고아원	6	1		1	8
기타	3	1	2		6
조부모(친척)	1	2			3
부모	1	2			3
합계	14	11	5	1	31

입소 계기는 입소 전 관계와 일정한 연관이 있다(표 4). 아버지와만 연결되어 있던 이들은 경찰에 의해 인계된 경우가 가장 많고, 아버지의 신고로 입소하게 된 경우도 있다. 부모나 조부모(친척)와 연결되어 있던 이들도 경찰에 의해 인계된 경우가 많다. 반면 고아원에서 나왔다 잡혀 들어간 이들은 대개 형제복지원에서 나온 차량에 바로 태워졌다. 아마도 형제복지원이 직접 잡아갔던 대상은 고아원 출신 등 잡아가도 나중에 문제가 될 가능성이 낮은 이들이었을 수 있다.

이와 같은 세부적인 차이에도 불구하고, 형제복지원에 끌려갔던 이들은 대개 관계망이 구조적으로 취약한 상황에 놓여 있었다. 구술자 14와 같이 맥락을 찾기 어려운 경우도 있지만, 많은 경우 가족 관계가 취약했거나 없었다. 이들을 사회에서 잡아줄 끈은 없거나 약했다. 그랬기 때문에 쉽사리 뽑혀나갈 수 있었다. 이들의 생애는 1970~1980년대에 가정이 불안정할 때 아이가 얼마나 쉽게 뿌리 뽑힐 수 있었는지를 보여준다. 그런 아이들이 뿌리 뽑히지 않게 잡아주는 사회적 지지망은 없었고, 그렇게 뿌리 뽑힌 아이들을 활용하려는 연결망만 있었다.

퇴소까지

입소한 이들은 짧게는 15일(구술자 14)에서 길게는 17년(구술자 3)간 시설에서 생활했다. 1~3년을 머물렀던 이들이 8명이고, 4~6년을 머물렀던 이들이 15명이다. 7년 이상을 보낸 이들도 5명이다(표 5).

퇴소 계기는 네 가지로 구분된다. 퇴소 계기를 확인할 수 없었던 1명(구술자 13)을 제외한 30명 가운데 사례 수가 가장 많은 계기(14명)는 '폐쇄'다. 이들에게는 퇴소도 갑작스럽게 찾아왔다. 1987년 1월 검찰 조사에서 촉발된 보건사회부와 부산시의 일련의 조치에 따라 같은 해 2월부터 6월에 걸쳐 원생 대부분이 퇴소했는데, 이 무렵 나온 경우다. 다음으로는 '가족 방문'에 따른 퇴소다(9명). 가족이 찾아와 문의해도 형제복지원에서 정보를 주지 않아 되돌아갔다는 구술[6]도 있지만, 9명은 가족이 찾아와 퇴소했다고 말했다. 나머지 6명은 '탈출'했으며, 한 사람은 사무장의 추천으로 '퇴소'했다(표 6).

먼저 폐쇄로 나온 이들이 많은 것은 이해할 만하다. 들어가면 나오기 힘든 곳이었기 때문이기도 하고, 밖에서 이들을 끄집어내줄 관계도 미약하거나 없었기 때문이다. 이런 맥락에서 수용자 다수는 나올 생각 자체를 쉽게 하지 못했다. 형제복지원이 폐쇄되면서 수용자들은 버스에 실려 전국의 시설로 보내졌다. 부산 시내가 혼란스러워질 것을 우려했기 때문이다. 여러 구술을 종합하면 입소 전 주소지나 퇴소 당시의 나이 등에 따라 갈 곳이 정해졌던 것으로 보이지만, 분류 기준이나 퇴소 과정이 체계적이었던 것 같지는 않다.[7]

다음으로 가족 방문에 따른 퇴소다. 이 경우는 주목할 만하다. 형제복지원을 폐쇄적인 감금 시설로 단순하게 규정할 수 없게 하는 사례이기 때문이다. 먼저 형제복지원에 수용된 지 얼마 되지 않아 가족이 찾아와 퇴소한 경우가 있다. 친구와 고등학교 졸업여행 차 온 부산에서 잡혀

표 5. 입소 전 관계와 입소 기간

입소 전 관계	입소 기간				합계
	1년 미만	1~3년	4~6년	7년 이상	
아버지		3	7	1	11
고아원			4	4	8
기타	1	4	1		6
조부모(친척)		1	2		3
부모	2		1		3
합계	3	8	15	5	31

표 6. 입소 전 관계와 퇴소 계기

입소 전 관계	퇴소 계기					합계
	폐쇄	가족 방문	탈출	퇴소	미상	
아버지	6	4	1			11
고아원	3		4		1	8
기타	3	2		1		6
조부모(친척)	1	1	1			3
부모	1	2				3
합계	14	9	6	1	1	31

간 구술자 7은 아버지 방문으로 2개월 만에 형제복지원에서 나왔다. 그는 입소 후 자신이 집에 보낸 편지를 아버지가 보고 온 것이라 짐작했다. 광주에 살다 가출한 후 부산에 왔다가 싸움에 휘말려 파출소로 이송되고 형제복지원으로 간 구술자 30은 형제복지원에서 보낸 통지문을 본 아버지가 찾아와 6개월 만에 나왔다. 구술자 14도 복지원에서 보낸 통지문을 받은 아내가 찾아와 2주 만에 퇴소했다. 이들 3명은 입소 당시 상대적으로 탄탄했던 가족 관계에 힘입어 나올 수 있었다. 그 결과 입소 기간이

최대 6개월로 짧다.

나머지 6명은 어떤 상황이었을까? 1981년 부산에 와서 구두닦이로 지내다 20세가 되던 1982년에 술을 마시고 벤치에서 자다가 입소한 구술자 15는 약 1년 후 형의 방문으로 퇴소했다. 그는 가족이 자신이 있는 곳을 알고 있고 또 찾아올 것이라고 생각해 비교적 느긋한 마음으로 생활했다. 가출 후 부산 일대를 떠돌다가 형제복지원에 잡혀간 구술자 23은 아버지와 할아버지의 방문으로 2년 만에 퇴소했다. "왜 2년 만에 찾아왔는가"라는 면담자의 질문에 구술자 23은 "그러니까 2년 있었으니까 인간이 안 됐겄나. 그래갖고 온 것 같아"라고 답했다. 의붓어머니의 구박으로 가출한 후 형제복지원에 끌려간 구술자 11은 작은아버지의 방문으로 약 4년 만에 퇴소했다. 그런데 당시 함양에 살고 있었던 작은아버지는 방문 직전에야 형제복지원에서 온 서신을 받았다고 한다. 구술자 16은 그가 입소한 지 5년이 지났을 무렵 아버지가 자신과 뒤이어 입소한 동생을 찾으러 형제복지원에 방문했다. 왜 5년이나 지나서 아버지가 방문했는가에 대해 그는, 어떤 사건을 계기로 형제복지원에 대한 아버지의 인식이 바뀌어 자식들의 안전을 우려해서 왔을 것이라고 짐작할 뿐, 늦은 방문 시점을 여전히 납득하지 못하고 있었다. 어머니 사망 후 서울에 사는 누나를 만나기 위해 상경했다가 서울 소년의집을 거쳐 형제복지원에 오게 된 구술자 8은 형제복지원에서 가까워진 목사의 도움으로 근처 친척집을 직접 찾아가 상황을 알렸고, 그것을 계기로 형과 누나가 방문해 퇴소했다. 근 6년 만이었다. 1970년 11세 무렵에 입소한 구술자 2는 형제복지원 내에 설치되어 있었던 직업보도소에서 만난 "사회인"을 통해 가족과 연락이 닿아 작은아버지와 사촌형, 큰누나의 방문으로 나올 수 있었다. 7~8년 만이었다. 가족 방문을 계기로 퇴소한 이들이 꽤 많다는 것에서 우리는 형제복지원의 대범함을 떠올릴 수 있지만, 뒤집어 생

각하면, 가족의 뒤늦은 방문과 소극적인 대응은 그만큼 가족 관계가 탄탄하지 못했음을 보여준다.[8]

한편 탈출한 이들은 6명(구술자 5, 구술자 6, 구술자 12, 구술자 1, 구술자 9, 구술자 24)인데, 구술자 9와 구술자 24를 제외한 4명은 형제복지원에 오기 전에 소년의집 등의 고아원에서 생활했다. 이들의 공통점은 고아원에서도, 형제복지원에서도 탈출과 입소를 반복했다는 것이다. 사실상 고아로 지내면서 시설 입·퇴소를 반복했기에 시설에 드나드는 것에 대한 심리적 벽이 상대적으로 낮았고, 그것이 탈출 시도의 배경이지 않았을까 짐작한다. 구술자 6은 탈출 경위를 구체적으로 묘사한다. 17세 무렵이던 1979년경 그는 같은 소대원 8명과 함께 쇠창살을 쇠톱으로 조금씩 자른 후 어느 날 새벽에 탈출했다. 1차 탈출 시도였다. 주례산을 넘어 사상역으로 가는 도중에 잡혀 돌아온 그는 1980년 여름에 같은 방식으로 쇠창살을 잘랐고, 그 틈으로 10명이 함께 탈출했다. 처음 입소한 지 5년이 되어가던 무렵이었다. 1차 시도 때와 달리, 갈 곳이 있었다. 곧 철수를 앞둔 형제복지원 입주 기업(이쑤시개 공장) 사장이 알려준 주소지에서 2개월가량 숨어 지냈고, 6개월이 될 무렵 조금씩 움직였다. 그러나 시장에 갔던 일행 1명이 잡히면서 나머지 9명은 급히 서울로 도망쳤다. 구술자 9도 입소 6년째가 되던 1986년 무렵 쇠창살을 쇠톱으로 잘라 일부 소대원들과 함께 탈출했다. 구술자 24도 2년 만인 1986년 무렵 담을 넘어 집단 탈출했다. 구술자 5도 비슷한 방식으로 담을 넘어 탈출했다. 구술자 1은 1979년 어느 날 불침번을 서다가 혼자 산으로 도망쳐 탈출했다.[9]

정리하는 차원에서 입소 전 관계와 입소 기간, 그리고 퇴소 계기의 관계를 살펴보자. 사례 수가 적어 일반화하기는 어렵지만 눈에 띄는 점이 몇 가지 있다.

먼저 〈표 5〉로 정리한 것처럼 입소 전 관계와 입소 기간은 일정한 관계가 있어 보인다. 고아원 출신은 상대적으로 오랜 기간 머물렀고, 부모와 있었던 이들은 입소 기간이 길지 않다. 그 사이에 아버지나 조부모와 관계가 있었던 이들이 있다.

흥미로운 것은 입소 전 관계와 퇴소 계기의 상관 관계다(표 6). 부모가 있었던 이들 3명 중 2명은 가족이 곧 찾아왔다. 나머지 1명은 다소 특별한 경우(구술자 20)로, 양재공장에 드나드는 이를 통해 부모에게 연락을 했으나 "너는 아직 정신을 못 차렸다"고 하면서 오지 않았다. 반면 아버지와의 관계만 있었던 이들은 대부분 폐쇄될 때까지 머물렀다. 흥미로운 것은 고아원 출신인데, 이들은 앞에서도 언급했듯이 탈출하는 경우가 많았다. 그렇지만 퇴소 계기가 이후 삶의 경로에 직접적인 영향을 미치지는 않았다. 가족 방문으로 나왔더라도 보통은 그 관계가 유지되지 않았기 때문이다.

퇴소, 그 후

퇴소 후에는 어떤 삶을 살았을까? 구술 대다수가 형제복지원 입소 경위와 입소 생활에 집중되어 퇴소 이후 이력을 재구성하기는 쉽지 않다. 그럼에도 네 유형으로 묶어볼 수 있다. 일차적으로는 가족 관계와 연결된 경우와 그렇지 않은 경우로 나뉜다. 가족 관계와 연결된 경우는 그 관계가 지속된 경우와 바로 끊어진 경우로 나뉜다. 탈출이나 폐쇄로 형제복지원에서 나온 이들은 형제복지원에서 맺은 관계가 이어진 경우와 그마저도 없는 경우로 나뉜다.

앞에서 아버지, 또는 아내의 방문으로 입소한 지 얼마 되지 않아 나온 사례(구술자 7, 구술자 30, 구술자 14)를 소개했다. 구술자 7은 2개월 만에 나와 19세에 해군에 입대해 6년을 복무했다. 해군 복무 이후 이력은 확인할 수 없지만 고등학교를 졸업하고 이후 직장생활을 했다는 점에서 일반적인 생애 경로로 복귀했다고 볼 수 있다. 14세에 들어가 6개월 만에 나온 구술자 30은 퇴소 후 중학교로 돌아갔다. 이후 생애 이력을 정확히 알 수 없지만, 구술에 따르면 그는 학교 졸업 후 부산 대우조선에서 10년간 일했고, 결혼을 하고 아이를 낳았다. 30세 무렵에 들어가 2주간 있었던 구술자 14 역시 자신의 입소 사실을 믿지 않았던 아버지에 대한 반항으로 3여 년간 가출 생활을 하는 등 우여곡절을 겪었지만 결국에는 돌아와 아내, 자식과 함께 생활했다. 결국 이들은 가족 관계의 안정성을 바탕으로 짧은 공백을 메웠다.

가족 방문으로 퇴소한 다른 6명은 어떤 삶을 살았을까? 구술자 11과 구술자 8은 가족 관계를 통해 생계 수단을 확보했다. 10세 무렵 들어가 15세 무렵에 작은아버지의 방문을 계기로 퇴소한 구술자 11은 작은아버지 집에서 4개월가량 지냈다. 아버지는 사망한 뒤였다. 이혼한 어머니를 찾아 상경했으나 특별한 관계를 맺지 못하고 그때부터 서울에서 홀로 생활했다. 처음에는 천호동에 있는 공장에서 일하다가 세탁소 배달, 가스 배달 등의 일을 전전한 그는 약 5년의 낯선 서울생활을 접고 1990년 무렵 부산에 내려와 가스 배달 일을 했다. 이때 아내를 만나 결혼하고, 약 20년간 덤프트럭을 몰았다. 14세 무렵 입소해 1980년대 중반 20세 무렵에 퇴소한 구술자 8도 비슷한 이력을 밟았다. 그가 퇴소했을 때 아버지는 돌아가신 뒤였다. 부산의 누나 집에서 1년 정도 지내다 누나 친구의 트럭을 운전했다. 그러던 도중 누나 집을 방문한 "형님"의 권고로 택시 운전을 배우기 위해 대구로 갔다. 바로 택시를 운전하지는 못했다. 오토바이 가스 배달을 4~5년 하다가 그 형님의 사망을 계기로 택시 운전을 시작했다. 얼마 지나지 않아 결혼했고 아이를 낳았다. 그는 지금도 택시 운전을 한다. 이 둘은 그나마 가족 관계를 통해 자리를 잡았다.

나머지 4명에게 가족 관계는 힘이 되지 못했다. 구술자 15는 현재

혼자 산다는 것 외에 정보가 없다. 1984년 14세 무렵 입소해 1987년 17세 무렵에 아버지의 방문으로 퇴소한 구술자 23은 심장이 좋지 않아 수술을 받았다. 이유를 확인할 수 없지만 퇴원 후 가출해 공원 근처에서 생활했다. 그러던 중 가끔 가는 식당 주방장의 소개로 봉고차를 탔고, 1년간 섬에 갇혀 일했다. 이후 부산, 목포 등지에서 배를 탔고, 뱃일을 그만 두고는 이런저런 일을 하면서 생계를 꾸렸다. 지금은 혼자 생활한다. 1980년대 초 15세 무렵에 들어가 4년을 생활한 구술자 16은 아버지의 방문으로 퇴소했다. 퇴소 후에는 입소 전과 마찬가지로 조부모집에서 생활했다. 그러면서 형제복지원에서 퇴소한 이들과 어울리며 "조금 방탕한 생활"을 했다. 집에서 나와 거리를 떠돌아다녔고, 알코올중독 증세도 있었으며, 폭행, 절도 등의 혐의로 교도소에도 수차례 드나들었다. 그러나 형제복지원에 있다가 함께 나왔던 친동생이 2009년에 자살한 것을 계기로 "철이 들었"다. 현재는 몸이 좋지 않아 기초생활수급비로 생활한다. 11세 무렵에 들어가 8년 가까이 형제복지원에서 생활하다 작은아버지의 방문으로 퇴소한 구술자 2도 상황은 비슷하다. 이종사촌형의 소개로 ○○상사에 취직했지만 사고를 겪었고, 그 책임을 두고 친척들 간에 다툼이 생겨 집을 나와 상경했다. 서울에서는 주로 공사현장에서 목수계통의 일을 하면서 생활했으나 7년 전부터 류머티즘이 발병해 일하지 못하고 현재는 기초생활수급비로 생활한다.

'폐쇄'로 나온 이들의 이력은 어떠했을까? 이들에게 퇴소는 갑작스럽게 찾아왔고, 상당수는 다른 시설로 이송되었다. 구술자 19와 구술자 4는 마리아수녀회 갱생원(서울, 현 '은평의마을')으로 이송되었고, 구술자 18, 구술자 28, 구술자 20, 구술자 25, 구술자 27은 소년의집(서울, 부산)으로, 구술자 22는 남광아동복지원(부산)으로, 구술자 17은 새들원(부산)으로, 구술자 29는 희락원(부산)으로 이송되었다. 뚜렷한 기준은 확인할 수 없지만 초등학교를 다닐 나이였던 사람은 서울 소년의집에, 중고등학교를 다닐 나이였던 사람은 부산 소년의집에, 그 이상 나이인 사람들은 여러 갱생원에 보내졌던 것으로 보인다(그림 1과 그림 2 참조).[10] 소년의집에서 문제를 일으키면 갱생원으로 보내졌다는 구술(구술자 20, 구술자 27)도 있다.

많은 사람들이 소년의집을 "좋은 곳"으로 기억했다. 그러나 구술자 18을 제외하면 소년의집에서 고등학교까지 마친 이는 없다.[11] 시설에 대한 거부감 때문이었을 수도, 형제복지원 생활에서 비롯된 문화 차이나 편견 때문이었을 수도 있다. 결국 다수는 시설에서 도망쳐 서울이나 부산에서 일하면서 근근이 생계를 이어갔고, 일부는 여러 시설을 옮겨 다녔다. 일부는 소년원이나 교도소, 정신병원을 경험했다. 부산 소년의집을 거쳐 서울 소년의집으로 갔던 구술자 27은 소년의집에서 나와 여러 공장에서 생활하다 교도소에도 몇 차례 갔다. 서울 마리아수녀회 갱생원으로 이송된 구술자 4는 그곳을 탈출해 부산으로 와 형제복지원 출신들과 어울리면서 껌팔이, 신문팔이 등으로 생계를 유지했다. 그러던 중 정신병원으로 갔고, 이후 여러 정신병원을 전전했다.

형제복지원에 오기 전부터 시설에 있었던 사람들이야 그렇다고 쳐도 적어도 입소 전에 가족 관계가 살아 있었던 사람들은 집으로 돌아가지 않았을까? 그나마 의미 있는 관계가 있었던 이들은 시설이 폐쇄되기 이전에 나갔던 것으로 보인다. 다시 말해 폐쇄로 나온 이들은 가족 관계를 다시 갖기 어려웠다.[12]

형제복지원에서 탈출한 경우도 크게 다르지 않았다. 앞서 언급했지만 형제복지원에 오기 전부터 시설을 경험한 사람이 많았고, 그런 점에서 사회와 연결될 만한 분명한 관계가 없었다. 이들 역시 일정 기간 시설을 전전하다가 온갖 일을 하면서 생계를 유지했다.[13]

그림 1. 소년의집 개원식[왼쪽: 부산(1970. 4. 10), 오른쪽: 서울(1975. 2. 18)]

출처: https://storyfunding.daum.net/episode/11194, http://photoarchives.seoul.go.kr/

그림 2. 마리아수녀회 갱생원 개원식(1984. 5. 29)

출처: https://photoarchives.seoul.go.kr/

표 7. 입소 전 관계와 퇴소 후 관계

입소 전 관계	퇴소 후 관계					합계
	비혼	결혼	미상	비해당	동거	
아버지	5	6				11
고아원	7		1			8
기타	2		1	2	1	6
조부모(친척)	2		1			3
부모	1	1	1			3
합계	17	7	4	2	1	31

〈표 7〉은 결혼 여부로 구분한 퇴소 후 관계와 입소 전 관계의 연관성을 나타낸다. 결혼한 사람은 7명인데, 여성은 2명이다. 남성에 한정하면, 결혼한 이들은 입소 당시 아버지의 폭력이나 의붓어머니의 구박을 피해 가출한 후 경찰에 인계된 경우가 많다.[14] 일부는 가족의 방문으로 나왔고 일부는 시설이 폐쇄되면서 나왔지만, 퇴소 후 택시운전이나 트럭운전, 장사 등 생계유지 수단을 확보했다는 점이 공통된다. 또한 직간접적으로 가족이나 친척으로부터 도움을 얻었다는 점도 주목할 만하다. 물론 대개 학력을 요구하지 않는 일들이었고, 그런 일을 지속하는 데에도 비상한 노력이 필요했다.[15]

지금까지 형제복지원 입소, 형제복지원 퇴소, 형제복지원 퇴소 이후 국면으로 구분해 31명의 구술을 요약하고, 관계망의 성격 측면에서 각 사례를 유형화했다. 구술자 14와 같은 예외 사례가 있지만, 이들의 삶은 제대로 된 시간표가 없는 삶이었다. 가족 관계를 바탕으로 학교 관계, 직장 관계, 결혼 관계 등 관계망을 누적적으로 형성해갈 수 없었다. 형제복지원에 들어올 당시 절반 가까이는 가족이 없었다. 가족이 있던 이들 중에도 친부모와 살고 있던 경우는 3명에 불과했다. 형제복지원 입소로 그나마 있던 관계도 단절되었다. 형제복지원에서는 단절된 관계를 보완할 관계를 형성하기 어려웠다. 형제복지원에 초등학교 분교가 설치된 때는 1984년이었고, 야간중학교가 개설된 때는 1986년이었다.[16] 시설이 폐쇄되기 불과 몇 해 전이다. 구술에서 초등학교에 다녔다는 언급은 꽤 있지만, 퇴소 이후에 학교를 이어 다녔다는 언급은 가족 방문으로 퇴소한 일부 사람을 제외하고는 거의 없다. 학교를 보내줄 만한 관계가 없기도 했고, 생계 자체가 어려웠기 때문이다. 앞에서 소개한 구술자 18을 제외하면 시설에 간 이들도 이런저런 이유로 학교를 마치지 못했다. 그에 따라 노동시장으로의 이행도 순탄하지 않았다. 이 책의 5장이 보여주듯이 형제복지원이 제공했던 여러 직업훈련은 소수만 받을 수 있었고 그마저도 형식적이었다. 그 결과 대부분이 퇴소 이후 학력을 요구하지 않는 비공식 저임금 일자리를 전전했다.

그럼에도 생애 이력의 차이를 낳은 것은 입소 전 관계였던 것으로 보인다. 부모와 관계가 있었던 이들은 형제복지원에서 비교적 짧게 머물렀으며, 형제복지원 입소 이전에 고아원 등 시설에 있었던 이들은 오래 머물렀다. 퇴소 계기도 조금 달랐다. 가족 관계가 있던 이들 중 일부는 가족의 방문으로 나올 수 있었지만, 그런 관계가 없던 이들은 탈출이나 시설 폐쇄로 나왔다. 전체의 4분의 1에 불과하지만 퇴소 이후에 결혼한 이들도 입소 전에 가족 관계가 있던 이들이었다. 그렇지만 다시 일반화해 말하자면, 형제복지원에 수용되었던 이들에게 지금까지의 시간은 어떤 의미에서든 멈춰 있는 것이거나 불완전한 것이었다.

그렇다면 과연 이러한 라이프코스의 구조와 형제복지원 수용 경험이 어느 정도 관계가 있을지 묻게 된다. 형제복지원 수용은 분명 수용자들의 생애를 결정한 중요한 계기였다. 시설 수용은 이른바 정상적인 라이프코스로부터의 이탈을 의미한다. 교육, 노동, 가족 제도로 뒷받침되는 역할 이행의 고리가 끊어져버렸기 때문이다. 그러나 모든 것이 형제복지원 때문이라고 말하기는 조심스럽다. 그렇게 말하기에는 형제복지원 수용 이전에 이미 관계가 매우 허약했기 때문이다. 형제복지원의 영향력을 시설 일반의 특징으로 확대 해석할 때에도 예외 경우가 있다는 점을 염두에 둘 필요가 있다. 일부는 고아원을 통해 교육을 받고 노동시장에 나갈 수 있었기 때문이다. 여기서 말할 수 있는 것은 형제복지원 수용 경험과 생애 구조의 관계가 형제복지원 전후의 생애를 단절적인 것으로 보는 도식화된 스토리보다는 복잡하다는 것이다.

멈춰버린 시간

앞 절에서는 형제복지원 수용자들의 라이프코스 구조를 관계망의 구조 변화 측면에서 살펴보았다. 수용자들 간 차이를 기술했지만, 차이보다 더 뚜렷한 공통점은 관계망의 허약성과 단속(斷續)성이다. 이 절에서는 이들이 형제복지원 수용 경험을 스스로 어떻게 자리 매기는지 시간 의식 측면에서 살펴본다. 형제복지원 수용 경험과 전 생애의 관계가 실제로 어떠했는가와 관계없이 구술자 대부분은 수용 경험을 현재 삶을 규정한 핵심 요인으로 회상했다. 먼저 형제복지원에서의 시간이 어떤 성격이었는지 살펴보고, 생애사의 맥락에서 형제복지원 수용 경험이 어떤 의미였는지 살펴본다. 그 연장선상에서 진상규명운동에 수용자 자신들이 참여하는 것이 어떤 의미인지 해석한다.

형제복지원의 시간

구술자 대다수에게 형제복지원의 시간은 두 가지 측면에서 멈추어 있었다. 첫째는 무제한성이다. 우리가 보통 떠올리는 근대인의 라이프코스는 촘촘히 짜인 시간표대로, 단계별로 전개된다. 초등학교를 졸업하고 중학교에 들어가며, 고등학교를 졸업하고 대학에 가거나 취직한다. 전 단계를 제때 밟지 못하면 다음 단계로 넘어갈 수 없다. 특정 단계를 제때 밟아야 한다. 이러한 의미에서 현재는 미래의 전망에 비추어 의미를 갖고, 실제로 그 의미가 구현되려면 미래가 실현되어야 한다. 그 실현된 미래, 즉 현재에 비추어 과거가 사후적으로 의미를 갖는다. 이러한 의미에서 시간은 무한하지 않다. 정해진 시간 내에 특정한 역할로 이행해야 한다.

형제복지원에서 단계적 시간표는 의미를 잃는다. 대다수는 이곳에 왜 오게 되었는지조차 모른 채 입소했다. 어떻게 생활했기 때문에, 혹은 어떤 전 단계를 밟아서 여기에 왔다는 의식이 없었다. 형제복지원은 그 어떤 후속 단계를 위한 곳도 아니었다. 형제복지원이 밝힌 설립 목적이나 원장 연설 등에서 '사회 복귀'가 명분으로 강조되었지만,[17] 수용자 대다수는 그곳 생활의 의미를 알 수 없었다. 무엇보다 퇴소를 기대할 수 없었다.

> [면담자: 그 안에서 꿈이 있었어요? 여기서 어떻게 나가면 뭐 해야지.] 꿈이라는 게 없는 거죠. 언제 나갈지 모르고. 단지, 오늘만 편히 잠들 수 있으면, 오늘만 기합 안 받고 안 맞고 편히 잘 수 있으면, 아, 조금 더 자면 좋을 것을 …. –구술자 9

> 무자비한 폭력보다 더 무서운 게 있어요. 바로 이곳을 나갈 희망이 없다는 사실이에요. 사람들의 심신을 쇠약하게 만드는 것은 바로 기약 없음이죠. 그건 살아갈 이유를 잃는 것과 마찬가지잖아요. –구술자 6

형제복지원 입소는 한 개인의 삶에서 시간을 만들어갈 가능성을 앗아가버렸다. 그래도 끝나는 시점이 있는 교도소가 더 낫겠다고 말하곤 했다는 구술은 나갈 수 있다는 가능성 그 자체가 갖는 의미를 드러낸다.

둘째는 무차별성이다. 매일 똑같은 하루가 반복된다는 의미이기도 하고, 공적 시간과 사적 시간의 구별이 없다는 뜻이기도 하다. 시간표 밖의 시간은 과거도 미래도 없는 시간이다. 현재만 있는 시간이다. 이런 의미에서 시간은 단계적이지 않고 순환적이다. 따라서 매일 똑같은 일과가 반복된다. 그 결과 시간을 "때우는 것"이 중요한 일이 된다.

시간의 무의미성을 수용자들이 의식하지 못하도록 시설은 〈그림 3〉과 같이 나름대로 촘촘하게 짠 시간표를 제시하고, 그에 따라 수용자들

일과표 현황

제공 : 본부사무실

순서	시 간	일 과	비 고
1	06:00	기 상	
2	06:10~06:20	아침예배	교회 및 소대
3	06:20~06:30	일조점호	
4	06:30~07:00	각 자활사업 부서반장회	본부회의실
5	07:00~07:10	국기게양	
6	07:10~07:20	조기체조	운동장(전원참석)
7	07:20~07:30	간부회의(총무 부장 중대장 사무장)	본부 회의실
8	07:30~08:30	조 식	
9	08:30~11:30	오전일과	자활훈련장 신앙교육 외부취업장 교육장훈련장
10	11:30~13:00	중 식	
11	13:00~13:30	찬송가 교육	전원참여
12	13:30~18:00	오후일과	
13	15:00~15:30	간 식	빵, 콩국
14	17:00~	국기하기식	전원참여
15	17:00~18:00	석 식	
16	18:00~18:30	일석점호	
17	18:30~19:00	간부회의	소대장 부서반장
18	19:00~19:30	저녁예배	각 소대별
19	19:30~21:00	자유시간	TV시청 독서 오락
20	21:00~	취 침	

※ 수, 일요일은 교회에서 합동예배(유년부 청소년부 성인)
※ 매주 토요일은 내무사열 실시
※ 매주 월요일은 전체회의(전 이용자 교회에서 운영보고)
※ 매일 06:20분은 자활부서장 일일업무 회의
18:00 각소대장 일일회의 및 상호 업무보고

그림 3. 형제복지원의 일과표(1980년대 중반)

출처: 형제복지원재단, 2010, 『형제복지원운영자료집 1: 형제복지원 이렇게 운영되었다!』, 516쪽.

의 활동을 통제한다. 그러나 시간표의 실질적인 목적은 질서 유지 이상도 이하도 아니기에 시간표의 각 칸은 매우 단순한 활동의 반복으로 채워진다. 목적이 없는 시간이다. 그런 의미에서 시간표는 매우 철저한 것이면서도 매우 엉성한 것이다. 그 시간표로 채울 수 없는 시간의 공허함을 채운 것이 일상적인, 이 책의 6장이 강조한 "폭력 그 자체를 위한" 폭력이다.

이러한 상황은 수용자들로 하여금 미래를 생각하지 못하게 한다. "당장 오늘 안 맞고 좀 더 잘 수 있으면" 하는 생각으로 생활했다는 여러 사람들의 구술처럼 이러한 상황에서 수용자들이 현재만을 생각하는 것은 자연스러운 반응이다. 미래를 계획하는 것을 경멸해서가 아니라 그곳에서 생활하기 위해 꼭 필요하기 때문이다. 그렇지 않으면 미칠 수도 있다.

성공 가능성이 매우 희박하고 잡히면 죽을 수도 있는 매우 큰 위험을 감수해야 하는 탈출(시도)의 의미는 이런 맥락에서 이해할 수 있다. 세 차례 시도 만에 탈출에 성공한 구술자 6은 그 의미를 이렇게 묘사했다.

> 죽을 수도 있는데, 그런데도 사람들은 자꾸 도망을 쳤어요. 왜 그랬을까요. 이곳을 벗어나야겠다는 마음, 자유에 대한 그리움 같은 게 있었어요. 교도소는 출소할 기약이라도 있지만 형제원은 그것마저도 없었으니까. 인생을 이렇게 살 수는 없다고 생각했어요. 사회인으로 살고 싶었어요. 배우고 싶었고, 돈도 벌고 싶었고, 무엇보다 가족을 찾고 싶었어요. 가족을 찾아야 제대로 된 인간으로 살아갈 수 있다고 믿었거든요. -구술자 6

그러나 탈출은 아무나 시도할 수 있는 것도, 또 쉽게 성공할 수 있는 것도 아니었다. 탈출해 형제복지원을 나온 이들은 31명 가운데 6명이다. 6명 가운데 4명이 형제복지원에 오기 전에 고아원에서 생활했다.

생애의 시간

형제복지원 사건 진상규명을 위해 수집한 자료라는 맥락을 감안해야겠지만, 이들의 구술에서 형제복지원이 차지하는 위치는 절대적이다. 구술자들이 생애를 회고하는 방식과 자신의 생애에 의미를 부여하는 방식에서 형제복지원은 중심에 있다. 어떤 의미에서는 형제복지원 경험의 규정력이 너무도 커서 형제복지원에 입소한 순간부터 지금까지 시간이 멈춰 있다고 생각하는 이도 있다. 스스로를 과거와 미래에 연결시키는 방식을 시간 의식이라고 표현[18]한다면, 이들의 시간 의식은 끊임없이 과거로 회귀하는 경향을 보였다. "그때 형제복지원에 들어가지 않았다면"이라는 가정법으로 형제복지원 경험의 규정력을 강조하는 것이다.

형제복지원에서의 시간은 수용자들에게 일차적으로는 물리적·정신적 상흔을 남겼다. 근본적으로는 생애 전체를 무의미한 것으로 만들어 버렸다. 무의미성은 일반적으로 기대되는 사회적 역할을 수행하지 못한 것에서 비롯된다. 그것은 총체적 기관이 수행하는 "역할 박탈"[19] 기능의 결과다. 시설에 입소하면서 과거의 역할이 박탈되는데, 그것은 퇴소 이후에도 회복될 수 없는 단절을 낳는다.

이 장의 맥락에서 역할 박탈이란 관계망이 적절한 때에 적절한 방식으로 형성되지 못했다는 것을 뜻한다. 31명 가운데 퇴소 후 정상적인 라이프코스를 뒷받침하는 교육-노동시장-결혼 제도를 차례로 밟은 이는 거의 없다. 교육 제도에 진입하기에는 때가 늦은 경우가 많았고, 제대로 학교를 다니지 못한 상황에서 할 수 있는 일은 많지 않았다. 대부분은 최하층 제조업 일자리나 서비스업 일자리를 전전했다. 결혼한 이는 7명에 불과했고, 그 7명의 결혼 생활도 순탄하지 않았다. 시간이 쌓인다는 축적감이나 어제보다 뭔가 나아졌다는 발전감을 느낄 수도, 기대할 수도 없었다.

자살은 이러한 상황 인식에 따른 주된 대응 방식 중 하나였다. 구술에는 자살한 사람들이 자주 언급된다. 구술자 16의 구술에는 "형제복지원 친구" 김○○이 나온다. 1989년도에 함께 어울려 다녔던 그는 여인숙에서 손목을 그어 자살했다. 나중에는 형제복지원에서 함께 생활했던 친동생도 자살한다. 구술자 6의 구술에서도 평소 자신이 도와주었던 동생의 자살이 언급된다. 구술자 2의 구술에서도 자살한 이가 3명 나온다. 우리는 형제복지원을 거쳐 간 이들 중 자살한 사람이 얼마나 되는지 알지 못한다. 그것은 극단적인 선택이지만, 적어도 드문 선택지는 아니었다. 이런 의미에서 "살아남은 아이"(구술자 27)는 구술자들의 삶을 적절하게 요약한다. 이들의 삶(의 시간)은 물리적·생물학적으로는 살아 있었지만 사회적으로는 죽은 가사(假死)자의 삶에 가까웠다.[20]

진상규명운동의 시간

그렇다면 이들의 시간은 회복될 수 없는 것일까? 쉽지 않지만 가능성이 없는 것은 아니다. 진상규명운동이 그 가능성의 일단을 보여준다. 형제복지원 사건이 삶의 시간을 계속해서 붙잡는 한, 수용 경험자들에게 형제복지원 사건의 '해결'은 "잃어버린 세월"을 해명하고 생애 시간을 (다시) 흐르게 하기 위한 선결 과제가 된다. 그런 점에서 진상규명운동이 수용자들에게 갖는 의미는 적지 않다.

구술에서 확인할 수 있었던 진상규명운동의 의미는 크게 두 가지다. 먼저 관계망 부재에 대한 해명과 그에 따른 보상 및 명예 회복이다. 근본적으로는 미래를 전망할 수 있는 관계망의 복원(또는 형성)이다.

시간의 부재는 곧 관계망의 부재를 뜻한다. 진상규명운동은 일차적으로 이 부재의 책임소재를 묻는 작업이다. "혼자서 살 수 없는 이 삶 자체가 어디서 왔나"라는 구술자 4의 물음이나 "복지원 사건이 해결되어

야만 모든 것이 정상으로 돌아갈 수 있다고 지금도 믿고 있다"는 구술자 27의 말에서 드러나듯이 진상규명운동은 삶의 기원을 찾고 삶의 경로를 규명하는 작업이기도 하다. 이것이 해명되어야만 그때 이후의 시간을 복원할 수 있기 때문이다.

물론 처벌과 배상을 촉구하는 의미도 있다. 구술자 11의 말은 이 점을 잘 요약한다.

> 제 유년기 청소년기 거기서 다 보냈어요. 저 솔직히 교육이라고는 초등학교 2학년밖에 받지 못했어요. 초등학교 2학년밖에. 근데 그걸 갖다가 누구한테 하소연을 하겠어요, 제가. 정부에밖에 하소연할 데가 없는데 정부에서는 내 몰라라 하고 있지. 나 많은 거 안 바라요 진짜. 진상조사위원회가 꾸려져서 진짜 제대로 된 조사를 해가지고 박인근 일가친척들 단죄하고, 지금 어렵게 살아가는 피해자들 제대로 된 보상해주고. 우리가 없는 것 떼쓰는 거 아니잖아 지금요. 우리가 1년이나 2년이나 5년이나 6년이나 있었던 그 안에서 고생했만큼 보상해 달라 이거에요. 어느 개인이 잘못된 부분이 아니기 때문에 정부에서 이거는 잘못을 한 부분이기 때문에 정부에서 해결을 해줘야 되는 부분이라고. -구술자 11

그러나 물질적인 보상보다 더 중요한 진상규명의 함의는 명예 회복이다. 사회로 나와 여러 인간관계를 맺고 생활하는 사람에게는, 특히 구술자 9와 같이 자녀를 둔 경우에는, 자녀에게까지 영향을 미칠 수 있을 오명을 씻어낸다는 의미가 있다. "사회와 문을 닫고 사는 사람들은 '백만 원을 보상해줄게' 하면 얼른 받아가죠. 나는 보상보단 사과가 먼저고, 이 수용번호를 없애 달라는 거. 내가 죄를 짓지 않았는데도 주민번호가 아니라 수용번호가 있으면, 내가 그때도 국회 가서도 (그랬어요). 우리 아이들이 공부를 마치고 사회로 나가기 전까지는 엄마의 부랑아 딱지를 떼

줬으면 좋겠다."

둘째는 좀 더 적극적인 의미다. 관계망의 복원, 또는 형성을 통해 시간에 (새로운) 의미를 부여하는 것이다. 때를 놓친 이들의 삶에서 의미 있는 시간을 찾는 한 가지 방식은 같은 처지에 있는 이들끼리 관계를 맺는 것이다. 아예 공동체를 이루어 사는 경우도 있다. 수용시설에서 나온 후 정착촌을 이루어 살아왔던 한센인이 이와 같은 사례다. 모여 있어 눈에 더 잘 드러났다는 점에서 낙인 집단으로 입은 피해가 적지 않았지만, 그들끼리의 관계망 속에서 각자 나름의 사회적 역할을 수행할 수 있었다. 함께였기에 개인적인 자신의 시간을 만들어갈 수 있었다. 그러나 형제복지원 수용자들처럼 뿔뿔이 흩어져버린 이들은 사회와 동떨어져 있을 수밖에 없었고, 그런 점에서 사회적 시간표에 편입될 수 없었다. 따라서 형제복지원 피해생존자모임 등을 통해 뒤늦게나마 모이게 된 것 자체가 이들의 삶에는 큰 의미가 될 수 있다. 함께 시간을 보낼 수 있게 되었기 때문이다.[21]

수용 경험자들끼리의 관계를 외부로 확장하고픈 소망을 드러낸 구술도 상당히 있었다. 나도 누군가를 돕는 사람일 수 있다는 것, 다시 말해 나도 '좋은 사람'이라는 것을 자신에게 보여주고 싶은 바람이다. 요양원까지 운전해주는 봉사를 할 때에 존재감을 느낀다는 구술자 6이 한 사례다. 구술자 9도 다른 사람을 돕는 삶을 소망했다. "앞으로 하고 싶은 일이 있다면 진짜 조그마한 주택에서 나이 드신 분들이나 장애인들을 대여섯 분 모시고 살고 싶어요." 자신은 크게 피해 입은 것이 없다면서도 굳이 증언을 하게 된 이유로 구술자 30이 꼽은 것도 도움이었다. "나는 그런 거 모르겠고 고생한 사람들, 죽은 사람들, 그런 사람들한테 조금이나마 도움이 되었으면 합니다."

이러한 바람이 집합적인 형태로 나타난 것이 형제복지원 피해생존자모임 수준의 연대활동이다. 2012년 한종선 씨가 국회 앞에서 시위한 이래 형제복지원 피해생존자모임은 학자, 활동가, 예술가, 또 다른 사건의 피해자 등과 관계 맺어왔다. 이 관계 맺기를 통해 형제복지원 사건은 형제복지원 사건 피해자들의 문제를 넘어선 사회적 의제로 확장되고 있다. 그 과정에서 형제복지원 수용이라는 지극히 개인적인, 그리고 실패한 경험이, 과거사 규명이라는 지극히 사회적인, 그리고 성공할 경험으로 점차 전환되고 있다. 이 책의 8장은 이 과정을 상세히 보여준다.

요약하면, 형제복지원 수용자들이 구술로 밝힌 바람과 그들이 근래에 보여준 활동의 핵심 의미는 관계 맺기를 통한 사회적 역할 찾기다.[22] 진상규명운동을 통해 자신들의 생애 시간에 질적(공적)인 의미를 부여하려는 것이다.

나가며: 또 하나의 근대적 라이프코스

이 장은 총체적 기관의 사회문제와 쟁점을 시간 측면에서 풀어본 것이다. 이 관점에서 1970~1980년대에 형제복지원에 수용되었던 사람들의 경험을 생애사적 맥락에서 해석해보려 했다. 한편으로는 이들의 생애를 한국사회의 근대화 과정에서 형성되었던 근대적 라이프코스의 이면적 버전으로 해석해보려 했다. 이 장에서 하고 싶은 말은 크게 두 가지다.

첫째, 이들의 생애는 옛날 이야기도 남의 이야기도 아니다. 정상적인 라이프코스에 대한 상이 있고 사회제도가 그 상을 전제로 짜여 있는 한, 비정상적인 라이프코스를 밟는 사람들은 생겨날 수밖에 없다. 그러면 이들을 '관리'해야 할 필요성이 생긴다. 근대화되지 않아서가 아니라 근대화되어서 비정상적인 사람들이 눈에 띄기 시작했고 이들을 관리하기 위한 제도적 장치가 자리 잡았다. 시설은 이들이 머무르는 곳이자 이들의 삶을 결정적으로 규정하는 사회 공간이다. 이들의 경험을 독재 국가의 일방적인 폭력으로만 해석하는 것은 일면만 보는 것이다. 그러한 폭력이 가능했던 정치경제학적인 배경과 사회적인 배경에도 관심을 가져야 한다.

이런 시각은 부랑인 시설을 포함한 오늘날 사회복지시설의 근본 기능을 드러낸다. 이 공간의 명시적 목표는 시설 수용자들을 사회로 복귀시키는 것이다. 그러나 실질적 기능은 "일탈 행위가 야기하는 위험과 골칫거리로부터 공동체를 보호"[23]하고 사회적인 "불편감을 관리"[24]하는 것에 가깝다. 사회 복귀 지원이라기보다 사회 격리에 가깝다. 사회에서 살아가는 법을 모르는 이들에게 방법을 가르친다는 시설에 들어간 것이 정상적인 생애 이력을 형성하는 경로와 더욱 멀어지는 계기가 되는 아이러니를 우리는 종종 잊는다. 문제 시설이 문제가 아니라 시설이 문제라는 탈시설 운동의 주장[25]은 이 점을 환기한다.

둘째, 시설 수용이 시설 수용자들에게 미친 영향력은 수용 기간에 한정되지 않는다. 시설 수용은 수용자들의 관계망을 해체해 그들의 사회적 위치를 소거한다. 그들의 생애 시간 전체를 무의미한 것으로 만든다. 그런 점에서 진상규명운동이 이들의 삶에 갖는 함의는 크다. 이들의 삶은 현재까지도 기본적으로는 실패담이다. 그러나 진상규명운동이 시작된 것만으로도 실패담을 성공담으로 바꿀 수 있을 가능성이 생겼다. 자신의 삶에 사회적 의미를 부여할 수 있게 되었기 때문이다. 이 가능성은 설령 진상규명운동이 공식적으로는 실패로 끝나더라도 쉽게 사라지지 않을 것이다.

지금까지 이들은 국가 폭력의 희생자로만 그려졌다. 이들의 삶은 그 자체로서가 아니라 멀쩡한 정상인이, 그것도 어린 나이에 사실상 납치되어 끔찍한 고통을 받았다는 식의 정형화된 플롯에서 해석되었다. 이러한 틀이 일정부분 진실을 담고 있다고 하더라도 그러한 규정이 시설 수용자들의 경험을 '시설 내' 피해로 한정하고, 그 피해 또한 등급화하는 효과를 낳았던 것도 사실이다. 이런 맥락에서 시설 수용 경험을 생애사적 맥락에서 조명하는 작업은 의미가 있다.

형제복지원은 더 문명화되면 사라질 야만적인 것도, 근대화 과정에서 격퇴해야 할 전근대적인 것도 아니다. 오늘날에는 형제복지원과 같은 극단적인 시설이 없을지 모른다. 그러나 복지나 교정, 치료라는 이름으로 여전히 다수의 사람들이 가정과 일터와 놀이터가 분화되지 않은, 사적 공간과 공적 공간이 분리되지 않는 곳에서 '시민'으로서의 역할을 박탈당한 채 현재만을 살아가고 있다. 이것은 근대화·문명화가 되지 않은 것의 결과가 아니라 근대화·문명화의 결과다. 형제복지원은 예외적인 시설이 아니다. 총체적 기관에 수용된 사람들은 그때나 지금이나 눈에 잘 띄지 않은 채로 여전히 우리 곁에 있고 앞으로도 있을 것이다. 그럼에도, 아니 그렇기 때문에, 우리는 시설이라는 곳이 실제로 수행하는 기능이 무엇인지를 계속해서 물어야 한다.

삶과 시간을 새롭게 쓰기• 08

진상규명운동, 그 후

최종숙

1987년 … 2012년 한국사회에서 1987년은 이정표와 같은 해다. 그해 벌어진 6월항쟁으로 마침내 군부독재체제는 무너졌고 민주주의는 되돌릴 수 없는 대세가 되었다. 6월항쟁과 6.29선언은 먼저 정치공간을 민주화했고 이어서 경제, 사회 민주화도 점진적이나마 진전될 수 있었다. 물론 이러한 진전은 지배엘리트 혹은 정치가들에 의해 위로부터 주어지지는 않았다. 독재체제가 그렇게 무너졌듯 민주화 이후에도 모든 의미있는 민주적 변화는 아래로부터 저항에 의해 쟁취되었다.

• 이 글은 민주화운동기념사업회 한국민주주의연구소에서 발간한 보고서 『민주화 이후 과거청산과 소수자 인권운동: 형제복지원사건을 중심으로』(2018)와 『담론201』에 실린 저자의 논문 「형제복지원사건 진상규명운동의 등장: 당사자운동주체 형성에서 지식인 활동가의 역할을 중심으로」(2019)를 토대로 하고 있다.

1987년만큼은 아닐 수 있어도 2012년 역시 기억해야 할 해다. 그해에 비로소 형제복지원 사건 진상규명운동이 시작되었기 때문이다. 앞장에서도 언급되었듯 형제복지원 사건은 1987년 1월 부산의 부랑인 수용시설에서 벌어진 천인공노할 인권침해 사건이다. 사건이 발생하자 형제복지원의 원장 박인근이 구속되었고, 야당들은 진상규명을 요구하며 조사단을 꾸리는 등 한동안 세간의 주목을 받았다. 그러나 놀랍게도 이 사건은 당시 시설의 폐쇄 이외에 이렇다 할 대책 마련 없이 묻히고 만다. 그러다 이 사건이 다시 언론에서 회자되고 진상규명운동으로 발전했던 시기가 바로 2012년이다. 사건이 발생했던 1987년으로부터 장장 25년이 흐른 후에 말이다.

여기에서 몇 가지 의문이 생긴다. 첫째, 1987년은 민주화의 해였다. 1980년대를 관통했던 반독재민주화운동은 그해 6월항쟁으로 폭발했고 급기야 6.29선언을 이끌어내면서 민주주의로의 이행을 시작했다. 특히 형제복지원 사건이 발생했던 1987년 1월은 6월항쟁의 상징 박종철고문치사 사건이 발생했던 달이기도 하다. 그럼에도 형제복지원 사건이 민주화운동단체의 관심을 얻고 전체 민주화운동에 포괄되지 못했다면, 그 이유는 무엇인가?

둘째, 1987년 민주화 이후 그것도 25여 년 동안이나 형제복지원 사건이 주변화되어 있었던 이유는 무엇인가? 민주화 이후 과거 국가폭력 피해에 대한 진상규명운동이 활발히 이루어졌고 소수자 운동 역시 본격화되었다. 형제복지원 사건 역시 대표적인 국가폭력 사건이며 부랑인이야말로 소수자 중의 소수자다. 그럼에도 이 사건이 민주화 이후 25여 년 동안이나 다뤄지지 못했던 이유는 무엇인가?

마지막으로, 형제복지원 사건 진상규명운동이 2012년 비로소 시작된 계기는 무엇이고 그 의미는 무엇인가?

이 장에서는 이 세 가지 의문에 답을 구해보고자 한다. 그것을 위해 1987년 형제복지원 사건 발생 당시의 정치사회적 맥락과 민주화 이후의 상황, 2012년 결국 형제복지원 사건이 진상규명운동으로 등장하게 된 과정을 추적해보고자 한다. 더불어 형제복지원 피해생존자들, 형제복지원 사건 진상규명운동의 출발점이 되는 인물들의 이야기도 들어볼 필요가 있다. 이 장에서는 필자가 2018년 7월부터 12월 사이 직접 채록한 형제복지원 피해생존자 4인과 대책위 활동가 2인에 대한 구술자료를 활용하였다. 많은 피해생존자의 이야기를 청취하지 못하였기에 일반화의 문제가 있을 수 있다는 점, 미리 지적해두고자 한다. 여기에서는 형제복지원 피해생존자를 '소수자 속의 소수자'라는 개념으로 파악하고자 하는데 이 개념은 민주화 이전은 물론 민주화 이후에도 오랫동안 형제복지원 사건이 주변화될 수밖에 없었던 이유에 대한 중요한 단서가 될 것이다. 먼저 이 개념을 살펴보자.

소수자 속의 소수자와 그들의 운동

소수자란 한 국가, 사회 내에서 여타 인구집단에 비해 수적 열세이고 지배적이지 못한 위치에 있는 사람(집단)을 말한다.[1] 소수자들은 한 사회 내에서 수적으로 '소수'인 경우가 많다. 수적으로 다수인 사람들의 사회문화적·신체적 특징이 그 사회의 주류를 형성할 가능성이 높기 때문이다. 그리고 다수자의 주류적 특징을 갖지 않거나 갖지 못한 사람들은 자연스럽게 이러한 문화 속에서 소외되고 그 차이 때문에 차별받을 가능성이 높다. 그러나 무조건 수적으로 적음이 특정집단에 대한 차별로 이어지는 것은 아니다. 예를 들어 여성은 세상의 절반이지만 차별받는 소수자다. 남아프리카공화국의 다수인 흑인 역시 마찬가지다. 그렇기 때문에 '소수자' 개념에서 수적 열세보다 더 중요한 것은 권력과 자원의 열세다.

한국사회에서 소수자 개념이 사용되고 소수자운동이 본격적으로 등장한 것은 1990년대 후반, 2000년대 초반으로 민주화 이후였다. 사회학자 정근식은 소수자의 특징으로 한 사회의 '성원'이지만 다른 성원인 다수자들에 비해 차별받는다는 특징에 주목한다.[2] 소수자가 체제 내에서 받아들여지는 사람들이며 성원들 사이의 차별, 그것에 대한 저항을 염두에 둔다면 그것은 어느 정도 민주화되고 통합된 사회를 전제로 할 것이다. 그렇다면 민족간 지배와 종속을 핵심으로 하는 식민지체제나 소수자는 물론이고 다수자들마저 기본권을 보장받지 못하는 독재체제 같은 경우 소수자의 인권 문제는 당연히 부차적인 것이 될 수밖에 없다.

한편 모든 소수자는 다수자 혹은 주류, 지배집단에 비해 권력의 열세가 그 특징이지만 소수자들 간에도 권력과 자원의 정도가 다를 수 있다. 예를 들면 여성은 남성이라는 성에 비해 소수자지만 성매매여성은 여성 내에서도 소수자다. 장애인은 비장애인에 비해 소수자지만 장애여성은 장애인 내에서도 소수자다. 성매매여성장애인과 같이 소수성의 겹침은 그녀를 소수자 내에서도 더욱 낮은 위치로 끌어내릴 것이다. 이른바 '소수자 속의 소수자' 문제가 존재할 수 있는 것이다.[3]

소수자의 속성을 무엇으로 볼 것인가에 대해서도 연구자마다 견해가 다르다. 사회학자 박경태는 소수자의 특성을 한 번 갖게 되면 영원히(혹은 장기적으로) 벗어날 수 없는 영구적인 것으로 제한한다.[4] 그렇기 때문에 경제적 자원배분에 있어서 하위집단은 소수자가 아닌 사회적 약자로 파악한다. 그 이유는 '가난'은 누구나 가질 수 있는 특성이며 돈을 벌면 언제라도 벗어날 수 있기 때문이다. 정근식은 소수자를 사회의 성원권을 갖고는 있으나 다수자에 비해 차별받는 사람(집단)으로 보고 성원권이 완전히 배제되어 있는 '사회적 타자'와 구별되는 범주로 파악한다.[5] 그에게 반체제인사, 죄수, 성매매여성과 같은 '범법자'는 소수자이기보다 사회적 타자에 해당된다. 반면 사회학자 장미경은 범법자는 물론 비정규직, 빈민과 같은 경제적 약자 역시 소수자 범주에 포함시킨다.[6]

이 장에서는 소수자의 범주에 경제적 약자를 포함시키되 사회의 성원으로 보고 성원권을 박탈당한 사람은 소수자가 아닌 사회적 타자로 구분하여 파악하고자 한다. 더불어 소수자 안에서도 경제·정치·문화적 권력자원 배분/박탈 정도에 따라 위계서열화가 존재한다고 파악한다. 박경태의 지적처럼 경제적 자원은 누구나 가질 수 있는 자원이지만 우리사회에서 한 번 빈곤의 나락에 빠지게 되면 그것을 벗어나기가 쉽지 않다. 경제적으로 낮은 위치는 '영세민', '수급자', '영구임대아파트 출신', '비정규직', '계약직' 등 다양한 낙인과 차별을 유발하는 것이 사실이다. 무엇보다도 경제적 자원은 정치적·문화적 자원의 크기를 결정하는 근원적인 변수다. 그렇기에 경제적 변수는 소수자 속의 소수자라는 존재성을 뚜렷이 한다.

더불어 소수자는 사회가 허용하는 경계선 안에 위치하는 사회의 구성원이다. 그 경계선을 넘어가면 소수자이기보다 사회적 타자에 가깝다. 소수자 대부분은 주류집단이 있는 중심이 아닌 사회의 주변부에 있는 사람들이다. 그중에서도 어떤 소수자들은 경제·정치·문화적 자원의 심각한 열세로 인해 주변부에서도 더 주변부, 나아가 사회의 안과 밖을 나누는 경계선 주변에 위치하며 때때로 경계선을 넘어가 사회적 타자가 되기도 한다.

형제복지원 사건 피해생존자는 '부랑인' 혹은 부랑인 시설수용자 출신이라는 점에서 영구적인 '낙인'이 찍힌 소수자다. 여기에 이들 대다수가 경제적 하층민이라는 점은 이들의 지위를 더욱 끌어내린다. 이들에게 사회적 성원권이 주어져 있기는 하지만 부랑인/노숙인에 대한 사회적 인식은 매우 나쁘며 이들 역시 그것을 알고 있다. 이들은 수시로 사회적 경계선을 넘어가며 그것은 다시 이들에 대한 사회적 인식을 더욱 악화시킨다.[7] 그렇기에 형제복지원 사건 피해생존자는 소수자 속에서도 주변화된 소수자 속의 소수자로 명명할 수 있을 것이다.

그렇다면 소수자 속의 소수자 운동은 어떻게 가능할까? 형제복지원 사건 피해생존자와 같은 소수자 속의 소수자는 차별을 유발하는 낙인, 대체로 낮은 경제·사회·문화 수준 등으로 인해 사회적으로 고립되어 있기 때문에 서로를 규합하기가 매우 힘들다. 설사 이들이 스스로 규합하여 목소리를 내더라도 이들의 낮은 경제·사회·문화 수준은 이들의 요구가 무엇인지 그것을 통해 무엇을 하고 싶은지 사회가 알아들을 수 있는 방식으로 조직화하고 프레이밍하는 것을 어렵게 한다.

그렇기에 소수자 속의 소수자운동이 발생하기 위해서는 두 가지 어려운 관문을 거쳐야 한다. 첫째, 소수자 속의 소수자들이 서로 결합되어야 하며, 둘째, 이들과 외부 지식인 활동가가 결합되어야 한다. 부랑인/노숙인과 같은 소수자 당사자와 외부 지식인 활동가가 사회운동 발생을 위해 친밀한 소집단을 형성한다는 것은 매우 낯설 뿐만 아니라 불가능해 보이기도 한다. 그러나 민주화 이전만 하더라도 기층의 민중운동이 발생할 경우 대부분 기층민중은 외부 지식인 활동가와 결합했다. 그것이 가능할 수 있었던 것은 당시 학생, 지식인집단이 이른바 '현장투신'을 했기 때문이다. 노동자, 농민, 빈민 등의 기층민중이 체제변혁의 주체라고 파악한 학생, 지식인은 이들의 의식수준을 끌어올리기 위해 자신의 정체성을 숨기고 스스로 노동자, 농민, 빈민으로 함께 사는 방법을 택했다. 기층민중의 생활을 체화할 때에야 비로소 그들과의 대화가 가능하며 그들을 변혁의 주체로 변화시킬 수 있다고 믿었기 때문이다.

민주화 이후 이러한 현장투신 레퍼토리는 거의 사라졌다. 6월항쟁으로 민주화가 되면서 기층민중은 외부 지식인의 도움 없이 자신의 힘으로 권익을 찾아나가는 당사자운동을 시작했다. 그리고 지식인들 역시 정치개혁, 경제개혁, 입법운동 등 전문가 중심의 시민운동으로 분리됐다. 장애인운동의 경우 비장애인 활동가가 결합되어 있지만, 2000년대 이후 장애당사자주의와 비장애전문가주의 사이의 논쟁이 시작되어 현재까지도 지속되고 있을 정도로[8] '현장투신', '누가 누구를 대신한다'는 방식의 사회운동 레퍼토리는 이제는 '한물 간', '엘리트주의'의 느낌이 없지 않다.

그러나 민주화 이후 기층민중운동이 당사자운동으로 설 수 있었던 것도 1970~1980년대 이래로 지속된 학생, 지식인의 현장투신의 성과인 것이 사실이다. 장애인운동도 등장 초기에는 외부 지식인/활동가의 결합과 도움이 있었다.[9] 민주화 이후 사회운동권에 현장투신 레퍼토리가 사라지고 당사자성을 강조하는 분위기가 지배적이라고 하더라도 여전히 소수자 속의 소수자운동이 발생하기 위해서는 이러한 지식인 활동가와 당사자가 함께 할 필요가 있다. 그것이 형성되지 못한다면 소수자 속의 소수자운동의 발생은 지속적으로 지연될 수 있다.

1987년, 형제복지원 사건의 발생과 빠른 망각

독재시대, '독재타도'에 집중되어 있었던 민주화운동

형제복지원 사건이 발생한 1987년은 전두환을 중심으로 한 신군부세력이 집권하던 제5공화국 말기였다. 전두환 정권은 1980년 광주항쟁을 피로 물들이고 집권에 성공했다. 전두환 정권은 잠재적 저항세력을 철저히 억압했으며 국가보안법, 언론 통폐합, 삼청교육대 등을 통하여 사회 전체를 강권통치하에 두었다. 그러나 동시에 부족한 정치적 정당성을 만회하고자 복지국가건설과 정의사회 구현을 전면에 내세웠다. 정의사회 구현을 위해 정화되고 일소되어야 할 사회악으로 부랑인을 지목하고 대대적으로 단속했다(이 책의 2장과 3장 참조).

형제복지원은 1987년 1월 당시 3,146명이 수용되어 있었던 대한민국 최대의 부랑인 수용시설이었다. 형제복지원 시설 내부가 어떻게 편재, 관리되고 있었으며 그 내부에서 자행된 폭력의 실상이 어떠했는지는 6장에서 자세히 다루기 때문에 여기에서 반복할 필요는 없을 것이다. 형제복지원에서의 잔혹한 인권유린은 1986년 겨울 울산지검에서 근무하던 검사 김용원의 수사로 이듬해 1월 외부에 알려지게 되는데 그것이 바로 이른바 '형제복지원 사건'이다.

사건이 알려지고 사회적으로 공분을 불러일으키자 정권은 사건 해결과 대책 마련에 고심하는 제스처를 보였지만, 다른 한편으로는 조직적으로 사건을 은폐, 축소하려고 시도했다. 당시가 군부독재체제였던 만큼 사건 축소, 은폐 시도는 노골적인 형태로 자행되었다. 비슷한 시기 발생했던 대전 성지원 인권침해사건은 조사를 위해 파견된 현역 국회의원과 기자들이 경찰들이 보는 앞에서 시설장과 시설장이 동원한 수용자들에 의해 폭행당함으로써 아예 조사도 하지 못했다.[10] 이처럼 당시는 일반인은 물론 정치인과 같은 엘리트들도 억압받던 상황이었기 때문에 부랑인 단속과 감금이 부랑인의 인권을 심각하게 훼손할 수 있다는 인식이 사회적으로 환기조차 되지 못하던 시대였다.

1980년대는 반독재민주화운동의 시대이기도 하다. 더구나 형제복지원 사건이 벌어졌던 1987년은 민주화 이행을 견인했던 6월항쟁이 발생했던 해다. 그렇다면 이처럼 활성화되어 있었던 민주화운동은 형제복지원 사건이 사회적으로 공론화되고 저항으로 조직화되는 데 유리하게 작용했을까? 아쉽게도 그렇지 못했다. 당시 민주화운동의 목표는 군부

그림 1. 박종철군 고문치사 사건과 형제복지원 사건을 같은 면에 다룬 신문 기사

출처: 동아일보, 1987년 1월 19일자.

독재체제를 무너뜨리는 것에 집중되어 있었다. 학생·지식인은 노동자, 농민, 빈민 등 기층민중을 조직화하기 위해 이른바 '현장 투신'을 하기도 했다. 부랑인 역시 이러한 기층민중의 일부라는 점에서 학생·지식인의 관심을 예상해볼 수 있다. 그러나 부랑인은 당시 민주화운동권의 관심 밖에 있었다. 그 이유는 지식인집단의 주된 관심대상은 군부독재를 끝장낼 '변혁의 주체', 혹은 기본계급으로서 기층민중이었기 때문이다. 그들이 볼 때 부랑인은 자본가에 맞서는 노동자가 아닌 자본주의의 부산물인 하층 '룸펜 프롤레타리아'일 뿐이다.

실제 1987년 1월 형제복지원 사건이 발생했을 때 민주화운동권은 이 사건에 별로 관심을 두지 않았다. 그들의 관심은 비슷한 시기 발생했던 박종철고문치사 사건에 집중되어 있었다. 제1야당 신민당은 형제복지원 진상조사단을 파견했지만 형제복지원 사건에 관심을 보이는 것이 박종철고문치사사건에 대한 관심을 분산시킬 수 있음을 염려하기도 했다.[11]

당시 민주화운동권의 이러한 태도가 아쉬운 것은 사실이다. 그러나 '비난'할 수만은 없는 것도 사실이다. 민주화운동권의 관심은 체제변혁이었고 그들의 생각에는 군부독재체제를 무너뜨려야 비로소 사회의 나머지 부문도 민주화될 수 있었다. 그렇기 때문에 체제변혁을 위해 나머지 부문 역시 희생되어야 했다. 이 과정에서 '부랑인'뿐만 아니라 장애인, 여성 등 소수자도 부차화되었다. 장애인, 여성 역시 체제변혁을 위해 장애인, 여성으로서가 아닌 민주화운동 인사로서 민주화운동에 헌신했던 것이 당시의 시대적 한계였다.[12]

내부운동주체도 없었다

그렇다면 1987년 당시 형제복지원 수용자들은 내부의 인권유린 상황을 외부에 알리고 박인근 원장 혹은 국가에 맞설 준비가 되어 있었을까?

형제복지원의 수용자들은 원장 밑에 중대장, 중대장 밑에 소대장 하는 식으로 군대식 체계로 편재되어 있었다. 원장을 제외한 나머지는 모두 수용자들로 이루어져 있었는데, 그것은 시설 내에서 가해의 역할을 맡았던 사람들 역시 한때 피해자 처지에 있던 수용자들이었음을 의미한다. 이러한 점은 가해자와 피해자의 경계를 불분명하게 만들고 피해자끼리의 조직화를 막았다. 이처럼 엄혹한 상황이었기 때문에 당시 시설수용자들에게 운동주체 형성의 가능성을 찾는 것은 무모할지도 모른다.

그럼에도 그러한 가능성이 전혀 없었던 것은 아니었다. 수용자들을 지배하는 감정은 두려움, 공포 못지않게 증오와 분노의 감정 역시 컸다. 이 장에서 활용한 구술자료 가운데에도 개인적으로 저항했거나 집단탈출을 위해 수시로 모의했다는 진술이 있었다.

> 모의는 사실 많이 했어요. 우리 소대 안에서는 많이 했어요. 조장까지 같이 껴서

> 많이 했어요. 했는데 진짜 시도는 아무도 못했죠. … 누가 스타트 끊고 이런 걸 다 모의를 해놓으면 그 스타트 끊는 사람이 막상 닥치면 못 끊더라고요. 한 명이 튀어야 우르르 튈 건데 그걸 못하더라고요. [그럼, 친한 사람들 많았었나봐요.] 친하게 지냈다기보다 매일매일 3년을 같이 그 소대에 있으니까 다~~~ 관계가 안 좋고 한편으로는 다 관계가 좋고 그런 거예요. 서로 때려야 되고 또 싸워놓고도 금방 또 거서 얼굴 보고 살아야 되니까. -피해생존자 이향직 구술 (괄호 안은 필자)

이들은 때때로 죽음을 각오하고 탈출을 시도하기도 했다. 구술자 가운데 한 명은 1986년 집단탈출에 성공한 사례이기도 하다.

> 86년도에 도망을 나와 가지고 … 저까지 여섯 명, 고만고만한 또래들 … 여자소대는 도망가는 게 우리들이 최초였어요. … 도망가기 7개월 전에 불침번이 있어요, 소대마다. 남자소대 마찬가지고. 한 시간에 한 번씩 돌면서 깨워서 또 돌게 하고 아침 5시까지 불침번 돌아요. 근데 그래갖고 모의가 된 거예요. 그 불침번들 여섯, 해 갖고 도망을 간 거예요. -피해생존자 박순이(하안녕) 구술

그밖에 형제복지원 사건이 외부에 알려져 한창 언론에서 다뤄지던 시기에도 여러 차례 집단탈출 시도가 있었으며,[13] 1987년 2월 2일 정신병동을 중심으로 복지원생 167명이 귀가시켜줄 것을 요구하며 농성을 벌였다는 기록이 남아 있다.[14] 이 점은 내부적으로 친밀한 관계에 기반한 소집단이 형성될 가능성을 증언한다.

그러나 이러한 사례는 손에 꼽을 정도였고 그나마도 일회성으로 끝났다. 탈출에 성공했을 경우에도 목표는 시설로부터의 '탈출'이었지 내부 사정을 폭로하거나 시설을 변화시키는 등의 적극적인 것들은 아니었다. 무엇보다도 당시 이들의 집단행동을 좀 더 분명한 공동 목표로 발전

시키거나 외부의 민주화운동과 결합시킬 만한 시도는 존재하지도 존재할 수도 없었다.

민주화 이후 25년, 정치·사회적 여건은 갖춰졌으나…

1987년 6월항쟁으로 대통령 직선제가 도입되고 한국은 선거민주주의체제(electoral democracy)로 이행하게 된다. 정치민주화가 시작된 것이다. 그러나 정치민주화는 형제복지원 사건 진상규명운동에 직접적 영향을 미치지는 않았다. 만일 그랬다면 민주화가 이루어지자마자 형제복지원 사건에 대한 진상규명운동이 등장했을 것이다. 그 대신 정치민주화는 소수자인권운동의 등장과 국가폭력에 대한 진상규명운동이 성장할 수 있는 발판을 마련함으로써 추후 형제복지원 사건 진상규명운동이 등장할 수 있도록 하는 사회적 환경을 조성했다.

소수자인권운동의 등장과 국가의 부랑인정책의 변화

정치민주화가 달성되자 그동안 '반독재투쟁'이라는 대전제에 가려져 있던 소수자인권침해 사건들이 비중 있게 다뤄지기 시작했고, 그것은 곧 소수자인권운동으로 조직화됐다. 가장 먼저 조명을 받은 것은 여성운동이었다. 신교수 사건 등 성폭력 문제가 1990년대 초반을 강타하면서 여성운동은 다양한 영역에서 성차별적 쟁점들을 이슈화하고 법제화해나갔다. 장애인의 경우 1990년대 장애인복지, 장애인고용촉진, 장애인교육권 확보운동 등을 거쳐 2000년대 이후 장애인이동권 확보와 자립생활을 위한 운동으로 발전해나갔다. 그밖에도 성소수자, 이주노동자 등 다양한 분야의 소수자인권 문제가 불거졌고 관련 소수자운동이 등장, 발전해나갔다.

이러한 소수자인권에 대한 인식 개선은 국가의 부랑인정책에도 영향을 미쳤다. 사실 국가는 민주화 이후에도 상당 기간 부랑인 수용시설 내에서의 인권침해 문제에 관심을 보이지 않았다. 그러나 결국 국가의 부랑인정책이 변화하기 시작했는데 그것은 국가의 의지 때문이기보다 잊을 만하면 사회복지시설에서 인권침해사건이 발생했기 때문이었다.

이러한 사건들 가운데 몇몇은 사건 발생 시점에서 진상규명운동으로 이어져 형제복지원 사건과는 다른 경로를 밟기도 했다. 대표적인 것이 1997년 발생한 에바다복지회 사건이다.[15] 에바다복지회의 농아원생들과 교사들은 원장 최성창의 퇴진과 진상규명 등을 요구하며 장기농성을 벌였고, 지역 노동자, 대학생을 비롯하여 전국의 사회운동단체들이 결합하면서 결국 투쟁은 승리로 마무리됐다.[16]

물론 모든 시설 관련 사건들이 사회운동으로 발전하고 승리한 것은 아니다. 그러나 시설 관련 사건들이 끊임없이 발생하고 그에 대한 저항이 조직되면서 국가의 시설 관련 정책도 변화해갔다. 그 과정에서 부랑인에 대한 인식도 변해갔다. 〈표 1〉은 부랑인/노숙인 시설 관련 정부정책의 변화를 정리한 것이다. 표를 보면 알 수 있듯 민주화 이전만 하더라도 부랑인은 사회정화를 위해 강제격리, 통제되어야 할 대상으로 인식되었다. 그러나 민주화 이후 점차 보호되어야 할 대상으로 바뀌었고, 나아가 사회복귀를 목표로 '탈부랑', '탈노숙'을 위해 훈련받고 지원받는 대상으로 바뀌어갔다.

이처럼 민주화 이후 소수자운동이 등장하고 소수자에 대한 인식이 바뀌었다고 해서 소수자인권이 크게 신장되었다고 할 수는 없다. 마찬가지로 부랑인정책이 변화했다고 하더라도 실제 현장에 그것이 제대로 적용되었는가는 별개의 문제로 바라봐야 할 것이다. 2010년대 후반까지도 지속적으로 시설 관련 사건이 발생한 것만 보더라도 그렇다.

표 1. 부랑인/노숙자 시설 관련 정부정책의 변화

날짜	관련 규정	내용
1975. 12	내무부 훈령 제410호 제정	일정한 주거 없이 구걸, 물품강매, 건전한 사회 및 도시질서를 저해하는 사람을 부랑인으로 규정하고 누구나 **단속, 강제구금할 수 있도록** 한 규정
1987. 2. 16	내무부 훈령 폐지	강제단속, 강제구금 폐지
1987. 4. 6	부랑인 선도시설 운영 규정(보건사회부 훈령 제523호)	부랑인 시설운영 개선을 위한 입퇴소 절차 개선, **수용보호**의 전문성 확보 및 직업보도 강화 등 복지서비스 제고 및 시설운영의 내실화
2000. 8. 1	부랑인복지시설설치 · 운영규칙 제정(보건복지부령 제165호)	부랑인을 입소자의 특성에 따라 장애인, 정신질환, 결핵관리, 노인복지시설 등 전문시설에 전원하거나 시설 내에서 분리보호. 시설운영에 대한 정기적인 평가를 실시하여 공개적이고 투명한 시설운영 지향. **단순보호수용을 벗어나 정상적인 사회인으로 조기복귀 지향. 지역민과의 유대 강화**
2005. 1. 5	위 규정을 '부랑인및노숙인보호시설설치 · 운영규칙'으로 개정	노숙인보호시설로 상담보호센터, 노숙인쉼터 신설을 제도화
2011	노숙인 등 복지 및 자립지원에 관한 법률 제정	**노숙인과 부랑인 구분 폐지**, 국가의 책임 및 체계적인 지원 확립
2011. 12. 29	사회복지사업법 개정	이사의 3분의 1 이상을 사회복지위원회나 지역사회복지협의체에서 추천된 사람 중에 선임. 친인척 등 특수관계사람은 이사 정수의 20%를 초과할 수 없음. 사회복지법인 및 시설의 공공성 및 투명성 강화, 시설 거주자의 인권 및 권리 확보 등
2016. 9. 20	노숙인생활시설인권보호대책	**노숙인 인권침해 사전예방** 위해 외부감시체계 강화

그럼에도 국가의 정책이 조금씩이나마 진전되어갔다는 함의를 놓쳐서는 안 된다. 그것은 다시 우리사회에 더 많은 소수자들을 돌아보고 그들의 인권 문제를 공론화하는 계기로 피드백됐다. 이러한 사회적 분위기의 개선, 관련 활동가의 양성은 형제복지원 사건 진상규명운동이 등장할 수 있도록 하는 중요한 배경이 된다.

과거사 진상규명운동의 성장

한편 민주화 이후, 과거의 국가폭력에 대한 진상규명과 청산작업 역시 본격화되었다. 국가범죄(state crime)란 국가권력을 장악한 집단이 권력정치의 일환으로 개인이나 집단의 생명, 여타 인권을 유린하는 행위를 말한다.[17] 국가범죄에 대한 과거청산은 주로 전쟁이나 혁명 이후, 민주화 이행기 등 격변기에 이루어지게 된다. 왜냐하면 국가범죄자들 또는 그 비호세력이 권력을 장악하는 동안에는 그 범죄를 처단하기 어렵기 때문이다.[18] 실제 민주화가 되자 반공이 국시였던 군부독재체제하에서 숨죽여 지내던 학살피해자 유가족들은 전쟁학살 내지는 독재체제하에서 저질러진 국가폭력에 대해 목소리를 내기 시작한다. 노무현 정부 들어서는 '포괄적인 과거청산'이 요구되었고 2005년 5월 3일 「진실·화해를 위한 과거사정리 기본법」(일명 「과거사법」)이 제정될 수 있었다.

그런데 이러한 과거청산작업 역시 국가의 자발적인 의지로만 이루어진 것은 아니었다. 모든 과거청산은 그에 앞서 관련 피해당사자 혹은 유족들의 진상규명운동(요구)이 있었다. 예를 들어 1996년이라는 상대적으로 이른 시기 관련 특별법이 제정된 거창학살사건의 경우 1988년 이래 유족들에 의한 수차례 시위, 청원, 궐기대회, 호소문 발표, 특별법 발의 등의 진상규명운동이 있었다.[19] 개별 학살사건의 피해유족들은 1990년대 말부터 광범위하게 유족회를 결성하여 전국단체결성으로까지 발전했다.[20] 시민사회운동단체 역시 여기에 긴밀히 결합했는데 이들은 사건을 전국화, 객관화하고 포괄적 「과거사법」이 제정되도록 하는 데 힘을 보탰다.[21]

한편 과거사 관련 법안들의 제정은 그것을 실행할 위원회의 결성으로 이어졌다. 예를 들면 「의문사진상규명에 관한 특별법」 제정에 따라 '의문사진상규명위원회'가 설치되었으며, 「과거사법」 제정에 따라 '진실화해를위한과거사정리위원회'(이하 과거사위)가 설치되었다. 이들 위원회는 관련 사건의 진상을 규명하는 과정에서 수많은 실무 활동가를 양성했다.

이러한 과거사 진상규명작업이 진행되면서 형제복지원 사건 역시 군부독재 시기 발생한 일종의 국가범죄로, 따라서 규명되고 청산되어야 할 과거사로 볼 수 있도록 하는 환경이 조성되었다.

형제복지원 사건 피해자에게 여전히 높은 벽

그렇다면 이처럼 정치·사회적 여건이 조성된 이 시기, 형제복지원 사건 피해자들은 무엇을 하고 있었을까? 「과거사법」이 제정되고 과거사위가 활발히 활동했던 시기는 2000년대 중반이다. 이 시기는 소수자운동도 활발히 이루어지던 때다. 따라서 형제복지원 사건 역시 이때 공론화되고 진상규명이 이루어졌어야 했다.

그러나 이 시기 형제복지원 사건 피해자는 이렇게 진상규명을 위한 정치·사회적 여건이 조성되어 있었다는 사실 자체를 모르고 있었다. 그도 그럴 것이 1987년 형제복지원이 폐쇄되면서 형제복지원 수용자들은 집으로 보내지거나 다른 시설로 이감되었고, 그도 아니면 아무런 대책 마련 없이 '거리'에 '버려졌다'. 사회에 나온 후에도 이들의 삶은 근본적으로 크게 달라진 것이 없었다. 이들은 폭력에 대한 트라우마, 원초적 빈곤, 사회의 부정적 시선 등에 허덕이며 사회의 가장 낮은 곳에 머물러 있었던 것이다. 때때로 이들은 사회적 경계선을 넘어서기도 했다. 삶을 살아내기도 벅찬 상황에서 정부정책에 귀를 기울이고 정치에 관심을 갖기는 쉽지 않다.

2005년 포괄적 「과거사법」이 통과되고 과거사위가 활동할 때도 이들은 그것의 존재를 몰랐다. 형제복지원 피해생존자모임 대표 한종선은

"과거사 청산 이렇게 이야기하는 순간 우리는 일본 식민지 시절에 대한 이야기를 하는 걸로 알[았]고요"라고 말하고 있다.[22] 뒤에서 다시 언급하겠지만 한종선은 2012년 1인시위를 통해 형제복지원 진상규명운동의 출발점이 되는 사람이다. 그럼에도 그 역시 '하층민/부랑인'이라는 존재 구속성의 제약을 받고 있는 것이다.

설사 이들이 목소리를 낸다고 하더라도 그들의 요구가 무엇인지 그것을 통해 무엇을 하고 싶은지 사회가 제대로 해석하여 대응하기도 어렵다. 형제복지원 사건 피해자인 김영욱이 1988년 자전적 책(『생지옥의 낮과 밤』)을 발간했을 때, 또 2011년 형제복지원 사건이 처음으로 방송에서 다뤄졌을 때 그것이 오히려 피해자의 상처를 더 깊게 하는 식으로 파장을 불러일으켰다는 점이 이를 입증한다.

> 2011년도 때 촬영할 때 내가 그 형님한테 얘기했거든요. 혹시 모르니까 모자이크 처리해 달라 가명으로 해 달라 그리고 목소리도 변조해 달라 그 요구하시라. 혹시라도 주변에 형을 아는 사람들이 해꼬지할 수도 있으니까. … 그래 갖고 나는 다 모자이크로 나가고 그랬는데 그 형만 얼굴 까고 나간 거예요. 자기 가족들은 이야기했기 때문에 믿어준다고. 그런데 형수 분이 자기남편이 이렇게 폭력이 심한 곳에서 살았다라는 것에 대한 그런 거 무서움? … 장모도 마찬가지고. 그러면서 강제이혼을 시켜버린 거예요. -피해생존자 한종선 구술

그렇기에 이들이 스스로 목소리를 내거나 조직화하기 위해서는 먼저 그들의 목소리를 사회에 통역해주고 조직화를 도와줄 외부 조력자가 필요했다. 그런데 이 시기에는 외부 활동가들 역시 형제복지원 사건에 대해 잘 모르고 있었으며 관심도 크지 않았다. 2000년대 중반 국방부 과거사진상규명위원회에서 삼청교육대를 담당했던 강경선은 과거사위가

활발히 활동하던 시기 '부랑인 청소'라는 이유로 행해졌던 국가범죄는 다뤄지지 않았고 주목되지도 않았음을 인정한다. 실제 당시 과거사위에는 형제복지원만큼이나 잔혹했던 충남 연기군 양지마을 사건 피해자의 진정이 접수되었다. 그러나 과거사위는 "무분별하게 설립된 사회복지법인에 의해" 자행된 인권유린 사건이지 "국가의 공권력 행사로 인하여 침해된 사건이 아니므로" 각하결정을 내렸다.[23]

형제복지원 사건 진상규명운동이 등장하는 데 결정적인 영향을 미쳤던 전규찬과 여준민 역시 1인시위를 시작한 한종선과 직접 대면하기 전까지 형제복지원 사건에 크게 관심을 두지는 않았다. 언론운동을 하는 전규찬은 어린 시절 형제복지원 사건에 대해 전해 들었던 것을 기억하고 있었으며 그것이 한종선과 처음 만났을 때 이 사건을 유심히 살펴보도록 만든 계기가 되었다고 말한다. 그러나 한종선과 만나기 전까지는 이 사건에 크게 관심을 갖지 않았다고 구술한다(전규찬 구술). 장애인인권운동과 시설 관련 사회운동 활동가인 여준민은 2011년에 벌어진 도가니 사건 사무국에 관여했지만 2012년 한종선의 문의전화를 받기 전까지 형제복지원사건을 잘 모르고 있었다. 한종선의 전화를 받은 이후에도 한동안은 공소시효가 지나서 법률적으로 해결이 불가능한 사건으로 생각했다(여준민 구술).

형제복지원 사건 피해자들도 준비되어 있지 않았지만 소수자운동 활동가도, 과거사 진상규명운동 활동가도, 심지어 과거사위도, 이 사건에 관심이 없었던 셈이다. 정치민주화 이후 소수자운동과 과거사 진상규명운동의 성장으로 정치·사회적 기회구조는 조성되었으나 형제복지원 사건은 그것을 적극적으로 재조명할 '주체'가 형성되지 못함에 따라 진상규명운동으로 발전하지 못하고 지연될 수밖에 없었다.

2012년, 형제복지원 사건 진상규명운동의 등장

고립된 피해당사자의 인지적 해방

형제복지원 사건 진상규명운동은 2012년 등장했다. 2012년에야 비로소 운동주체 형성이 가능했기 때문이다. 운동의 주체는 두 단계를 거쳐서 형성되었다. 먼저 피해당사자 한종선의 인지적 해방이다. 9살이라는 어린 나이에 형제복지원에 강제수용됐던 한종선은 형제복지원 수용시절 어린이가 감당할 수 있는 수준을 넘어선 엄청난 폭력에 노출되어 있었다. 형제복지원 퇴소 이후 다른 시설로 이감되었다가 여러 번 가출과 복귀를 반복했다. 사회생활을 하면서는 '형제복지원 출신'이 꼬리표처럼 그를 따라다녔다. 적응하기 힘든 사회에서 그는 사기를 당하기도 하고 때론 그 자신이 타인의 물건을 훔치기도 하면서 방황의 삶을 살아갔다. 그 과정에서 감옥도 세 번이나 다녀왔다.

그러던 와중 한종선은 큰누나를 만나면서 심경의 변화를 겪게 되고 죄 안 짓고 자신의 힘으로 살아보고자 마음을 다잡게 된다. 그러나 변변한 직장을 얻을 수도 없었고 가난을 벗어나기도 어려웠다. 결국 한종선은 막노동을 하다가 허리를 다쳐 기초생활수급자가 된다. 그런데 기초생활수급자 신청을 하는 과정에서 형제복지원 퇴소 시 헤어진 아버지와 누나가 정신병원에 있다는 사실을 알게 되고 자신과 가족의 불행의 근원으로 형제복지원을 떠올리게 된다. 형제복지원에서의 악몽은 밤이고 낮이고 문득문득 떠올라 지속적으로 그를 괴롭혔다.

여기까지는 여느 시설피해생존자의 굴곡진 삶에서 크게 벗어나지 않는다. 그러나 한종선에게는 결정적인 전환점이 있었는데 그것은 2008년 광우병 쇠고기 관련 집회에 참여하면서부터 시작된다. 한종선은 광우병 쇠고기 관련 집회에 참여하면서 정치에 관심을 갖게 되었고, 틈틈이 형제복지원 사건을 인터넷 등에서 찾아보게 되었다.[24] 한종선은 5년 가까이 복지원 관련 내용을 찾아본 끝에 국가인권위원회에 진정도 하고 인권 관련 시민단체에 문의도 해보았지만 이미 공소시효가 지난 사건이기 때문에 도울 수 없다는 답변만 들어야 했다.[25]

2011년 일명 '도가니' 사건[26]을 목도하고 '형제복지원 사건이 더했으면 더했지 덜하지 않다'고 판단한 한종선은 우연한 기회에 보게 된 영화 〈콜래트럴〉에서 생각만 하고 행동하지 않으면 아무것도 얻을 수 없다는 깨달음을 얻고 2012년 5월 어느 날 직접 피켓을 만들어 국회의사당 앞에서 1인시위를 시작한다.[27] 한종선은 이 '사건'을 "짐승에서 사람으로 변해가는 과정 중에 내가 했던 최초의 일이었다"고 표현한다.[28]

이상이 한종선이 인지적 해방을 거친 과정이다. 한종선의 인지적 해방은 고립 속에서 이루어졌다. 2008년 광우병 쇠고기집회 참여 역시 그 혼자의 결정이었고, 형제복지원 사건에 대해 인터넷 검색도 홀로 했다. 포털사이트 〈다음〉에 만들어져 있었던 피해자모임카페에 가입은 했지만 모임이 활발하게 이루어지지는 않았다. 한종선의 인지적 해방이 고립 속에서 이루어졌다는 것은 2007년 최초의 계기로부터 2012년 1인시위를 시작하게 된 시간적 간격이 매우 컸던 이유를 설명해준다. 홀로 자료를 찾아 나가면서 점진적으로 인지적 해방이 이루어졌기 때문에 오랜 시간이 걸릴 수밖에 없었던 것이다.

이 사건은 형제복지원 사건에 대한 진상규명운동의 주체가 형성되는 첫 번째 계기다. 아직은 첫발을 내딛었을 뿐이다. 한종선 역시 자신이 처음 1인시위를 시작했을 때 사람들이 거의 관심을 보이지 않았다고 말한다.[29] 진상규명운동의 주체가 형성되기 위해서는 또 하나의 계기가 필요했다.

피해당사자와 지식인 활동가의 만남

운동주체 형성의 두 번째 계기는 한국예술종합학교 교수이자 언론개혁시민연대 대표이기도 했던 전규찬이라고 하는 조력자/지식인과 한종선의 만남이다. 우연히 한종선의 1인시위 현장을 목격한 전규찬은 형제복지원 사건과 한종선에 대해 상당한 호의를 갖고 있었음에도 그의 첫인상이 살기가 돌았고 "앉아서 대화를 하는 것도 무서울 정도"였다고 회상한다(전규찬 구술). 당시 두 사람의 사회적 위치만큼이나 멀었던 심리적 거리감을 보여준다. 한종선을 돕기로 결심한 전규찬은 흥미롭게도 관련 활동가들을 규합하여 조직을 꾸려서 돕는 방법을 사용하지 않았다. 사실 그에게 이 사건의 공소시효 만료나 법률적 해결가능성 등은 고려 대상이 아니었다. 그 대신 그는 한종선에게 자신의 사연을 글로 쓰도록 했다. 다른 사람에게 이야기하는 구술이나 증언의 방식이 아닌 자신의 사연을 자신이 직접 쓰도록 한 것이다. 두 사람은 글이 나올 때까지 주기적으로 만남을 지속한다.

> 일주일 한 번 정도 저랑 만나서 글을 풀어주고 글을 쓴다는 게 뭔지라는 것과 심지어는 역사철학 같은 것도 제가 수업시간에 했던 거 갖다 놓고 읽어봐라 이게 이런 뜻이야, 놀랍게도 그는 내가 말하는 거를 알아들었고 글이란 게 뭐다 쓴다는 게 어떤 거다라는 걸 알았고 거칠기는 하지만 그래도 글들을 꾸역꾸역 써서 성실히 노트로 가져왔습니다. -전규찬 구술

한종선과 전규찬 사이의 이러한 관계는 마치 민주화 이전까지만 하더라도 흔하게 볼 수 있던 학생운동 선후배 사이의 학습서클 혹은 노동야학 등을 연상시킨다. 주기적으로 만나 써온 글을 검토하고 교육하고 때로는 개인적인 이야기도 나누면서 두 사람은 매우 친밀하면서도 강한

신뢰로 엮인 사이가 되어갔다. 두 사람의 이러한 관계는 민주화 이전의 지식인 현장투신과 비교해볼 만하다. 그리고 이 과정에서 이루어진 강도 높은 '교육'은 한종선을 짧은 시간 안에 당사자운동 주체로 '성장'시켰다. 절박했기 때문이겠지만 한종선은 초등학교 학력 정도였지만 교육수준 등에서 차이가 큰 교수 전규찬의 말을 '알아들었'고 실행에 옮겼다.

두 사람은 먼저 진보진영의 연구자들을 대상으로 글을 발표했다. 이때 전규찬은 논문의 제1저자를 한종선으로 하고 자신은 제2저자로서 조력자의 위치에 남는다. 그런데 진보진영 연구자들의 반응은 좋지 않았다.

> 상당히 흥미로운 토론과 대화와 현실에 개입하지 못했던 문화연구자들 다수의 부끄러움과 성찰과 격려의 이런 대화가 이뤄질 줄 알았는데 너무나 뜨악해 하고 너무나 언짢아하며 너무나 불편해하는 투가 나오고 … -전규찬 구술

전규찬은 방법을 바꿔 대중적인 책을 쓰기로 결정한다. 그렇게 해서 나온 책이 바로 『살아남은 아이: 우리는 어떻게 공모자가 되었나?』다. 그런데 책을 쓸 때에도 논문을 쓸 때와 마찬가지로 한종선의 자전적 글이 앞에 나오고 전규찬과 인권운동가 박래군의 글은 한종선의 글을 보완하는 형태를 갖췄다. 이것이 갖는 의미는 크다. 전규찬은 어디까지나 이 운동의 주체는 피해당사자로 보고 있었다는 것이다. 어쩌면 전규찬은 피해당사자와 지식인 활동가의 지적·사회적 격차가 자칫 이 운동을 지식인 활동가가 주도하는 운동으로 변모시키고 피해당사자를 '대상화'할 수도 있음을 경계했는지도 모른다.

다행히도 이 책은 사회적 반향을 얻게 되고 외부의 관련 활동가들을 움직이기에 이른다. 그런데 주목할 점은 실제 지식인 활동가들을 움직인 것은 한종선의 '증언'보다 그 증언을 역사적으로 위치짓고 그것의

현재적 의미를 밝힌 전규찬의 글이었다는 점이다. 다음의 여준민 대책위 사무국장의 구술은 이 점을 분명히 보여준다.

> 이 친구[한종선]가 제가 책을 쓰고 있어요, 이러더라고요. 어떤 교수가 자기한테 글을 써보라고 해서 자기가 쓰는 글이 있다고, 그러면서 초안을 주는 거예요. … 종선이의 인권침해 상황, 형제복지원의 구조나 시스템 이런 것도 알게 됐고. 근데 그것만으로는 문제를 해결할 수 없는데 전규찬 교수 글이 너무 좋은 거예요. 이게 국가정책이었다는 걸 그때 처음 알게 된 거죠. 그리고 형제복지원 이야기만 한 게 아니라 당시의 수용소와 수용정책에 대한 내용들도 구체적으로 다 취합을 하셨더라고요. 그래서 아, 이건 삼청교육대 같단 느낌이 딱 드는 거예요.
> -여준민 구술

한종선의 증언은 세상을 떠들썩하게 하고 공분에 휩싸이게 했다. 그러나 전규찬의 협조와 글이 없었다면 한종선의 증언은 1987년 형제복지원 사건이 알려졌을 때, 또 2011년 관련 방송이 나왔을 때처럼 사회적 공분이 사그라들 때 함께 묻혔을지 모른다. 같은 책에 실린 전규찬의 해석은 사실 그렇게 쉽게 읽히는 글이 아니다. 그러나 그의 적확한 해석은 그것을 해독할 수 있는 지식인 활동가집단을 움직임으로써 형제복지원 사건을 해결하기 위한 구체적인 방법을 모색하도록 했다. 물론 전규찬의 해석만 있었다면 그것은 한 연구자의 발견으로 끝났을지 모른다. 그렇기에 둘의 글이 합쳐졌을 때, 그리고 박래군이 결합하면서 『살아남은 아이』는 형제복지원 사건 진상규명운동으로 가는 마지막 관문이 될 수 있었다.

대책위의 결성과 운동의 본격화

형제복지원 사건 대책위가 결성되면서 이 사건은 본격적으로 진상규명 운동 궤적에 돌입하게 된다. 대책위는 운동주체의 형성에 힘입어 결성되었지만 대책위의 결성 과정은 민주화 이후 25년간 조성된 정치·사회적 기회구조가 어떠한 기여를 했는지 잘 보여준다. 한종선은 2012년 1인시위를 하면서 전규찬과만 만난 것은 아니다. 그는 시민단체 활동가들에게 지속적으로 문을 두드렸다. 그 가운데 한종선의 요청을 받아들인 유일한 사람이 바로 여준민이었다. 여준민은 장애 및 시설 관련 시민단체 활동가로서 민주화 이후 성장한 소수자인권운동 출신이다.

앞서도 언급했지만 여준민 역시 처음에는 다른 인권단체들과 마찬가지로 형제복지원 사건이 공소시효가 만료된 사건이기 때문에 법적으로 다시 거론하기는 어렵다고 생각했다. 그러나 한종선과 전규찬의 글 초안을 본 여준민은 2000년대 중반에 진상규명위원회가 만들어졌던 삼청교육대사건을 떠올리게 된다. 삼청교육대 관련 위원회에서 활동했던 강경선 한국방송통신대 교수를 알고 있었던 여준민은 그에게 문의를 하게 되고 강경선 교수와 더불어 관련 지식인과 활동가, 그리고 연대단체들을 규합해나갔다. 이때 과거사위에서 활동했던 전문가들이 결합하게 된다.

> 생각나는 사람이 방송대 강경선 교수라고, 그분이 삼청교육대, 국방부의 의문사 위원이셨거든요. 삼청교육대 담당이셨어요. … 강경선 교수님이 민주주의법학연구회 창립멤버시거든요. 그래서 민주주의법학연구회 자기 후배들을 부른 거예요. 근데 거기 이재승 교수님이 오셨네. 국가폭력의 대가인. … 4.9재단에 안경호 국장님, 지금은 사무국장님. 안경호 사무국장님이 진화위[과거사위] 조사원이었어요. 강경선 교수님이 생각하기에는 활동가도 필요하고 학자도 필요하고 옛날에 전문성을 갖는 조사관도 필요하다 이렇게 생각하신 거예요. 그래서 강경

> 선 교수님이 같이 일했던 삼청교육대 조사관 출신이었던 박태하 선생님을 그날 회의에 오라고 하신 거예요. 박태하 선생님이 쭉 우리랑 같이 회의를 하더니 이건 조사관이 한 명 더 필요하겠네요 그러더니 그다음 회의 때 안경호 국장님을 데리고 온 거죠. -여준민 구술

기존의 과거사 진상규명운동은 형제복지원 사건 대책위의 운동 방식에도 영향을 미쳤다. 대책위는 1년 가까이 관련 자료를 모으고 세미나를 하고 피해자 증언을 채록하면서 준비기간을 거쳤고 이후 추가 피해자를 발굴, 모집, 증언대회를 기획하면서 피해자모임을 만들었다. 또한 토론회를 개최하고, 무엇보다도 특별법 제정에 집중했다(표 2 참조). 이러한 대책위의 활동은 다른 과거사 진상규명운동의 활동 방식과 유사하다. 독재시기 의문사 사건은 물론 해방기 혹은 한국전쟁기 학살사건의 경우에도 대부분 관련 유족회가 있고 이들을 돕는 외부 시민단체들이 있다. 이들은 다른 사회운동들과 마찬가지로 집회, 시위, 농성 등을 진행하지만 추모제, 증언대회 등과 같이 피해자 혹은 유족들만이 할 수 있는 사회운동 레퍼토리들도 활용한다. 더불어 대부분의 학살사건 혹은 의문사사건의 유족회 혹은 시민단체들은 진상규명 및 배·보상, 명예회복 등을 위해 입법운동을 병행해나갔다. 민주화 이후 지속되어온 과거사 진상규명운동이 만들어놓은 다양한 사회운동 레퍼토리들은 형제복지원 사건 진상규명운동이 단시간 내에 체제를 갖추고 운동을 본격화할 수 있도록 하는 중요한 토대가 되었다.

운동의 등장, 그 후

형제복지원 사건 진상규명운동은 2012년 등장한 이후 2021년 현재까지 지속

표 2. 형제복지원 사건 대책위 및 관련 사회운동단체의 활동

2012. 8	형제복지원 피해자 한종선 씨 전화상담(장애와인권발바닥행동, 여준민)
2012. 11	국가기록원에 형제복지원 관련 자료 일체 신청
2012. 12~ 2013. 1	『살아남은 아이』 저자와의 대화(3차까지 진행)
2013. 1. 29	박근혜 정권 첫 총리로 지명된 김용준 전 대법관이 형제복지원장 박인근에게 감금죄 인정하지 않았던 당시 대법관이었음을 민주당에 제보
2013. 1. 31	형제복지원 사건 대책위(준) 준비모임
2013. 2. 15	형제복지원 사건 활동방향 및 계획 수립을 위한 초동모임
2013. 3. 22	〈형제복지원 사건 진실규명 및 해결방안을 위한 토론회〉 개최
2013. 5~8	〈26년 형제복지원〉 주제로 '인권오름'과 '프레시안' 동시 기획 연재(10회)
2013. 5. 16	부산지역단체들과 간담회
2013. 5~	피해자 인터뷰 시작
2013. 5. 30	형제복지지원재단 산하 중증장애인요양시설 '실로암의 집' 현장방문
2013. 6. 25	울산지청 사건 기록 정보공개청구(7. 5. 기각 결정)
2013. 8. 19	울산지청 사건 기록 및 자료 목록 정보공개 청구
2013. 9. 2	「진실화해를위한과거사정리기본법」 개정안 토론회(대책위(준)의 김재완 교수(방송대 법학과) 토론자로 참여)
2013. 9. 5	부산 사회복지연대 월례토론회 "형제복지원 인권유린의 기억과 현실"
2013. 10. 10	형제복지원 피해자 증언대회 개최
2013. 10. 22	대책위 출범
2013. 12. 23	대책위는 피해생존자 28명의 서명을 받아 인권위원회에 집단 진정 제출
2014. 2. 13	안전행정부 주관으로 보건복지부, 부산시, 과서사지원단과 함께 대책위 관계자들이 참석하는 간담회 개최
2014. 3. 25	진선미 의원 대표발의로 형제복지원 특별법 제정안 발의(7.23. 재발의)
2014. 12. 10	형제복지원 사건 부산대책위 결성
2016. 7. 5	진선미 의원, 형제복지원 특별법 20대 국회에서 재발의
2017. 6. 27	대책위, 피해자모임, 서울대 사회발전연구소 공동으로 토론회 개최
2018. 2. 8	서울대 사회발전연구소, 민주화운동기념사업회, 국가인권위원회, 대책위, 피해자모임 공동으로 토론회 〈또 하나의 1987〉 개최
2018. 11. 19	서울대 사회발전연구소, 서울대 사회학과 형제복지원연구팀 공동주관으로 토론회 개최

되고 있다. 9년이 경과하면서 이 운동은 두 단계를 거쳐 진화했다. 첫 번째 단계는 대책위와 피해생존자모임 투트랙의 단계다. 2012년 등장 초기부터 2016년까지가 이 단계에 속한다. 대책위는 교수, 변호사 등 지식인 활동가가 중심이 되어 꾸려졌고 이들은 법제정 운동을 중심으로 활동해 나갔다. 법이 제정되면 누구보다도 피해생존자 본인들에게 좋은 일이므로 지식인 활동가들은 형제복지원 사건 진상규명을 위한 특별법이 제정될 수 있도록 노력했고 그것을 위해 피해자들의 대변인 역할을 자처했다.

한편 2013년 형제복지원 피해생존자모임도 만들어졌다. 사실 이 모임은 다른 과거사 진상규명운동에서 피해유가족모임이 결성되어 왔기 때문에 그 연장선상에서 만들어진 모임이다. 따라서 결성 초기만 하더라도 이 모임이 제대로 굴러갈 수 있을지 장담하는 사람은 없었다. 실제 형제복지원 피해생존자들은 사회적 하층민으로서 시설수용자라는 낙인을 안고 고립되어 살아왔기 때문에 공식석상에 나선다는 것 자체가 매우 낯선 경험이었다. 더구나 대부분이 함께 모여 무언가를 논의해본 경험이 없었기 때문에 그 자체가 이들에게는 엄청난 모험이었다. 따라서 결성 초기만 하더라도 이들은 회의 중에 돈 문제나 시기, 질투 같은 문제로 격정적으로 갈등을 표출하곤 했다.

그럼에도 법제정 드라이브를 거는 대책위에 보조를 맞추면서 다양한 활동을 진행해나갔다(표 3 참조). 2013년 12월에는 피해생존자 28인이 대책위와 함께 인권위에 집단진정을 제출했으며 2014년 8월에는 세월호 참사 진상규명을 위한 특별법 제정 지지선언을 했다. 2015년 4월에는 눈물의 삭발식을 거행하기도 했다.

그러나 지식과 경험이 부족하고 아직 준비가 완벽하지 않은 피해생존자들이 지식과 경험이 풍부한 지식인 활동가들의 속도에 맞추기는 힘에 부친 경우가 많았다. 그러다 보니 대책위의 드라이브는 피해생존자들에게는 그들의 현재의 상황, 현재의 눈높이를 고려하지 않은 것으로 받아들여지기도 했다. 그것은 대책위에 대한 고마움과 동시에 불만이기도 했다.

> 그들[대책위]이 좋은 거는 뭐냐며는 저희들이 할 수 있는 역할을 못할 때 대책위가 나서주면 정말 고맙죠. 그분들은 배우신 분들이고 하니까 저희가 부족한 것들을 채워주시는 분들이기 때문에 항상 고맙게 생각합니다. 하지마는 너희들이 피해자니까 너희들은 가만 있어 우리가 알아서 할 게 하는 거는 … 불만들을 가지고 있죠. -피해생존자 최승우 구술

더구나 몇 번의 법안 통과가 좌절되면서 대책위는 초반의 활기를 잃어갔다. 대책위가 추진한 특별법안은 박근혜 정권 때인 19대 국회에서 처리되지 못하고 폐기되었으며, 2016년 20대 국회에도 상정되었으나 오랫동안 방치되어 있었다. 사실 당시가 보수정당이 집권하던 시기였기 때문에 어쩌면 법안 통과에 올인하는 전략이 다소 무모했을 수도 있다. 민주화운동에 뿌리를 둔 노무현 정권 때 전국유족회단체모임, 시민단체가 총괄된 국민위원회가 결성되고 5년여의 진상규명운동을 벌였음에도 「과거사법」 제정 과정은 순탄하지 않았다. 그런데 전두환 정권하에서 발생했던 인권침해사건을 진상규명하고자 하는 법안을 그 정권에 뿌리를 둔 보수정권하에서 통과시키고자 하는 것은 더욱 쉽지 않은 일이었다. 이처럼 대책위가 야심차게 추진했던 법제정이 난관에 부딪치면서 대책위 활동은 사실상 소강상태에 들어갔다.

그런데 놀랍게도 지식인 활동가 중심의 대책위의 활동은 점차 약화됐지만 피해생존자 활동은 오히려 더 본격화됐다. 그러면서 진상규명운동은 그 두 번째 단계인 피해당사자운동으로 진화했다.

표 3. 형제복지원 피해생존자모임의 활동

일자	활동 내용
2012. 10. 24	『살아남은 아이』 출간(1판)
2012. 11. 27	『살아남은 아이』 출판회, 한종선 · 전규찬과 여준민 · 강경선 등 만남
2013. 5	대책위에서 피해자 인터뷰 진행
2013. 6. 18	한종선, '차별금지법제정연대' 주최 "을들의 이어말하기: 숨겨지는 사람들의 커밍아웃"에서 증언
2013. 7. 4~7. 6	한종선이 참여하는 연극, 〈우리는 난파선을 타고 유리바다를 떠돌았다〉 상연
2013. 10. 10	형제복지원 피해자 증언대회 개최
2013. 12. 23	형제복지원 피해생존자 28인은 대책위와 함께 인권위에 집단진정 제출
2014. 5. 16	형제복지원 수용자, 다른 국가폭력 피해자들과 함께 인터뷰
2014. 8. 27	형제복지원 피해생존자들, 세월호 참사 진상규명위한 특별법제정 지지 선언
2015. 4. 28	형제복지원 피해자 삭발식
2015. 12. 7	한종선, 단식농성
2016. 12	형제복지원 피해생존자모임, 촛불집회 참여, 서명전
2017. 9. 6	형제복지원 피해생존자들, 부산 형제복지원 터 앞부터 청와대까지 국토대장정
2017. 11	한종선, 최승우 형제복지원 사건 피해생존자 국회앞 농성 시작
2018. 1. 17	형제복지원 피해생존자들, 사건 재조사 촉구하는 기자회견
2018. 6	한종선 형제복지원 피해생존자모임 대표 '진실의 힘' 인권상 수상
2018. 10	최승우 형제복지원 사건 피해생존자 연극 〈편육〉 참여
2019. 11	최승우 형제복지원 사건 피해생존자, 과거사법 개정 요구하며 고공농성
2019. 12	형제복지원 피해생존자모임, 민주화운동기념사업회 6월민주상 특별상 수상
2020. 6	형제복지원 피해생존자모임, 박종철인권상 수상

속도는 느리지만 피해생존자들은 점차 스스로 모임을 운영, 관리하고 서로 영향을 주고받으며 더욱 성장해갔다. 그러다가 어느 시점이 되었을 때 (피해생존자 그들 스스로의 표현으로) '짐승'의 틀을 벗지 못했던 부

그림 2. 형제복지원 사건 피해생존자의 국토대장정 모습

출처: 비마이너,「진정한 자유 찾아 부산에서 청와대까지…형제복지원 피해생존자들 국토대장정 시작」, 2017년 9월 6일자.

랑인/피해자는 피해생존자를 거쳐 이제 스스로를 '활동가'로 호명하며 자신의 운동을 본격화해나갔다.

이들은 본인들만의 집합행동을 기획하기도 했다. 2017년 국토대장정이 그것이다. 물론 그 이전에도 피해생존자모임은 다양한 활동에 참여했다(표 3 참조). 그러나 2017년 가을에 있었던 국토대장정은 오랜 기간 지속성, 활동의 강도라는 점에서 차이가 컸다. 더구나 국토대장정 기간 동안 함께 먹고 자면서 서로를 깊이 이해하는 계기가 되었다는 점에서 그 의의가 크다.

두달가량 진행됐던 국토대장정을 거치면서 피해생존자들은 자신들의 힘을 깨닫게 되었을 뿐만 아니라 서로의 관계에 대해서도 새롭게 인식하게 됐다.

국토대장정 하면서 완전 똘똘 뭉쳤죠, 서로의 마음을 알게 되는 … 그 전에는 두

달에 한 번 석달에 한 번 모임한 게 그냥 왔다가 갔삐고 그런데 … 21일 동안 줄기차게 붙어 있잖아요. 싸우고 지지고 볶고 뭐라하면 욕하고 막, … 그러면서 국토대장정 가서 뭉쳐버리니까 다른 사람들도 그러다보니까 같이 뭉쳐 … 거의 식구처럼 살았으니까 동조가 되고. -피해생존자 박순이(하안녕) 구술

이처럼 피해생존자모임이 보다 더 활성화되자 대책위와의 관계도 재조정되었다. 다음 구술을 보면 피해생존자모임이 주도를 하자 대책위는 지원조직 형태로 자신의 역할을 재조정하고 있음을 확인할 수 있다.

그러다가 어느 순간 피해자모임이 중심에 딱 스는 게 보이더라고요. 그래서 오~ 오케이 좋아 너무 좋아 그러면 여러분들이 하세요. 우리는 그런 필요한 것들을 지원하면서 가겠습니다. 하면서 지금까지 온 거예요. 그게 국토대장정 그때부터. 그때 딱 그렇게 결정한 걸 보고 오~ 박수를 쳤죠. -여준민 구술

본 연구에 참여한 구술자들은 현재까지 형제복지원 사건 진상규명 운동의 가장 큰 성과를 피해생존자들의 성장에 둔다. 그 가운데 한 구술자는 자신의 변화를 상당히 경외롭게 표현하고 있다. 모든 구술자들의 의견이 이와 비슷할 것으로 생각된다.

피해생존자들이 건강해진 거 … 우리가 마인드가 바뀌었잖습니까. 우리가 변해가는 거 그게 최고 성과죠. 목적이 짐승에서 사람으로. 원인 모르고 잡혀 들어가서 어린 나이 사춘기 때 부모 사랑받고 살아갈 나이에 부랑아가 돼 버렸잖아요. 복지원이라면 잘 키워 가지고 사회에 이바지할 수 있게 해야 하는데 잡아온 그 자리에 갖다 버렸잖아요. 전원조치 시키고, 소년원에다가. 그랬는데 제가 변하는 게 이게 엄청난…등에다 호랑이를 그려가지고 조직폭력배, 그렇게 살아왔었는

데 그 삶이 지금 바뀌었잖아요. -피해생존자 최승우 구술

그런 의미에서 형제복지원 사건 진상규명운동은 피해생존자들의 '인간해방운동'이기도 하다. 피해생존자들은 진상규명운동을 통해 자신에게 오랜 고통의 근원이 되었던 어두운 과거가 결코 자신의 탓이 아님을 깨닫는다. 고통을 직시하고 성찰하면서 더 나은 삶에 대해 생각한다. 그리고 성찰의 결과로서 스스로 긍정적으로 변해가고 있음을 인지하게 된 것이다. 이러한 과정은 당사자운동 주체가 어떻게 등장하게 되는가를 잘 보여준다.

피해당사자운동은 이제 4년 정도 지속됐을 뿐이다. 아직 목표가 완전히 달성된 것도 아니다. 구술에 참여한 모든 피해생존자들은 앞으로도 계속해서 운동에 참여할 것임을 밝혔다. 그만큼 운동에 참여했던 경험과 기억이 이들에게 긍정적이었음을 보여준다. 앞으로 형제복지원 사건 진상규명운동이 지속된다면 그 형태는 분명 피해당사자운동의 형태를 띨 것이 틀림없다.

여전히 갈 길은 남았다

이제 이 글이 서론에서 제기했던 질문에 답해볼 차례다. 첫째, 1987년은 민주화의 해였음에도 불구하고 형제복지원 사건이 전체 민주화운동에 포괄되지 못했던 이유는 무엇인가? 그 이유는 당시가 군부독재체제로 소수자는 물론 다수자도 억압받던 시기였기 때문이다. 당시 활성화되어 있었던 민주화운동의 목표는 모든 시민을 억압하던 '독재'의 타도, '체제변혁'에 집중되어 있었고, 형제복지원 수용자들 역시 저항할 준비가 되어 있지 않았다. 말하자면 당시는 형제복지원

사건이 진상규명운동으로 발전하기 위한 정치·사회적 여건이 형성되어 있지 않았을 뿐만 아니라 내부 운동주체도 형성되어 있지 않았으며 외부 운동단체의 지원도 기대하기 어려운 상황이었다.

둘째, 민주화 이후 그것도 25년 동안이나 형제복지원 사건이 진상규명운동으로 발전하지 못하고 주변화되어 있었던 이유는 무엇인가? 그 이유는 운동을 수행할 주체가 부재했기 때문이다. 물론 정치·사회적으로 여건은 무르익었다. 정치민주화는 소수자에 대한 사회적 관심을 확장시키고 소수자운동이 발생되도록 하는 계기가 됐다. 또한 한국전쟁기 혹은 독재체제 시절 발생했던 국가범죄에 대한 진상규명운동이 성장하고 그 결과로 과거사위원회가 출범하기도 했다.

그러나 형제복지원 사건 피해생존자들은 사회가 이렇게 변화했다는 것을 알아채고 그것을 활용할 준비가 되어 있지 않았다. 그도 그럴 것이 형제복지원 사건 피해생존자는 부랑인 혹은 부랑인시설수용자 출신이라는 점에서 영구적인 낙인이 찍힌 소수자다. 더구나 이들은 경제적·문화적 자원도 부족한 하층민이다. 소수자 속의 소수자로서 이들은 스스로를 드러낼 수 있는 기회가 제한되어 있었고 그 기회를 활용할 능력 역시 제한되어 있었다. 외부에서 알아서 도움을 주기를 바라기에는 부랑인/노숙인에 대한 사회적 인식은 매우 나쁘다. 강경선은 그동안 국가범죄를 척결하는 작업이 진행되었지만 '부랑인 청소'라는 이유로 행해졌던 국가범죄에 대해서는 상당히 둔감했는데 그 이유를 어쩌면 '그들은 그렇게 당해도 싸다'는 시민들의 마음가짐 때문이었을지도 모른다고 지적한다.[30]

셋째, 형제복지원 사건 진상규명운동이 2012년 비로소 시작된 계기는 무엇인가? 운동 주체 형성이 2012년에 비로소 가능했기 때문이다. 형제복지원 사건 진상규명운동은 인지적 해방을 겪은 피해당사자 주체와 지식인 조력자가 만났을 때 비로소 시작될 수 있었다. 이후 지식인 활동가 대책위 주도의 에드보커시운동 단계를 거쳐 현재는 피해당사자운동 단계로 진입했다.

마지막으로 형제복지원 사건 진상규명운동의 성과와 향후 과제는 무엇인지 간략하게 살펴보고자 한다. 성과로는 우선 법무부 산하 검찰과거사위원회가 지난 2018년 2월 형제복지원 사건을 12개 1차 사전조사 대상사건의 하나로 선정하여 조사를 진행하고[31] 검찰에 비상상고를 권유했으며 검찰이 대법원에 비상상고한 뒤 문무일 검찰총장이 피해생존자들에게 사과한 것(11. 27)을 들 수 있다.[32] 대법원은 검찰총장이 비상상고한 지 1년 6개월 만이긴 하지만 2020년 4월 23일 첫 심리를 시작했다.[33] 또한 2018년 지방선거에서 당선된 부산시장 오거돈이 형제복지원에서의 인권유린에 대해 공식 사과하고(2018. 9. 17), 부산시 형제복지원 사건 피해신고센터를 개소했으며(2018. 12. 24), 사건진상규명과 피해생존자를 지원하는 조례를 제정(2019. 3. 29), 피해실태조사를 진행하는 등 부산시 나름의 진상규명과 피해자 지원을 시작한 것도 중요한 성과 중 하나일 것이다.[34] 그리고 20대 국회 막바지인 2020년 5월 20일 드디어 형제복지원 사건 진상규명이 포함된 「과거사법」 개정안이 국회를 통과했다. 드디어 형제복지원 사건 진상규명의 길이 열린 것이다.

재육원, 형제복지원 재단, 느헤미아 등으로 여러 차례 이름을 바꿔가며 복지재벌로 군림해온 박인근 일가를 복지시설사업 영역에서 퇴출시킨 일 역시 큰 성과다. 형제복지원 사건은 박인근 일가 개인의 문제로만 볼 수는 없지만 이들의 잘못을 결코 작다고 할 수는 없다. 551명 이상의 목숨을 앗아간 박인근을 처벌하지는 못했지만 2013년 느헤미아의 대표였던 박인근의 3남 박천광은 공금을 빼돌린 혐의로 법정구속되고 징역 3년형을 선고받았다.[35] 또한 부산시는 느헤미아의 법인설립 허가를

취소하고 느헤미아가 운영하던 중증장애인 요양시설인 실로암의집 역시 폐쇄했다.[36]

무엇보다 25년 동안이나 묻혀 있었던 형제복지원 사건을 공론장에서 부활시켰다는 점 역시 지적할 필요가 있다. 이제는 최소한 공론장에서 형제복지원 사건을 단순히 과거형 사건으로 생각하지는 않는다. 그 덕분에 2014년에는 추가시신이 발굴되었으며 선감학원과 같은 다른 사건들도 주목받을 수 있었다. 2016년 희망원사건이 터졌을 때 단숨에 언론의 관심을 받고 SBS 〈그것이 알고 싶다〉(2016. 10. 8)에 방영될 수 있었던 것도 형제복지원 사건의 전례가 도움이 되었음을 부인하기는 어려울 것이다.

그러나 이러한 객관적 성과보다도 주체적 차원에서의 성과가 더 클지도 모른다. 진상규명운동은 피해생존자들을 변화시키고 이들을 운동의 주체로 성장시키고 있다. 사회운동에 참여하고 활동해나가는 과정 자체가 이들이 한 명의 온전한 주체로 거듭나도록 하는 체험이 되고 있는 것이다. 여전히 형제복지원에서의 악몽은 트라우마로 남아 있고 형제복지원 출신이라는 꼬리표는 벗어나고 싶은 굴레이지만 그것을 있는 그대로 대면할 수 있는 용기를 갖게 되면서 점차 자존감을 회복해가고 있다. 더불어 피해생존자모임은 그들에게 유의미한 공동체로 자리잡아가는 듯 보인다. 피해생존자들은 때로 갈등하고 상처를 주고받지만 아픔을 극복해가면서 공동의 목표를 향해 나아가는 '동지'이자 일상을 함께 하는 친구이기도 하다. 그러면서 세월호 사건이나 5.18 광주항쟁, 선감학원, 희망원 등 다른 시설 관련 사건들에 결합하기도 한다.

그러나 여전히 갈 길은 멀다. 이제 첫발을 내딛었을 뿐이다. 「과거사법」이 통과됨으로써 국가 차원의 진상규명의 길은 열렸지만 철저한 진상규명, 국가 차원의 사과와 피해자 명예회복, 피해자 배·보상 등이 이루어지도록 감시하고 압박해나가는 과정이 지속되어야 한다. 피해생존자들의 트라우마 극복과 자존감 회복 역시 완전하다고 할 수는 없다. 설사 사건의 진상을 규명하고 피해보상이 되더라도 지속적으로 치유의 시도와 노력이 요구된다. 여전히 운동이 지속되어야 하며 그에 대한 사회적 관심이 요구되는 이유도 여기에 있다.

주

머리말

1 그동안 연구팀에서 공개적으로 발표한 글들은 다음과 같다.
1. 2017년 6월 27일 국회발표회
「나는 누구입니까?: 인권과 민주주의, 그리고 형제복지원 사건 토론회」, 서울대학교 사회학과 형제복지원 연구팀. 주최: 형제복지원사건진상규명을위한대책위원회, 형제복지원사건 피해생존자(실종자·유가족)모임, 국가인권위원회, 서울대학교 사회발전연구소.
2. 2017년 비판사회학대회
김일환, 「1970~80년대 부랑인 단속/수용 정책의 성격: '내무부 훈령 410호'(1975)와 '구걸행위자보호대책'(1981)을 중심으로」, 2017년 비판사회학회 정기학술대회, 『역사적 전환과 체제변동: 2017년, 희망의 변곡점』, 161-181쪽.
3. 2017년 제8회 제주인권회의
「다시 인권이다. 인권의 현재와 미래」, 곽귀병, 「형제복지원 문제와 소수자 인권: 87년 민주화/인권운동 미완의 과제」. 주최: 제주특별자치도, 국가인권위원회, 한국인권재단.
4. 2017년 9월. 김재형, 「망각된 인권, 형제복지원 특별법을 제정하라: 도보행진을 떠나는 형제복지원 피해생존자들을 위하여」, 창비주간논평.
5. 2018년 10월. 김재형, 「형제복지원 특별법을 제정하라」, 창비주간논평.
6. 2018년 11월 콜로키움
「배제에서 포용으로: 형제복지원의 사회사와 소수자 과거청산의 과제」. 주최: 서울대학교 사회발전연구소, 주관: 서울대학교 사회학과 형제복지원 연구팀.

1장

1 유선영, 2011, 「식민지의 스티그마 정치: 식민화 초기 부랑자 표상의 현실효과」, 『사회와 역사』 89, 41-84쪽; 예지숙, 2014, 「일제하 부랑자의 탄생과 그 특징: 1910년대를 중심으로」, 『한국사연구』 164, 29-58쪽.

2 예지숙, 「일제하 부랑자의 탄생과 그 특징」, 29-58쪽; 예지숙, 2015, 「일제시기 조선에서 부랑자의 출현과 행정당국의 대책」, 『사회와 역사』 107, 73-96쪽.

3 한귀영, 1997, 「'근대적 사회사업'과 권력의 시선」, 김진균·정근식 편저, 『근대주체와 식민지규율권력』, 문화과학사.

4 예지숙, 「일제시기 조선에서 부랑자의 출현과 행정당국의 대책」, 73-96쪽.

5 식민지 조선에 시민사회(civil society)라고 하는 것이 존재했다고 주장하는 것은 분명

무리지만, 조선총독부라고 하는 통치자와 구분되는 피지배자이면서도 자신의 이익에 기반하여 정치적 행위를 하는 집단으로서 사회는 존재했다. 식민지기 이러한 종류의 사회는 윤해동·황병주 등의 저서 『식민지 공공성: 실체와 은유의 거리』(2010)에서 본격적으로 다루고 있지만, 이 연구에서는 복잡한 논의로 나아가지 않고 국가와는 다른 주요 행위자로서 사회를 설정하고자 한다. 이 연구에서 다루는 사회는 민족적으로 주로 조선인들로 구성되어 있지만, 조선총독부와 때때로 다른 입장을 갖는 주요한 행위자로서 재조일본인을 포함한다. 조선인과 재조일본인은 자신의 이해관계에 따라 입장이 달랐지만, 부랑나환자에 대한 인식과 태도는 상당히 일치했던 것으로 보인다. 그러나 이들의 조선총독부와의 관계는 민족적 위치에 따라 달랐기 때문에, 대응 방식에도 조금씩 차이가 있다.

6 나환자란 나병에 걸린 사람을 지칭한다. 현재는 한센병(Hansen's disease)이라고 불리는 이 질병은 전근대시기 대풍창(大風瘡)이나 나창(癩瘡) 등의 공식적 의학 용어로 불리다가 1910년 한일병합을 계기로 일본식 용어인 나병(癩病)이 의학적·법적 용어가 되었다. 한편 민간에서는 전통적으로 문동/문둥이라는 용어로 이 질병을 불렀으나, 20세기에 들어오면서 문동병 또는 문둥병으로 불렀다. 현재는 이 질병에 걸린 것으로 진단된 사람들을 한센병환자라 부르고, 한센병환자와 한센병에서 완치되었지만 여전히 낙인과 차별을 받는 병력자(病歷者)를 모두 포함하여 한센인(people affected by Hansen's disease)이라 부른다. 현재 공식적인 명칭인 한센병환자 또는 한센인 대신 이 글에서는 1916년부터 1945년이라는 식민지기의 특정 시기만을 다루기 때문에 나병과 나(병)환자라는 당시의 공식적인 용어를 사용하도록 하겠다. 그러나 일본의 병명인 천연두를 한국 고유의 병명인 두창으로 바꾸려는 최근 의사학계의 노력과 성과를 고려했을 때 앞으로 식민지기 이 질병을 묘사할 때, 어떠한 용어를 사용할지에 대한 고민이 필요하다.

7 갈승철, 1960, 「한국나병의 역사적 고찰」, 『나학회지』 1, 13-31쪽.

8 『世宗實錄』 卷110, 27年 11月 6日. 세종시기 제주도에서 나병의 확산이 심각해지면, 마을에서 나환자를 쫓아내기 시작했다. 그러나 당시 나환자의 추방은 근대적 의미에서의 격리와는 차이가 있다. 추방된 나환자를 구질막(救疾幕)에서 돌봤는데, 이 구질막은 환자의 구제를 위한 곳이지, 전염 방지를 위한 격리의 공간은 아니었다. 초기적 형태의 전염설이 조선에 소개된 것은 1610년 발간된 『동의보감』이 처음이기 때문에, 전염을 막기 위해 구질막을 설치했다는 주장은 설득력이 없다. 다만 경험적으로 당시 제주도 사람들이 나병이 전염된다고 생각했을 수는 있지만, 이 역시 현재의 전염에 대한 개념과는 차이가 있었을 것이다.

9 제임스 칸틀리(1851~1926)는 스코틀랜드 출신의 의사로 열대 질병(tropical disease)의 전문가였다. 칸틀리는 1888년부터 홍콩에서 활동하기 시작했는데, 당시 홍콩화인서의서원(Hong Kong College of Medicine for Chinese)의 설립에 참여했다. 그의 첫 번째 제자 중 한 명은 손문이었다. 칸틀리는 당시 홍콩과 광둥지역의 풍토병이던 나병 등 열대 질병을 조사, 연구했고, 이 분야의 선구자가 되었다.

10 정근식 역시 전통시기 "문둥이"는 근대적 의미의 '사회적 타자'로 존재하지 않았으나, 기독교의 확산과 더불어 나병은 천형병이라는 기독교적 질병관이 조선에 전해지

면서 사회적 타자화되었다고 주장한다. 정근식, 1997, 「한국에서의 근대적 나구료의 형성」, 『보건과 사회과학』 1(1).

11 호러스 뉴턴 알렌(1858~1932)은 미국 오하이오주 델라웨어 출신으로 북장로교 소속 의료 선교사로 중국에 파견되어 활동하다 1884년 미국 공사관 소속 의사로 조선에 왔다. 갑신정변 당시 칼에 찔려 심각한 부상을 입은 민영익을 치료해 목숨을 구해준 것을 계기로 왕실의 신임을 받게 된다. 1885년에는 최초의 근대식 병원인 광혜원(제중원)이 설립되자 책임을 맡는 등 서양의료의 도입에 중요한 역할을 담당했다.

12 야마네 마사츠쿠(1858~1925)는 도쿄대학 의학부를 졸업한 의사로서 콜레라 등 전염병 방역의 전문가였다. 1887년 독일에 유학하여 법의학을 공부했고, 귀국 후에는 경찰과장, 의무국장, 경시청 제3부장 등을 역임했다. 1902년 중의원 의원이 되면서 의회에 입성한 야마네는 의회에서 나병환자에 대한 강제격리를 주장했다.

13 정근식, 1997, 「한국에서의 근대적 나구료의 형성」, 5쪽.

14 栗生 樂天園患者自治會, 1993, 『風雪の紋: 栗生 樂天園 患者50年史』, 정근식 1997에서 재인용.

15 小串政治(1921), 栗生 樂天園患者自治會, 1993, 『風雪の紋: 栗生 樂天園 患者50年史』, 정근식 1997에서 재인용.

16 山根正次(1913), 栗生 樂天園患者自治會, 1993, 『風雪の紋: 栗生 樂天園 患者50年史』, 정근식 1997에서 재인용.

17 데라우치 마사타케(1852~1919)는 일본 내각총리대신을 역임했으며, 1910년 5월부터 한국통감을 지냈고, 1916년 한일병합 이후에는 초대 조선총독을 역임한 군인이자 정치인이다.

18 한편 1913년 11월에는 TLM의 창립자이자 회장인 베일리가 광주, 부산, 대구 나병원을 방문한 후 서울을 방문하여 당국에 나병사업을 시작할 것을 촉구했다. 그러나 그가 촉구한 것은 한 곳의 대형 나병시설에 환자들을 격리시키는 방식이 아니라 소규모의 여러 나환자 보호소(leper homes)를 설립해야 한다는 것이었다.

19 국립소록도병원, 2017, 『소록도 100년. 한센병 그리고 사람, 백년의 성찰: 의료편』.

20 매일신보, 「대담한 나병자. 유부녀를 겁탈」, 1923. 10. 6.

21 매일신보, 「대구에 나병자 육속래집. 설비가 부족하여 환자들이 입원시기를 기다리는 방황」, 1924. 7. 1.

22 매일신보, 「경성시중에 나병걸인 점증」, 1924. 11. 17.

23 미국 북장로교 소속 어빈(C. H. Irvin)은 1909년 경남 동래군 서면 감만리에 서양식 나병원을, 광주 제중원 원장 윌슨(R. M. Wilson)은 1911년 2월 전라남도 광주군 효천면 봉선리에 나병원을, 그리고 장로교 소속의 플레처(A. G. Flecher)는 1913년 3월 대구에 나병원을 설립했다.

24 동아일보, 「나병환자발호로 마산부민의 공황」, 1927. 6. 14.

25 중외일보, 「부산지방에 나병환자 격증」, 1927. 6. 26; 동아일보, 「나병자위집 부산진 대위협」, 1927. 8. 1; 동아일보, 「작당출몰하는 부산나병군」, 1928. 4. 21.

26 동아일보, 「나병환자침입으로 김해주민공황」, 1927. 7. 1.

27 동아일보, 「전염성을 기화로 함부로 위협, 걱정꺼리 나병환자 대구부에 사백명」,

1928. 6. 10; 동아일보, 「나병환자 처치에 두통. 대구서에선 원적지로 환송. 근절방침이 일대 문제」; 매일신보, 「대구나병환자 고향으로 추송 나병원에도 만원 대구서에서 단행」, 1928. 6. 19; 중외일보, 「전남관내에 나병환자집중」, 1928. 4. 27.

28 예지숙, 「일제시기 조선에서 부랑자의 출현과 행정당국의 대책」, 73-96쪽.

29 매일신보, 「춘천에 문둥이」, 1930. 10. 26.

30 매일신보, 「산자수명한 강릉에는 나병걸인이 위집」, 1932. 2. 6; 매일신보, 「강릉읍내 배회하는 나병자 이송 결정」, 1934. 10. 15.

31 조선중앙일보, 「철원에 문둥이 소동」, 1936. 6. 19.

32 조선중앙일보, 「평남에서도 문둥이 소동 경찰의 유언취체」, 1936. 7. 9; 매일신보, 「함남도내에 문둥이 증가」, 1936. 7. 31; 조선중앙일보, 「한남의 나병환자 금년 들어서 점증」, 1936. 7. 31.

33 만선일보, 「연길나병환자 십이명 철령요양소에 수송」, 1940. 3. 8.

34 동아일보, 「예천시내에 나병걸인운집, 27일 일제검거」, 1932. 5. 31.

35 동아일보, 「의성에 나병자 만연 주민의 우려막심」, 1932. 10. 20.

36 동아일보, 「나병환자가 작대해 구걸, 민심은 극도로 불안중, 해남당국의 처치기대」, 1933. 3. 11.

37 신동원, 2013, 『호환 마마 천연두: 병의 일상 개념사』, 돌베개; 박윤재, 2017, 「19세기 말-20세기 초 병인론의 전환론과 도시위생」, 『도시연구』 18, 7-30쪽.

38 중앙일보, 「동래의 문동이촌 나병자연맹제창」, 1932. 3. 11.

39 동아일보, 「불쌍한 나병환자 무서운 나병독균」, 1931. 9. 10.

40 동아일보, 「주요도시순회좌담(47) 제10 진주편(3)」, 1930. 11. 15. 이 기사는 앞선 재조일본인 단체뿐만 아니라 조선인 유지들 역시 부랑나병 문제를 심각한 것으로 인식하고 있으며, 이 문제의 해결을 요구하고 있음을 보여준다.

41 동아일보, 「다시 나병자와 시설에 대하야」, 1925. 5. 24.

42 중외일보, 「목석불부의 가련한 백삼십명의 나환자, 도청에서는 보조 무요 결정, 미국인은 요양실 확장 준비」, 1926. 12. 4; 조선신문, 「癩病患者を强制的に收容方を陳情, 釜山商議社會部會の決議頗る注意を惹く」, 1927. 8. 26; 동아일보, 「전염성을 기화로 함부로 위협, 걱정꺼리 나병환자 대구부에 사백명」, 1928. 6. 10; 중외일보, 「사설, 나병환자 정리의 요」, 1930. 7. 29.

43 동아일보, 「나병자와 모히 중독자에 대하여, 무성의한 당국의 태도」, 1923. 7. 26.

44 동아일보, 「위생사상과 기관」, 1927. 1. 15.

45 동아일보, 「나병여자자살」, 1926. 8. 13.

46 중외일보, 「나병환자의 철도자살 세상비관하고」, 1926. 11. 30.

47 매일신보, 「차아가 장성하면 조소를 받겠다. 나은 자식을 죽여」, 1916. 10. 4; 매일신보, 「나병에 걸린 걸처를 살해, 차라리 죽이는 것이 낫겠다고 병처를 강에 던져」, 1930. 10. 30; 동아일보, 「나병친척을 소살한 양명」, 1931. 1. 18; 매일신보, 「나병자의 혈정, 그 모가 압살」, 1932. 10. 11; 매일신보, 「문동병 걸린 딸 독살한 부모」, 1933. 5. 5.

48 동아일보, 「신부대에 곤봉이 현신, 장가갔다가 불의 봉변, 눈썹이 적다고 문둥이로 몰아 쫓고 진단서 가지고 온 것을 또 몹시 때려」, 1928. 1. 25; 조선중앙일보, 「화상당한

아이 나병환자라고 오인 타살한 자」, 1936. 5. 4.

49 매일신보, 「부산진 일신여교생의 불평」, 1926. 6. 16. 위대서(衛大恕)는 호주선교부에서 파견된 여선교사인 위더스(M. Withers)의 한국어 이름이다. 그녀는 일신여학교의 교장을 역임했는데 시기는 확실하지 않다.

50 시대일보, 「마산서장의 폭언, 서양사람이면 위생방해이나 조선사람에게는 관계치 안타」, 1924. 6. 3.

51 조선신문, 「癩病患者を强制的に收容方を陳情, 釜山商議社會部會の决議頗る注意を惹く」, 1927. 8. 26. 부산상업회의소는 재조일본인을 중심으로 만들어진 조직으로, 이 기사 내용을 통해 재조일본인 사회 역시 부랑나환자 문제 해결을 위하여 조선총독부에 목소리를 냈다는 것을 알 수 있다. 이는 대구상업회의소에서도 마찬가지였다.

52 매일신보, 「나병환자 구축책 당국에서 강구」, 1927. 9. 3.

53 매일신보, 「나병개선을 결의, 부산사회연구회에서」, 1927. 11. 17.

54 동아일보, 「밀양동인회 임시회준비」, 1930. 3. 13.

55 매일신보, 「나병환자 근본 정리로. 경남 1도는 열저불능, 수용소 확장은 대급무」, 1930. 7. 29.

56 매일신보, 「나병환자수용방법 부산상의가 강구 상인칙에서 데의 호소 도지사에 진정키를 결정」, 1930. 8. 1.

57 시대일보, 「나병원을 이전하라」, 1925. 7. 26.

58 조선신문, 「癩病患者を强制的に收容方を陳情, 釜山商議社會部會の决議頗る注意を惹く」, 1927. 8. 26; 중외일보, 「적기에 있는 나병원 타처 이전 청원」, 1927. 8. 28; 매일신보, 「나병환자 구축책 당국에서 강구」, 1927. 9. 3; 매일신보, 「나병개선을 결의, 부산사회연구회에서」, 1927. 11. 17; 동아일보, 「주요도시순회좌담(117) 제24 순천편(종)」, 1931. 2. 3; 중앙일보, 「이전은 고사 더욱 확장, 이전교섭 중의 여수나병원」, 1932. 11. 17.

59 조선신문, 「光州癩病院を愈麗水へ移轉」, 1927. 4. 13.

60 매일신보, 「여수반도에 대규모 나병원, 광주에 있는 것을 옮겨, 규모확대, 환자격리」, 1927. 1. 13.

61 동아일보, 「주요도시순회좌담(117) 제24 순천편(종)」, 1931. 2. 3; 중앙일보, 「이전은 고사 더욱 확장, 이전교섭 중의 여수나병원」, 1932. 11. 17.

62 시대일보, 「마산서장의 폭언, 서양사람이면 위생방해이나 조선사람에게는 관계치 안타」, 1924. 6. 3.

63 동아일보, 「다시 나병자와 시설에 대하야」, 1925. 5. 24.

64 당시 신문은 이 단체의 이름을 다양하게 기록하고 있다. 조선나병환자구제회로 처음 소개되었다가, 이후에 조선나병환자구제연구회, 이후에는 조선나병근절책연구회로 명칭이 변경되는데, 대한나관리협회가 편찬한 『한국나병사』에는 조선나병근절책연구회로 소개되어 있다. 처음에 여러 이름을 사용하다가 이 단체의 장정과 취지서를 작성하면서 조선나병근절책연구회라는 이름을 확정한 것으로 보인다. 따라서 여기서는 나관리협회의 『한국나병사』에 소개된 것을 근거로 조선나병근절책연구회라는 명칭을 사용할 것이다. 조선나병환자구제연구회와 조선나병근절책연구회는 명칭에서

전혀 다른 지향점을 내포하고 있다. 이러한 명칭의 변화는 이 단체의 주요 참여자의 변화와 관련 있는 것으로 보인다. 최흥종 목사가 처음 여수나병원의 환자상조회와 함께 이 단체를 설립하려 할 때에는 환자들에 대한 구제책을 목표로 하다가, 이후에 유지들이 이 단체의 핵심 구성원이 되자 그 목표를 환자에서 나병의 근절로 변경한 것으로 보인다. 그럼에도 조선나병근절책연구회는 나병의 근절뿐만 아니라 나병환자의 구제도 취지문에 포함시켰다.

65 동아일보, 「나병환자 구제」, 1931. 9. 26; 동아일보, 「사회유지의 발기로 나병구제연구회」, 1931. 9. 26; 동아일보, 「나병구제회 위원회 개최」, 1931. 9. 30; 동아일보, 「도처에 병균전파하는 나환자가 만팔천인」, 1931. 10. 21; 매일신보, 「윤치오씨가 솔선 이백원을 의연, 일반위원은 감격불이하며 사회동정을 대망」, 1932. 1. 21; 매일신보, 「천원만 있으면 격리는 무난, 주제연구회에서 궐기하여 일반 여론을 환기」, 1932. 1. 21; 동아일보, 「나병근절회 장정과 취지」, 1932. 1. 26.

66 매일신보, 「천원만 있으면 격리는 무난, 주제연구회에서 궐기하여 일반 여론을 환기」, 1932. 1. 21. 이 자리에서 이 단체의 위원이었던 윤치오는 솔선해서 이백원을 기부했다. 매일신보, 「윤치오씨가 솔선 이백원을 의연, 일반위원은 감격불이하며 사회동정을 대망」, 1932. 1. 21. 그러나 이 사업은 조선총독부의 모금활동 방해로 조선나병근절연구회가 아닌 경성부의 예산으로 이루어지게 되었다. 동아일보, 「여수병원 기타 지방에 부내 나환자 이송, 부민의 대협위든 문제 해결, 근절연구회는 해산」, 1932. 6. 24.

67 동아일보, 「근절안 토의, 19일 상무위원회를 열고, 각 부서도 결정」, 1932. 1. 21.

68 동아일보, 「나병근절회 장정과 취지」, 1932. 1. 26.

69 1932년 5월 이 단체가 받은 동정금 내역은 다음과 같다. 금일봉 우가키 가즈시게(宇垣一成) 총독, 금일봉 이마이다 기요노리(今井田清德) 정무총감, 금일봉 한이왕 장관, 금일봉 니시키 산케이(西龜三圭, 경무국 위생과 기사), 금일봉 송본성, 이백원 윤치호, 금일봉 가토 게이자부로(加藤敬三郎), 금일봉 박영철, 백원 김연수, 백원 동일은행, 오십원 무명씨. 동아일보, 「나병환자에게 동정금답지, 동정금이 들어오기 시작, 구제회인사활동」, 1932. 5. 8.

70 국립소록도병원, 『소록도 100년, 한센병 그리고 사람, 백년의 성찰: 의료편』.

71 시대일보, 「마산서장의 폭언, 서양사람이면 위생방해이나 조선사람에게는 관계치 안타」, 1924. 6. 3.

72 동아일보, 「총감훈시 수칙」, 1925. 5. 23.

73 동아일보, 「공직자대회 협의사항」, 1927. 6. 3; 동아일보, 「공직자대회 경과」, 1927. 6. 6.

74 동아일보, 「구제책이 전혀 없는 이만여 명의 나병환자」, 1927. 6. 25; 중외일보, 「구제책 없는 이만의 나병환자 예방령 실시는 불가능」, 1927. 6. 25.

75 이 기사에는 전 조선에 있는 나환자가 이만이라고 되어 있으나 이는 추정치일 뿐이다. 1925년경 총독부의 조사 결과에 따르면 전 조선에 확인 가능한 나환자의 수는 약 4,300명에 불과하다. 다만 나환자는 일반적으로 자신의 모습을 바깥으로 잘 드러내지 않으며, 아직 증상이 나타나지 않은 잠복기에 있는 환자가 존재하기 때문에, 실제 환자 수는 이보다는 훨씬 많으리라는 추정을 한 것이다. 그러나 1930년대에도 환자 수

를 13,000명 정도로 추정하고 있기 때문에 이만이라는 수는 상당히 과장된 것으로 보인다.

76 동아일보, 「최후 양일간 제의한 각평의원의 희망」, 1928. 3. 2.

77 조선신문, 「癩病患者を更に五百名, 收容する小鹿島, 本年度は四萬六千圓で」, 1928. 5. 13; 조선신문, 「癩病患者を更に收容する, 總督府の豫算計上」, 1928. 8. 9.

78 조선신문, 「癩患二百名小鹿島へ, 官制改正で更に收容す」, 1928. 9. 1.

79 매일신보, 「경비부족으로 나병자수용난 돈이 업서서 수용할 수 업다 경남당국의 큰 두통」, 1928. 10. 19.

80 동아일보, 「낭류나병환자와 부족한 시료기관」, 1929. 7. 4.

81 동아일보, 「나병환자 이송, 이십 명을 소록도에」, 1922. 10. 3; 동아일보, 「부산나병환자 소록도로 이전」, 1927. 10. 21; 동아일보, 「부민을 위협하는 부산나병환자, 여러 가지로 문제가 많은 중에 전남방면으로 이송결정」; 매일신보, 「소록도병원에 나병환자 수송 전부 130명을」, 1928. 8. 10; 동아일보, 「소록도에 보낼 나병자 대구서 오십명」, 1928. 10. 19.

82 동아일보, 「나병환자 처치에 두통, 대구서에선 원적지로 환송, 근절방침이 일대 문제」, 1928. 6. 17; 매일신보, 「대구나병환자 고향으로 추송, 나병원에도 만원 대구서에서 단행」, 1928. 6. 19.

83 중외일보, 「나병자 백여명 향리로 구축」, 1929. 9. 21.

84 중외일보, 「대구에 대재난 나병자군 소동, 부산경찰에서 담어온 까닭, 부산경찰 몰상식 여차」, 1930. 4. 11; 동아일보, 「문제의 나환자 결국 부산으로 역송」, 1930. 4. 12; 동아일보, 「양서간 구역 싸움에 다수 병자 진퇴유곡」, 1930. 4. 12; 매일신보, 「부산나병환자를 대구로 수송, 부산서에서 잡아 보낸 것을 알고 하차금지의 활극 연출」, 1930. 4. 12; 매일신보, 「원적지가 경북이라고 나병환자가 자칭 대구로 일부로 보낸 것은 아니다, 경남북위생과장 타협」, 1930. 4. 13.

85 동아일보, 「구외축출 위주의 나병환자처치」, 1930. 12. 14.

86 국립소록도병원, 『소록도 100년, 한센병 그리고 사람, 백년의 성찰: 의료편』.

87 대한나관리협회, 1988, 『한국나병사』; 국립소록도병원, 『소록도 100년, 한센병 그리고 사람, 백년의 성찰: 의료편』.

88 대한나관리협회, 1988, 『한국나병사』; 동아일보, 「여수병원 기타지방에 부내 나환자 이송, 부민의 대협위든 문제 해결, 근절연구회는 해산」, 1932. 6. 24.

89 국립소록도병원, 『소록도 100년, 한센병 그리고 사람, 백년의 성찰: 의료편』.

90 조선나예방협회, 1933, 『조선나예방협회요람』.

91 수용계획을 2천 명에서 3천 명으로 늘린 데에는 조선총독부에서 1933년 2월에 실시한 전국 환자 일제 조사의 결과 때문이었다. 조사 결과 조선의 나환자 수는 총 12,242명으로 집계되었고, 이 중 부랑환자는 2,464명으로 파악되었다. 이들 부랑나환자를 전부 수용할 목적으로 수용계획이 수립된 것이다(대한나관리협회, 『한국나병사』, 89쪽).

92 조선나예방협회, 『조선나예방협회요람』.

2장

1 이에 관한 주요 연구로 다음과 같은 것들이 있다. 김재완, 2015, 「형제복지원 인권침해불법행위 사건의 책임, 기억 그리고 미래」, 『민주법학』 57, 13-53쪽; 이소영, 2015, 「"건전사회"와 그 적들: 1960~80년대 부랑인단속의 생명정치」, 『법과 사회』 51, 23-54쪽; 박홍근, 2015, 「사회적 배제의 형성과 변화: 넝마주이 국가동원의 역사를 중심으로」, 『사회와 역사』 108, 227-261쪽; 정정훈, 2019, 「감금의 질서, 수용시설의 권력기술: 형제복지원과 인권의 재맥락화」, 『도시인문학연구』 11(1), 113-141쪽.

2 이에 관한 주요 연구로 다음과 같은 것들이 있다. 이 책 제 4장, 5장, 6장, 그리고 유해정, 2018, 「부랑인수용소와 사회적 고통: 피해생존자들의 경험을 중심으로」, 『기억과 전망』 39, 387-436쪽. 아울러, 형제복지원에 수용되었던 피해생존자들이 2010년대 이후 진상규명과 명예회복을 목적으로 한 사회적 발언을 시작하고, 새로운 사회적 관계망을 얻으며, 사회운동 과정에서 주체성의 변화를 경험해가는 모습을 포착한 연구들이 있다. 이 글 8장과 주윤정, 2018, 「법 앞에서: 형제복지원 피해생존자들의 해방과 기다림의 정치」, 『민주주의와 인권』 18(4), 185-224쪽; 임미리, 2019, 「'짐승에서 인간으로': 형제복지원 피해생존자의 정치적 주체화 과정 및 실천의 의의」, 『경제와 사회』 123, 182-218쪽.

3 박해남, 2019, 「한국 발전국가의 습속개조와 사회정치 1961-1988」, 『경제와 사회』 123, 344-380쪽 참조.

4 Christian Topalov, 1999, *Laboratoires du nouveau siècle: la nébuleuse réformatrice et ses réseaux en France. 1880-1914*, Paris: EHESS, p.19 참조.

5 이 책 1장 참조.

6 박정희, 1961[2005], 「혁명과업 완수를 위한 국민의 길」, 『한국국민에게 고함』, 동서문화사, 932-934쪽. 심지어 사회복지제도의 도입과 관련된 사회개발 논의에 있어서도 '정신개조'를 강조했다. 보건사회부, 1969, 『사회개발 장기전망』, 6쪽.

7 박해남, 「한국 발전국가의 습속개조와 사회정치 1961-1988」, 360-361쪽.

8 그 내용에는 일정한 전환이 존재한다. 1963년 취임사에서 권력자는 "신의와 '건전한 상식'이 지배하며, 노력과 대가가 상등하는 형평의 사회, 성실한 근로만이 영예롭게 살 수 있는 사회"를 복지사회로 정의했는데, 4년 뒤에는 "정직하고, 근면하고, 소박하고, 성실한 국민대중이 국가의 중추가 되고, 빈곤과 부패를 추방한" 사회로 정의했고, 1971년에는 국민의 품위 있고 윤택한 생활과 더불어 "민주주의의 토양은 더욱 기름지고, 자율과 협동에 뿌리내린 개방 사회"를 내세웠으며, 1978년에는 "고도 산업 국가를 이룩하여 당당히 선진국 대열에 참여하고, 번영과 풍요 속에서도 인정과 의리가 넘치는" 사회를 복지사회라 정의했다. 1972년 이후 복지제도의 확충은 취임사에서 반복해서 등장한다.

9 1963년부터 1982년까지 총 7회에 걸친 대통령 취임사는 다음 주소의 대통령기록관 대통령기록연구실 홈페이지에서 확인했다. http://www.pa.go.kr/research/contents/speech/index.jsp(검색일: 2019. 10. 19)

10 박해남, 「한국 발전국가의 습속개조와 사회정치 1961-1988」, 349쪽.

11 이용기, 2012, 「유신이념의 실천도장, 1970년대 새마을운동」, 『내일을 여는 역사』 48,

76-78쪽 참조.

12 사회정화위원회, 1988, 『사회정화운동사 1980-1988』, 80쪽.

13 박해남, 「한국 발전국가의 습속개조와 사회정치 1961-1988」, 352쪽.

14 다음 글들을 참조. Daniel Zamora, 2014, "Foucault. les exclus et le déperissement néo-libéral de l'Etat," en *Critiquer Foucault. Les années 1980 et la tentation néolibérale*, Bruxelles: Éditions Aden; Ivan Berend, 2005, "Foucault and the welfare state," *European Review* 13(4), pp.551-556; 箱田 徹, 2015, 「挑戦する主体は恐れない:フーコーと新自由主義, 反知性主義」, 『現代思想』 43(3), 209-221쪽; 하호수, 2010, 「푸코의 세 권력/지식 모델과 생명정치」, 『한국행정학회 학술발표논문집』, 1486-1505쪽.

15 다음을 참조. 김아람, 2015, 「가족이 짊어진 구호와 자활: 1950~60년대 합동결혼과 그 주인공」, 『역사문제연구』 33, 53-95쪽.

16 김아람, 2018, 「1960년대 개척단의 농지조성과 갈등 구조」, 『史學硏究』 131, 321-366쪽.

17 이는 식민지기의 사회정치와 일정한 연속성을 지닌다. 특정 범주의 사람들을 범주적으로 타자화시킨 뒤 물리적으로나 상징적으로 도시와 사회로부터 격리하는 일은 식민지기부터 시작되었다. 식민권력은 지배 초기부터 노동하지 않는 이들을 '부랑인'으로 범주화하면서 단속했다. 그리고 이 문제를 역사적으로는 '무위도식'하는 양반들이 지배한 조선사회의 습속에서 기인하고, 현재적으로는 도덕관념이 박약한 '선천적 불량분자'들에게서 기인하는 것으로 보았다. 즉, 식민지 조선에 등장하는 사회문제는 식민지 대중 일반의 습속에서 발현하는 문제이고, 그 습속은 이를 오염시키는 특정 인자들에 의해서 만들어졌다고 생각했던 것이다. 이런 인식 위에서 식민권력은 부랑인들을 사회 및 도시로부터 격리하는 조치를 체계화해간다. 1910년대 단속과 일시적 구금에 기초했던 부랑자 정책은 1920년대부터 '감화원'이라는 이름의 격리시설 설립과 더불어 장기적 구금 및 노동훈육 정책으로 변한다. 이때 격리는 상징적 격리를 넘어 물리적인 격리로까지 나아갔다. 박애원, 영흥학원, 선감학원 등의 감화원과 한센인 수용시설 소록도 등 식민권력이 만든 사회적 타자의 수용시설은 모두 섬에 있었다. 다만, 습속 개조에 대한 강조나, 이 책 1장이 보여주는 것 같은 조선인 시민사회와 식민 당국 사이의 사회정치 과정에서 보이는 동적 과정, 부랑인의 범주화, 이들에 대한 사회적인 가시화/비가시화의 전략 등 구체적인 측면에서는 식민지기 사회정치와 발전국가 시기의 그것 사이에 다양한 차이가 드러난다.

식민지기 부랑인을 둘러싼 사회정치에 관하여는 이 책 1장과 더불어 다음 글들을 참조. 한귀영, 1997, 「근대적 사회사업과 권력의 시선」, 김진균·정근식 편, 『근대 주체와 식민지 규율권력』, 문화과학사; 유선영, 2011, 「식민지의 스티그마 정치: 식민화 초기 부랑자표상의 현실효과」, 『사회와 역사』 89, 41-84쪽; 정혜정, 2007, 「日帝의 感化教育에 나타난 近對教育의 성격: 日本과 식민지 朝鮮의 感化院 설립을 중심으로」, 『한국교육사학』 29(1), 187-221쪽; 소현숙, 2007, 「경계에 선 고아들: 고아문제를 통해 본 일제시기 사회사업」, 『사회와 역사』 73, 107-141쪽.

18 추지현, 2018, 「박정희 정권의 '사회악' 호명: 형사사법의 효율성 확보 전략을 중심으로」, 『사회와 역사』 117, 201-235쪽. 그리고 이 책 3장 참조.

19 중앙일보, 1980년 8월 4일, 6면.

20 공보부, 1962, 『혁명정부 7개월간의 업적』, 136쪽.

21 유 진, 2019, 「거리의 치안권력과 '선도'의 통치기술: 1960년대 청소년보호정책과 부랑아·우범소년」, 『사회와 역사』 123, 105쪽 참조. 이는 1950년대에 형성된 관점을 계승한 것이라고도 볼 수 있다. 1950년대부터 부랑아는 잠재적 범죄자 취급을 받은 바 있다. 1950년대의 부랑인 정책에 관하여는 소현숙, 2018, 「전쟁고아들이 겪은 전후: 1950년대 전쟁고아 실태와 사회적 대책」, 『한국근현대사』 84, 321-351쪽.

22 유 진, 「거리의 치안권력과 '선도'의 통치기술」, 105-106쪽.

23 동아일보, 1962년 6월 9일, 2면.

24 경향신문, 1967년 8월 23일, 1면.

25 경향신문, 1967년 9월 11일, 3면.

26 동아일보, 1969년 2월 3일, 4면.

27 경향신문, 1972년 5월 12일, 6면.

28 동아일보, 1973년 4월 6일, 7면.

29 경향신문, 1971년 5월 17일, 1면.

30 동아일보, 1972년 8월 3일, 1면.

31 경향신문, 1978년 10월 4일, 3면.

32 중앙일보, 1979년 6월 11일, 7면.

33 동아일보, 1962년 6월 9일, 1면.

34 동아일보, 1981년 1월 8일, 7면.

35 김아람, 2011, 「5.16 군정기 사회정책: 아동복지와 '부랑아' 대책의 성격」, 『역사와현실』 82, 351-357쪽.

36 박홍근, 2015, 「사회적 배제의 형성과 변화: 넝마주이 국가동원의 역사를 중심으로」, 『사회와 역사』 108, 240쪽.

37 유정환, 2018, 「1980년대 초반 전두환 정부의 사회정화사업 시행과 지역감시체계 재편」, 『역사문제연구』 40, 11-56쪽.

38 박해남, 「한국 발전국가의 습속개조와 사회정치 1961-1988」, 367쪽.

39 박해남, 「한국 발전국가의 습속개조와 사회정치 1961-1988」, 366쪽.

40 나아가, 도시하층민들이 적극적으로 사회의 혼란을 부추긴다고 판단되는 순간, 국가는 이들을 단속하고 수용하는 것을 넘어 적극적으로 공격하고 물리적으로 죽음에 이르도록 해야 한다고 판단했다. 대표적인 사례가 1979년의 부마와 1980년의 5월 광주였다. 1979년 10월 부마항쟁 당시 박정희에게 올라간 경찰당국의 보고는 이 시위를 '깡패', '똘마니', '식당뽀이' 같은 이들이 벌인 폭동이라고 정의했다. 이에 박정희는 킬링필드까지 언급하며 강력한 진압을 지시했다. 전두환 역시 그랬다. 그는 "일용직 노동자나 구두닦이, 넝마주이, 식당 종업원, 부랑자 차림의 사람들이 대부분"이라는 말로 광주 사회 기층 구성원들의 폭동으로 5월 광주를 규정하고자 했다. 이는 부마와 광주에서의 민주화운동에 참여한 이들이 모두 부랑인의 범주에 속하는 이들이라는 것을 의미하지 않는다. 반대로, 국가는 시위자들을 죽음에 이르게 하기 위해서 '부랑인'으로 정의했다고 보는 것이 맞을 것이다. 어느 쪽이든 간에, 박정희와 전두환 같은

군인들에게 '부랑인'은 물리적으로 죽음에 이르게 할 수 있는 존재였다고 해석할 수 있는 대목이다. 이에 관하여는 다음을 참조. 김하기, 2004, 『부마민주항쟁』, 민주화운동기념사업회; 전두환, 2017, 『전두환회고록 1: 혼돈의 시대』, 자작나무숲, 401쪽.

41 여러 연구들이 군부독재로 특징 지워지는 국가가 '군사주의'에 기초하여 사회를 규율하려 한 점에 초점을 맞추고 있다. 군부독재에 주목하는 다른 연구들도 주로 규율과 군사주의를 연결하는 경향이 있다. 하지만 '선별' 역시 규율 못지않은 군사주의의 산물이라 할 수 있다. 영화 〈덩케르크〉를 보면, 독일군의 공습이 계속되는 상황에서 영국군은 우수한 병력으로 분류되는 척탄병을 먼저 퇴각시키고 일반 보병은 일단 남겨둔다. 군은 소질에 따라 인력을 분류하며, 이 분류는 반드시 보호해야 할 병력과 적의 총탄 앞에 방치할 병력을 가를 정도다. 군사주의와 규율을 결부시킨 연구로는 다음을 참조. 정정훈, 2019, 「감금의 질서. 수용시설의 권력기술: 형제복지원과 인권의 재맥락화」, 『도시인문학연구』 11(1), 113-141쪽.

42 박해남, 「한국 발전국가의 습속개조와 사회정치 1961-1988」, 369-371쪽.

43 심상용, 2010, 「한국 발전주의 복지체제 형성 연구: 억압적 발전주의 생산레짐과 비공식 보장의 복지체계」, 『사회복지정책』 37(4), 14쪽.

44 우명숙, 2007, 「한국의 복지제도 발전에서 산재보험 도입의 의의: 복지제도 형성과 발전주의적 국가개입」, 『한국사회학』 41(3), 177쪽.

45 윤홍식, 2019, 『한국 복지국가의 기원과 궤적 2』, 사회평론아카데미, 365쪽.

46 조희연, 2002, 「발전국가의 변화와 국가-시민사회. 사회운동의 변화」, 『사회와 철학』 4, 293-351쪽; 김윤태, 2012, 『한국의 재벌과 발전국가: 고도성장과 독재, 지배계급의 형성』, 한울.

47 해방공간에서는 '혁신' 혹은 '개조'해야 할 '악습'들이 상당하다는 류의 담론을 심심치 않게 찾아볼 수 있었다. 이러한 글들 속에서 한국사회는 봉건사상, 조혼, 관존민비, 사주팔자 등 봉건적 습속의 공간이자, 실천적 의지와 자기 책임성 부족, 도덕적 정신과 심성 부족 등의 문제적 습속이 상당한 공간으로 묘사된다. 이러한 문제 인식을 바탕으로 1945년 11월에 이미 '신생활협회'라는 조직이 만들어진다. 여기에 참여한 이들의 면면도 다양하다. 이 협회가 1946년에 펴낸 책을 보면 김구, 이승만, 홍진, 조소앙, 여운형, 박헌영, 안재홍, 송진우, 유억겸 등의 글이 모두 다 들어가 있었기 때문이다. 6개월 뒤 이 조직은 '사회교육협회', '사회사업협회', 그리고 미군정 문교부 교화국과 더불어 '교화사업중앙협회'를 만들게 된다. 1947년의 시점에서 이러한 활동은 이미 국가의 습속 개조 수단이 되었다. 이들 조직은 1947년 11월에 남조선과도정부 문교부 교화국 산하의 조직이 되었고, 1949년 문교부 부녀국 생활개선과, 1950년대 사회부 등이 해당 업무를 지속적으로 수행했다. 이렇게 본다면 국가의 습속 개입은 해방공간에서부터 이미 시작된 것으로 볼 수도 있을 것이다. 출발부터 260만 명이 가입되어 있던 재건국민운동이나, 출범 당시 수백만이 의무 가입 상태였던 사회정화운동과는 규모 면에서 많은 차이가 있고, 내용 역시 빈곤문제라기보다는 근대화 혹은 전쟁과 관련한 내핍생활에 초점이 맞춰져 있다는 차이는 있지만 말이다. 해방공간의 신생활운동과 재건국민운동에 관하여는 임종명, 2012, 「해방 공간과 신생활운동」, 『역사문제연구』 27, 219-265쪽; 전재호, 2010, 「5.16 군사정부의 사회개혁정책: 농어

촌고리채정리사업과 재건국민운동을 중심으로」, 『社會科學硏究』 34(2), 37-61쪽 참조.

48 윤정란, 2010, 「4월 혁명과 여성들의 참여 양상: 여성신생활운동과 장면정권과의 갈등을 중심으로」, 『여성과 역사』 12, 75-76쪽.

49 신형기, 2012, 「혁신담론과 대중의 위치」, 『현대문학의 연구』 47, 276쪽.

50 허 은, 2003, 「5.16 군정기 재건국민운동의 성격: 분단국가 국민운동 노선의 결합과 분화」, 『역사문제연구』 11, 20-22쪽.

51 이 글이 활용한 자료는 진보적 지식인들의 『청맥』과 『창작과 비평』, 『기독교사상』, 『새가정』, 『가톨릭청년』, 흥사단 잡지 『기러기』 등이다.

52 『청맥』은 박정희 정권에 대하여 가장 비판적인 진보적 지식인들이 만든 잡지였다. 일례로, 1960년대 중반 당시 박정희의 수출주도 산업화 정책에 대립각을 세웠던 박희범이나 신용하 등 '민족주의 경제론'을 주장하는 지식인들이 상당한 지면을 활용했다. 『청맥』에 관하여는 이동헌, 2012, 「『청맥』지식인집단의 탈식민 민족주의 담론과 문화전략」, 『역사와 문화』 24, 3-29쪽 참조.

53 『청맥』, 1964년 12월호, 80-104쪽.

54 『청맥』, 1964년 11월호, 84쪽.

55 하금철, 2017, 「한국의 부랑인 강제수용: 빈곤의 범죄화와 사회안보의 적(敵) 만들기」, 성공회대학교 석사학위논문, 111-112쪽.

56 부산일보, 1960년 4월 28일, 1면.

57 강 철, 1961, 「社會淨化論. 上」, 『가톨릭청년』 15(7), 10쪽.

58 정석해, 1967, 「社會淨化와 興士團: 興士團 54次 大會 講論會에서」, 『기러기』, 1967년 11월호, 12쪽.

59 이 책 3장 참조.

60 박정미, 2017, 「무작정 상경: 서울 이주자에 관한 담론과 젠더」, 『사회와 역사』 113, 331-332쪽.

61 연윤희, 2016, 「1960년대 노동하는 식모와 권리 인정에 관한 외침」, 『인문과학연구논총』 37(3), 296-297쪽.

62 연윤희, 「1960년대 노동하는 식모와 권리 인정에 관한 외침」, 294쪽.

63 1960~1970년대 도시하층민을 다룬 소설로는 다음과 같은 것들이 있다. 이호철 「서울은 만원이다」(1966), 손창섭 「길」(1969), 황석영 「객지」(1971), 조선작 「지사총」(1971), 「영자의 전성시대」(1973), 「미스양의 모험」(1975), 최일남 「가을나들이」(1972), 김주영 「깊은 강」(1972), 방영웅 「살아가는 이야기」(1974), 전상국 「전야」(1974), 조세희 「난장이가 쏘아올린 작은 공」(1976), 윤흥길 「아홉켤레의 구두로 남은 사내」(1977), 박완서의 「창밖은 봄」(1978).

64 다음을 참조. 손윤권, 2007, 「70년대 소설에 나타난 식모의 양상」, 『인문과학연구』 17, 29-60쪽; 김문정, 2014, 「1960, 70년대 무작정 상경 소년/소녀의 서사」, 『상허학보』 41, 467-500쪽.

65 조향록, 1971, 「韓國敎會는 社會淨化에 이바지할 수 있는가」, 『基督敎思想』 15(10), 85-86쪽.

66 다음을 참조. 오창은, 2013, 「도시의 불안과 여성하위주체: 1970년대 식모 형상화 소설을 중심으로」, 『현대소설연구』 52, 79-109쪽; 박수현, 2014, 「1970년대 식모와 남성 작가의 소설」, 『한국언어문학』 91, 327-356쪽.

67 다음을 참조. 은기수·문현아, 2016, 「한국 근대화 시기의 성공, 희생과 수면」, 『사회와 역사』 112, 347-383쪽; 김영선, 2010, 「발전국가 시기 작업장의 시간정치: 노동시간 및 자유시간에 대한 분석」, 『여가학연구』 8(1), 1-25쪽.

68 김 원, 2006, 『여공 1970, 그녀들의 反역사』, 이매진, 588쪽.

69 다음을 참조. 김 준, 2004, 「1970년대 현대조선 노동자들의 삶과 의식」, 『사회와 역사』 66, 190-225쪽; 김귀옥, 2004, 「1960, 70년대 의류봉제업 노동자 형성과정: 반도상사(부평공장)의 사례를 중심으로」, 『경제와 사회』 61, 10-41쪽.

70 다음을 참조. 김정화, 2002, 「1960년대 여성노동: 식모와 버스안내양을 중심으로」, 『역사연구』 11, 81-107쪽; 권경미, 2016, 「1970년대 여성노동자 담론과 비노동자로서의 가정부」, 『현대소설연구』 61, 8쪽; 오창은, 2013, 「도시의 불안과 여성하위주체: 1970년대 식모 형상화 소설을 중심으로」, 『현대소설연구』 52, 82쪽.

71 손윤권, 「70년대 소설에 나타난 식모의 양상」, 42-54쪽.

72 연윤희, 「1960년대 노동하는 식모와 권리 인정에 관한 외침」, 296쪽.

73 아래 주소와 같은 부산일보 홈페이지에서 '부랑'을 키워드로 하여 검색한 결과다. http://www.busan.com/search/index.php?search_string=%EB%B6%80%EB%9E%91& page=33&cnt=320&sort=PUBLISH_DATE/ASC&start_date=&end_date=&real_search=&rescan_chk=&type=B (검색일: 2019년 10월 31일)

74 부산일보, 1953년 4월 13일, 2면.

75 부산일보, 1961년 9월 20일, 3면.

76 다만 이것은 기사가 존재하지 않는 것이 아니라, 기사가 검색되지 않은 것일 수도 있다.

77 부산일보, 1975년 12월 28일, 7면.

78 부산일보, 1976년 4월 13일, 8면.

79 부산일보, 1977년 12월 2일, 6면.

80 부산일보, 1977년 3월 15일, 8면.

81 부산일보, 1978년 6월 28일, 5면.

82 게다가 형제복지원 수용자들은 실제로 부랑인이라기보다는 부랑인이라는 이름으로 수용을 해도 문제가 되지 않을 만한, 사회 내에 포용하려는 이들이 부재한 사람들이라고 보는 것이 맞다. 형제복지원에 장기 수용된 이들은 고아원에서 자랐거나 혹은 가족이 해체되었거나, 가족에게 버림받은 이들이 대부분이었는데, 그중에서도 고아원 출신들이 가장 오래 수용되었다. 이에 관하여는 이 책 7장 및 다음을 참조. 형제복지원구술프로젝트, 2015, 『숫자가 된 사람들』, 오월의봄.

83 이 책 4장 참조.

84 김영욱, 1988, 『형제복지원: 생지옥의 낮과 밤』, 청사, 11-22쪽.

85 형제복지원구술프로젝트, 『숫자가 된 사람들』, 55쪽.

86 한종선·전규찬·박래군, 2014, 『살아남은 아이: 우리는 어떻게 공모자가 되었나?』, 이

리, 35-38쪽.

87 형제복지원구술프로젝트, 『숫자가 된 사람들』, 85쪽.

88 이는 형제복지원의 특이성이 아니었다. 형제복지원과 같은 시기 문제가 되었던 대전의 부랑인 수용시설인 성지원도 그랬고, 합심원, 영화숙 등 형제복지원 이전 부산에 존재했던 시설들도 마찬가지였다. 모두 군대식의 조직과 강도 높은 규율, 그리고 죽음에 이르는 폭력 속에서 운영되었다. 이 책 5장 및 다음을 참조. 한종선·전규찬·박래군, 『살아남은 아이』, 218-219쪽.

89 사회적 배제(social exclusion)란 1990년대 이후 주로 유럽에서 신자유주의가 만들어낸 새로운 빈곤현상과 관련하여 활용되는 경우가 많지만, 원래는 연대주의 전통을 지닌 프랑스 학계에서 사회로부터 주변화되고 고립된 개인을 가리키기 위해 1970년대부터 자주 활용되던 개념이다. 사회로부터의 주변화와 고립을 경험하는 다양한 상황에 활용할 수 있다 판단된다. 사회적 배제 개념에 관하여는 다음을 참조. 강신욱, 2006, 「사회적 배제 개념의 정책적 적용을 위한 이론적 검토」, 『동향과 전망』 66, 9-31쪽; 심창학, 2001, 「사회적 배제 개념의 의미와 정책적 함의: 비교관점에서의 프랑스를 중심으로」, 『한국사회복지학』 44, 190-191쪽; Martin Kronauer, 2010, *Exklusion: die Gefährdung des Sozialen im hoch entwickelten Kapitalismus*, Campus Verlag, S.218-219.

90 이 책 7장 참조.

91 김영욱, 『형제복지원: 생지옥의 낮과 밤』, 172-173쪽.

92 형제복지원구술프로젝트, 『숫자가 된 사람들』, 331쪽.

93 한종선·전규찬·박래군, 『살아남은 아이』, 135쪽.

94 피해생존자 한종선은 국가가 버렸고, 사회가 관심을 안 갖는데, 어찌 개인의 힘으로 쉽게 나올 수 있게는가?라며, 형제복지원 피해생존자들이 국가만 아니라 시민사회로부터도 배제되었다고 주장한다. 다음을 참고. 한종선·전규찬·박래군, 『살아남은 아이』, 135쪽.

3장

1 R. Quinney & R. G. Selden, 2002, *Critique of the Legal Order: Crime Control in Capitalist Society*, Routledge, p.96.

2 N. Poulantzas, 1968, *Political Power and Social Classes*, Verso Books.

3 권명아, 2013, 『음란과 혁명: 풍기문란의 계보와 정념의 정치학』, 책세상; 이정은, 2008, 「해방 후 인권담론의 형성과 제도화에 관한 연구」, 서울대학교 사회학과 박사학위논문; 박홍근, 2014, 「사회적 배제자의 역사적 형성 연구」, 고려대학교 사회학과 석사학위논문.

4 조희연, 2007, 『박정희와 개발독재시대』, 역사비평사, 26쪽; 박홍근, 「사회적 배제자의 역사적 형성 연구」, 38쪽.

5 "제5대 대통령 취임사", 1963. 12. 17, 국가기록원 대통령기록관(사료로 본 한국사 > 분야별 > 정치 > 현대 > 박정희 정부와 민주화 운동).

6 내무부 치안본부, 1985, 『한국경찰사』, 1077-1177쪽.

7 19대 국회 334회 3차 안전행정위원회 회의록, 2015. 7. 3, 32쪽; 19대 국회 334회 3차 안전행정위원회 회의록, 2015. 7. 3, 32쪽; 한종선·전규찬·박래군, 2014, 『살아남은 아이: 우리는 어떻게 공모자가 되었다?』, 이리, 30쪽.

8 19대 국회 334회 3차 안전행정위원회 회의록, 2015. 7. 3, 13쪽.

9 내무부 치안본부, 『한국경찰사』, 43쪽.

10 김아람, 2017, 「1950년대 후반~60년대 전반 정착사업의 변천 과정과 특징」, 『역사문제연구』 38, 357-405쪽.

11 목포교도소는 채석작업장을, 순천교도소는 관상목 재배를, 군산교소도는 고령토 채취를, 수원교도소는 식염 생산을 위한 작업장을 가지게 되었다. 정부는 수형자 중 일자리의 부족으로 생긴 불취업자 비율을 낮추는 데 이것이 효과가 있었다고 이야기한다(법무부 교정본부, 2010, 『대한민국교정사』 I, 585쪽).

12 국토건설단의 운영은 이 시기가 처음은 아니었는데, 1960년 가을, 부흥부 산하 산업개발위원회가 경제개발 3개년 계획을 마련하자 민주당 정부는 이를 이행하기 위한 단기대책으로 국토건설사업을 계획한 바 있었다(임송자, 2013, 「1961년 5.16 이후 국토건설사업과 국토건설단 운영 실태」, 『한국근현대사연구』 67, 900-942쪽, 한국근현대사학회).

13 제2차 국가재건최고회의 상임위원회 회의록, 1961. 11. 10, 3쪽.

14 동아일보, 「국토건설단 징집불응에 징역 1년을 선고」, 1962. 6. 27.

15 동아일보, 「국토건설단 요원 신고 않으면 벌금 5만환」, 1962. 1. 26.

16 내부무 치안본부, 『한국경찰사』, 525쪽.

17 공보부, 1962, 『혁명정부 7개월간의 업적』, 136쪽.

18 국가재건최고회의 연석회의 회의록, 1962. 3. 12, 3쪽.

19 대한뉴스, 『국토건설단 창단식』, 제352호, 1962. 2. 10.

20 5대 국회 제66회 국가재건최고회의 상임위원회 회의록, 1961. 11. 10, 4쪽.

21 이상의, 2009, 「한국전쟁 이후의 노무동원과 노동자 생활」, 『한국사연구』 145, 291-327쪽. 폭력배들로 편성한 국토건설단이 노역을 시키는 것이 목적인지, 교화에 목적이 있었는지조차 뚜렷하지 않으며, 수용소 생활에서나 귀향길에서나 폭력사태가 그치지 않았다는 점에서 그 운용에 대하여 비판이 제기되기도 했다(동아일보, 「폭력배 강제노역의 문제점」, 1969. 3. 26).

22 제4차 국가재건최고회의 연석회의 회의록, 1962. 9. 4, 4-5쪽.

23 건설부, 「건계획2619호」, 1962. 11. 12.

24 제4차 국가재건최고회의 연석회의 회의록, 1962. 9. 4, 4-5쪽.

25 김춘삼이 주도한 대한자활개척단은 1965년 정부에 정식 등록되어 전남 영광, 강원 고성, 충남 아산 등지에서 개간과 간척을 진행했지만 이와 같이 정부가 공식적으로 조직한 것 외에 민간이 주도했던 사례가 많았던 것으로 추정된다(김아람, 2018, 「1960년대 개척단의 농지조성과 갈등 구조」, 『사학연구』 131, 321-366쪽).

26 홍종철, 1963, 「혁명정부의 복지행정」, 『최고회의보』(국가재건최고회의), 27, 13-14쪽.

27 「대한청소년개척단 수용내용」, 서산군, 서산자활정착사업장현황, 충청남도 서산시 총무국 회계과, 자조근로(국가기록관리번호: BA0057880. 이하 국가기록원 자료 관리번호는 일련번호만 표기).

28 김아람, 「1950년대 후반~60년대 전반 정착사업의 변천 과정과 특징」, 357-405쪽.

29 경향신문, 「자활하는 부랑아」, 1961. 5. 1.

30 김아람, 「1960년대 개척단의 농지조성과 갈등 구조」, 337쪽.

31 이태암, 1964, 「특수지역사회인(서산개척단)에 대한 사회의학적 조사연구」, 서울대학교 보건대학원 학위논문, 183쪽.

32 하지만 경찰이 단속한 부랑아 중 개척지로 보내진 수치는 언론보도의 수치에 한참 못 미치는 것인데, 여기에는 정착사업이 정부의 원조나 보조금에 의존하지 않는 사회사업단체나 개인에 의해 운영된 사례도 있기 때문인 것으로 보인다. 보건사회부의 자료에서는 이미 1962년에 18,323명을 단속하여 이들 중 보호소에 수용된 인원이 12,761명, 정착지로 보내진 경우가 229명인 것으로 확인된다(보건사회부, 1964, 『보건사회백서: 국민보건과 사회복지』, 306-307쪽).

33 경찰청, 1966, 『경찰통계연보』, 86쪽.

34 1968년에는 서산개척지 역시 정부의 적극적인 구호대책 부족으로 사업장이 폐촌 위기에 놓여 있음이 보도되기도 했다(경향신문, 「서산 자활정착 사업장 폐촌 위기」, 1968. 7. 11).

35 경향신문, 「폐촌의 위기에 놓인 서산자활정착사업장에는 스산한 바람만 불 뿐」, 1968. 7. 11.

36 매일경제, 「아동명단보고토록, 부랑아 귀가책으로」, 1968. 7. 13; 동아일보, 「2만명 상담조처, 지난해 윤락, 가출여성」, 1969. 2. 10.

37 1968년 4월, 전국의 모범수를 집결수용하고 있는 수원교도소에 처음 갱생건설단이 발족되었다. 갱생건설단원은 각 교도소에 수용 중인 수형자 중 내란, 살인, 반공법위반, 마약법위반 사범을 제외하고 잔형이 2년 미만인 남자 수형자를 대상으로 선발하였고, 갱생건설소년단원은 16세 이상 소년원생 중 초등학교 이상을 졸업하고 소년원 수용경력이 2회 이하인 남자원생을 대상으로 했다.

38 건설부, 1968, 「후기」, 『국토계획기본구상』; 신용옥, 2013, 「박정희 정권기 국토계획의 전개과정과 동해안 지역의 위상」, 『도서문화』, 41, 국립목포대학교 도서문화연구원, 69-105쪽; 법무부, 1988, 『법무부사』, 321쪽.

39 경향신문, 「폭력배 오지, 개간에 자립터전 마련 위해」, 1969. 3. 10.

40 경향신문, 「폭력배, 도로공사 투입」, 1969. 3. 24.

41 경찰청, 1999, 『한국경찰50년사』, 630쪽.

42 경향신문, 「악의 주먹에서 건설의 손으로」, 1969. 4. 14.

43 경향신문, 「세태, 알파오메가 폭력」, 1971. 2. 17.

44 동아일보, 「강제취역 특감요구」, 1968. 7. 15.

45 태백산 1, 2지역에서는 노임의 일부를 소맥분으로 공제하되 그 금액을 시중가격보다 10배가량 낮게 산정하여 건설원들에게 손해를 가한 사례가 보고되기도 했다(내무부 치안본부, 『한국경찰사』, 525-536쪽).

46 법무부, 1988, 『법무부사』, 321쪽.

47 한국아동복지시설협의회, 1992, 『한국아동복지편람』, 1992, 77쪽.

48 매일경제, 「아동명단보고토록, 부랑아 귀가책으로」, 1968. 7. 13.

49 19대 국회 334회 3차 안전행정위원회 회의록, 2015. 7. 3, 13쪽.

50 3대 국회 19회 본회의 회의록, 1954. 7. 7, 20쪽.

51 김화수, 1999, 「과밀수용의 원인 및 대책」, 『교정』 275, 11-39쪽.

52 내무부 치안본부, 『한국경찰사』, 929쪽; 경향신문, 「방범원의 고충」, 1965. 11. 15.

53 문준영, 2010, 『법원과 검찰의 탄생: 사법의 역사로 읽은 대한민국』, 역사비평사, 894쪽.

54 행정의 '효율화'를 꾀하면서 부랑인 단속 실적 관련 통계도 구축되었다(내무부 치안본부, 『한국경찰사』, 43쪽).

55 경향신문, 「반공, 대공사찰을 강화」, 1961. 6. 16.

56 법무부, 『법무부사』, 32쪽.

57 김화수, 「과밀수용의 원인 및 대책」, 11-39쪽.

58 법무부 교정본부, 2010, 『대한민국 교정사 Ⅱ』, 575쪽.

59 박정희 정권기에는 여타 정부에 비하여 사면 및 감형, 복권은 활발하지 않았지만(법무부, 2014, 『범죄예방정책 통계연보』, 414쪽), 가석방 규모는 이승만 정권기의 7~9%를 훨씬 넘어섰고, 1975년 「사회안전법」 제정 이후에는 35%를 웃돌 정도로 확대되었다(법무부 교정본부, 『대한민국 교정사 Ⅱ』, 602쪽).

60 식민지기 출소자를 대상으로 민간이 일자리, 숙소, 여비 등을 지원하되 실질적으로 '불온 사상가'인 독립운동가를 관찰하는 데 이용되었던 사법보호사업은 이 법 개정을 통해 관영화되었고, 이를 통해 법무부는 '독지가'인 실행 주체, 민간단체(보호소)에 대한 통제를 강화할 수 있었다. 이 법 개정을 통해 관리 주체를 국가로 변경하고 민간에 대한 통제를 강화한 것이다. 이후 「갱생보호법」은 1995년 「보호관찰 등에 관한 법률」로 통합되면서 숙식 제공, 여비 지급, 생업 도구 등의 대여나 직업훈련 등 자립갱생을 돕는 오늘날의 한국법무보호복지공단의 사업으로 이어지게 된다.

61 국회의안번호 AA00115호.

62 경향신문, 「거리의 행패 단속, 부녀자들을 괴롭히는 부랑아 등」, 1963. 6. 1.

63 경향신문, 「명랑생활 해치는 19사범 강력단속」, 1968. 6. 3; 동아일보, 「경찰이 이번에 집중단속키로 한 17가지의 이른바 타성적인 사회악」, 1968. 6. 3.

64 윤수종, 2002, 「넝마공동체의 성격과 그 변화」, 『민주주의와 인권』 2(1), 175-212쪽; 동아일보, 「부랑아와 우범의 수용과 보호문제」, 1962. 3. 8.

65 2대 국회 18회 22차 본회의 회의록, 1954. 2. 20, 7쪽.

66 국회의안번호 AA00115호.

67 법무부 교정본부, 『대한민국 교정사 Ⅱ』, 628쪽.

68 법무부 교정본부, 『대한민국 교정사 Ⅱ』, 631-736쪽.

69 이 적, 1988, 『삼청교육대 정화작전』, 전예원, 62쪽; 정충재, 1988, 『삼청교육대 악몽의 365일: 삼청교육대 그 죽음과 삶의 수기!』, 청사, 198쪽.

70 이 적, 『삼청교육대 정화작전』, 62쪽; 국방부 과거사진상규명위원회, 2007, 『과거사진

상규명위원회 종합보고서 1권』, 77쪽.

71 윤수종, 「넝마공동체의 성격과 그 변화」, 141쪽.

72 국가보위비상대책위원회, 1980, 『국보위백서』, 43쪽.

73 교육대상자들의 일과는 삭발을 하고 군복을 입은 후 유격, 각개전투, 제식훈련 등 육체적 훈련을 받고, 현역병과 똑같은 1식 3찬의 식사, 매일 저녁의 자기 수양, 오전 6시 기상에 밤 10시 취침 등 신병훈련과 유사했다. 다만 구호가 '군인의 길'이 아니고 이웃 사랑, 법과 질서, 존경받는 국민 등이라는 점에서 훈령병과 다를 뿐이었고, 지시에 따르지 않으면 명령불복종죄로 사살될 수 있으며, 군에 들어온 이상 상관의 명령에 따라야 한다는 지시가 작동했다(이적, 『삼청교육대 정화작전』, 77-108쪽).

74 한겨레, 「진상삼청교육대, 진상규명 앞장서는 체험자 긴급좌담」, 1988. 10. 9; 한겨레, 「근로봉사 악몽의 나날」, 1988. 10. 11.

75 김순실, 1960, 「부랑아의 사회적 동태와 그 대책」, 이화여자대학교 사회사업학과 석사학위논문, 1-11쪽. 이 논문은 당시의 부랑아들은 한국전쟁으로 극대화된 것은 맞지만 이미 해방 후 전쟁포로 동포와 반공 월남동포 사이에서 많은 수가 발생하게 된 것이라 기술하고 있다.

76 1963년 당시 내무부 치안국이 발행한 『경찰』에 김현옥이 실은 「부랑아에 관한 연구」에서는 부랑아를 '일정한 거주지 및 일정한 직업 없이 가두를 배회하는 아동'으로 '걸식아'로 정의하고 있다.

77 황정미, 2001, 「개발국가의 여성정책에 관한 연구: 1960~70년대 한국 부녀행정을 중심으로」, 서울대학교 사회학과 박사학위논문, 113쪽.

78 경향신문, 「20세 이상 개간사업지로」, 1961. 5. 28.

79 동아일보, 「금성개척단 발단식」, 1961. 9. 21.

80 동아일보, 「시립갱생원 개원」, 1961. 10. 13.

81 동아일보, 「세모에 찾아본 시립 후생시설: 갱생원」, 1967. 12. 28.

82 동아일보, 「시립갱생원 의료시설 엉망, 하루 2명꼴 비명에 죽어」, 1967. 5. 12; 동아일보, 「시립갱생원 운영에 허점」, 1969. 12. 23; 동아일보, 「심신장애자 분리 수용」, 1978. 11. 24.

83 1963년의 한 신문에는 인천시가 미군부대에서 나올 오물을 처리하여 공납금을 수입한 것의 일부를 이 선감학원과 대한소년단, 그리고 윤락여성 보도소 중의 하나였던 협성기술학원 등에 보조금으로 지출할 예정이라는 기사가 발견된다(경향신문, 「2천9백만원 계상, 미군오물 처리수입」, 1963. 1. 15).

84 동아일보, 「생지옥 무궁갱생원」, 1962. 6. 17.

85 동아일보, 「백여원생들 탈원」, 1967. 5. 29.

86 동아일보, 「새서울건설단, 내 15일 창단키로」, 1966. 6. 3. 하지만 이후 이들의 구체적인 활동이나, 동원 방법, 관리주체에 관한 언론 보도는 더는 등장하지 않는다.

87 경향신문, 「부산하고 요란하고」, 1968. 4. 20.

88 갱생원생들이 동원된 지역은 국토건설사업을 통한 개발 지역과 상당수 일치한다. 경향신문, 「국토건설 사업 투자 우선순위안 마련」, 1966. 10. 11.

89 동아일보, 「갱생원서 노임 착취 원생들 경찰에 진정」, 1980. 3. 18.

90 19대 국회 334회 3차 안전행정위원회 회의록, 2015. 7. 3, 23쪽. 형제복지원 사건을 계기로 당시 국회와 언론은 그 밖의 많은 부랑아보호시설의 인권유린 상황을 보고하기 시작했다. 대전의 성지원, 충북의 광성 복지원, 충남 연기 양지원 등 다른 수용시설에서도 유사한 인권침해 사례가 있다는 보도가 이어졌다(경향신문, 「장기수용 50% 넘어」, 1987. 2. 4; 동아일보, 「운영, 감독 개선으로 새출발할 때」, 1987. 2. 6; 경향신문, 「부랑인시설 현황」, 1987. 2. 17).

91 경향신문, 「원생에 집단폭행, 갱생원 경비원들 탈선」, 1963. 6. 3.

92 경향신문, 「고아를 강물에 몰아 치사. 낙동갱생원장 장형제를 구속」, 1961. 4. 7.

93 경향신문, 「매맞고 앓다 절명. 갱생원 반장 4명이 합세」, 1966. 5. 28.

94 동아일보, 「백여원생들 탈원」, 1967. 5. 29.

95 경향신문, 「자유에의 탈출, 부랑아 수용소 선감학원생들」, 1964. 10. 26.

96 선감학원은 이미 식민지 시기 토지수탈로 인해 도시로 내몰린 화전민, 토막민 등 빈민 급증에 대응하여 1941년 500명 수용 규모로 건립되어 운영되어왔던 것으로 알려져 있다(http://m.blog.naver.com/anmaro/150085665167).

97 서병수, 2011, 「한국의 사회복지 정책과 복지체제 성격의 변화」, 빈곤없는 세상 연구보고서, 1-23쪽; 권선주·이천우, 2005, 「우리나라 권력구조의 사회보장정책에 대한 영향: 박정희 대통령에서 노무현 대통령까지」, 『산업경제연구』 18(6).

98 김순양, 2015, 「고도경제성장기 사회복지의 제도화과정에 대한 정치적 해석: 1960~70년대 박정희정권 시기를 중심으로」, 『한국사회와 행정연구』 26(1), 53-82쪽.

99 황정미, 「개발국가의 여성정책에 관한 연구」, 59쪽.

100 매일경제, 「아동명단 보고토록, 부랑아 귀가책으로」, 1968. 7. 13.

101 황정미, 「개발국가의 여성정책에 관한 연구」, 89-101쪽.

102 1965년에는 국립모자원 또한 국립부녀직업보도소로 명칭과 기능이 개편된다(보건사회부, 『보건사회백서: 국민보건과 사회복지』, 131-132쪽).

103 경향신문, 「내일을 사는 알찬 의지들」, 1972. 11. 28.

104 황정미, 「개발국가의 여성정책에 관한 연구」, 101-103쪽.

105 경향신문, 「교도소보다 싫어」, 1977. 8. 13. 서울 영등포구 대방동 시립남부부녀보호소나 경기 성남시 동부부녀기술원에 수용된 성판매여성들은 면회와 외출이 제한되는 보호소 수용보다 오히려 구류라는 처벌을 요구한다는 것이 그 내용이다. 1985년에는 서울 강남구 수서동 소재 동부여자기술원에서 제설 작업 중이던 보호여성 48명이 집단 탈출했다는 기사도 등장한다(동아일보, 「윤락여성 집단탈출」, 1985. 1. 21).

106 매일경제, 「부녀자 재활지도 기술학원 기숙사 방화 37명 사망」, 1995. 8. 22.

107 1988년에도 국회의 보건사회부 국정감사에서는 서울시 여자기술원의 입소절차와 원내의 가혹행위에 대한 집중 추궁이 이어지기도 했다(한겨레, 「국정감사 이모저모 민정, '표도둑질' 표현 윤용 교수 고발발의」, 1988. 10. 25).

108 6차 보건사회위원회 170회 회의록, 1994. 12. 9, 8쪽. 당시 언론은 전국적으로 성매매여성에 대하여 보호라는 명목으로 시설 수용이 이뤄지고 있는 곳은 서울여자시립기술원, 경기여자기술원, 인천협성여자기술원 등 3곳, 500여 명에 달하며, 이 판결에 따라 피수용 여성들의 소송 제기가 잇따를 것으로 예상했다(경향신문, 「윤락녀 강제

수용은 위법」, 1994. 5. 5). 그리고 MBC의 〈PD수첩〉을 통해 인천의 협성원, 경기기술원 등 직업보도시설의 폐쇄성과 인권 유린 상황이 보도되기도 했다(박정미, 2011, 「한국 성매매정책에 관한 연구: '묵인-관리 체제'의 변동과 성판매여성의 역사적 구성, 1945~2005년」, 서울대학교 사회학과 박사학위논문, 316쪽).

109 동아일보, 「큰절로 고독과 고별. 서산개척단의 60쌍 합동약혼식」, 1963. 5. 1.

110 동아일보, 「새출발한 윤락여성」, 1963. 3. 13; 동아일보, 「재생윤락여성 15명 뽑아, 개척단원과 가약 맺기로」, 1963. 4. 4.

111 경향신문, 「224쌍의 합동결혼식」, 1964. 11. 24.

112 이정은, 「해방 후 인권담론의 형성과 제도화에 관한 연구」, 182쪽.

113 국가인권위원회, 2019, 『서산개척단 사건 실태파악 및 피해자 구제방안 마련 연구』, 82-86쪽.

114 조선일보, 「윤락여성과 부랑아 합동결혼식 그 뒤, 350쌍 중 45쌍이 완전파경, 40%는 불안상태」, 1966. 10. 5.

115 한종선·전규찬·박래군, 『살아남은 아이』, 359쪽.

부록 1

1 「내무부 훈령 제410호」의 위헌, 위법성에 대한 법률적 검토에 대해서는 대표적으로 조영선·이아, 2015. 「형제복지원은 위헌인가: 형제복지원 수용의 근거였던 내무부 훈령 제410호에 대한 위헌성 검토」, 『민주사회를 위한 변론』 제106호를 참조.

2 당시의 정치사회적 배경 및 「사회안전법」, 「주민등록법」 개정 등 여타 사회통제 법령과의 관련성에 대한 자세한 논의는 유진·박경규·김아람·김재형·김일환, 2020. 『과거사 청산을 위한 국가폭력 연구(II): 1970년대 보안처분제도의 형성과 부랑인 단속·수용을 중심으로』, 한국형사정책연구원 연구총서, 25-39쪽.

3 '4대 전시입법'은 「사회안전법」, 「민방위법」, 「방위세법」의 제정 및 학도호국단을 부활시키기 위한 교육 관계법의 개정을 지칭했다. 이를 통해 전 사회의 '병영화' 시도가 한층 진전되었다.

4 이전까지 「경범죄처벌법」, 「경찰관직무집행법」 등 경찰 관련 법제나, 「아동복리법」, 「생활보호법」, 「사회복지사업법」 등 복지 관련 법제에서 파편적으로 '부랑아', '부랑인'에 대한 수용조치가 언급되었으나 그 대상 및 절차는 명확하지 않았다. 실제 관행적으로 이루어졌던 경찰의 단속 및 복지시설 내의 수용조치도 이러한 법적 규정과 관계없는 초법적 조치의 요소가 다분했다. 이승호, 1991, 「우리나라의 보안처분류 제재체계에 대한 비판적 검토」, 서울대학교 법학과 박사학위논문.

5 예컨대 1972년 5월 내무부 치안국에서는 관광지정화 및 관광객 안전 보호대책의 일환으로 "걸인, 부랑아, 나환자 및 각종 치기배 등의 사범"을 철저히 색출하라는 지시를 하달했다. 1973년 5월에도 내무부 치안국은 '가두환경사범소탕령'을 전국에 하달하고, 도시질서를 어지럽힌다고 간주된 여러 "관광저해사범", "가두환경사범"을 집중단속했다. 매일경제, 「관광객 보호작전」, 1972. 5. 6; 경향신문, 「경범 대상 계도서 처벌 위주로」, 1973. 5. 11; 동아일보, 「관광저해사범 단속」, 1979. 4. 10.

6 이는 수용시설의 법적 근거가 되는 「생활보호법」, 「사회복지사업법」 등의 시행 목적

과도, 심지어는 「경범죄처벌법」에 명시된 행위의 범위를 넘어서는 포괄적인 규정이었다. 유진·박경규·김아람·김재형·김일환, 『과거사 청산을 위한 국가폭력 연구(II)』, 295-306쪽.

7 이소영, 2016, 「건전사회와 그 적들: 1960~80년대 부랑인단속의 생명정치」, 『법과 사회』 51, 23-54쪽.

8 형제복지원을 포함하여, 1960~70년대 설치된 부랑인 수용시설들의 개괄적 현황과 연혁에 대해서는 유진·박경규·김아람·김재형·김일환, 『과거사 청산을 위한 국가폭력 연구(II)』, 242-258쪽.

9 다만 이러한 '사후관리'가 얼마나 효과적으로 작동했는지에 대해서는 추후 좀 더 면밀한 확인이 필요하다. 현재까지 수집된 피해생존자들의 구술자료에서는 이러한 지역 경찰 및 지역 행정단위에서의 사후관리가 체계적으로 이루어졌음을 확인하기 어렵다.

4장

1 식민지 시기와 전후 일본, 한국에서의 사회사업(社會事業), 후생(厚生), 복지(福祉) 등의 개념사에 대해서는 정근식·주윤정, 2013, 「사회사업에서 사회복지로: "복지" 개념과 제도의 변화」, 『사회와 역사』 98, 5-41쪽 참조.

2 그런 점에서 형제복지원사건진상규명을위한대책위원회의 주요 내부 구성원 중 일부가 장애인탈시설운동 관련 단체라는 사실은 매우 시사적이다. 2000년대 이후 장애인복지시설에서의 인권침해 문제에 대한 대응을 통해 성장한 탈시설운동의 흐름이 민간 수용시설 문제의 '원형'으로서 형제복지원에 주목하고 진상규명운동에 함께 참여하게 된 것이다.

3 '시설'로서가 아닌 '총체적 기관'으로서의 형제복지원의 구조에 대해서는 이 책의 6장 참조.

4 여기에서 '형제복지원 재단'은 1965년 '재단법인 형제육아원'에서 출발하여 이후 '사회복지법인 형제원', '사회복지법인 형제복지원' 등으로 법인의 명칭과 형태를 달리해온 조직들을 통칭하는 표현으로 사용할 것이다.

5 여기에서 '비영리성'이라는 것은 법인의 각종 경제활동을 통해 동원된 자원이 재단법인의 목적사업에 온전히 투자되고, 법인 내부·외부 구성원들에게 배당으로 지불되지 않는다는 '비분배조건'을 의미한다. 법무법인 태평양·재단법인 동천, 2015, 『공익법인연구』, 경인문화사, 6-12쪽. 막스 베버(Max Weber)는 모든 사회조직은 조직의 재생산을 위해서 여러 형태의 경제적 행위를 수행할 수밖에 없음을 강조하면서, 특정한 사회적 행위의 구조와 조직의 경제적 관계, 조직의 내부지배 사이에 존재하는 선택적 친화성(elective affinity)을 해명하고자 했다. 이러한 관점은 이윤의 획득 및 분배를 직접적 목적으로 하지 않는 비영리조직에도 동일하게 적용될 수 있다. Max Weber, 1978, "The Economic Relationships of Organized Groups," in Guenther Roth and Claus Wittich, eds., *Economy and Society: An Outline of Interpretive Sociology*, pp.339-341; "Domination and Legitimacy," pp.941-953.

6 기본적으로 재단법인의 구조와 기능은 각 국가의 역사적 맥락과 이를 둘러싼 정치적 갈등에 의해 크게 영향을 받는다. 재단법인은 기본적으로 민법상에 규정된 시민사회 영역의 조직이지만, 다른 한편으로 다양한 영리활동을 통해 시장 영역에 참여하고 있고, 다른 한편으로는 정부 기능을 위탁받아 활동하는 공적 조직으로서의 특징을 가지고 있다. 즉, 조직 형태 자체에 복합적인 긴장이 내재된 혼종성(hybridity)을 지닌다. 따라서 각 사회의 재단법인의 특성은 단순히 실정법에 의해서가 아니라 구체적인 역사적 맥락에서의 정치적 과정(politics of foundation)을 통해서 비로소 결정된다. 이런 의미에서 재단법인의 모습은 당시 민간 및 공공 영역의 구획, 정치경제적 구조, 사회문화적 선호 등을 예민하게 반영하는 지진계(地震計)적 특성을 지닌다. 여기에 대해서는 Helmut K. Anheier and Siobhan Daly, 2007, *The Politics of Foundations: A Comparative Analysis*, Routledge 참조.

7 여기에 대해서는 다음을 참조할 수 있다. 장경섭, 2011, 「개발국가, 복지국가, 위험가족」, 『한국사회정책』 18(3), 63-90쪽; 양재진·민효상, 2013, 「한국 복지국가의 저부담 조세체제의 기원과 복지 증세에 관한 연구」, 『동향과 전망』 88, 48-96쪽; 김도균, 2013, 「한국의 자산기반 생활보장체계의 형성과 변형에 관한 연구: 개발국가의 저축동원과 조세정치를 중심으로」, 서울대학교 사회학과 박사학위논문.

8 법무법인 태평양·재단법인 동천, 2015, 『공익법인연구』, 281-322쪽.

9 피에르 부르디외(Pierre Bourdieu)의 '상징적 재화의 경제(economy of symbolic goods)' 혹은 '전도된 경제(inverted economy)'에 대한 논의는 이러한 비영리법인의 경제활동에 존재하는 이중성을 포착하는 데 도움이 된다. 부르디외가 보여주고자 하는 것은 자신의 경제적 이해관계를 부정함으로써 역설적으로 작동하는 심층적 경제의 논리다. 부르디외는 이를 예술사회학, 종교사회학적 작업에 국한하여 활용했으나, 그 핵심적 통찰은 사회복지법인과 같은 재단법인의 경제활동을 이해하는 데에도 유용할 수 있다. 사회사업에 대한 헌신과 사심 없는(disinterested) 증여라는 논리를 통해 재단법인이 상징적 차원에서 확보하는 정당성은, 이에 대해 주어지는 각종 특혜, 그리고 궁극적으로 재단법인의 경제적 이해관계(interest)의 확보라는 층위와 분리될 수 없다. 피에르 부르디외, 2005, 『실천이성: 행동의 이론에 대하여』, 김웅권 역, 동문선, 199-246쪽; 박정호, 2012, 「부르디외의 증여 해석: 사심 없음의 경제적 정화(淨化)와 부정철학의 이중 효과」, 『경제와 사회』 94, 209-241쪽. 이렇게 볼 때 재단법인의 활동을 순수한 증여와 이타적 동기의 발현으로 이해하는 시각, 다른 한편으로는 재단법인을 '위장된 영리조직(disguised for-profit organization)'으로 간주하면서 이들의 활동을 사익추구 행태로 환원하는 시각 양자를 비판적으로 종합해볼 필요가 있다.

10 따라서 한국에서 사회복지법인의 '수익의 비분배'라는 비영리성의 기본조건이 잘 지켜지지 않고, 때로는 사회복지법인이 노골적 사유화와 부정부패, 영리추구의 장으로 변모하는 사실은 단순한 개별 조직 수준에서의 일탈로는 해명되기 어렵다. 오히려 이는 구체적인 역사적 맥락에서 사회복지법인에 주어지는 각종 공식적·비공식적 기회구조를 살펴보면서 해명되어야 한다. 1950~70년대 부산지역의 사례에 주목하는 연구로는 김영종, 2003, 「한국 사회복지조직의 형성 과정에 관한 역사적 연구: 1950~70년대 부산지역을 중심으로」, 『한국사회복지행정학』 10, 31-62쪽.

11 식민지기 사회사업 영역의 재단법인 설립 사례들은 소현숙, 2010, 「경계에 선 고아들: 고아 문제를 통해 본 일제 시기 사회사업과 공공성」, 윤해동 외, 『식민지 공공성: 실체와 은유의 거리』, 책과함께, 366-383쪽을 참조.

12 예컨대 남조선과도정부 보건후생부장 명의로 발표된 「후생시설 운영강화에 관한 건」(1947. 9. 10)은 국가 재정 문제상 충분한 국비를 지원하지 못하므로 관민 유지와 긴밀한 연계 속에서 지역별 후원단체 구성을 장려할 것을 권유하고 있다. 미군정 국가기구의 재정위기 및 억압적 기구에 편중된 국가 역량에 대해서는 박찬표, 2007, 『한국의 국가 형성과 민주주의: 냉전 자유주의와 보수적 민주주의의 기원』, 후마니타스, 307-319쪽 참조.

13 이러한 후생시설의 영세성은 교육 영역의 재단법인과 크게 대비된다. 1948년 정부 수립을 전후로 사립학교를 운영했던 문교재단은 이후 하나의 이익집단으로 결집하여, 농지개혁 과정에서 특혜를 얻어내는 데 성공했다. 반면 후생시설들이 농지개혁을 통해 얻을 수 있었던 혜택은 그다지 크지 않았다. 문교재단의 사례에 대해서는 김일환, 2018, 「'부재지주', '영리기업'에서 '기생적 존재'로: 1950년대 문교재단의 경제적 실천과 한국 사립대학」, 『사회와 역사』 119, 75-131쪽.

14 한국전쟁을 전후로 민간 시설의 증가 추세가 뚜렷이 나타난다. 해방 당시 전국 육아시설의 수는 33개 정도였는데 1948년 정부 수립 당시에는 96개로, 한국전쟁 직전에는 116개 소, 수용아동 8,908명(전체 후생시설은 153개, 수용인원은 10,469명)으로 증가했고, 휴전 시점에는 시설 수 440개, 수용아동 수 53,964명에 달했다. 시설 수로는 약 4배, 수용아동 수로는 약 6배 증가한 것이다. 구자헌, 1984, 『한국사회복지사』, 홍익제, 199-202쪽 참조.

15 당시 외원단체의 규모 및 활동 양상에 대해서는 최원규, 1996, 「외국민간원조단체의 활동과 한국 사회사업 발전에 미친 영향」, 서울대학교 사회복지학과 박사학위논문; 윤정란, 2015, 『한국전쟁과 기독교』, 한울아카데미 참조.

16 최원규, 「외국민간원조단체의 활동과 한국 사회사업 발전에 미친 영향」, 111-162쪽.

17 원조 자원 확보에는 공무원, 관료들과의 네트워크가 중요하게 작용했고, 이 과정에서 각종 탈법적 행태가 빈번히 존재했다. 김영종, 「한국 사회복지조직의 형성과정에 관한 역사적 연구」, 54쪽. 기독교계 단체는 이러한 원조 획득 과정에서 유리한 위치를 차지할 수 있었는데, 특히 서북지역 출신 개신교인들의 활동이 두드러졌다. 윤정란, 『한국전쟁과 기독교』, 67-114쪽.

18 한국전쟁 후 '전쟁고아'들의 상태 및 당대 사회의 인식에 대해서는 소현숙, 2018, 「전쟁고아들이 겪은 전후」, 『한국근현대사연구』 84, 321-351쪽 참조. 당대 신문기사에서는 부실한 수용시설 운영으로 시설에서 탈출하고 다시 거리로 돌아가는 아동들의 이야기를 전달하면서 정부의 대책을 촉구하는 목소리들을 확인하고 있다. 이러한 여론이 정부의 시설 정비 계획을 촉진시켰음을 짐작할 수 있다. 경향신문, 「고아들의 생애가 우려」, 1955. 11. 11.

19 사실 시설 운영을 재단법인화하면서 설립 및 운영 기준을 확립하고자 하는 시도는 전시 상황에서부터 시작되었지만, 그 과정은 매우 지지부진했다. 1950년 '후생시설설치기준'에서 영아원, 육아원, 모자원, 부랑아보호시설 등을 재단법인으로 하고 시, 도지

사의 인가 및 감독을 받도록 하는 규정이 마련되었다. 또한 1952년 사회부의 '사회사업을목적으로하는법인설립허가신청에관한건'은 시설을 경영할 재단법인의 설립기준을 규정하고, 시설 설립에 대한 규제를 강화하고자 했다. 김성이, 2002, 『사회복지의 발달과 사상』, 이화여자대학교출판부, 292-293쪽.

20 김영종, 「한국 사회복지조직의 형성과정에 관한 역사적 연구」, 55-56쪽.

21 형제육아원 박인근 원장이 사회사업에 뛰어들게 된 계기는 분명치 않다. 박인근은 1929년생으로 육군 하사관 경력이 있다고 알려져 있다. 그의 장인의 활동에 영향을 받아 사회사업 분야에 뛰어들게 되었다는 이야기가 있지만, 확실치는 않다. 박인근의 군 경력 및 초기 사회사업 활동에 대한 자전적 서술로는 형제복지지원재단, 2010, 『형제복지원 이렇게 운영되었다 1』, 형제복지지원재단, 7-21쪽 참조.

22 "재단법인 설립허가 신청서 진달," 『법인대장형제원(5-1)』(BA0951054). 이하 국가기록원 자료 관리번호는 일련번호만 표기. 당시 수용되어 있던 인원의 성격과 수용경로는 분명치 않다. 박인근은 미인가 시설일 때부터 경찰에 의해 거리에서 단속된 아동들이 형제육아원으로 수용 의뢰되었다고 밝힌다. 형제복지지원재단, 『형제복지원 이렇게 운영되었다 1』, 20쪽.

23 법인 인가 시점 및 형제육아원 시설 설치 사이의 1년 동안 재단법인형제육아원과 부산진구 사이에 오고간 공문의 내용은 흥미롭다. 부산시 측은 형제육아원의 시설변소의 지붕과 칸막이 부재, 불결한 우물, 직업보도 시설의 전무, 기본재산 등기부 등본 불비 등등을 지적하며 시설 인가신청을 계속 반려하고 있었다("아동복지 시설인가 신청," 『법인대장형제원(5-3)』(BA0951056). 여기에서 보이는 형제육아원의 시설 부실 상태는 당시 여타 영세한 수용시설들의 전반적 상황에 대해서도 많은 것을 암시한다.

24 이러한 보조금은 한국전쟁기 구호행정의 일환으로서 도입되었던 시설 수용인원에 비례한 비용 및 양곡 보조로 이루어져 있었다. 임기응변적으로 도입된 이러한 지원 구조는 1960년대 이후에도 그 기본 형태는 유지되었다. 그런데 이러한 보조금의 집행 과정은 불투명한 경우가 많았다. 당대 신문기사들을 통해서 시설 속의 열악한 아동의 처지, 또한 보조금 획득을 위해 아동들을 감금하거나 보조금과 지원 물자를 횡령하는 사례들을 어렵지 않게 찾아볼 수 있다. 소현숙, 「경계에 선 고아들」 참조.

25 "재단법인 설립허가 신청서 진달," 『법인대장형제원(5-1)』(BA0951054).

26 1960~1970년대 형제복지원 재단과 연계를 가졌던 단체들은 '천주교 구제회', '스칸디나비아선교회', '북구연합선교회(Northern Board Christian Mission)', '십자군연맹' 등으로 매우 다양하다. 그리고 보건사회부에서 지급되는 정부 보조금 역시 사실 상당 부분은 외원에서 충당되는 것이었다. 이렇게 보면 형제육아원의 초기 운영은 절대적으로 해외 원조로 지탱되는 구조였다. 형제육아원 이외의 다른 아동시설들의 재원 구조 역시 외원에 압도적으로 의존하는 형태라는 점에서 크게 다르지 않았다. 한국사회복지협의회, 2012, 『복지한국을 향한 위대한 여정: 한국사회복지협의회 60년사 1952-2012』, 한국사회복지협의회, 202-203쪽.

27 실제로 1976년을 고비로 외원 철수가 종료되자, 정부는 후생복지 시설에 대한 생계보호 수준을 현실화할 수밖에 없었다. 1975년 일인당 4,000원 수준의 시설보호수용

자에 대한 생계보호비가 1976년 8,000원으로 인상되었고, 자연스레 사회복지서비스 예산도 증가했다. 이혜경, 1998, 「민간 사회복지부문의 역사와 구조적 특성」, 『동서연구』 10(2), 41-75쪽.

28 이것을 잘 보여주는 것은 법인의 자체 수익사업에 대한 규정, 사회복지공동모금회로 대표되는 공동모금 규정, 각종 기부금에 대한 조세 감면과 대기업의 사회사업 참여 독려 등이었다. 1975년의 「법인세법」 개정을 통해서 복지법인에 대한 기부금 세액공제가 확대되었다. 1950년대 이후 「기부금품모집금지법」에 의해 규제되었던 복지기금 모금이 새로운 활로를 찾았다. 또한 재벌대기업의 재원을 사회사업 영역으로 끌어들이려는 시도도 이어졌다. 문민기, 2015, 「유신체제기 대기업의 사회사업 시행과 기업의 역할」, 고려대학교 한국사학과 석사학위논문.

29 김영종, 「한국 사회복지조직의 형성 과정에 관한 역사적 연구」, 55-56쪽.

30 현재까지 수집된 형제복지원 수용자 구술기록 중에서 1960년대 후반에서 70년대 초반 시점에 대한 증언은 상대적으로 매우 드물다. 1969년부터 1978년까지 형제원에 수용되어 있었던 김희곤의 구술은 그중 하나인데, 그에 따르면 수용아동은 7~8명씩 1개 조가 되어 20개 조 이상이 조각품 제작, 일본 수출용 낚시제품 제작 등에 동원되었다. 조별로 경쟁을 붙이고, 할당량을 채우지 못할 경우 구타가 이루어졌으며, 임금은 전혀 없었다. 형제복지원구술프로젝트, 2015, 『숫자가 된 사람들: 형제복지원 피해생존자 구술기록집』, 오월의봄, 51-52쪽.

31 이러한 위탁계약 체결은 1970년대 중후반 당시 부랑인구 집단에 대한 새로운 단속·수용 정책을 반영하고 있었다. 1970년대 대도시를 중심으로 도심재개발 사업이 진행되면서, 도시 문제와 부랑인구 집단이 새롭게 정책의 관심사로 포착되기 시작했고, 1975년의 「내무부 훈령 제410호」는 이러한 사정을 반영하여 '부랑아'에 국한되어 있던 강제수용정책을 광범위한 성인인구 집단에까지 무차별적으로 확대하고 있었다. '부랑인수용시설'로 명명된 새로운 수용시설 역시 전국 도처에 건설되기 시작했다. 부산시의 사정도 크게 다르지 않아서, 1971년 취임한 박영수 시장의 부산 도심재개발 사업이 한창 진행되고 있었고, 경찰에 의한 부랑인 단속 및 시설수용도 새로운 국면에 접어든 상태였다. 서울대사회학과형제복지원연구팀, 2017, 「1970~80년대 부랑인 단속/수용 정책의 성격: '내무부 훈령 410호'(1975)와 '구걸행위자보호대책'(1981)을 중심으로」, 2017년 비판사회학회 정기학술대회 자료집, 『역사적 전환과 체제변동: 2017년, 희망의 변곡점』, 167쪽.

32 "부랑인수용소 이전건립에 따른 부지사용승인," 『형제복지원(6-2)』(BA0951060).

33 1960년대 자리 잡았던 법인의 지배구조는 이 시기를 거치며 크게 변화하는데, 박인근은 이제 박광성을 대신하여 대표이사 자리에 오름으로써 복지시설 원장과 법인의 대표이사 자격을 탈법적으로 겸직하게 된다. 같은 시기에 박인근의 친인척들도 법인 임원진으로 본격적으로 참여하기 시작한다. 부산시는 여기에 따르는 법적 문제를 묵인해주는 한편, 위탁계약 체결 직후 불거진 박인근 및 일가의 구호물자 횡령 및 구속사건 역시 무마시켜준 것으로 추측된다. 1976년 2월 박인근은 미국 민간원조단체에서 지급한 800명분의 동복을 브로커와 공모하여 빼돌리고 수수료를 챙긴 혐의로 그의 처남과 함께 구속되었다. 동아일보, 「8백명분 구호월동복 횡령, 고아원원장·헌

옷상인 4명 구속」, 1976. 2. 6. 이에 대한 보건사회부의 공문은 "구호품 부정유출 사건에 대한 사실조회 지시," 『형제복지원사건(I)』(관리번호: 1-6260272-20-1987-000008). 하지만 구속 이후 박인근이 재판을 받은 기록은 확인되지 않는다.

34 서울대사회학과형제복지원연구팀, 「1970~80년대 부랑인 단속/수용 정책의 성격」, 170-171쪽.

35 이미 1970년대 후반부터 '사회개발'론이 제기되면서 사회복지 확충에 대한 요구가 정책담론에 반영되고 있었다. 1977년 제4차를 기점으로 경제개발 5개년계획은 경제사회개발 5개년계획으로 수정되었다. 박해남, 2017, 「1988 서울올림픽과 시선의 사회정치」, 『사회와 역사』 110, 353-389쪽.

36 1980년 제5공화국 출범 직후 1961년 쿠데타에 이어 또 다시 사회복지 관련 입법이 대거 이루어졌다. 여기에는 「노인복지법」 제정(1981)과 개정(1984), 「아동복리법」 전면개정(1984), 「심신장애자복지법」 제정(1981)과 개정(1984), 「사회복지사업법」의 전면개정(1984), 「모자보건법」 제정(1986) 등이 있다.

37 김미경, 2018, 『감세 국가의 함정: 한국의 국가와 민주주의에 관한 재정사회학적 고찰』, 후마니타스, 225-227쪽.

38 김조설은 한국전쟁기 구조화된 사회복지 행정을 '응급구호'라는 시각에서 이해하는 한편, 1980년대에 접어들면서 기존 복지행정에서의 공-사 관계에 유의미한 변화가 나타나고 있음에 주목한다. 김조설, 2017, 『한국 복지정책 형성의 역사: 국가와 국민생활의 변혁』, 인간과복지, 288-295쪽.

39 1981년 국무조정실에서 작성한 '구걸행위자보호대책'(이하 본문에서 '보호대책')을 통한 전국적인 부랑인 수용시설 신축사업, 1984년 보건사회부에서 작성한 '심신장애자복지시설현대화사업투자계획'을 통한 장애인시설 증개축 사업 등이 그것이었다. 실제로 '보호대책'에 의해 형제복지원을 포함한 전국 10개의 부랑인 수용시설의 신축·증축 및 직업보도시설 설치에 대한 재정지원이 있었다.

40 1980년대 이후 운영된 전국의 성인 부랑인 수용시설의 연혁은 서울대사회학과형제복지원연구팀, 「1970~80년대 부랑인 단속/수용 정책의 성격」의 〈부록〉을 참조. 1980년 이후 급속히 설립된 정신장애인시설 및 전문가/의료지식의 문제를 다루는 글로는 이용표, 2005, 「정신의학과 정신장애인의 시설수용: 정신의학의 확산에 따른 시설수용의 변천을 중심으로」, 『사회복지연구』 27, 5-31쪽.

41 예컨대 1979년 12월 28일 개정된 「조세감면규제법」은 기존의 학교법인에만 인정되던 조세감면을 대폭 확대하여, 사회복지법인에도 법인이 운영하는 사회복지사업체에 기부된 수익사업의 소득에 대해서는 전액 조세감면 혜택을 부여하고 있었다.

42 이러한 민간 위탁은 크게 두 가지 방식으로 나타났다. 첫째, 1950년대 아동복지시설 운영에서 출발한 사회복지법인들이 1970년대 후반에서 1980년대 초반의 시점에 부랑인 시설을 신설하고, 수용 업무만을 위탁받은 경우였다. 둘째, 1960년대 이후 시립 '갱생원', '희망원' 등의 명칭으로 운영되었던 공립 시설들이 지자체 조례의 개정을 통해 그 운영이 민간에 위탁되는 경우였다. 전자의 대표적 사례가 부산 형제복지원이라면, 후자의 대표적 사례는 대구 시립희망원의 천주교대구대교구에 의한 위탁 운영이다. 그런데 이러한 민간위탁 과정들 자체가 일종의 정치적 거래의 과정을 내포하고

있었다. 대구 시립희망원의 천주교대구대교구로의 위탁 배경으로 대교구 신부 2명의 국가보위비상대책위원회 참여가 있었음이 지적되고 있다. 이는 사회복지 시설운영의 위탁을 매개로 정부권력과 민간 행위자들 사이의 관계가 재구성되는 사례를 보여준다.

43 기존 연구들은 1980년대를 대체로 민간 복지영역의 확대 및 복지행정의 다원화·전문화의 기점으로 이해하는 경향이 있었다. 남찬섭, 2006, 「1980년대의 사회복지-1」, 『월간 복지동향』 94, 52-54쪽; 이혜경, 「민간 사회복지부문의 역사와 구조적 특성」, 63-67쪽. 그러나 공/사의 구분, 치안/복지의 구분은 여전히 불명확했고, 1980년대의 민간 사회복지 영역의 흐름을 '전문화'와 '다원화'로 요약하기는 어렵다.

44 건축공사 과정에 대한 대표적인 증언으로는 형제복지원구술프로젝트, 『숫자가 된 사람들』, 53쪽 참조. 국사편찬위원회 구술자료, 2017, 『1980년대 부랑인·장애인 관리체계와 형제복지원 사건 관련자 II』 중에서 김○○(OH_17_008_김○○_06)와 손○○(OH_17_008_손○○_06)의 구술도 참조.

45 형제복지원 재단 관계자들은 국고보조를 통해 설치된 자동차운전면허학원을 외부 사회를 대상으로 운영하며 법인 수익사업을 할 기회로 여겼지만, 이러한 계획은 좌절된 것으로 보인다. 이와 더불어 같은 시기 대우 등 각종 외부 기업체와 연결된 수익활동이 두드러진다. 이 책 6장 참조.

46 형제정신요양원과 같은 거대시설의 겸영은 부산시와의 특수관계에 힘입은 바가 컸던 것으로 보인다. 형제정신요양원의 설치는 정부의 권고로, 수년 간 정부 재정지원 없이 자체적으로 건설한다는 각서를 쓰고 시작한 사업이었다(『형제복지원법인대장(3-2)』, BA0951066). 부산시와 형제복지원의 지속적인 네트워크가 시설의 인가 및 초기 운영과정에 큰 영향을 미쳤다.

47 앞서 수용인원에 비례하여 주어지는 보조금이 한국전쟁기 응급구호 행정의 일환으로 도입된 후, 이후 1960년대 구호행정에서도 지속적으로 활용되었음을 확인한 바 있다. 그런데 이제 이러한 보조금은 법인 수입의 압도적 부분을 차지하는 경제적 자원이 되었다. 1980년대 복지시설에 주어지는 보조금의 확대는 사실은 수용인원에 대해 책정되는 금액이 점차 증가하는 형태로 이루어진 것이었다. 이것은 자연스럽게 복지법인 수익에 있어서 더 많은 시설수용자를 확보하는 것의 중요성을 증가시켰다. 결과적으로 시설 내의 장기수용 및 무분별한 인원 증대가 이루어졌다. 형제복지원과 경찰조직 간의 유착 과정, 탈법적인 형제복지원의 자체적 부랑인 단속 등의 관행은 모두 이러한 시설 수용자의 경제적 중요성에 뿌리를 두고 있다. 최근 이루어진 당시 부산시 경찰 관계자의 내부 증언에 따르면 경찰이 형제복지원 측에 단속된 인원을 인수인계할 경우 1인당 1만원 상당의 뒷돈을 형제복지원으로부터 받았다. 부산일보, 「경찰, 형제복지원 입소시키면 뒷돈 받았다」, 2018. 3. 29.

48 사회복지법인의 재정구조 등을 살펴보면서 그것의 공공적 성격을 강조하는 논의로는 김연명·박상희, 2012, 「공공복지인가? 민간복지인가?: 사회복지법인의 성격에 관한 연구」, 『비판사회정책』 36, 7-38쪽 참조.

49 1985년까지 박인근은 형제복지원의 원장, 형제정신요양원의 원장, 재단법인형제복지원의 대표이사를 겸임하고 있었다. 이것은 1980년대 당시의 「사회복지사업법」 규정

에도 어긋나는 것이었으나, 부산시의 묵인하에 이러한 겸직이 허용되었다. 이러한 상황은 1985년 정신요양원에 대한 정부 인건비 보조가 시작되면서 불가피하게 형제정신요양원의 원장 직위를 아내 임성원에게 양도하면서 부분적으로 해소되었다.

50 1970년 「사회복지사업법 시행규칙」의 제22조는 부랑인 선도시설에 대한 규정으로서 부랑인 선도시설 입소자의 재소 기간은 6월 이내로 한다. 다만 부득이한 사정이 있는 경우에는 1회에 한하여 6월을 초과하지 아니하는 범위 안에서 그 재소기간을 연장할 수 있다"고 명시하고 있다. 이러한 형식적인 제한규정조차 1984년이 되면 사라진다.

51 박인근 원장의 사법처리 이후 임시이사 체제로 운영되었던 형제복지원 재단은 이후 '재육원', '욥의마을' 등으로 이름을 바꾸어가면서 박인근의 사유화된 재단으로서 남아 있었다. 이러한 재단들을 복지수용시설 운영 재단이라고 볼 수 있을지는 의문이다. 이 재단들이 운영했던 중증장애인시설 '실로암의집'은 사실 법인의 규모에 비하면 매우 소규모의 시설이었다. 오히려 재단의 중점적 목표가 되었던 것은 시설의 운영이라기보다는 1975년 당시 부랑인 수용시설 운영을 목적으로 불하받았던 형제복지원 부지의 국유림을 용도 변경, 매각하고 이를 바탕으로 온천, 스포츠센터 등 다른 수익사업 시설을 대규모로 매입하는 것이었다. 이 과정에서 복지시설은 영리추구 활동의 전면에 내세우는 간판에 가까웠다.

52 박인근 일가는 느헤미야 재단을 2014년에 부산 지역 복지사업가인 서모 씨에게 법인을 매각했다. 이후 부산시가 법인 해산 절차에 돌입하자 형제복지원 대책위는 "진상규명 특별법이 통과되기 전 법인이 해산되면 비리 입증 자료가 폐기되거나 진상규명에 차질이 생길 가능성이 크다"면서 해산에 반대했으나, 부산시는 이를 강행했다. 그런데 청산 과정에서 대표자인 서 씨가 법인 청산인으로 지정되었고, 느헤미야 재단의 자산이 서 씨가 이사로 있는 장학재단에 헐값에 매각되었다는 소위 '셀프 청산'에 대한 비판이 제기되었다. 경향신문, 「재판 피해 가고, 수십억 챙기고… 형제복지원 사건 가해·책임자들의 1년은」, 2015. 5. 8; 부산일보, 「청산인이 '셀프 청산' 형제복지원 헐값 매각 의혹」, 2019. 1. 8. 이후 서 씨는 느헤미야 재단에서 매입한 자산으로 2020년에 폐교 위기에 놓인 동부산대학교 경영권을 인수하겠다는 의사를 밝혔다. 하지만 일부 학교 구성원들의 반발로 인수에 어려움을 겪었고, 결국 교육부는 2020년 7월에 동부산대를 강제 폐교하기로 결정했다. 부산일보, 「동부산대 결국 '강제 폐교' 수순」, 2020. 7. 6.

53 가장 대표적인 것이 사회복지법인천성원에 의한 양지원과 성지원의 운영, 그리고 대구 가톨릭교구에서 1981년부터 위탁운영했던 대구시립희망원의 사례일 것이다. 1987년 당시에도 형제복지원과 함께 정국의 큰 문제였던 양지원과 성지원의 운영재단 천성원은 1997년 양지마을 사건으로 대한민국 사회에 다시 모습을 드러냈다. 대구 시립희망원은 2016년 내부 인권침해 실태가 폭로되었고, 2018년 말 시설이 폐쇄되었다.

5장

1 이 책의 7장에서 다룬 총 31명의 구술자(증언자) 중에서 퇴소 후의 생계유지와 취업

활동에 있어 형제복지원에서 이루어진 교육과 익힌 기술이 도움이 된 경우를 찾을 수 없다.

2 남찬섭, 2005, 「한국의 60년대 초반 복지제도 재편에 관한 연구: 1950년대와의 관련성을 중심으로」, 『사회복지연구』 27, 33-75쪽.

3 김아람, 2015, 「가족이 짊어진 구호와 자활: 1950~60년대 합동결혼과 그 주인공」, 『역사문제연구』 33, 53-95쪽.

4 조경식, 2011, 「한국의 시대별 자활복지행정에 관한 연구: 자활사업 제도화 이전을 중심으로」, 『한국행정사학지』 28, 203-235쪽.

5 조경식, 2019, 「한국의 자활사업 제도화에 관한 연구」, 『한국행정사학지』 45, 23-49쪽.

6 김인숙, 2008, 「"자활" 개념의 재구성에 대한 탐색: 성매매여성 자활 현장을 중심으로」, 『한국가족복지학』 22, 95-129쪽.

7 '자활사업'과 '수용자'에 대한 분석이 필요하지만 이 연구에서 다룰 수 없었다. 그 이유는 다음과 같다. 첫째, 자료의 문제다. 이 연구가 형제복지원 내 자활사업을 연대기로 탐색하고 있는데, 현재 존재하는 구술자료로는 모든 시기에 고르게 자활사업장의 구성과 일을 설명할 수 없었다. 둘째, 자활사업의 수익금 문제 역시 알 수가 없었다. 이 문제를 밝히면, 시설이 수용자들을 착취했는지, 제대로 보상했는지를 가늘 수 있다. 그러나 저축 내역과 지급 내역을 비교하거나, 구술을 통해 증언을 확보해야 한다. 그렇지만 현 수준에서 이 사실을 명확히 확인하는 건 어려운 일이다. 마지막으로 수용자의 취업률이다. 수용자가 자활사업에서 익힌 기술과 획득한 자격증으로 퇴소 후에 취업했는지에 대한 문제이기도 하다. 7장에서 제시한 현재까지의 증언자 31명 가운데 형제복지원에서의 자활사업에서 도움을 받아 취업한 경우는 없다. 앞으로의 조사와 정리를 통해 형제복지원의 자활사업 내 수용자에 대한 분석, 그리고 형제복지원과 다른 수용시설을 비교·대조해 보겠다.

8 장애와인권발바닥행동은 장애인 탈시설 운동을 하는 비정부기구이며, 장애인의 탈시설 자립생활을 위한 활동을 하고 시설 내 강제수용의 진상규명을 위한 활동을 하고 있다. 여기서 검토한 자료는 형제복지원 사건 진상규명을 위한 활동의 일환으로 국가기록원이 보유한 기록물을 수집해 재구성한 것이다.

9 조경식, 「한국의 시대별 자활복지행정에 관한 연구」, 203-235쪽.

10 박홍근, 2015, 「사회적 배제의 형성과 변화: 넝마주이 국가동원의 역사를 중심으로」, 『사회와 역사』 108, 227-261쪽; 정수남, 2015, 「1960년대 '부랑인' 통치 방식과 '사회적 신체' 만들기」, 『민주주의와 인권』 16(3), 149-185쪽.

11 김아람, 2011, 「5·16군정기 사회정책: 아동복지와 부랑아 대책의 성격」, 『역사와 현실』 82, 329-365쪽; 임송자, 2013, 「1961년 5·16 국토건설사업과 국토건설단 운영 실태」, 『한국근현대사연구』 67, 900-942쪽.

12 연구자는 박정희 정권 초기에 정부에서 진행한 부랑인에 대한 '자활' 사업은 국토건설단과 같은 동원을 위한 조직화와 넝마주이 집단과 같은 양성화를 위한 조직화로 전제한다. 동시에 국토건설단은 문제집단을 도시 바깥으로 내보낸 것이며, 넝마주이 집단은 정부가 자치회 등으로 전환시켜 도시 내부에서 관리한 차이가 있다. 이 글은

정부와 시설과 지역사회의 연계를 이해하는 데 목표를 두며, 도시 내부의 부랑인 관리에 대한 결과로서 형제복지원과 같은 수용시설이 존재했다고 전제한다.

13 동아일보, 「거지도 인간이다 뭉쳐서 참사람되자」, 1958. 11. 24.

14 경향신문, 「넝마주이 등록기간 20일부터 22일까지」, 1961. 6. 21.

15 경향신문, 「넝마주이 882명 등록」, 1961. 6. 27.

16 동아일보, 「"등록취업토록 넝마주이 기피 말라" 당국 발표」, 1961. 6. 16.

17 얼마 지나지 않은 1962년 5월 2일, 서울시는 넝마주이를 모집해 재건근로대를 또 만들었다. 이들 조직은 "보통 40~100명 정도가 공동생활을 하고", "대장 1명과 부대장 1명"이 존재하는 구조였다. 폐품수집직업인자치회나 근로재건대의 차이는 크게 다르지 않았던 것으로 보인다.

18 마산일보, (제목 미상), 1961. 12. 14.

19 매일경제, 「이상기업(7) 넝마주이업」, 1967. 5. 22.

20 「외국민간원조단체에 관한 법률」(1964년 1월 1일 시행)에 따르면 외원단체란 "본부가 외국에 있고 그 본부의 지원으로 국내에서 보건사업, 교육사업, 생활보호, 재해구호, 또는 지역사회개발 등의 사회복지사업을 행하는 비영리 사회사업기관"이다. 특히 사업을 위한 재정이 외국에서 마련되고, 기관은 한국 국적이 아닌 외국인에 의해 운영되는 기관을 말한다. 이들은 주로 해외의 '물품'을 들여와 분배하는 방식의 활동을 했다.

21 정무용, 2017, 「1960~1970년대 증대하는 유동성과 불안, 그리고 위험관리로서의 사회개발」, 『역사문제연구』 21(1), 295-330쪽.

22 조경식, 2011, 「한국의 시대별 자활복지행정에 관한 연구」, 203-235쪽.

23 「자활지도사업에 관한 임시조치법」(1968)의 1조(목적)를 살펴보면 "이 법은 근로능력이 있는 영세민에게 근로구호를 실시함과 동시에 구호용 양곡의 적정한 관리를 기함으로써 자활을 조성하고 지역사회개발에 기여함을 목적으로 한다"고 말한다. 여기에 2조에서 "근로구호"와 "자활지도"사업의 용어를 다음과 같이 정리하고 있다. "① 이 법에서 "근로구호"라 함은 영세민에게 취로를 통하여 행하는 구호를 말한다. ② 이 법에서 "자활지도사업"(이하 "事業"이라 한다)이라 함은 근로구호를 실시하기 위하여 시행하는 사업으로서 대통령령으로 정하는 사업을 말한다." 국가법령정보센터(http://www.law.go.kr 참조).

24 이와 동시에 미인가 상태인 형제육아원을 아동복리시설로 인가받았다.

25 "아동복리시설인가신청서," 『법인대장형제원(5-3)』(국가기록원 관리번호: BA0951056. 이하 국가기록원 자료 관리번호는 일련번호만 표기).

26 "재단법인정관변경허가," 『법인대장형제원(5-3)』(BA0951056).

27 시설이 직업보도시설을 실제로 마련했는지, 기존의 공간을 활용해 형식적으로 꾸며 인가를 받았는지를 알 수는 없다. 다만 정부는 훈련을 위한 시설을 요구했고, 시설은 그 조건을 맞춰 인가를 받은 상황이 중요하다.

28 "아동복리시설 인가갱신," 『법인대장형제원(5-3)』(BA0951056).

29 "아동복리시설 실태평가표," 『법인대장형제원(5-3)』(BA0951056).

30 형제복지원재단, 2010, 『형제복지원운영자료집 1: 형제복지원 이렇게 운영되었다!』,

31 장미현, 2016, 「박정희 정부 시기 기술인력 정책의 전개와 숙련노동자의 대응」, 연세대학교 사학과 박사학위논문.

32 동아일보, 「14세 이상 보호아동 군대지원할 수 있게」, 1969. 12. 29.

33 「직업훈련법」에 따르면, 직업훈련소에는 노동청의 감독 아래에서 직업훈련공단이 설치/운영하는 공공직업훈련소와 지방자치단체나 비영리법인 또는 노동조합 등이 보건사회부령에 따라 노동청장의 인가를 행한 '직업훈련(시설)'로 나뉜다. 형제육아원이 직업훈련소로 어떤 이익을 취했는지에 대해서는 추가 조사가 필요하다. 국가법령정보센터(http://www. law.go.kr) 참조.

34 심재진, 2011, 「「사회복지사업법」제정사 연구」, 『사회보장연구』 27(2), 279-307쪽.

35 『법인대장형제원(5-5)』(BA0951058)에 포함된 「사회복지법 시행에 대한 조치」(사회 1485-1659, 1971년 11월)에는 "육아사업을 운영하는 가운데 체험한 바 사회복지를 위하여는 무엇보다도 부랑아사업이 사회적으로 긴○함을 느낀 바 있어 본 법인에서는 목적을 변경 부랑아 사업을 하고저 함"이라는 정관 변경의 변을 담고 있다. 또한 당시 이사회의 회의록(1971년 11월 16일)에는 "육아사업보다는 부랑아사업이 긴요함을 느낀 바 있어 현재 운영하고 있는 육아사업을 폐쇄하고 부랑아사업으로 사회명랑화를 기하며 또는 선도사업으로 건실한 육성을 목적으로 변경하고저 하여 협조하여 주시기 바랍니다"라는 이사회 회의 내용이 담겨 있다. 사회복지법인으로의 변경에 관한 내용은 이 책의 4장을 참조하기 바란다.

36 이 책의 4장 김일환이 제시한 〈표 2〉 참조.

37 1975년 공작실/재봉실/의무실(19.5평), 직업보도소(19.5평), 이발소/목공소(12.62평)로 총 51.62평이다. 이는 1971년 조리실(6.08평)과 의무실/사무실(8.54평), 실습장(37평)을 합친 51.62평과 규모가 같다.

38 "아동복리시설 인가갱신," 『법인대장형제원(5-5)』(BA0951058).

39 『법인대장형제원(5-3)』(BA0951056)에는 직업보도소에 대한 "사업계획서"가 존재하고 자물쇠공장 사진이 다수 실려 있다. 이 자료에 인용한 이○○ 외에도 ○△△의 증언이 존재한다. 그는 10소대가 야간중학교, 13소대가 악대부이며, 23~24소대가 아동소대, 27~28소대가 청소년소대라 구술한 바 있다. 이에 대해 추가 검토가 필요하다는 피해생존자 일원의 주장이 있음을 밝혀둔다.

40 "사실증명원," 『법인대장형제원(5-5)』(BA0951058).

41 보건사회부가 주도해 부산시가 형제복지원에 사용승인을 내주었는지, 부산시가 자체적으로 주도해 해당 부지에 대한 사용승인을 내주었는지는 명확하지 않다. 『형제복지원(6-2)』(BA0951060).

42 『형제복지원(6-2)』(BA0951060).

43 형제복지원재단, 『형제복지원운영자료집 1: 형제복지원 이렇게 운영되었다!』

44 형제복지원재단, 『형제복지원운영자료집 1: 형제복지원 이렇게 운영되었다!』. "그 당시 너무 급해서 슬레이트 건물을 지었는데, 지금은 많은 후회를 합니다. 부랑인들의 고귀한 자원노역으로 이루어진 것이 영구성 있는 콘크리트 슬라브 건물이라면 부랑인들의 자원노역이 빛날 텐데 이 자원노역이 순간의 땜질로 끝나서는 안 된다라는 생각이 들었다. 대한민국 사회복지 역사에 남을 멋있는 자원노역의 역사로 표적을 남기

고 싶다. 부랑인들이 일시 수용기간 동안 정부 보조, 지방비 보조, 일반 후원금 없이 스스로 이 건물을 자원노역으로 신축했다는 그 표적을 남길 것이다. 현재의 건물은 지붕이 슬레이트로 된 단층 건물이기 때문에 2~3층으로 된 철근 콘크리트 건물을 현대식으로 신축할 계획이다."(33-36쪽)

45 이뿐만 아니라 1980년대 초중반 형제복지원의 수용자 중 공사 경험이 있는 일부를 다른 지역의 사회복지시설 건립 현장에 인부로 파견(혹은 동원)했다. 이들이 어느 기간 얼만큼의 일을 했는지, 그 노동비용을 받았는지 아직 명확히 알 수는 없다. 다만 1980년대 초중반 인천의 '삼영원' 건설에 보내진 상황은 추정할 수 있다. 국무총리행정조정실, 1982, 「구걸행위자보호대책」.

46 등기번호 순서대로 정리하면 다음과 같다. 1동(숙사), 2동(숙사), 3동(숙사), 4동(숙사), 5동(숙사), 6동(숙사), 7동(숙사), 8동(숙사), 9동(숙사), 10동(숙사), 11동(숙사), 21동(직업보도·실습실), 22동(직업보도·실습실), 15동(직업보도·실습실), 16동(직업보도·실습실), 17동(직업보도·실습실), 23동(직업보도·실습실), 19동(세탁장·탁구장·이발소·재봉실·체육관), 12동(직업보도·숙사), 13동(직업보도·숙사), 18동(숙사·창고), 14동(냉동실·숙사·직업보도), 28동(목욕탕·오락실), 27동(사무실), 25동(숙사), 24동(자재창고), 26동(냉동실·공민교실), 20동(냉동실·취사장·도서실), 30동(교회), 29동(피복·연탄·식량창고·식당). 『형제복지원 법인대장(3-1)』(BA0951065).

47 국사편찬위원회에서 진행한 1980년대 부랑인·장애인 관리체계와 형제복지원 사건 관련자의 2014년 사업과 2017년 사업의 결과물에서 인용했다. 국사편찬위원회 구술자료, 2017, "OH_17_008_이○○_06," 『1980년대 부랑인·장애인 관리체계와 형제복지원 사건 관련자 II』.

48 신민당, 1987, 『부산 형제복지원사건 신민당 진상조사 보고서(제1차 보고서)』.

49 형제복지원구술프로젝트, 2015, 『숫자가 된 사람들』, 오월의봄.

50 신민당, 『부산 형제복지원사건 신민당 진상조사 보고서(제1차 보고서)』.

51 국사편찬위원회 구술자료, 2017, "OH_17_008_이○○_06," 『1980년대 부랑인·장애인 관리체계와 형제복지원 사건 관련자 II』, 15쪽.

52 국무총리행정조정실, 1982, 「구걸행위자보호대책」.

53 "형제복지원 실태조사(재산·회계·자활 사업 분야)," 『형제복지원(89)』(부산기록원 관리번호: 6260255-99999999-000049).

54 끊임없는 역동이 이뤄지는 형제복지원은 종료 직전인 1987년에 이르러 총 28개의 사업장을 운영하고 있었다. 1983년 계획서의 9개 사업장과 비교하면 세 배 이상 커진 상태다. 익명의 심사위원 가운데 한 명은 "수익사업과 비수익사업의 구분은 시설을 중심으로 나눈 것이고, 정작 수용자들에게 별 차이가 없는 구분일 수 있다"고 지적한 바 있다. 필자 역시 이러한 의견에 동의한다. 그러나 형제복지원의 수익사업과 비수익사업의 구분을 이용해야 수익사업-지역업체의 연계 양상을 가시화할 수 있다.

55 한국일보, 「자활의 마을 마련」, 1977. 11. 8(『형제복지원(8-2)』에서 재인용). 이 업종들은 1979년의 사업계획서에서도 확인할 수 있다.

56 형제복지원구술프로젝트, 『숫자가 된 사람들』.

57 당시의 직업보도시설의 목록을 통해 (1) 구비한 설비의 종류, (2) 직업보도소 인가를

통한 보조금, (3) 외부기업의 유치를 짐작할 수 있다.

58 『형제복지원(100)』(부산기록원 관리번호: 1-6260272-20-1987-000008).

59 "재봉틀 230대를 수입"한 사실은 아직 찾을 수 없다. 『형제복지원(115)』(부산기록원 관리번호: 6260272-9999999-000004)을 살펴보면, 1978년 1월, 형제복지원이 재봉틀을 일본에서 들여온 정황이 보인다.

60 형제복지원재단, 2010, 『형제복지원운영자료집 1: 형제복지원 이렇게 운영되었다!』.

61 『형제복지원 사건』(부산시청)에 따르면 작업 시간과 쉬는 시간이 지켜지지 않았다는 증언이 있다. 이 때문에 작업시간표를 얼마나 신뢰할 수 있을지는 확인이 필요하다.

62 국사편찬위원회 구술자료, 『1980년대 부랑인·장애인 관리체계와 형제복지원 사건 관련자 II』에는 다음과 같은 증언이 있다. "저는 재봉실에 뒤에 쭉 있었거든요. 저는 미싱은 못해 가지고. 거기 재봉실에서도 우리 원생들 옷 같은 거 빵구 나고 그러니까 그런 거 보면은 내가 상의 몇 개 하의 몇 개 이런 거 체크하고 이런 일을 했는데 그 안에서 우리들은 바깥에서 물건 들어오는 거 만들고 했어요. … 재봉실에서 텐트 만들고 그다음에 돗자리 … 오자미… 등을 만들었다."("OH_17_008_박○○_06")

63 동아일보, 「중간계층〈6〉 자동차 운전」, 1983. 2. 10.

64 기존의 법인 정관은 다음과 같다. 1. 부랑아·부랑인 선도사업 및 수용보호 시설 설치 운영, 2. 성인불구시설(정신, 지체) 설치 운영, 3. 「의료법」 및 「생활보호법」에 의한 진료 및 재활사업, 4. 「사회복지사업법」 제17조의 규정에 의한 수익사업.

65 『형제복지원 법인대장(3-3)』(BA0951067).

66 『형제복지원 법인대장(3-3)』(BA0951067).

67 『형제복지원 법인대장(3-3)』(BA0951067).

68 『형제복지원 법인대장(3-3)』(BA0951067)에는 다음과 같은 "정관변경의 변"이 실려 있다. "사회복지법인 형제복지원 대표 박인근으로부터 정관변경 허가 신청이 있어 사업계획서 등을 검토 확인한바, 1. 동 법인은 정관상 부랑인 선도사업 및 수용시설 설치운영의 목적사업은 있으나 직업보도시설 운영사업은 없이 부산직할시장과 위탁계약을 체결. (그런데도) 부랑인 선도보호사업을 수행하고 있음으로 부랑인의 수용기간 중 1인 1기의 직업보도를 실시치 못하고 있어 동 허가를 함에 있어 피수용자의 직업보도(운전교습 등) 교육을 실시(해) 면허증 취득자에 한하여 취업알선으로 성실한 직업인의 한 사람으로 사회에 복귀토록 유도할 필요가 있으며, 2. 동 법인에 대하여 82년도 직업보도 시설에 따른 보조금 50,000원(국고 40,000원 지방비 10,000원)을 지원, 직업보도시설(운전교습소, 정비고, 실습장 차량 구입)을 완비하여 현재 교육구청의 운전학원 인가만 득하면 곧 시행할 수 있는 시설과 여건이 되어 있음으로 정관변경 허가함이 가하다고 사료됩니다."

69 운전교육과 같은 직업보도소에서 교육을 받는 일은 다른 훈련과 달리 "신청"을 통해 진행됐다. 운전교육은 유일하게 시설 바깥에서 시험을 치르고, '운전면허증'을 발급받는 과정이었다. 9주간의 교육기간을 거쳐 운전면허시험을 1회 내지 2회 응시하게 했고, 교육기간이 끝나면 본래의 소대로 돌아갔다. 다만 면허증은 사무직이 회수해 갔고, 퇴소할 때 면허증을 받았다.

70 『형제복지원 법인대장(3-3)』(BA0951067).

71 국사편찬위원회 구술자료, "OH_17_008_김○○_06," 『1980년대 부랑인·장애인 관리체계와 형제복지원 사건 관련자 II』.

72 국사편찬위원회 구술자료, "OH_17_008_김○○_06," 『1980년대 부랑인·장애인 관리체계와 형제복지원 사건 관련자 II』.

6장

1 주윤정, 2017, 「87년 민주화 30년, 형제복지원을 다시 생각한다」, 형제복지원대책위원회, 『나는 누구입니까?: 인권과 민주주의, 그리고 형제복지원 사건 토론회』, 40-60쪽.

2 Johan Galtung, 1969, "Violence, Peace and Peace Research," *Journal of Peace Research* 6(3), pp.167-191.

3 신진욱, 2004, 「근대와 폭력: 다원적 복합성과 역사적 불확정성의 사회이론」, 『한국사회학』 38(4), 1-31쪽.

4 Randall Collins, 2008, *Violence: A Micro-Sociological Theory*, Princeton University Press, pp.1-36.

5 Jan Philip Reemtsma, 2012, *Trust and Violence: An Essay on a Modern Relationship*, Translated by Dominic Bonfiglio, Princeton University Press, pp.55-68.

6 Jan Philip Reemtsma, *Trust and Violence: An Essay on a Modern Relationship*, pp.55-76.

7 어빙 고프먼, 2018, 『수용소: 정신병 환자와 그 외 재소자들의 사회적 상황에 대한 에세이』, 심보선 역, 문학과지성사.

8 어빙 고프먼, 『수용소: 정신병 환자와 그 외 재소자들의 사회적 상황에 대한 에세이』.

9 Randall Collins, *Violence: a Micro-Sociological Theory*, pp.165-174.

10 Christie Davies, 1989, "Goffman's Concept of the Total Institution: Criticisms and Revisions," *Human Studies* 12, pp.77-95.

11 국사편찬위원회 구술자료, 2017, "OH_17_008_김○○_06," 『1980년대 부랑인·장애인 관리체계와 형제복지원 사건 관련자 II』.

12 국사편찬위원회 구술자료, "OH_17_008_김○○_06," 『1980년대 부랑인·장애인 관리체계와 형제복지원 사건 관련자 II』; 국사편찬위원회 구술자료, "OH_17_008_박○○_06," 『1980년대 부랑인·장애인 관리체계와 형제복지원 사건 관련자 II』.

13 국사편찬위원회 구술자료, "OH_17_008_이○○_06," 『1980년대 부랑인·장애인 관리체계와 형제복지원 사건 관련자 II』.

14 국사편찬위원회 구술자료, "OH_17_008_박○○_06," 『1980년대 부랑인·장애인 관리체계와 형제복지원 사건 관련자 II』.

15 Susie Scott, 2011, *Total Institutions and Reinvented Identities*, Palgrave Macmillan.

16 형제복지원 피해생존자 중 공개적인 증언을 통해 한 번 이상 형제복지원의 경험을 진술한 사람은 총 31명이다. 형제복지원 등에서 입은 정신적 장애 때문에 폭력 경험을

진술할 수 없었던 2명과 형제복지원 내부에서 폭력을 당하지도 않았고, 목격한 적도 없었다고 진술한 1명을 제외하면 모두 물리적 폭력의 경험을 진술하고 있다.

17 어빙 고프먼, 『수용소: 정신병 환자와 그 외 재소자들의 사회적 상황에 대한 에세이』, 13-154쪽.

18 김영욱, 1988, 『형제복지원: 생지옥의 낮과 밤』, 청사, 15-18쪽, 46-52쪽.

19 국사편찬위원회 구술자료, "OH_17_008_최○○_06," 『1980년대 부랑인·장애인 관리 체계와 형제복지원 사건 관련자 II』.

20 국사편찬위원회 구술자료, "OH_17_008_박○○_06," 『1980년대 부랑인·장애인 관리 체계와 형제복지원 사건 관련자 II』.

21 국사편찬위원회 구술자료, "OH_17_008_최○○_06, 『1980년대 부랑인·장애인 관리 체계와 형제복지원 사건 관련자 II』.

22 미셸 푸코, 2003, 『감시와 처벌』, 오생근 역, 나남출판.

23 Jurgen Mackert, 2015, "The Secret of Society of Torturers: The Social Shaping of Extremely Violent Behaviour," *International Journal of Conflict and Violence* 9(1), pp.106-120.

24 형제복지원에서 이루어진 고문의 구체적인 형태에 대해서는 한종선, 2014, 「살아남은 아이」, 한종선·전규찬·박래군, 『살아남은 아이: 우리는 어떻게 공모자가 되었나?』, 이리, 49-55쪽 참조.

25 김근태, 2012, 『남영동』, 중원문화; 진실의 힘, 2018, 「남영동 대공분실 고문실태 조사연구」, 민주화운동기념사업회.

26 비전향장기수에 대하여 교정관료들이 고문을 하는 등 관료들이 비제도적 폭력을 적극적으로 행사하지만, 실질적으로는 국가의 행정적 권위가 이러한 위법적 폭력을 허용하고 조장하는 경우도 존재한다. 이에 대해서는 최정기, 2001, 「감옥 체제와 인권의 정치: 1950년대 이후 1980년대까지의 한국 사례를 중심으로」, 『사회와 역사』 59, 175-205쪽을 참조할 것. 본문의 서술은 근대적 감옥제도의 이념형에 관한 서술이다.

27 E. Anthony Bottoms, 1999, "Interpersonal Violence and Social Order in Prison," *Crime and Justice* 26, pp.205-281.

28 Robert Sommers, 2014, "Pipels: Situational Homosexual Slavery of Young Adolescent Boys in Nazi Concentration Camps," Hilrary Earl and Karl Schleunes (eds.), *Lessons and Legacies XI: Expanding Perspectives on the Holocaust in a Changing World*, Northwestern University Press, pp.86-103.

29 한종선, 「살아남은 아이」, 17-189쪽.

30 국사편찬위원회 구술자료, "OH_17_008_최○○_06," 『1980년대 부랑인·장애인 관리 체계와 형제복지원 사건 관련자 II』; 형제복지원구술프로젝트, 2015, 『숫자가 된 사람들: 형제복지원 피해생존자 구술 기록집』, 오월의봄.

31 국사편찬위원회 구술자료, "OH_17_008_최○○_06," 『1980년대 부랑인·장애인 관리 체계와 형제복지원 사건 관련자 II』.

32 형제복지원구술프로젝트, 『숫자가 된 사람들: 형제복지원 피해생존자 구술 기록집』, 226쪽; 국사편찬위원회 구술자료, "OH_17_008_최○○_06," 『1980년대 부랑인·장애

인 관리체계와 형제복지원 사건 관련자 II』.

33 한종선, 「살아남은 아이」, 67-68쪽.

34 국사편찬위원회 구술자료, "OH_17_008_손○○_06," 『1980년대 부랑인·장애인 관리체계와 형제복지원 사건 관련자 II』.

35 형제복지원구술프로젝트, 『숫자가 된 사람들: 형제복지원 피해생존자 구술 기록집』, 138쪽.

36 E. Anthony Bottoms, "Interpersonal Violence and Social Order in Prison," pp.205-281.

37 국사편찬위원회 구술자료, "OH_17_008_김○○_06," 『1980년대 부랑인·장애인 관리체계와 형제복지원 사건 관련자 II』.

38 이에 대한 분석으로는 하금철, 2017, 「한국의 부랑인 강제수용: 빈곤의 범죄화와 사회안보의 적(敵) 만들기」, 성공회대학교 NGO대학원 석사학위논문을 참조.

39 국사편찬위원회 구술자료, "OH_17_008_이○○_06," 『1980년대 부랑인·장애인 관리체계와 형제복지원 사건 관련자 II』.

40 미셸 푸코, 『감시와 처벌』.

41 형제복지원구술프로젝트, 『숫자가 된 사람들: 형제복지원 피해생존자 구술 기록집』, 283쪽; 국사편찬위원회 구술자료, "OH_17_008_이○○_06," 『1980년대 부랑인·장애인 관리체계와 형제복지원 사건 관련자 II』.

42 한종선, 「살아남은 아이」, 59-61쪽.

43 한종선, 「살아남은 아이」, 59-61쪽.

44 볼프강 벤츠, 2001, 『홀로코스트』, 최용찬 역, 지식의풍경.

45 프리모 레비, 2014, 『가라앉은 자와 구조된 자』, 이소영 역, 돌베개, 182-203쪽.

46 어빙 고프먼, 2018, 『수용소: 정신병 환자와 그 외 재소자들의 사회적 상황에 대한 에세이』, 82-89쪽.

47 국사편찬위원회 구술자료, "OH_17_008_박○○_06," 『1980년대 부랑인·장애인 관리체계와 형제복지원 사건 관련자 II』.

48 한종선, 「살아남은 아이」, 51-52쪽.

49 국사편찬위원회 구술자료, "OH_17_008_김○○_06," 『1980년대 부랑인·장애인 관리체계와 형제복지원 사건 관련자 II』.

50 국사편찬위원회 구술자료, "OH_17_008_박○○_06," 『1980년대 부랑인·장애인 관리체계와 형제복지원 사건 관련자 II』.

51 지그문트 바우만, 2013, 『현대성과 홀로코스트』, 정일준 역, 새물결, 43쪽.

52 국사편찬위원회 구술자료, "OH_17_008_김○○_06," 『1980년대 부랑인·장애인 관리체계와 형제복지원 사건 관련자 II』.

부록 2

1 「"형제복지원은 명백한 국가책임이다": 형제복지원 사건의 국가책임을 입증하는 최초의 자료공개 발표회」(2014. 12. 4).

2 형제복지원 사건 진실규명을 위한 대책위원회(준), 「한국의 홀로코스트! "형제복지

원 사건의 진실을 밝힌다"」, 2013년 자료집, 313-327쪽에 자료 일부의 목록이 정리되어 있다.

3 특히 부산시 관련 서류철 중 일부에는 1987년 전후로 부산시가 형제복지원 사태에 대한 책임을 회피하기 위해 김용원 검사의 수사, 신민당의 조사활동 등에 대응하여 시설 운영 관련 대책을 마련하는 정황을 보여주는 서류들이 풍부하게 존재한다.

4 형제복지원 연도별 입퇴소 및 사망자 기록의 문제에 대한 세밀한 검토는 최근 부산시의 형제복지원 피해자 실태조사 과정에서 진행된 바 있다. 남찬섭 외, 2020, 『형제복지원 사건 피해자 실태조사』, 부산광역시, 322-354쪽.

7장

1 생애 초기에 시설에 수용되었던 경험이 생애 전체에 남긴 흔적을 드러내려는 맥락에서 이 장은 이들을 '피해생존자'가 아닌 '시설수용자'로 칭한다. 시설 수용이 이들의 생애를 규정하는 핵심 경험이자 사건이기 때문이다.

2 이 장의 저본이 된 학술지 논문 원고 작성 당시인 2018년 말 이후에 구술 기록이 여러 건 추가되었다. 첫째, 선감학원에 수용된 이들의 구술 기록을 묶어서 펴낸 책에 수록된 김창호 씨의 구술 기록이다(하금철·홍은전·강혜민·김유미, 2019, 『아무도 내게 꿈을 묻지 않았다: 선감학원 피해생존자 구술기록집』, 오월의봄). 구술에 따르면 그는 1968년에 태어났고 고아로 보육원에서 지내다가 1976년 무렵 선감학원에 수용되었다. 1980년 무렵에 선감학원이 폐쇄되면서 나왔고, 그 직후 형제복지원에 입소해 1987년 형제복지원이 폐쇄되면서 나왔다. 이 기록은 분석에 반영하지 못했다. 둘째, 2020년 5월에 발간된 형제복지원 사건 실태조사 보고서에 수록된 구술 기록이다(남찬섭 외, 2020, 『형제복지원 사건 피해자 실태조사』, 부산광역시). 부산광역시의 의뢰로 동아대학교가 수행한 조사에서 연구진은 형제복지원 수용 경험이 있는 이들 149명을 설문조사했고, 재가피해자(21명), 재원피해자(9명), 유가족(9명)을 심층면접했다. 이 보고서에는 형제복지원 수용자들의 수용 이전 경험, 수용 경험, 수용 이후 경험이 상세하게 기록되어 있다. 이름이 제시되어 있지 않아 이 장의 구술자 명단과 교차 확인할 수 없지만 일부 생애 이력 정보가 유사한 것으로 볼 때 실태조사에 응한 이들 일부는 이 장의 구술자와 겹칠 것으로 짐작한다. 실태조사 자료와 비교하는 작업은 후속 과제로 남겨둔다.

3 이러한 분포가 형제복지원을 거쳐 간 이들 전체를 얼마나 대표하는지 정확하게 추정하기 어렵지만 입소정원 변화 추이는 반영하는 것으로 보인다. 형제복지원재단이 펴낸 자료집에 수록된 '연도별 입퇴소 및 잔류자 현황'에 따르면, 1975~1979년에는 2,813명이 입소했고, 1980~1986년에는 연평균 3,409명이 입소했다. 형제복지원재단, 2010, 『형제복지원운영자료집 1: 형제복지원 이렇게 운영되었다!』, 527쪽.

4 그는 광주에 살다가 가출한 후 부산에 왔다가 싸움에 휘말려 파출소로 이송되었고 이를 계기로 형제복지원에 입소했다. 1986년 14세 무렵이었다.

5 마지막 6명은 '기타'로, 출가, 입양, 가정을 꾸린 경우 등이 포함된다. 구술자 10이 한 사례다. 그는 홀어머니 사망 후 어머니 친구의 권유로 출가해 강원도에서 생활했다.

스님의 권유로 부산 범어사로 갔다가 강원도로 돌아오는 길에 형제복지원에 끌려갔다. 입소 경위는 다른 유형과 크게 다르지 않아 별도로 기술하지 않는다.

6 통지문이나 편지가 가족에게 전달되지 않았을 것이라는 구술도 있다. 이렇게 구술한 이들의 입소 연도를 확인했으나 패턴을 찾을 수는 없었다. 이들은 각각 1978년(구술자 7), 1982년(구술자 14), 1986년(구술자 30)에 입소했다.

7 구술자 4는 당시 상황을 이렇게 구술한다. "원장이 구속되고 나서 거기서 총대빵이라고 할 수 있는 놈은 중대장인데 "사고 나니까 다 잠가라!" 그래갖고 방에 다 갇혔어요. 우리가 안에서 두들기고 데모를 했어요. … 며칠 있다가 신민당에서 헬기로 넘어왔어요. 그래서 우리 설문조사를 했다구요. 밥을 안 묵었다 하니까 … 식사하고 상담을 한 다음에, 그 사람들이 몇 달 안에 다 내보내주겠다, 집이 있는 사람부터 우선적으로 다 보내주겠다 했어요. 우리는 악마의 소굴에서 나간다는 희망으로 너무 좋아했지요. 원생들을 부산 시내 모다놓으면 부산 시내 난리난다고 전국으로 다 뿌려버렸어. 관광버스 큰 거 와가지고 싣고 가서 전국으로 뿌려버리는 기야. … 땡전 한 푼도 못 받았어요." 구술자 4는 주소가 강원도로 기재되어 있다는 이유로 서울 갱생원으로 보내졌다. 그나마 가깝다는 이유에서였다. 그러나 그는 곧 그곳에서 도망 나와 자신에게 익숙한 부산으로 왔고, 부산에서는 충무동 육교 아래에 천막을 치고 다른 형제복지원 출신자들과 생활했다.

8 형제복지원의 폭력성을 겪었던 이들이 외부로 나가서 가족에게 그 사실을 털어놓고, 이를 계기로 그 실상이 사회적으로 알려질 경우 형제복지원이 처하게 될 위험을 생각해 볼 수 있다. 시설 입장에서는 이러한 위험을 막기 위해 방문 가족에게 정보를 철저하게 숨기는 전략을 취할 수 있었을 것이나 그렇게 하지는 않았던 것 같다. 시설 수용자를 인계한 가족이 직간접적으로 문제제기를 했다는 언급도 구술에서 찾아볼 수 없다. 김영욱 씨의 수기에는 아내가 자신을 찾아와 함께 형제복지원을 나오면서 사무원에게 '감사인사'를 하는 장면이 나온다(김영욱, 1988, 『형제복지원: 생지옥의 낮과 밤』, 청사, 280-281쪽). 이 점은 다소 의아하다. 그 맥락은 두 가지로 짐작해 볼 수 있을 것 같다. 첫째, 당시 사회 전반의 인권감수성이 낮았을 수 있다. 둘째, 형제복지원에 수용된 이들의 가족 관계가 그리 탄탄하지 못해 설령 시설을 방문해 수용자를 데리고 나갔더라도 수용을 문제로 인식하기 어려웠을 수 있다. 문제로 인식했더라도 그것을 적극적으로 제기할 만한 의지와 여력이 없었을 수도 있다.

9 사례 수가 적어 별도로 언급하지는 않았지만, 또 한 가지 계기는 '퇴소'다. 구술자 10이 유일한 사례다. "형제복지원에서 1년 정도 생활했는데, … 사무장이 부르더니 "내가 요번에 니를 지켜봤는데, 니는 여 있으면 안 되겠다. 보내줄 테니까 나가라"고 하더라고요. … 갔더니 부산시 공무원, 사회복지과 공무원이 있었어요. 나올 적에 한 대여섯 명이 같이 나왔거든요. 그리고 홀트아동복지로 갔어요." 그가 퇴소한 경위를 정확하게 알 수는 없다. 구술자 6이 말한, 1년에 한두 차례 아이들 수백 명 중 10명 남짓한 아이를 다른 고아원에 보내는 방침에 따라 지명되었으리라 짐작한다. 구술자 6에 따르면 이때 선택되는 것은 "용꿈 꿔야 되는 일"이었다. 1982년 퇴소 당시 구술자 16은 17세였다.

10 구술자 18이나 구술자 27의 구술에는 처음에 부산 소년의집에 갔다가 초등학교 시설

이 없어서 서울 소년의집으로 보내졌다는 언급이 있다. 1975년에 개원한 서울 소년의집에는 국민학교가 있었다. 이곳에서 교육을 마친 어린이들은 부산에 있는 '소년의 집 실업중학'(1970년 설립)으로 진학할 수 있었다.

11 구술자 18은 소년의집에서 고등학교까지 마치고 철강회사에 취직했다. 이후 몇 년간 돈을 모아 아버지를 찾았고 사망 소식을 확인했다. 다음으로 어머니를 찾았고 과거 일에 대해 서로 용서했다. 이후 결혼을 하고 자녀를 낳았다. 그는 소년의집과 그곳에서 자신을 돌봐주었던 수녀님 덕분에 자신이 이렇게 살아올 수 있었다고 말했다.

12 그럼에도 많은 경우 가족을 찾으려고 시도했다는 점에서, 상징적인 관계로서의 의미는 있었다. 아마도 자신의 자리를 찾고 싶었기 때문일 것이다. 그러나 대개는 찾지 못했고, 찾았더라도 가족 관계로서의 의미를 찾을 수 없었다.

13 퇴소 유형과 관계없이 퇴소 후 생계를 꾸리는 수단으로 언급된 일들을 나열하면 다음과 같다. 각종 팔이(껌, 신문, 볼펜, 귀이개), 중국집 배달, 노름판 야바위, DJ, 유흥업소, 선원, 낚시바늘공장, 보석공장, 사출공장, 구두공장, 가방공장, 넥타이공장, 구두닦이, 건설 현장 일용직, 가스배달, 비디오대여점, 어묵장사, 트럭운전, 택시운전, 기초수급자.

14 고아원에 있었거나 조부모나 큰아버지네 등 친척집에 있었던 이들은 퇴소 후에도 가족 관계를 형성하지 못했다. 이들과 '가출'한 이들의 차이는 관계의 단절을 주도한 주체가 타인인지, 자신인지다. 가출한 이들은 적어도 자신이 '버림받았다'고는 생각하지 않았을 가능성이 높은데, 입소 이전 경험과 퇴소 이후 삶의 이력의 관계를 규명하려면 더 많은 사례를 검토해야 한다.

15 '입소 전 관계'와 '퇴소 후 관계'가 연결되는 방식을 이해할 때에 참고가 될 만한 정보가 입·퇴소 시기다. 고아원에 있었던 이들은 대개 10세 이전이나 10대 초반에 입소한 반면, 아버지와의 관계(부모 포함)가 그나마 있던 이들은 상당수가 10대 중반에 입소했다. 입소 시점 차이는 입소 기간 차이와도 연결되는데, 늦게 입소한 이들의 입소 기간이 짧다. 결혼한 7명은 모두 10대 중반에 입소해 형제복지원에서 5년 이내(상당수는 3년 이내)로 머물렀다.

16 1983년 9월에 6개 학급(학년 당 1개) 설치가 허가되었고, 이에 따라 개금초등학교 분교가 설치되어 1984년 3월에 입학식을 했다. 학년은 나이가 아닌 학력에 따라 구분했다. 당시 기사에 따르면 분교가 설치되기 이전에 형제복지원이 수용자를 인근 초등학교에 취학시키지 않았던 이유는 "'원생들'이 빈번히 탈출을 시도했기 때문"이다(부산일보, 「고아, 미아, 가출아, 어엿한 國校生이 됐다: 형제복지원에 開琴分校 문 열어」, 1984. 3. 16). 1986년 2월에는 야간중학교가 개설되었다. 형제복지원재단, 2010, 『형제복지원 운영자료집』 10권, 4쪽.

17 구술자 2의 구술에 따르면, 1970년대 중반 주례 확장이전 공사를 하는 기간에 박인근 원장이 원생들을 모아놓고 종종 했던 연설에서 자주 언급했던 말이 이곳은 "꿈 꿀 수 있는 왕국"이라는 것이었다. 원장의 말과 시설수용자 인식의 괴리는 '꿈 꿀 수 없는' 곳에서 '꿈'이 강조되는 형제복지원의 역설을 잘 드러낸다.

18 Lewis Coser and Rose Coser, 1990, "Time Perspective and Social Structure," John Hassard (ed.), *The Sociology of Time*, Palgrave Macmillan, pp.191-202.

19 어빙 고프먼, 2018, 『수용소: 정신병 환자와 그 외 재소자들의 사회적 상황에 대한 에세이』, 심보선 역, 문학과지성사, 29쪽.

20 정근식은 한국의 소수자 연구를 개괄하는 글에서 생명과 죽음을 물리적 차원과 사회적 차원으로 구분하고, 물리적으로는 살아 있지만 사회적으로는 죽어 있는 이를 가사자로, 물리적으로는 죽어 있지만 사회적으로는 살아 있는 이를 열사자로 지칭했다. 그는 전후 한국사회와 같이 생존 자체가 절박한 과제였던 과도기적 사회에서 소수자는 휴면 상태로 숨죽이고 있거나 스스로 생명을 끊을 수밖에 없는 상황에 놓인다고 봤다. 이렇게 보면 형제복지원 수용자의 생애는 한국사회의 소수자들이 살아온 생애의 시간적 특징을 예증하는 사례이기도 하다. 정근식, 2013, 「차별 또는 배제의 정치와 '소수자'의 사회사 재구성」, 『경제와 사회』 100, 183-208쪽.

21 구술자 18의 말처럼 이야기를 꺼내는 것 자체가 주는 치유의 의미도 있다. "제 안에 '내 자신의 상처를 치유받고 싶다, 힐링을 하고 싶다'는 생각이 있었던 것 같아요. … 어느 누구한테도 말 못한 상황인데, 이 사람들한테는 설령 이야기한다고 해도 그 사람들은 나를 몰아붙인다든가, 손가락질하지 않을 거라는. 뭐라 꼭 집어 표현할 순 없는데 마음이 그냥 평온한 거예요, 굳이 감춰야 할 필요도 없고."

22 초기부터 진상규명운동에 참여한 구술자 27에게 활동의 목표를 물어본 적이 있다. 그는 "지금이라도 꿈을 찾는 것", "정상적인, 평범한 삶을 사는 것", "사람답게 사는 것"이라고 말했다. 그것이 어떤 의미인지 묻자 그는 두 가지 버전으로 답했다. "우리 가족이 온전한 집에서 살아가는 것입니다." "(우리가) 사람들과 같이 어울릴 수 있는 구조 안으로 들어가는 것입니다."(면담일: 2018. 7. 2) 그는 이 두 가지가 맞물려 있다는 것을 잘 알고 있었다.

23 어빙 고프먼, 『수용소: 정신병 환자와 그 외 재소자들의 사회적 상황에 대한 에세이』, 402-403쪽.

24 이상직, 2012, 「불편 관리: 노숙인 시설 실무자와 입소자의 관계」, 구인회·정근식·신명호 편, 『한국의 노숙인: 그 삶을 이해한다는 것』, 서울대학교출판문화원, 287-337쪽.

25 이지홍·해정·강곤·김정아·이선옥·여준민·김유미·배경내·이영남·고병권, 2013, 『나를 위한다고 말하지 마: 탈시설! 문제 시설이 아닌 시설 문제를 말하다』, 도서출판 삶창, 238-242쪽.

8장

1 윤인진, 2000, 「소수차별의 메커니즘」, 『사회비평』 25, 25쪽.

2 정근식, 2013, 「차별 또는 배제의 정치와 '소수자'의 사회사 재구성」, 『경제와사회』 100, 191-192쪽.

3 정근식, 「차별 또는 배제의 정치와 '소수자'의 사회사 재구성」, 205쪽.

4 박경태, 2008, 『소수자와 한국사회: 이주노동자, 화교, 혼혈인』, 후마니타스, 17-18쪽.

5 정근식, 「차별 또는 배제의 정치와 '소수자'의 사회사 재구성」, 190쪽.

6 장미경, 2005, 「한국사회 소수자와 시민권의 정치」, 『한국사회학』 39(6), 161쪽.

7 장미경, 「한국사회 소수자와 시민권의 정치」, 177쪽.

8 2000년대 이후 진행된 장애인 당사자주의와 그에 대한 비판은 김대성, 2003, 「장애인 당사자주의 운동의 참여와 연대정신」, 『진보평론』 12; 김도현, 2012, 「장애인 당사자주의의 비판적 이해를 위하여」, 『진보평론』 52 등을 참조할 수 있다.

9 장미경, 「한국사회 소수자와 시민권의 정치」, 172쪽.

10 민주화추진협의회, 1988, 『민추사II』, 659쪽.

11 매일경제, 「신민, 정치쟁점화 자제 박군사건 희석화 우려」, 1987. 2. 3.

12 김대성, 2003, 「장애인 당사자주의 운동의 참여와 연대정신」, 『진보평론』 12, 170쪽.

13 경향신문, 「원생 25명 또 탈출」, 1987. 2. 21.

14 경향신문, 「원생들 귀가 요구 농성」, 1987. 2. 3.

15 에바다복지회는 애초 미국선교사에 의해 설립되었으나 선교사가 본국으로 귀국하면서 재산을 넘겨받은 기독교목사 최성창이 복지시설을 자신의 사유재산처럼 취급하고 원생들에게는 강제노역, 인권유린을 자행했다. 자세한 내용은 이승헌, 2003, 「두드리라! 그러면 열릴 것이다: 에바다 민주화 투쟁 보고서」, 『진보평론』 참조.

16 이승헌, 「두드리라! 그러면 열릴 것이다」, 182-193쪽.

17 이재승, 2003, 「과거청산과 인권」, 『민주법학』 24, 15쪽.

18 이재승, 「과거청산과 인권」, 16쪽.

19 이형도, 2013, 「거창 민간인 학살 사건」, 『한일교육연구』 12, 97쪽.

20 정호기, 2006, 「민간인 희생자 유족회의 결성과 진상규명운동: 전라남도 지역을 중심으로」, 『지방사와 지방문화』 9(2), 48-49쪽.

21 정근식, 2007, 「민간인학살사건 진상규명을 위한 활동의 현황과 과제」, 『제노사이드연구』 1, 15-17쪽.

22 국사편찬위원회 구술자료, 2014, "OH_14_003_한종선_06," 『1980년대 부랑인·장애인 관리체계와 형제복지원 사건 관련자 I』.

23 2006년 11월 20일 과거사위에 제출된 "진실규명신청서"(사건번호: 라-7826), 진실규명 신청서에 대한 검토의견(담당자 원한수, 작성일 2007. 1. 10) 참고. 자료제공은 형제복지원사건 대책위.

24 한종선·전규찬·박래군, 『살아남은 아이』, 118쪽.

25 국사편찬위원회 구술자료, "OH_14_003_한종선_06," 『1980년대 부랑인·장애인 관리체계와 형제복지원 사건 관련자 I』.

26 광주인화원사건은 2000년부터 2004년까지 발생한 장애아동에 대한 교사, 원장 등의 성폭력사건이다. 2005년 사건이 불거지면서 장애인, 시민단체 등이 결합하여 저항이 조직되었지만 기나긴 법적 공방 끝에 가해자들이 모두 풀려나고 복직하면서 사실상 실패로 끝났다. 그러나 2011년 이 사건을 영화화한 〈도가니〉의 흥행으로 사회적 분노가 조성되면서 사건을 전면 재수사했고 이른바 「도가니법」이 제정되기에 이른다. 자세한 내용은 여준민, 2012, 「'도가니' 전국에서 벌어지고 있지만 요란했던 정부대책은 결국 '대책없음'이었다」, 『월간 복지동향』 163; 박기묵·유예열, 2018, 「'도가니'라는 단어의 생존경쟁과 정책결정」, 『한국정책연구』 18(2) 참조.

27 한종선·전규찬·박래군, 『살아남은 아이』, 122-223쪽.

28 한종선·전규찬·박래군, 『살아남은 아이』, 123쪽.

29 한종선·전규찬·박래군, 『살아남은 아이』, 124쪽.

30 강경선, 「형제복지원 자료집을 내며」, 6-7쪽.

31 경향신문, 「검찰 과거사위, '김근태 고문사건 등 조사대상 12건 선정」, 2018. 2. 6.

32 중앙일보, 「형제복지원 피해자 앞 눈물 훔친 검찰총장…'박수'로 답 받아」, 2018. 11. 27.

33 뉴스1, 「형제복지원 비상상고 사건, 대법원 전원합의체서 심리」, 2020. 4. 17. 대법원은 법적 논리와 형평성 등을 들어 결국 검찰총장의 비상상고를 기각했다(2021. 3. 11). 다만 기각판단과는 별개로 형제복지원 사건의 핵심이 '헌법의 최고가치인 인간의 존엄성이 침해됐다는 점'임을 인정하면서 추후 과거사위를 통한 진실규명이 이루어질 수 있는 여지를 남겼다. 자세한 내용은 부산일보, 「대법원, 형제복지원 박인근 전 원장 비상상고심 기각(종합)」, 2021. 3. 11.

34 국제신문, 「부산시 "형제복지원 국가책임" 공식화」, 2019. 10. 7.

35 세계일보, 「550명 암매장한 형제복지원 전 대표 아들 법정구속」, 2014. 5. 16.

36 국민일보, 「'인권유린 악명' 형제복지원 사라진다」, 2017. 2. 28. 물론 부산시가 형제복지원 사건이 쟁점화되고 있는 상황에서 느헤미아의 법인을 취소한 것이 진실규명 없이 사건을 덮으려는 시도가 아닌지를 둘러싼 논란이 있는 것은 사실이다. 부산사회복지연대는 관련 성명서에서 "형제복지원 사건의 피해자와 진실규명이 이뤄지지 않았는데 부산시가 공무원 유착 의혹 해소 없이 법인 청산에만 급급해서는 꼬리자르기식 역사청산이라는 비판을 벗어날 수 없다"고 비판하기도 했다(경향신문, 「시민단체 "형제복지원, 꼬리자르기 청산 안돼"」, 2015. 4. 29).

찾아보기

저자 약력

김재형

한국방송통신대학교 문화교양학과 부교수. 논문으로 「Lens to difficult history: Museums of Hansen's disease in Malaysia, South Korea, and Taiwan」(2024), 「한국 집단수용시설의 법제도화와 인권침해, 그리고 국가 책임」(2023) 등이 있으며, 저서로 『질병, 낙인: 무균사회와 한센인의 강제격리』(2021)가 있고 공저로 『우리 안의 우생학: 적격과 부적격, 그 차별과 배제의 역사』(2024) 등이 있다.

박해남

계명대학교 사회학과 조교수. 논문으로 「한국 발전국가의 습속개조와 사회정치 1961~1988」(2019), 저서로 『1988 서울, 극장도시의 탄생』(2025), 공저로 『한국현대생활문화사 1980년대』(2016), 역서로 『빈곤과 공화국: 사회적 연대의 탄생』(2014) 등이 있다.

추지현

서울대학교 사회학과 부교수. 논문으로 「1960~70년대 서울의 압축적 도시화와 정신장애 여성 부랑인의 장소: 청량리뇌병원의 발전 과정을 중심으로」(2024), 「박정희 정권의 '사회악' 호명: 형사사법의 효율성 확보 전략을 중심으로」(2018), 공저로 『누가 여성을 죽이는가: 여성혐오와 페미니즘의 격발』(2019), 『폭주하는 남성성: 폭력과 가해, 격분과 괴롭힘, 임계점을 넘은 해로운 남성성들의 등장』(2025), 『군대에 대해 말하지 않는 것들: 남성성, 젠더, 퀴어, 동물, AI』(2023) 등이 있다.

김일환

서울과학기술대학교 인문사회교양학부 조교수. 논문으로 「지역에서의 '부랑인' 수용과 민간 사회복지: 1960-70년대 부산의 사례를 중심으로」(2021), 「'시설화된 돌봄'과 그 이면: 1960~1970년대 '서울시립아동보호소'의 운영과 변화」(2023), 「'치료'와 '요양' 사이의 정신장애인 격리수용: 1960-90년대 부산지역 정신요양원·정신병원」(2025) 등이 있다.

소준철

전남대학교 역사문화연구센터 학술연구교수. 논문으로 「정부의 '자활정책'과 형제복지원 내 사업의 변화」(2020), 「청계천에서 난지도로: 공간정보의 생산과 도시하층민의 이동의 관계에 대하여」(2023) 등이 있으며, 저서로 『가난의 문법』(2020)이 있고, 공저로 『똥의 인문학: 생태와 순환의 감각을 깨우다』(2021), 『서울 동의 역사: 강서구』(2024) 등이 있다.

곽귀병

서울대학교 사회학과 박사과정 수료. 논문으로 「극동을 중심으로 살펴보는 미국 삼부조정위원회의 통치 기제, 1944~1947」(2016), 「사람들은 어떻게 인권을 평가하는가?: 인권지표, 민주주의 인식, 사회경제적 지위와의 관계를 중심으로」(2018, 공저) 등이 있고, 공저로 『끌려가다, 버려지다, 우리 앞에 서다: 사진과 자료로 보는 일본군 '위안부' 피해 여성 이야기 1, 2』(2018), 『일본군 '위안부' 관계 연합군 자료 I, II』(2019) 등이 있다.

이상직

경북대학교 사회학과 조교수. 논문으로 「장애인권리협약으로 본 장애인 탈시설 권리의 의미」(2024, 공저), 「한국 장애인 탈시설 운동의 역사, 2005-2021: '장애와인권발바닥행동'의 활동을 중심으로」(2022), 「생애사 연구의 자료 기반 확장: 생애사 시간표를 활용한 구술 생애사 자료의 조직 및 분석」(2017, 공저) 등이 있고, 공저로 『서울 사회학: 서울의 공간, 일상, 그리고 사람들』(2017), 『한국의 노숙인: 그 삶을 이해한다는 것』(2012) 등이 있다.

최종숙

민주화운동기념사업회 사료연구팀장. 논문으로 「사회운동 프레임으로서 '개헌'과 6월항쟁」(2016), 「'20대 남성 현상' 다시보기: 20대와 3040세대의 이념성향과 젠더의식 비교를 중심으로」(2020) 등이 있고, 공저로 『정치는 감동이다』(2014), 『감시자를 감시한다: 고장 난 나라의 감시자 참여연대를 말하다』(2014)가 있다.